浙江文化艺术发展基金资助项目
PROJECTS SUPPORTED BY ZHEJIANG CULTURE AND ARTS DEVELOPMENT FUND

地方志与
中国当代小说诗学建构

周保欣　著

ZHEJIANG UNIVERSITY PRESS
浙江大学出版社
·杭州·

图书在版编目(CIP)数据

地方志与中国当代小说诗学建构 / 周保欣著. —杭
州：浙江大学出版社，2023.6
ISBN 978-7-308-23826-7

Ⅰ. ①地… Ⅱ. ①周… Ⅲ. ①地方志－研究－中国②
小说研究－中国－当代 Ⅳ. ①K29②I207.42

中国国家版本馆 CIP 数据核字(2023)第 092970 号

地方志与中国当代小说诗学建构

周保欣　著

责任编辑	胡　　畔(llpp_lp@163.com)	
责任校对	赵　　静	
封面设计	周　　灵	
出版发行	浙江大学出版社	
	（杭州市天目山路 148 号　邮政编码 310007）	
	（网址:http://www.zjupress.com）	
排　　版	浙江时代出版服务有限公司	
印　　刷	杭州宏雅印刷有限公司	
开　　本	710mm×1000mm　1/16	
印　　张	20	
字　　数	400 千	
版 印 次	2023 年 6 月第 1 版　2023 年 6 月第 1 次印刷	
书　　号	ISBN 978-7-308-23826-7	
定　　价	88.00 元	

目　录

下　编　地方志与当代小说文法及形式创化

导论　地方志作为当代小说研究的问题与方法

第一节　"史地之学"与当代小说的方志性问题

一、地方志与中国小说的历史及现实

中国当代小说——无论是创作、批评,还是研究——都该正视小说与地方志之间的错综复杂的关系,这是由中国小说的历史与现实决定的。

谁都知道,地方志是地方志,小说是小说,两者一个属于史学,一个属于文学,原本就相去甚远。地方志并非小说的必备要素,小说亦非没有地方志则不成其为"小说"。之所以提出地方志与当代小说间的实践、诗学、小说史的关系,主要还是因为在中国小说的传统当中,原本小说与国史、野史和地方史就有着盘根错节的关系。同为小说,不同国家可能渊源不同。就中国的小说起源来分析,历史是它的重要的源头之一。在《中国小说史略》中,鲁迅把神话和传说视为小说之渊源,但神话与传说,事实上就是"昔者初民,见天地万物,变异不常,其诸现象,又出于人力所能以上,则自造众说以解释之"而构造出的"历史"。^① 司马迁的《史记》,本就有多处采信神话和传说的地方,史学与虚构、想象、巫学的混杂程度极高。至于被誉为"传统中国文言小说的巅峰"的唐传奇,它实际上的渊源,则是"包含了早期官修史书"和"汉六朝时期的非官方史传作品"等中国传记文学传统。^② 中国小说长期庇托于"史"的浓荫之下。出乎正史,便有《三国演义》《封神演义》《杨家府演义》《说岳全传》《水浒传》等演义小说;入乎野史,则有《清异录》《南唐近事》《西

---

① 鲁迅:《中国小说史略》,《鲁迅全集》第 9 卷,人民文学出版社 1981 年版,第 17 页。
② [美]梅维恒主编:《哥伦比亚中国文学史》(上),新星出版社 2016 年版,第 62 页。

京杂记》《酉阳杂俎》《唐摭言》《北梦琐言》《涑水记闻》等文人笔记小说。史学的过度繁盛,在一定的程度上和相当长的时间内,甚至还抑制了中国小说的生长空间,使得小说发展相对较为缓慢,且地位极为低下,远不能与诗、词、文、赋相较高低,更不能与历史的"大说"相提并论。

至于中国小说和地方志间的关系,则更为繁复紧密。一方面,地方志作为地方史,实为一地百科全书式的文献大全和地情书,"举凡一地之自然环境、政事旧闻、经济物产、文化艺术、风俗民情、名胜古迹等,无不包容"①。所以,一地之艺文志、人物传记和附属诗文辑录等,自然是地方志必会记载的。而且地方志中很多记载逸闻琐事、人物生平的文章,本就是小说。另一方面,世人或专写或偶一涉及一地之山川河流、物产古迹、旧闻掌故、风俗人伦、奇人异事、典章制度等,又怎能弃方志于不顾? 即便是《三国志通俗演义》这样的正史类小说,亦是"据正史,采小说,证文辞"②而创作出来的。这里的"小说",就包括了流传民间的说话故事。

中国当代小说,承继绵延的古典传统,"史"的余韵不绝。这当中既有气势恢宏的国史和正史,也有蛮荒古老的地方史、村史乃至野史。远的不说,单就近四十年的小说家而言,我们就可以列出一长串的作家名录,这些作家包括姚雪垠、汪曾祺、林斤澜、陆文夫、刘绍棠、王蒙、古华、宗璞、高晓声、梁晓声、冯骥才、郑义、阿城、韩少功、李杭育、张承志、路遥、莫言、贾平凹、陈忠实、二月河、王安忆、阎连科、刘震云、迟子建、阿来、余华、苏童、毕飞宇、李洱、盛可以、徐则臣等,从一线作家到未成名作家,从写历史的到写现实的,从写乡村的到写城市的,说每个作家的小说创作中都有地方志元素自是夸大事实,但要说绝大多数作家的小说创作中,或多或少都有参阅、披览而受惠于地方志的地方,则并非夸大其词。地方志的地方性事物和作家的想象力有机结合,塑造出众多铭刻着独异地方风情与生命气质的经典空间意象,如"高邮""矮凳桥""苏州""大运河""葛川江""商州""耙耧山脉""高密东北乡""北极村""枫杨树乡"等。愈是古老的、较为封闭的地方,愈是有深厚文化积淀和社会变迁缓慢的地方,作家似乎更愿意返回古朴的地方史,他(她)们的创作似乎就更难摆脱地方历史、地方生活的情意纠结和审美诱惑。只是这些年来,当代小说与地方志的关系研究,总是被淹没在诸如"地域文学""乡土文学"等概念的意涵之中,并没有作为一个学术论域独立出来而已。

---

① 来新夏:《蓬谷师友》,上海远东出版社 2007 年版,第 157 页。
② 毛宗岗批评本《三国演义》(前言),岳麓书社 2006 年版,第 1 页。

这些年来，从地方志的角度评论和研究当代小说的文章，事实上也屡见于报刊。在论韩少功的《马桥词典》、铁凝的《笨花》、陈忠实的《白鹿原》、贾平凹的《老生》、莫言的《四十一炮》、王安忆的《天香》、阎连科的《炸裂志》、孙慧芬的《上塘书》、霍香结的《地方性知识》、贺享雍的《乡村志》等作品时，批评家们不止一次提到过"地方志"这一概念。有些时候，人们还会用诸如"方志小说"①、"文学'地方志'"②、"方志叙事"③等颇具理论含量的批评术语，表达他们对文学和地方志之间关系的诗学理解。

不过，虽说以方志为批评视角的文章不少，但批评家们对方志与中国小说之间关系的理解还是非常不够的。多数时候，"地方志"只是一个暂时的批评修辞，被用来临时解释那些具有地方性叙事经验的小说；而有些时候，许多和地方志无涉，只是写到地方生活经验的小说，也被冠以"方志写作"之名，显得似是而非。地方志和小说究竟什么关系？地方志如何进入小说？地方志进入小说，给当代小说带来哪些结构性的改变？学术界和批评界如何上升到小说理论、小说史的高度，看待地方志与中国当代小说的关系？……这些具有理论价值和学术史价值的问题，迄今并没有人对此做出宏通的、深耕细作的研究。

二、地方志与小说的形态、理论及小说史研究

从学术史的角度来看，我们当如何处理当代小说领域的"方志性写作"④这一现象或曰当代传统？我以为，单纯从作家作品论、从批评的角度去立论和阐释，显然是不够的。我们需要形成历史的、系统的、深入的分析、解剖和研究，方不辜负这一伟大的中国小说的古典传统与美学遗产。

首先，需要系统观照地方志对当代小说的形态学塑造。

地方志进入小说，对小说的影响可以说是全方位的，它涉及观念、内容、形式、结构、修辞、技巧、语言与小说思维等各个不同的方面。从小说形态学

---

① 辛古：《"方志小说"探源》，《暨南学报（哲学社会科学版）》1991 年第 1 期。

② 刘起林：《〈铁血湘西〉："正史"形态的文学地方志》，《湖南工业大学学报》2017 年第 4 期。

③ 段从学：《方志叙事与"地方文学史"的新可能》，《中华文化论坛》2015 年第 9 期。

④ 提出"方志性写作"这一概念，非在已有的"方志小说""方志叙事"等概念之外另辟蹊径，而是鉴于"方志小说""方志叙事"的解释力有限，因为，如果使用"方志小说""方志叙事"这两个概念，那么小说当中涉及多少和地方志有关的才算"方志小说"？"方志叙事"究竟是"方志的"叙事，还是"小说的"叙事？这些问题都很难把握。而"方志性写作"不一样，只要小说中涉及了方志的元素，无论多少，无论是内容还是形式要素，我们都可以说，这些元素是"方志性的"；这样的小说，是"方志性写作"。

角度来看，地方志对小说的塑造，最主要的就是内容和形式两方面。地方志作为地方史学、地学的综合文献，涉及地方的自然、社会、经济、政治、军事、物候、城市、气象、风俗、人物等。宋司马光为《河南志》所作序中有云："凡其废兴迁徙及宫室、城郭、坊市、第舍、县镇、乡里、山川、津梁、亭驿、庙寺、陵墓之名数与古先之遗迹、人物之俊秀、守令之良能、花卉之殊尤，无不备载。"① 小说倘若是择取地方志作为写作的材料，那么在"形"（山川地形）、"物"（物产器皿）、"人"（才俊奇人）、"事"（逸事异事）、"风"（风俗人伦）、"故"（典章古迹）等方面，都必然会丰富充盈小说的体质。以贾平凹的《山本》观察，小说中的人事风物，多有来自地方志书。写"形"，则有"一条龙脉，横亘在那里，提携了黄河长江，统领着北方南方"的秦岭；写"物"，则有叫声像喊人名的山鹪，长着狗身人脚的熊，牙长如象的野猪，声音沙哑似哭似笑的鸥鹆，以及其他众多动植物；写"人"，则有安仁堂瞎眼的智者陈先生，地藏菩萨庙的哑巴师父宽展，及后记所提到的元末画家倪云林等；写"事"，写"风"，写"故"，也是林林总总不计其数……小说的《后记》中，贾平凹自述，他曾希望把秦岭完完整整地走一遍，整理出一本秦岭的草木记、一本秦岭的动物记，"没料在这期间收集到秦岭二三十年代的许许多多传奇"②，这些存活在民间与史志中的"许许多多传奇"，与秦岭的自然物候共同构造出《山本》接通天地、创化万物、融贯古今的审美世界。

在小说的形式上，地方志的引入同样会丰富小说的结构、形制与技法。近些年来，确实出现不少以方志笔法写出来的作品，像韩少功的《马桥词典》、孙慧芬的《上塘书》、阎连科的《炸裂志》、阿来的《瞻对》、霍香结的《地方性知识》等。其中，阎连科的《炸裂志》在小说的形式革新上当最具有代表性。小说第一章"附篇"里，作家就以真名实姓出场，煞有介事地写到自己编"炸裂志"的缘起，编纂委员会人员组织、编志的时间安排、体例安排等等。从第二章开始，阎连科就分门别类，逐一写到了那个几乎与世隔绝的"炸裂村"的"舆地沿革（一）""变革元年""人物篇""政权（一）""传统习俗""政权（二）""综合经济""自然生态""深层变革""较量""防卫事宜""后工业时代""舆地沿革（二）""文化、文物与历史""新家族人物""舆地大沿革（一）""舆地大沿革（二）"，最后以"主笔导言（尾声）"收束全书。综观全书，阎连科不过是以荒诞之笔写荒唐之人、记荒唐之事、录荒唐之言而已。而志书的写作形

---

① 引自郑丽霞《陈梦林文学与方志学理论的相互融通研究》，《北京科技大学学报（社会科学版）》2018 年第 3 期。

② 贾平凹：《山本》，作家出版社 2018 年版，第 523 页。

式,一方面,传导出的是作家"秉笔实录"的现实主义态度;另一方面,则寄予着作家深沉的对人类未来的担忧和强烈的批判精神。因为,在阎连科的写作意识里,"炸裂村"——今天人类创作出的"壮举",在未来的历史里,不过是一则荒诞的笑话。而荒诞,正是《炸裂志》的批判现实主义的要旨所在。

其次,是研究"方志性写作"与中国当代小说的理论构造。

中国古典文论以诗学为宗,词学、戏剧学次之。小说理论,因为小说自身地位极低,所以相对较弱。唯有到明清两朝,金圣叹评《水浒传》、毛宗岗评《三国演义》、李卓吾评《西游记》、脂砚斋评《红楼梦》的出现,才有比较像样的小说理论。不过,虽然说"点评"的形式涉及小说的结构、情节、人物形象塑造、语言、修辞、技法,涉及小说的虚实、藏露、疏密、浓淡、连断等,但毕竟是零碎而不成体例的,多感悟而乏于理论建树。进入现代以来,我们的小说理论多依赖西学,建设性的成绩更显空疏。正是这样,我们才需要去关注和研究地方志融入当代小说,给小说带来的理论上的塑形和创新。

从小说理论沉淀的可能性来看,地方志给当代小说带来的变化极其丰富,其中最值得注意的,就是方志性小说的"风学"与"写人学"特点。何为"风学",何为"写人学",概念上的辨析意义不大。我想表达的最简单的想法就是,地方志是一种融合着地情与历史的地方史。俗话说,"一方水土养一方人",一方人的生活,自然就会活出一方的文化。所以,作家在创作具有地方志色彩的小说时,无论是写人还是写事,都应该紧紧地抓住"人—地"关系来写。写人,则应当把人放在地理环境中,去体察特殊的地理环境对人的思想情感影响,对一地之人的生活状态、价值选择、伦理精神的塑造;写事,则同样要把事的来龙去脉、因果逻辑、可解与不可解之处,放在自然地理环境与地方历史中去写。这种"人—地"关系和"人—地"文化,纵向上,塑造了一地之风俗人伦;横向上,则成为一个世道的人情人心。如汪曾祺的《受戒》,有一段写荸荠庵的几个和尚经常和外面的几个人打牌。小说这样写:

> 他们经常打牌。这是个打牌的好地方。把大殿上吃饭的方桌往门口一搭,斜放着,就是牌桌。桌子一放好,仁山就从他的方丈里把筹码拿出来,哗啦一声倒在桌上。斗纸牌的时候多,搓麻将的时候少。牌客除了师兄弟三人,常来的是一个收鸭毛的,一个打兔子兼偷鸡的,都是正经人。

阅读这段文字,人们或许会疑惑于汪曾祺的基本伦理判断。牌客中的几个人,说师兄弟三个人和收鸭毛的是"正经人"还说过得去,怎么"一个打兔子兼偷鸡的",也成了作家笔下的"正经人"了呢？这怎么说也违背了人们的日常道德、情感判断吧？一般的解释,多说这是汪曾祺的幽默和反讽。可如果我们把汪曾祺的描写,放在那个富足、丰饶、平和、冲淡的水乡,放在一个只有俗世的烟火气,却没有世俗的成见、是非心、分别心,没有仇恨、争斗、算计的日常生活中来看,或许就会理解,所谓的"正经"或者"不正经",不过是我们以一己之执见,以我观他,以我之是是人、以我之非非人的一个无聊的判断而已。"一个打兔子兼偷鸡的,都是正经人"这样的叙述,不是汪曾祺的幽默和反讽,而是如庄子所说的"至人无己"的境界。

这种"人—地"关系式的写人叙事法,按照"典型环境中的典型人物"理论来解释似乎也无不可,但我更愿把它看作是源自《诗经》的古老"风学"传统。按照傅斯年的考证,《诗经》的"风"只是歌词的泛称,"入战国成一种诡辞之称,至汉初乃演化为枚马之体"①。所谓"十五国风",不过是十五国的歌诗。不过我倒觉得,"风"字更是文化哲学上的,它会通儒道,源自自然之理,形之于人伦之序。所谓小说中的"风学",就是我们在一地之自然与历史当中,去省察世道、体味人心的一种方法。

再次,是在小说史的视野中,去凝练当代方志性写作的中国诗学经验。

地方志进入小说,是中国小说的特有现象,且有历史的普遍性。所以,在研究当代小说领域的方志性写作现象时,有必要把当代作家的写作,放置在整个中国文学的大脉络中去观察和思考。

从小说史的角度言之,我们今天研究当代小说领域的方志性写作,主要就是识其源而辨其流,知其常而论其变。所谓识其源,就是辨明中国小说传统当中,地方志进入小说包括整个文学,诗歌、散文、赋等的发生学问题。这个发生学,是中国文学的独有经验,也是中国小说的独特诗学经验。我们需要把当代小说放到中国小说传统中看,看当代小说方志性写作与整个文学传统的关系,看它的恒常在哪,何以恒常;看它的衍变在哪,何以衍变。源流常变之间,自有学术问题意识的激荡。

这种小说史性质的研究,非常有必要。一方面,尽管地方志介入小说(其实不仅仅是小说)是中国文学的传统,但至少到目前为止,这条传统的线索还是幽而未明的,小说史性质的勾连和贯通,可以让它明而可见;另一方面,地方志和方志性小说是中国特有的史学经验和文学经验,这种小说史性质的梳理,有助于推动对它的独特的历史经验、美学经验的总结和提炼。唯

① 傅斯年:《诗经讲义稿》,民主与建设出版社2015年版,第148页。

有在小说史的把握中,当代方志性写作所持守的恒常,与经历时世变迁而带来的小说内涵、形态等的变异,才可看得清楚。也唯有在小说史的链条上,当代方志性写作的学术问题意识,亦才可浮现。

三、地方志与当代小说关系的研究价值

研究当代小说领域的"方志性写作",它的价值和意义是多方面的,择其要者而言:

首先,可拓展当代小说的审美视域和写作空间。

好的小说,不一定非得如"百科全书"一般包罗万象,但倘若作家能够以那种含纳天地、吞吐日月、贯通古今的胸襟和视野去写小说,自然就具备了好小说的格局与气象。中国小说史上,那些穷究自然与天道、天道与人道、人道与世运、世运与天命的小说确实不少,像《红楼梦》《西游记》《三国演义》《水浒传》等,能被后世称为"四大名著",自然是有它们的"大"处之所在。

证之以当代小说,这种大格局的作品其实也不在少数,像路遥的《平凡的世界》、张炜的《九月寓言》、贾平凹的《废都》、陈忠实的《白鹿原》、阿来的《尘埃落定》、王安忆的《长恨歌》、莫言的《生死疲劳》、余华的《活着》、格非的《春尽江南》、金宇澄的《繁花》、李洱的《应物兄》等,我以为都是兼具生动生命气象与雄浑历史气势的伟大作品。但不可否认的是,当代大多数小说家,均有食洋不化的毛病,他们在吸收西方小说的营养时,因为无法移植西方小说得以产生的社会历史条件和文化哲学土壤,所以很多时候都把学习西方小说学成了"夹生饭"。一种情况是:他们照搬西方小说"写人性"传统,却无法移植西方的基督教神学和精神分析科学背景,因此作家们的"写人性",往往成了毫无节制、毫无深度的动物性刻画,人性被写得支离破碎。他们尤为擅长写人性的复杂与扭曲,而没有把人性与社会、时代、历史、文化联系起来。另外一种情况是:当代小说家们崇尚技术,沉迷于对结构、修辞和叙事技巧的探险。这两方面的原因,导致大多数小说存在着扁平化、窄化、单一化的现象。

地方志进入小说,虽说未必就可以推出"大"作品,但对当代小说审美视域和叙事空间的开拓,会起到相当大的作用。毕竟,地方志是一种融史学与地学、政情与民情、自然与社会、历史与现实于一体的综合性空间,浓缩着一个地方的全部事物,且有"天—地""天—人""人—地""古—今"的贯通。所以,作家以地方志作为写作资源而创作小说,在所展示生活的宽度、厚度、深

度、包容度等方面,自然会超出一般的小说。如霍香结的《地方性知识》,作品以方志体式,分"疆域""语言""风俗研究""虞衡志""列传""艺文志"几个部分,分门别类地对汤厝的山脉、河流、树木、历史人物、神话、诗歌,汤厝人的语言习惯、语汇、语音、婚丧嫁娶、生老病死、农事与祭祀等作出文学化的生动叙述。这篇小说的可赞许之处,并不在于作家写出那个叫汤厝的村落的地方性事物,而在于作家以微观人类学的叙事方法,对汤厝所作出的文明的诊断。作家是站在一个更高的文明的视野,对汤厝的历史与现实生活作出审美的观照。虽说作家对汤厝的叙说较为分散,但在整个小说的叙述系统中我们可以看到,作家从来不是一事一叙,而是将汤厝作为一个封闭的整体,写事则见人,写人则见物,写今则见古。身居汤厝的一切事物,都处在紧密联系之中,牵一发而动全身。正是如此,小说当中山水、人物、语言、风俗的描写,都贯穿着淋漓的天地之气而生生不息。

其次,可丰富我们对"中国"的理解,开掘出当代小说的"在地"气质。

小说有审美认识功能。倘以地方志作为素材来源,那么当代小说无疑会扩大、丰富、深化我们对"中国"的理解。传统的中国社会,编制地方志多是出于治国理政、教化一方、保存史料等的考虑,所谓"为政者知其务,观风者采其俗,作史者核其实,立言者缀其文,尚友者论其世"①,就是这个意思。"治天下者,以史为鉴;治郡国者,以志为鉴。"②作为"资治"的辅助,地方志书除通志外,各府、郡、州、县,包括有些镇、乡、村、屯等都有各自的志书。而从保存史料的角度出发,许多山、河、湖、溪、关、场、亭、寺等也都有志书流传。以中国地域之广,各地自然地理、历史沿革、人伦风习差别之大来看,如是以志书入小说,那么,中国小说所呈现的"中国",无疑是极为具象、丰富、生动,充满历史感的。

当然,这种"中国"的多层次性,不单是自然、地理、物产、气候、风俗、语言、习惯等的多样性,还体现在人的精神、心理、价值意识的多样性。这种文化的多样性,对当代小说创作和读者的中国认知,显然意义更大。如乡土小说,从当代文学的基本经验看,这些年乡土小说创作的主体,基本上是以中原作家为主,像陕西、河南、山东、山西、河北等。中原文化内在的同一性,使得我们对乡土小说所展现的"乡土中国"的认识和理解,往往都局限在中原的文化同一性当中。乡土小说的题外之旨,也不外是"现代与传统的冲突"

---

① (清)吴康霖编:《六安州志上》,黄山书社 2008 年版,第 17 页。

② (明)杨宗气:《嘉靖山西通志序》,载杨宗气修、周斯盛纂《嘉靖山西通志》卷首,明嘉靖四十三年(1564)刻本。

"文明与愚昧的冲突"这些启蒙主义构造的范式。但如果能注意到东部和南方作家的乡土小说，那么我们就会看到不一样的乡土中国。如浙江作家浦子的"王庄三部曲"（《龙窑》《独山》《大中》）。虽说从整个框架上，小说并没有脱离启蒙主义设定的"两个冲突"，但浦子所塑造出来的"王庄"，不仅在生活的外观上与中原的乡村有显著差别，充满着浙东山海相连的鸿蒙大荒的气息；在人的精、气、神方面，浦子所捕捉到的，也是那种刚健、强悍、勇猛、不驯的"心气"，"三部曲"中王利民、王传达、王德清等，皆是如此。毕竟，浙东这块土地上诞生过王阳明的"心学"，有着鲁迅所提到的浙东人的"硬气"。

地方志乃一地自然、社会的全史，有形的、无形的，都见诸志书的记载当中。作家如能以考古学家的精细，勤勘苦觅，再辅之以作家充沛的想象力和艺术创造力，我以为，中国当代小说家自会有无数属于自己的"约克纳帕塔法"。

再次，可适当摆脱作家对西方小说理论的依赖，实践小说艺术上的"中国制造"。

方志性写作包含着丰富的小说理论和当代小说的多种可能性。其中的理论资源，需要我们去挖掘、发现和整理。这种小说理论的发现，对中国小说的意义是不言自明的。众所周知，自现代以来，中国小说一直师法西方，小说观念、小说理论、创作技巧等，作家们无一不以西方之是为是、以西方之非为非，所以，中国小说和西方相异之处都被视为负资产。近代翻译家周桂笙批评中国小说，开头"往往自报家门，然后详其事迹；或用楔子，引子，词章，言论之属以为之冠"。他对法国小说《毒蛇圈》开篇"即就父女问答之词，凭空落墨，恍然奇峰突兀，从天外飞来；又如燃放花炮，火星乱起"①则赞赏有加。

这种对西方小说的倾慕和对中国小说传统的自我否定，根子在近代以来中国所承受的殖民主义屈辱，是它导致现代以来的中国作家多不以文学自身的优劣判优劣，而以国势强弱断文学的是非。西方强，则文化强，文学亦强；中国弱，则文化弱，文学亦弱。直至今日，中国小说家的小说阅读、小说理念、结构技巧、修辞方法、叙事手段等，几乎都是取道欧美。我们说，文学自有其相通之处，中国小说家学习西方小说，本无可厚非。但问题是，中国作为一个有着悠久传统的小说大国，我们对人类小说的贡献是什么？难道就是按照西方的小说理论，生产出大批小说作品吗？我想显然不是，而是

---

① 知新室主人（周桂笙）：《〈毒蛇圈〉译者识语》，见陈鸣树主编《二十世纪中国文学大典》（1897—1929），上海教育出版社 1996 年版，第 59 页。

我们应该向这个世界贡献中国作家的小说智慧，丰富这个世界小说的版图。

由此而论，我以为中国小说还是需要反顾自家的传统。这样的反顾不是源自文学上的民族主义焦虑，而是关系到中国小说的未来。虽说中国的小说近些年在国外有些影响，但真正产生影响的，我想还是小说家所处理的原始、古朴、粗粝的中国生活，而不是小说内在的观念、理论、技巧、方法。地方志进入小说，可以在很多层面打开小说的叙事图景，凸显小说的中国元素。像前面提到的"风学"传统、"写人学"问题等，就是如此。除此之外，地方志进入小说，还可以强化当代小说的"地学"和"博物学"特征；地方志的形式，志人、志事的方法，结构的技巧等，同样可以内化为小说的法门。事实上，中国小说的很多东西，与欧美小说理论是可以相通的，如"空间理论"和"图像学"。倘若从地方志的角度来看，中国小说是有自己的"空间"和"图像"的，《西游记》开篇言"混沌"，讲天地之数和世界之分，即有四大部洲，曰东胜神洲，曰西牛贺洲，曰南瞻部洲，曰北俱芦洲，东、西、南、北俱全；《三国演义》写诸葛孔明"定三分隆中决策"，讲荆州之形要，即有"北据汉、沔，东连吴会，利尽南海，西通巴、蜀"之论。方志为治国理政的工具，其中多有诸如地志、舆地图、地记、图经等，空间、图形、地图资源极为丰富，其中的理论和思想史内涵，值得总结。

是故，从方志的角度研究中国当代小说，索解存活于当代小说中的方志元素以及方志给当代小说带来的审美生命，是一个亟待研究的领域。

第二节 "方志小说"的历史观照与现实逻辑

虽然说，当代文学领域，引方志材料入小说，甚至直接以方志的体例、条目、手法创作小说的现象越来越普遍。不少作家在创作上都有借力方志之处，但是，在批评实践中，我们对"地方志写作""方志小说"之类的概念的使用，却有略显宽泛之嫌。很多时候，只要作家们写到了地方，我们就以"方志小说"或"地方志写作"名之，而不论地方、地方生活经验的虚与实。我以为，既然称"方志小说"，则并非纯属虚构、徒具其名、徒具其形即可，而应有实实在在的东西，须有方志所载述的元素进入小说当中，构成小说的肌体。就是说，无论是舆地、物产、风俗，还是人物、掌故、事件等，作家们必须实实在在地化用地方志的材料为小说创作所用，方可称为"方志小说"或"地方志写作"。

如此看来,我们有必要在小说史和理论层面,对地方志与小说的历史与理论关系,对地方志与当代小说创作的影响关系等,作出必要的研究和探讨。地方志与小说的关系不是当代特有的话题,而是有历史普遍性的。因此,我们需要在一个历史的坐标轴当中,纵向上,厘清中国小说与地方志的大概关系;横向上,进一步探讨当代小说家取道于地方志,以推动小说创作的基本因由,以及方志进入小说对当代小说整体发展样态的影响。

一、方志与小说:历史的"叙事仿生学"

地方志与小说,往远处、深处说,是有同源性关系的。性质上,地方志具有地学和史学的双重属性。方志所记的内容,"则不外地理之沿革,疆域之广袤,政治之消长,经济之隆替,风俗之良窳,教育之盛衰,交通之修阻,与遗献之多寡"[1]。方志的史学属性,并非说它是历史的分支,而是说它就是历史本身,是历史的起源。《周官》《礼记》将史官分为太史、小史、内史、外史、左史、右史,"太史掌国之六典,小史掌管邦国之志,内史掌书王命,外史掌书使乎四方,左史记言,右史记事"[2]。就是说,在历史的起源阶段,方志和通常意义上的国史的区别,不是谁先谁后或性质上有什么不同,而是内外与朝野之别:国史为一国之史,方志则为一地之史。近人梁启超说"最古之史,实为方志",把方志的起源放在国史的前面,原因是"孟子所称'晋《乘》、楚《梼杌》、鲁《春秋》"等,不过是一国之下的"地方","比附今著,则一府州县志而已"。[3] 因为方志起源极早,故在后世的衍变中,名称多变,根据内容,叫"地记""风土记""风俗记""山水记""水通记""异物志";根据记载形式,叫"图经""传""录""谱""乘""书""略"等。[4] 梁启超依据《隋书·经籍志》的分类,将地方志分为"图经""政记""人物传""风土记""古迹""谱牒""文征"几类。[5] 到了宋代,"地方志"一名才正式形成,沿用至今。

从起源的意义上讲,地方志与小说的关系,就是历史与小说的关系。关于中国小说的起源,学界迄今并没有一个统一的说法,也很难有一个统一的

① 朱士嘉:《中国地方志综录·序》,燕山出版社 1991 年版,第 1 页。
② 刘知幾:《史通·外篇·史官建置第一》(下),中华书局 2014 年版,第 508 页。
③ 梁启超:《中国近三百年学术史》,见《梁启超全集》(第十二集),中国人民大学出版社 2018 年版,第 567 页。
④ 参阅林衍经《方志学广论》,安徽大学出版社 2017 年版,第 9、10 页。
⑤ 梁启超:《中国近三百年学术史》,见《梁启超全集》(第十二集),中国人民大学出版社 2018 年版,第 567、568 页。

说法,因为,中国小说并非单源头起源,而是多源头的发生。但不管中国小说起源如何复杂,史学都是它的重要起源。史出于巫,小说出于史,这是中国小说演进的基本逻辑。唐代刘知幾说:"夫史之称美者,以叙事为先。至若书功过,记善恶,文而不丽,质而非野,使人味其滋旨,怀其德音,三复忘疲,百遍无斁,自非作者曰圣,其孰能与于此乎?"①对史学的"叙事"提出很高要求。清章学诚也有"然古文必推叙事,叙事实出史学,其源本于《春秋》'比事属辞'"之论。② 两大史学家都把"叙事"视为历史的特征。

当然,小说出自历史,并不是因为历史有叙事,而是因为中国"古代最早巫史不分,其后祝宗卜史职掌也多相近"③,所以,当史从巫中分离出来后,难免会带有巫的虚妄不实的成分。历史的求真属性,决定着它必须祛除巫中荒诞不经之处,特别是到了先秦时期,儒学的出现,理性思维的发展,都在限制并改造着人的原始思维,虚构的、奇异的、怪诞的、怪力乱神的成分,必须从史中清退出去。如此,文学叙事中"盖出于稗官,街谈巷语,道听涂说"的"小说"之出现,④相当程度上,其实是巫史分离后,上古时期人们汪洋恣肆的原始想象力的一种分流,志怪、志异、野史、笔记小说等,都是这个分流的原初与衍生产品。清人姚振宗《隋书·经籍志考证》称:《殷芸小说》之产生,"此殆是梁武作通史时,凡不经之说为通史所不取者,皆令殷芸别集为小说,是小说因通史而作,犹通史之外乘"⑤,就很能说明小说的分流功能。亚里士多德说,历史学家与诗人的区别是前者记述已经发生的事,后者描述可能发生的事。⑥ 对中国的小说来说,描述的其实并非"可能发生的事",而是"想象中发生的事"。因为史出于巫、小说出于史的传统,后面的中国小说,或出于正史,或出于野史,或出于国史,或出于地史,大多数都脱不开历史的影子。直至 20 世纪,为历史造影,写各种历史——过往的与现实的——仍是中国作家最大的兴趣。中国的小说甚至是历史,因"史出于巫",长期浸染着巫和鬼神的风气。

由这样的分析理路可以看出,史学对中国小说的影响实际上有两个层面:一个是国史层面。因为涉及国家的大历史,小说中的人物以帝王将相为主,有些干脆就直接取材于历史上的真人真事。主题上,历史兴亡、朝代更

---

① 刘知幾:《史通·内篇·叙事第二十二》,中华书局 2014 年版,第 278 页。
② 章学诚:《章学诚遗书》,文物出版社 1985 年版,第 55 页。
③ 胡念贻:《先秦文学论集》,中国社会科学出版社 1985 年版,第 134 页。
④ 班固:《汉书·艺文志》,中华书局 2012 年版,第 1546 页。
⑤ 二十五史刊行委员会:《二十五史补编》,中华书局 1955 年版,第 5537 页。
⑥ [古希腊]亚里士多德:《诗学》,商务印书馆 1998 年版,第 81 页。

替、缘史求义、渔樵闲话等，成为历史小说的不二选择。这方面代表性的作品，有《三国演义》《水浒传》《隋唐演义》《封神演义》《说岳全传》等。小说的体式以长篇为主，也不乏《穆天子传》《汉武故事》之类的篇幅较短的小说。另一个，就是方志及地方史层面。这一路向，涉及各地方的微观史学，写奇人、逸事、异闻、传说居多，小说形态多以文人笔记形式出现，如《世说新语》《搜神记》《西京杂记》《殷芸小说》《清异录》《虞初新志》等。因为巫史同源，无论是写国家史还是地方史，小说当中灾异、卜筮、谶纬、符箓、梦象、示警等神秘描写随处可见。

现象上看，国史对中国小说的影响似乎要更大些，特别是《三国演义》《水浒传》这类小说，读者受众面之广，入人心魄之深，对后世影响之大，当是那些志人、志怪、笔记类小说不可并论的。但实际上，地方史或地方志与小说的关系之密切、多样和生动，却远胜国史或正史。

首先，就是小说家与方志编纂者的身份转换。古代国史历来就是官家修纂，史官职位是专门化的。文化地位上，小说在汉代是"子之末"，到唐代成了"自成一家，而能与正史参行"的"史之余"。① "史之余"的小说，其地位自然没法和历史相比，而"道听涂说"的小说家，也没法和"生人之急务，为国家之要道"的史家相较。所以，史家不会屈尊俯就去写小说，倒是有不少落魄文人，借助演义小说满足他们对历史的穿凿。

比较而言，地方志、地方史却开敞得多。从编纂的角度看，虽元明清三朝都有国家统一修志之举，但因为地方志不涉及对王朝、帝王的评价，不涉及国家意识形态问题，所以朝廷对地方志的编纂基本是不控制的，地方官吏组织乡绅编写，或饱读经史的知识分子独立撰写，在地方志编纂中可谓常态，顾炎武撰《天下郡国利病书》《肇域志》，章学诚修《和州志》《永清县志》《亳州志》《湖北通志》等十多部志书，黄宗羲撰《四明山志》等，都是典型案例。结撰志书者中，不乏小说家，或者说小说家转换身份纂修方志的，亦属常见。如以《喻世明言》《警世通言》《醒世恒言》"三言"名世的明代通俗小说家冯梦龙，就曾编修过一部颇具特色的志书——《寿宁待志》。在《寿宁待志小引》中，冯梦龙说："曷言乎待志，犹云未成乎志也，曷为未成乎志？曰：前于志者有讹焉，后于志者有缺焉，与其贸然而成之，宁逊焉而待之。何待乎？曰：一日有一日之闻见，吾以待其时；一人有一人之才识，吾以待其人。"②

① 王庆华：《从"子之末"到"史之余"——论中国传统文言小说文类观的生成过程》，《海南大学学报（人文社会科学版）》第 26 卷第 2 期，2008 年 4 月。

② 冯梦龙著、陈煜奎校点：《寿宁待志》影印本，福建人民出版社 1983 年版。

"待志"者,是"等待成为志书"的意思。《寿宁待志》虽以方志体例,分疆域、城隍、县治、学官、香火、王田、户口等部分结构成书,但写作的笔法却更近小说,通篇记述的是冯梦龙寿宁知县任上的施政实录和思想活动,有自叙传式的"私书"性质。冯梦龙是小说家写方志,而北宋的乐史,则是以志家的身份写小说的典范。乐史赖以成名的,是他的名志《太平寰宇记》,而他的传奇小说《广卓异记》,则是对唐代李翱《卓异记》"述唐代君臣卓绝盛事,中多漏录"的增补,"初为《续记》三卷,以补其阙"。① 冯梦龙以小说家的身份写志,志书中多是小说的味道;乐史以方志家的身份写笔记小说,小说中也多是史家的眼光和趣味。

其次,是方志与小说的同质异构。综合来看,地方志与小说的互通,其根基还是在于两者"史补"的共性。方志作为地方史,是国史的补充,小说作为"史之余",则是补正史之阙。两者的出处,都在"史"字上面,根底都在"叙事"。地方志叙一地之人事、物事、政事等,小说也不外乎如此,正是"方志与小说在形式与内容诸多方面皆有相似相通之处,使得方志中的不少载述如风土民俗、名人逸事、信仰祭祀等方面内容,均在一定意义上可视为古代小说范畴"②。在叙事的功能方面,方志和小说承载的,未必是《史记》的"穷究天人,通古今之变",但"鉴于往事,有资于治道"的资政、教化的功能,还是难以避免的,所以方志中的不少条目,如"风俗志""灾祥志""人物志""杂记"等,本就具有很强的故事属性,完全可当作小说来读。略举两例。

《川沙县志》载"侯端杀虎":

> 明正统十二年,在长墩汛处有虎,渡海而至,长面白额,啖牛马以百计,伤十余人。南汇滨海民众相戒不敢出户,人迹断绝。侯端笑曰:"虎自来送死,我当除之。"跨马至其地。马闻林木飒然,即伏地丧气。公去马,持棍待之,须臾虎至,从者失色。公独步而前,乘隙以棍横搠虎腰。虎大叫,掉尾而坐,其实已死……

叙述的精彩不及武松打虎,但无疑是篇有趣的短小说。

明嘉靖《安溪县志》"人物志"之"流寓"条目记"周朴",无疑是志人佳作:

> 周朴,字太朴,吴人。唐末隐于本县永安里南山下。所居有塘,因名周塘山。与李颖、方干友善,诗调清苦但思迟,率盈月而后得一联一句,虽未篇,然已脍炙人口。后徙于福州乌石山。黄巢攻闽。入城,求

---

① 乐史:《广卓异记》,见《笔记小说大观》第一册,江苏广陵古籍刻印社 1983 年版,第 228 页。

② 杨志平:《明清方志中的小说史料》,《光明日报》2019 年 9 月 2 日。

得之，谓朴曰："能从我乎？"对曰："我尚不仕天子，安能从贼！"巢怒杀之，涌白膏起数尺。

诸如此类的短构，可谓不胜枚举。方志学者辛谷曾把类似的记述称为"方志小说"，认为"历代编志工作者，都注重把广泛流传民间的异闻逸事收集起来，经过加工改制，编入方志，以供统治者察民情，观风俗，惩得失，兴教化的需要。这些异闻逸事，有的类似《搜神记》中的'志怪小说'，有的近似《世说新语》里的'志人小说'，也有的像《唐人传奇》之类的'世情小说'"。① 情形确乎如此。

再次，地方志中记载的山川风物，是小说取之不尽的源泉。这一点，无论是古代的志人志怪之作和笔记小说，还是今人的小说创作，已是习见的通例和认识上的常识。与正史多为纯粹的纪人、纪事的写作风格不同，地方志作为一地的史学和"百科全书"，涵括着一地方的图经、疆域、沿革、物产、风俗、人物、桥梁、水利、兵防、山岳、河道、衢巷、坛庙、道观、官署、学政、宦绩、宅第、园林、冢墓等，是作家从事"地方"写作，写一地之历史沿革、自然山水、风俗人伦、人物物产时决然不可绕过的。相较于正史的严谨，地方志的记载与文学显得要更加切近，因为，在中国人传统的地理观念中，一直是以"中央—地方""中原—四方"观念构建起对"中国"的认知的。在这个"夷夏之辨"所构造出的"四方"观念之中，中原是正统的、符合礼乐文化的，而"四方"则充满诡谲奇异的想象。《庄子》假想的"齐谐志"，《山海经》所构造出的"山""海""荒"的内外想象，都是充满虚构的本质，是文学化的。这种对"四方""地方"的想象，显然不可见于正史，但在地方志的编纂和写作中，却多以奇、异显示地方的特色。

二、"地方"的发现与小说史的当代逻辑

方志与小说关系密切，但仅是理论上的密切，实践上，两者的关系究竟如何，方志会否融入小说，如何融入，在哪些层面融入，则很难说。就当代小说与地方志的关系而言，明显存在两个阶段：第一阶段，1949—1979 年。此一阶段，作家们尽管写到诸多地方生活经验和地理事物，但小说当中，地方志的融入是极其有限的。原因在于，地方志所记载的多为过往人事和经验，其生活形态、价值观与新时代风气格格不入，自是难以进入。另外，参阅方

---

① 辛谷：《"方志小说"探源》，《暨南学报（哲学社会科学）》1991 年第 1 期。

志,作家须有广博的学识和必要的史学、地学素养。新中国成立初期作家大多出身革命,写作多依赖经验,这一点,制约了绝大多数作家以方志作为创作的资源。第二阶段,即1980年至今。这一阶段,小说创作中的方志元素激增。早在"新时期"初,就有汪曾祺、林斤澜、陆文夫、邓友梅、冯骥才、刘绍棠等"异军突起",创造出《大淖记事》《受戒》《矮凳桥风情》《美食家》《烟壶》《俗世奇人》《瓜棚柳巷》等名作。稍后,寻根文学崛起,拉美魔幻现实主义被引入中国,进入荒僻之地,书写地方经验,成为一时的写作潮流。知青一代和后面先锋作家群落,多有沉潜于不同地域的历史、语言与生活之中,从地方志书中打捞出民族、历史、地方文化记忆的写作行为。受惠于此,当代作家创作出诸多带有方志意味,最终进入当代文学史的作品,韩少功、王安忆、莫言、李杭育、张承志、贾平凹、陈忠实、阿城、郑义、张炜、铁凝、阿来、李锐、刘醒龙、阎连科、叶广芩、李佩甫、赵本夫、迟子建、孙慧芬、格非、范稳、刘亮程、欧阳黔森等,20世纪80年代以来中国当代小说史上的绝大多数作家,都有和地方志有关的创作经验。

那么,小说史上这个转向是如何发生的,其转换的逻辑何在?这是值得讨论的问题。在我看来,近40年,中国作家之所以多有沉潜于方志之中,寻觅创作材料,现象上的原因很多,如中国小说古典传统的下沉,马尔克斯、福克纳等域外作家地方性写作的影响,作家个体生活经验和写作兴趣等;但最根本的原因,我以为还是"国家/地方""国家史/地方史"叙述之平衡、失衡、再平衡的结果。以宏观的历史视野看,中国古典小说里面,既有《三国演义》《水浒传》之类仿国史、正史的小说叙述,也有志怪、志异、文人笔记类的掺入野史和地方史的小说作品,小说中的国家史和地方史是并行不悖的。但进入现代社会后,国家危机和社会变革需求使然,启蒙与革命成为现代中国文学的主旋律,小说投身于国家史叙述之中,被改造为启蒙和革命历史大叙事的"大说",是不争之事实。在这种情况下,小说中的地方史叙述被严重挤压。统观现代时期的小说,除废名、沈从文等少数小说家,小说中尚可见地方叙述外,绝大多数作家的绝大多数作品,都可归入国家史叙述之列。新中国成立后的中国小说,情形更是如此,无论是长篇还是中短篇,皆不出革命、战争、土地改革、合作化运动、资本主义工商业改造等国家史叙事范畴。即便作家写到地方,地方也仅是被国家叙事征用的地理躯壳。如《红旗谱》,小说的地理场景是滹沱河畔的锁井镇,但镇子的自然、地理、风土、物产、故迹叙述等几乎为空白,镇上反复上演的,就是农民与地主阶级的生死恶斗。这种借"地方"的舞台上演国家戏码的作品,当代小说史上很多,《创业史》《三里湾》《三家巷》等，概是如此。

自新时期始，地方、地方史复归小说。这种复归，其实是中国小说对"地方"的一次再发现。它的发生学逻辑，主观上，是文学创作与理论批评界对宏大叙事反思的结果；客观上，则是文学救世神话终结，失去"轰动效应"的必然产物。自此之后，当代小说二水分流：一部分流入地方，叙写地方生活、传统、地理事物；另一部分，则保持着对国家史的叙述热情，坚持以写实的方法关注社会的发展。但即便作家们再写国家史，所写出的国家史的面貌、承载的价值观与情感、作家的写法等，也与此前大相径庭，融入了许多个人的、经验的、生活化的、生命化的东西。

这种"地方"的发现，某种程度上，是中国文学固有的"国家/地方""国家史/地方史"二元构造再平衡的结果。毕竟，在过去的数十年里，当代小说国家、国家史叙述一枝独秀，地方与地方史被严重侵占空间，如今，当国家、国家史叙述退潮时，地方与地方史的复萌，则是顺理成章的事情。当代小说叙述地方，汲取方志资源进入小说，大的框架看，是"国家/地方""国家史/地方史"起伏变化的结果，然而深入其肌理，却可以发现，在不同阶段的不同作家那里，"地方"的叙述学发生却各有其因果。这当中，既有社会与时代环境的因素，也有作家出身、经历、心性、兴趣因素。如汪曾祺、林斤澜、陆文夫、冯骥才、刘绍棠等，这些作家创作的再出发，恰是"伤痕"和"反思"文学盛行之际。按照一般的文学史眼光看，会觉得他们的创作与当时的主流文学之间有着极大的错位，除烟火、世俗、人间气外，另有一种文化的气运。汪曾祺谈读书时说，他爱看的：

> 是有关节令风物民俗的，如《荆楚岁时记》《东京梦华录》。其次是方志、游记，如《岭表录异》《岭外代答》。讲草木虫鱼的书我也爱看，如法布尔的《昆虫记》，吴其濬的《植物名实图考》《花镜》。讲正经学问的书，只要写得通达而不迂腐的也很好看，如《癸巳类稿》。《十驾斋养新录》差一点，其中一部分也挺好玩。我也爱读书论、画论。①

似乎他的地方叙述，就是阅读和体验生活的水到渠成，但其实，汪曾祺的小说却是另类的"反思"。《受戒》的开头，作家写道：

> 这个地方的地名有点怪，叫庵赵庄。赵，是因为庄上大都姓赵。叫做庄，可是人家住得很分散，这里两三家，那里两三家。一出门，远远可

---

① 汪曾祺:《谈读杂书》,《汪曾祺文集》(9)谈艺卷,人民文学出版社 2019 年版,第 364 页。

以看到,走起来得走一会,因为没有大路,都是弯弯曲曲的田埂。庵,是因为有一个庵。庵叫菩提庵,可是大家叫讹了,叫成荸荠庵。连庵里的和尚也这样叫。"宝刹何处?"——"荸荠庵。"庵本来是住尼姑的。"和尚庙""尼姑庵"嘛。可是荸荠庵住的是和尚。也许因为荸荠庵不大,大者为庙,小者为庵。

"庵"是超越性的,是灵魂修渡之所在,却与世俗的"庄"混而为一,且为俗世百家姓的第一姓——"赵",同构为"庄"。"菩提"本是指人从污染迷惑中体悟苦、集、灭、道的四圣谛,从而断绝世间烦恼,达到涅槃的彻悟境界,但是在俗众的理解和接受中,却被转化为生于低洼之地的水生草本植物"荸荠"。庵,是尼姑的修行所在,住的却是和尚。生活中的神圣与世俗,是如此的水乳交融,如此的天经地义,以至以拯救世人于"火宅"为使命的和尚们,也叫讹了,称"菩提庵"为"荸荠庵"。究竟是超越性的宗教、精神力量拯救了世俗的七情六欲、吃喝拉撒,还是世俗性的七情六欲、吃喝拉撒,比标榜超越的宗教、精神更具力量?答案不言自明。

这种另类的"反思",在汪曾祺这里,是以两种方式完成的:一是返回地方,以规避国家史式的大叙事;一是"还俗",以"俗"去侵削特定的道德形而上学。——某种程度上,我们可以说,汪曾祺式的"地方",是政治化的"地方";而这种把"地方"政治化的另类的"反思",其实在汪曾祺的同时代作家,如林斤澜、陆文夫、邓友梅、冯骥才、刘绍棠等那里,也多各有不同的体现,林斤澜的瓯越故地、陆文夫的苏州闾巷、邓友梅的北京日常、冯骥才的津门往事、刘绍棠的运河水乡等,皆有以"地方"而代"国家",且有以"俗"化"神",以达到"反思"的目的的特别意涵。

在汪曾祺等作家之后,当代作家的地方书写,则多有经验性、文学性的成分。比如贾平凹,尽管在《腊月·正月》里,作家塑造了一个保守的韩玄子,经常捧着珍爱的《商州地方志》,类似《子夜》中手捧《太上感应篇》的吴老太爷,充满遗老的气息,但就贾平凹自己而言,却恐怕是当代最倚重地方志的作家。如其所言,"我在商州每到一地,一是翻阅县志,二是观看戏曲演出,三是收集民间歌谣和传说故事,四是寻吃当地小吃,五是找机会参加一些红白喜事活动"①。贾平凹的小说,从开始时期的《商州》《浮躁》,到后来的《高老庄》《秦腔》《古炉》《带灯》,再到近些年的《老生》《山本》,地方志是贾平凹小说的重要叙事资源。正是依靠地方志,贾平凹打通历史的商州与现

---

① 贾平凹:《答〈文学家〉问》,《文学家》1986 年第 1 期。

实的商州两者间的联系，构造出意蕴丰赡的文学化的"商州"。这一"地方"择取路径，是当代作家跳出历史大叙事后，寻找写作经验的必然选择。尤其是在20世纪80年代的寻根文学观念影响下，中国作家将美国作家福克纳的"约克纳帕塔法世系"和哥伦比亚作家马尔克斯的"马贡多小镇"奉为经典，相继创造出诸多自己的"约克纳帕塔法"和"马贡多"，除贾平凹的"商州"外，像莫言的"高密东北乡"、韩少功的"汨罗江"、李杭育的"葛川江"、阎连科的"耙耧山脉"、叶兆言的"秦淮河畔"、苏童的"枫杨树故乡"、迟子建的"北极村"等，都是类似"约克纳帕塔法"和"马贡多"式的地方性创构。①

　　和贾平凹、莫言等经验性、文学性的"地方"相类似，在国家、国家史叙述退隐后，另一种地方、地方史叙述的崛起，就是带有民族志色彩的"地方"叙述。就其形态而论，一种是以少数民族作家为代表的地方性叙述，如张承志、霍达、扎西达娃、阿来、叶广芩、孙春平、郭雪波、赵玫、向本贵等；另一种，则是汉语写作的"边地"小说，如王蒙、姜戎、韩少功、郑万隆、红柯、刘亮程、范稳、马丽华、党益民、欧阳黔森等。这种民族志式的"地方"叙述，大的背景，并没有脱离"国家/地方""国家史/地方史"的此消彼长。正是因为大的国家史叙述的退隐，作家们不得不返归个人的历史经验与生活经验，民族的、边地的独特经验，构成作家持续的叙事资源。但从另一方面看，近些年民族志式的"地方"和"边地"写作的出现，也是全球化、现代化进程中，作家们对边缘、特殊的"地方"的发现，正是以现代化的历史进程中的全球化知识、普遍性知识为观照的尺度，当代作家才有对"地方性知识"的反观，进而写出族群文化的精神史和边地文明的历史记忆。阿来在谈到他的《机村史诗》时说："这部小说写的是边疆地带、偏远农村，而且是少数民族。它似乎离我们非常遥远。那么'遥远'便有可能产生两个结果：一是彻底地漠不关心。太远了，因而跟我们没有关系。二是，关心，但是完全把他们当成他者或异族，只看作是生活的反面。如若这样理解，就会产生番邦等等的误会。"②其中以普遍观特殊，通过特殊来构建、再观普遍的写作意识，当是此一类型"地方"叙述的共性。

---

① 事实上就"寻根文学"本身而论，其扮演的就是当代小说史上"国家/地方""国家史/地方史"转换的枢纽角色，或者说"寻根文学"自身就是当代小说"国家/地方""国家史/地方史"逻辑转换的产物，因为，唯有"国家"和"国家史"叙述的退场，小说才会向在野的"地方"转移，向时间、历史的深处潜入，作家们才会有"根"的意识。

② 阿来：《我的〈机村史诗〉》，《南京师范大学文学院学报》2018年第2期。

三、"地方"、地方志的小说史意义

当代小说领域"地方"的发现，是具有重要的诗学意义和小说史意义的。过去，学术界和批评界多以"地域文学"看待这个现象，且"地域文学"之"地域"，又多以行政区划来划分，因此，并没有形成真正意义上的对当代小说中的"地方"这一具有自然地理、人文地理、历史地理、文学地理意味的概念的深入研究。相形之下，"地域文学"的研究，因为多以行政区划框定文学研究的疆域，所以对某些特定地方的文学研究，多少显得有些僵硬。比如说浙江文学，如果把浙江作为一个整体，去论述它的整体地理空间格局中的文学状况与发展，当然没有问题；但是，如果从文学、审美、语言的意义上去看，却并不存在一个同质化的"浙江"和"浙江文学"。因为，就浙江内部而言，浙西与浙东不同，浙西归属于历史上的江南文化圈，浙东则山海相连，充满鸿蒙大荒的气息，自然地理、人文伦理秩序、社会风习、学术文化进路，浙东与浙西都有非常大的差别。即便是在浙东，温州、金华、绍兴、宁波等地，自然、历史、文化、学术、文学、语言等也相去甚远。正是如此，我们说，"地域文学"的概念，实际上只能从地理空间的范围框定一地之文学发生与发展，而很难从文化与美学的整体性视角，去定义一地之文学。

而"地方"则不同，它可大可小，既可以凭地理、地形、地貌、气候、水文、山脉、河流、语言、风俗等，形成一个高度统一或高度异质性的区域，亦可以政治、经济、商贸、军事以及行政区划等，框定出一个宽泛的地区。就我们所讨论的"地方"、地方志与当代小说的关系而言，地方志虽说同样是以省、府、县等为单位编纂而成，但是，地方志所载，除大范围内的"图说""建置""疆域""沿革"等外，还有微观地理学形态上的"山川""河道""市镇""桥梁""祠庙""寺观""古迹""风俗""物产""海塘"等。在这些微观地理学的范畴内，"地方"往往具有很高的同质化，特别是依山川、河流、湖泊、盆地等所构建出的区域性小社会，因为交通、饮食、方言、民俗、建筑等的高度相似性，往往会依此而形成大小不同的文化区。

从当代中国小说发展的角度看，向"地方"返回，地方志进入作家创作视野，究竟会给小说带来哪些变化和新质态的美学元素？这个问题值得探讨。我以为，最显著的变化就是当代小说的"小"说化。所谓当代小说"小"说化，包含两层的意思：一个是说"小"，一个是"小"说。所谓说"小"，是指作家"说"的对象的微观化和"小"化。毕竟，中国小说有着深厚的史传传统，中国

的作家,亦大多有国家、国史叙述的热情,所以,尽管近些年作家有刻意规避历史大叙事的趋向,但并非说作家们就不写家国天下的历史大事件。历史的大势滔滔、兴衰成废,仍是当代作家一大关怀,只是在叙事表达上,作家们却多从"小"处着眼,从"地方"的小人物、小事件、小历史中,找到和国家大历史沟通、交织与互动的东西。陈忠实的《白鹿原》,刘醒龙的《圣天门口》,莫言的《丰乳肥臀》《生死疲劳》,贾平凹的《老生》《山本》等,莫不如此。典型的如《白鹿原》。大革命、日寇入侵,王朝易帜、国恨家仇之类的,都不过是在原上方寸之地展开,是白、鹿两家恩怨和民间古老的自然、生命、社会伦理的外推。《白鹿原》的"小",小在它对原上独特生命气机的把握,"白嘉轩后来引以豪壮的是一生里娶过七房女人",自是一种生命的"气",黑娃以求得个人的自由去反抗原上的威权是"气",田小娥以纵欲去反抗道统是"气",白、鹿两家以权势、家运相争是"气",白孝文诛杀黑娃同样是"气",朱先生的文化气运自不消说。《白鹿原》就是在各种聚集于个人身上的历史、文化、生命气机的激荡中,展开跌宕浩大的历史书写。《白鹿原》这种以个体的气机折射时代与历史气象的写作方法,在当代小说史上是具有普遍性的,诸多小说,都有类似《白鹿原》这样的以一原之小驭家国天下之大的写法,市镇、街道、村落、河流、山岳等,构成当代小说形形色色的空间美学景观,除"高密东北乡""清风街""枫杨树乡""天门口镇""白鹿原""北极村""上塘""机村"之类或实或虚的村落外,古华《雾界山传奇》中的"雾界山",贾平凹《老生》《山本》中的"秦岭",阎连科《年月日》《日光流年》中的"耙耧山脉"等山岳形象,李杭育《最后一个渔佬儿》中的葛川江、罗伟章《大河之舞》中的前河、中河、后河,苏童《河岸》中的金雀河,迟子建《额尔古纳河右岸》中的额尔古纳河,徐则臣《北上》中的运河,等等,这些村落、山脉和河流等叙事单元,都是作家向"小"处、向"地方"叙事收缩的尝试。这种小说叙事的"地方"化路径,并非说《创业史》《红旗谱》《三里湾》等作品里就没有,而是说,近些年作家笔下的"地方",往往是自足地具有历史学、文化学、人类学和诗学意义上的"地方",而不像"蛤蟆滩""锁井镇""三里湾"等,几乎是一个叙事的空壳,用以装载的则是"农业合作化""两条路线斗争""阶级斗争"等观念形态的东西。

正是这种叙事的"地方"化,当代文学呈现出的另一个特征,就是给读者提供了一个丰富的"中国"的想象。"中国"不是一个抽象的存在,而是一个有血有肉的、生动的、具体的存在。因为自然、地理、气候、土壤、水文、植被、交通、人口以及不同的历史沿革等原因,中国的各个地方,自新石器晚期始就形成不同的文明体,如"仰韶文明""龙山文明""大汶口文明""三星堆文明""良渚文明""河姆渡文明"等。诸多的文明体,除了"因区域不同而产生的社会经济的差异将各个区域导向了不同的文化系统"①,形构出各地不同的语言、风俗、宗教信仰、社会组织与生活形态等之外,还演化出诸多文化系统,进而在一定程度上影响着后世中国的行政区划。当代小说领域,作家们的"地方"书写所呈现出的,其实就是"中国"的空间多元性和历史层累的多样性。张承志、扎西达娃、阿来、玛拉沁夫、帕蒂古丽等少数民族作家的"地方"叙述,创作出的自是"中国"的文学版图构成;汪曾祺、林斤澜、王蒙、韩少功、莫言、贾平凹、铁凝、余华、苏童、欧阳黔森、范稳、迟子建等作家在自然地理基础上所勾画出的丰富的"地方"叙述,同样是中国地理、历史构造的一部分。这种文学化的"中国",与整体的、抽象的"中国"不一样,它呈现出的,是被整体性的"中国"所覆盖的具体的历史、美学和精神语言。这当中,既有张承志的《心灵史》、阿来的《瞻对》、姜戎的《狼图腾》等那种在异质化的历史与文明的眼光中,书写民族志式的"地方"、"鸿沟"式的历史的经典,也有韩少功的《马桥词典》、迟子建的《额尔古纳河右岸》、冉平的《蒙古往事》、范稳的《水乳大地》、帕蒂古丽的《最后的王》、方棋的《最后的巫歌》等那种跳出民族视野,而从人类学、文化学、历史学的更深广意义上去打量"地方",通过对特定"地方"特殊的历史、语言、生活,特殊的信仰、禁忌的"深描",从而建构出种种具有"国家/地方""国家史/地方史"张力,和"现代/传统""真实/虚构""经验/反思"等辩证意味的特别的文本。

当不同的"地方"在文本世界中渐次展开的时候,事实上,我们能够看到的,是一个叠合着不同层次的审美内涵的"地方"。表层上,一地之地形、地貌、植被、气候、山水、物产,这是物质外观上的"地方",直观而具象。如叶舟的《敦煌本纪》,展卷阅读,扑面而来的,就是祁连山、党河、荒原、戈壁等带着大西北雄浑、苍凉之气的特殊地理景观;范稳的《水乳大地》,呈现出的则是滇藏交界处的卡瓦格博雪山、澜沧江大峡谷的奇异诡谲的风景。深层上,一地之风土、人物、礼俗、信仰、禁忌、伦理等,则是文化与精神世界的"地方",最见一个地方人们的生活观念、态度、价值与美学。如方棋《最后的巫歌》,壮阔的三峡只是小说的形骸,幽远、神秘的土家文化中的禁忌与崇拜,无处不在的巫风、巫俗、巫歌、巫舞中所承载的虎族人的信仰与精神意志,方是氤氲在小说中的不灭的生命之光。范稳也因为其小说中百川归海、万溪合流

---

① 〔日〕宫本一夫著、吴菲译:《从神话到历史:神话时代·夏王朝》,广西师范大学出版社 2011 年版,第 110 页。

的文化多样性，而自称他的小说是"神灵现实主义"，而不是魔幻现实主义。① 这样的两个"地方"，构成了小说的形与质。我们常说的小说的地域特色，作家的文化记忆、身份意识与叙事的地理属性等，均可从中见出。不过，就小说与"地方"的关系而论，更应值得注意的，我以为还是"地方"差异给作家带来的审美意识、小说语言与作品叙事风格等方面的影响。众所周知，小说家虽是以审美为职志，但是，其实所谓的"审美"，是有很大的地方特殊性的，南人以为美者，北人却未必觉得美；反过来，北人以为美者，南人也未必会以为美。这种地方性的审美差异，刘师培在《南北文学不同论》中已有精到的论述，说："大抵北方之地，土厚水深，民生其间，多尚实际。南方之地，水势浩洋，民生其际，多尚虚无。民崇实际，故所著之文，不外记事、析理二端。民尚虚无，故所作之文，或为言志、抒情之体。"②刘师培的论断，与丹纳《艺术哲学》中关于人的性格是自然界"固定在人身上的才能与倾向"的观点有异曲同工之妙③。此论表面看似乎有地理环境决定论的味道，然就其内在的科学性而言，其实地理决定论是有相当的合理性的。就像小说的语言问题。南方作家特别是江南作家，总以为描写细腻、富有诗意、语言湿润而富有弹性，是南方作家的特点，并据此认为南方作家的语言能力要超出北方作家和西部作家；但事实上，这并不足以表明南方作家就比西部、北方作家具有更卓越的语言天赋与能力，南方作家的语言习得，只是自然环境的产物。生在江南，人烟稠密，社会纷繁，加之所处湖泊川泽之地，人与天地隔着千层万层，满目所及，即是四季繁花与果实，青山、绿水、云石、草木、丛林，万千颜色。作家生活在人际交往密集和自然环境繁复多变的南方，自然比那些生活在景色单调、物产贫瘠、人口稀少的黄河流域、西北地区的作家，需要更丰富的语言，更有和自然、地理事物相切近的语言，才能完成对社会、自然的表达。浙江作家叶文玲在谈到自然地理对语言的影响时说："语言很受自然地理的影响。我总觉得江浙的语言，带着山的色、水的音，有一股灵秀之气。在写以故乡为背景的小说时，不但眼前的山水风物清晰如画，故乡父老的音容笑貌，连他们说话的语气腔调，也常常在我的耳际。"叶文玲的"山的色、水的音"，阐明的正是人和自然相处过程中，语言与自然混一的人类学真理。

---

① 范稳：《我的小说不是魔幻现实》，《北京晚报》2004 年 3 月 29 日。
② 刘师培：《南北文学不同论》，《中国近代文学大系·文学理论集》（1840—1919），上海书店 1994 年版，第 287 页。
③ ［法］丹纳：《艺术哲学》，傅雷译，安徽文艺出版社 1991 年版，第 341 页。

总的来说，"地方"的发现，使得当代小说去除了那种依据观念建构起来的整体性的单一和单调，而不断走向丰富、繁复和广袤。当代小说研究，需要正视这种"地方"的地理层累、历史层累、文化层累的多元性和复杂性。

第三节　本书的问题意识、核心概念、方法与体例

如前所述，中国小说多由史、传、志、录转出，故与"地理与人事相经纬"的地方志有着至为深切的联系。现代以来，中国小说虽然说是转道师法于西方，中国小说在理论、观念、文体、叙事、修辞、技法等方面大量吸纳、借鉴域外小说的养分，但仍有不少作家以"中国笔法"写"中国故事"。特别是 20世纪 80 年代以来，伴随"文化热""文学寻根"与文学领域"新传统主义"思潮的兴起，叙写本土生活与"中国经验"蔚然成为时风，诸多作家均有以方志笔法叙写地方经验的佳作问世。此一创作路向，对全球化背景下中国小说向"中国性"回归，构造中国小说本土诗学经验有着重要的推动作用。

迄今，学界的相关研究主要在三个方面：第一，地方志与小说历史关系探讨。学者们或从方志与小说历史关系，或从两者形制，或从文学现象出发，讨论方志与小说的历史与理论关系，如辛谷《"方志小说"探源》、赵宝海《方志与文学》、钱道本《方志小说：一种值得关注的文化现象》等。第二，小说思潮层面勾勒方志对当代小说走向的影响。李怡"龙门阵文化"与巴、蜀作家小说创作关系研究，王春林对"方志叙事"与当代乡村小说演化趋势之间关系的研究，傅元峰对新时期以来小说与方志关系演变的勾勒等，均是从思潮史的角度展开的研究。第三，地方志作为当代小说批评概念。例如程光炜评陈忠实的《白鹿原》、逄增玉评赵本夫、张志忠评阿成、何平评《圣天门口》、李云雷评《笨花》、周新民评《地方性知识》等，均是以"方志性"或者"方志小说"为批评修辞开展的作家作品批评。

上述研究，涉及理论、思潮、作家作品，有一定的规模，但是显然还缺乏宏通深细的研讨，与创作之丰饶相比，已有研究明显薄弱，很多重要作家作品和创作现象均未进入学术视野，现有研究多停留在批评层次，理论上的提升不够，对地方志进入小说后给作家小说观念与小说文体形态、叙事形态、语言形态等带来的影响，现有研究几乎没有涉及，对方志小说如何处理好传统与现代、批判精神与传统复兴、地方生活与作家文化自觉、猎奇性与经典性、民族性与世界性等诸多范畴的问题尚缺乏应有的关注，更没有从"重构

中国小说诗学"这个角度去思考地方志对于当代中国小说回归"中国诗学"的重要价值。

鉴于此,本书站在当代小说发展的全局高度,以当代中国小说返归本土诗学经验为价值关怀,对 20 世纪 80 年代以来当代方志类小说创作的发生学背景、类型特征、诗学本质、诗学特点、本土化意义及其问题展开系统性的研究,意在:理论上厘清地方志与当代小说的本体论关系,阐明当代小说领域方志类写作呈复兴之态的历史与现实渊源;刻画地方志进入当代小说后,给中国当代小说带来的观念形态、叙事形态、修辞形态等方面的变化和影响;厘清地方志影响下的当代小说诗学形态与中国古典小说诗学资源的关系,揭示全球化背景下,中国当代小说返归本土史学经验的可能与路径。

全书的核心概念,无疑包括"地方志""中国当代小说""小说诗学"。其中,"地方志"无须多做解释,它是一地自然与社会之书。地方,为区域,且多为行政区域,故有县志、府志、省志等,当然也包括某些特定空间的志书,如江河志、山志、寺庙(观)志、海域志、海岛志等。志,则为记述、记载之意。地方志是按一定的体例对一个地方的自然、地理、历史、政治、经济、文化、交通、人口、物产进行全面记载的图书文献。

所谓"中国当代小说",本书自然不是指 1949 年至今的整个当代小说,而是截取 20 世纪 80 年代,特别是 20 世纪 90 年代至今的当代小说作为研究的对象。原因在于:1949 以后的中国当代小说,长时段书写的是国家、民族、历史、社会、革命的大叙事,而鲜有深入地方自然地理与社会历史之中的方志性写作。即便是 20 世纪 80 年代的小说,事实上也是处在一种思想解放和精神启蒙的国家民族大叙事之中的。而只有到了 20 世纪 90 年代,尤其是 21 世纪以来的当代小说,因应着整个小说写作取向的调整,国史式的写作渐渐淡出,地方史的写作渐渐凸显,地方志作为小说的写作要素才逐步为作家们所重视,如此的写作,才具有真正的对象价值和分析价值。

至于"小说诗学",则是一个复杂的概念。所谓"小说诗学",包含着两个层次的意思,一个是"小说",一个是"诗学"。何谓"诗学"? 众所皆知,此一概念出自亚里士多德的《诗学》,此著专论戏剧和史诗的技巧,其中尤以悲剧为重。亚里士多德并未就何谓"诗学"做专门论述。西方诗学概念史上,雅各布森从语言学的角度,曾对诗学做过著名的定义,认为诗学是在语言信息这一总的背景和在诗这个具体背景下,对诗歌语言功能的研究。雅各布森认为诗学主要解决的是"什么使言语信息成为艺术品"的问题。① 乔纳森·卡勒将诗学定义为通过描述传统和阅读,试图对文学效果的解释。卡勒认为诗学始于被证实的意义和效果并探寻其如何获得这样的意义和效果。譬如小说中是什么使一个段落具有讽刺意义,什么使我们对一个特别的角色报以同情,为什么一首诗结尾部分含义模糊等。② 刘小枫从文化哲学和历史学的角度,对《诗学》译名进行训诂学式的研究,认为亚里士多德的诗学是以伦理学为基础,是有关古希腊的"诗教",是城邦教育的"国学"。刘小枫将研究重点落在亚里士多德《诗学》最重要的概念"肃剧"(即悲剧)上,认为亚里士多德的诗学便如中国的《诗经》一样,是诗教的产物,而不是诗的创作学。③ 金健人的观点与刘小枫的观点截然相反。在《为诗学正名——它是什么不是什么》一文中,金健人直截了当地指出,所谓"诗学","就是文学创作学"。他援引当代西方比较文学和翻译研究领域十分重要的人物安德烈·勒菲弗尔的理论指出,诗学有两个组成部分,"一个是一张文学技巧、体裁、主题、典型人物和情景、象征的清单;另一个是关于文学在整体社会系统里有什么或应有什么角色的观念"④。很显然,在"诗学"概念的理解上,刘小枫和金健人的观点看起来针锋相对,其实是一而二、二而一的关系,一个强调的是"诗"(文学)的观念、功能和角色,另一个强调的是"诗"(文学)的本体构成和创作实践要素。事实上,诗学既包含一整套的和文学有关的观念系统(包括文学的体、用两端),同时也包含着"文学创作学"的实践诗学(包括主题诗学、叙事诗学、结构诗学、人物塑造诗学、语言诗学、文体诗学、修辞诗学等)。如此,所谓"小说诗学",从宽泛的意义上讲,实际上就指涉到小说的观念、本体、创作实践的很多方面,包括我们对小说的认知,对小说功能的理解,对小说经典性的体认以及小说创作学和创作实践上的题材、主题、人物、结构、情节、冲突、叙事、语言、修辞,等等。

基于上述对"小说诗学"的理解和把握,虽然说地方志对当代作家的小说创作影响无处不在,但是在本书的研究过程中,我们显然无法面面俱到地探究地方志对当代小说诗学建构的全面影响,只能是选择某些根本性、决定性、现象性的问题作为研究的对象,把和小说诗学有关系的元素,糅合进所

---

① 吴涛:《西方诗学概念述要》,《名作欣赏》2018 年第 12 期。

② 吴涛:《西方诗学概念述要》,《名作欣赏》2018 年第 12 期。

③ 刘小枫:《"诗学"与"国学"——亚里士多德〈诗学〉的译名争议》,《中山大学学报》(社会科学版)2009 年第 5 期。

④ 金健人:《为诗学正名——它是什么和不是什么》,《中国文学批评》2016 年第 3 期。

讨论的命题当中,而不可能按照"小说诗学"涉及的范围,事无巨细地作一一划分,然后做分门别类的研究。——换句话说,我们将把地方志作为一种观察当代小说创作的方法和视角,去"发现"地方志进入小说后,给当代小说创作带来的重要诗学元素和诗学改变,去思考只有在地方志的视角下才有思考和研究价值的东西。

正因如此,全书的体例安排,我们按照导论和上、中、下三编的结构统摄问题。导论是提出问题,即为什么研究地方志与当代小说的诗学关系,主要是侧重中国小说的历史传统和现实转变来讨论这一问题。上编则是类型研究,概括出地方志影响下的当代小说的典型类型形态,从地方志的角度去提炼当代小说的几种类型,包括舆地诗学、名物诗学、博物诗学、史传诗学、风俗诗学等。虽然不能说这些类型的归纳和命题的提出完全是地方志作为观察视角的独特的发现,但是很显然,从地方志的角度来思考这些惯常不大会思考的问题是别具意味的。因为,地方志作为史地之学,对这些内容的记载皆极为详尽,当代小说亦吸收颇多。中编将从空间诗学的角度,探究中国当代小说中村落、山岳、流域、寺观、街区等叙事空间的天人、人人、人神关系,在地方志的视角下,对这些叙事空间的自然诗学、精神诗学和文化诗学进行发现和再解读,必将会有新的发现。特别是山岳、寺观、流域、街区,这些空间过去学界涉足甚少。下编则回归到当代小说的形式诗学层面,探究地方志如何给中国当代小说提供文体、人物塑造、语言、结构、想象力以及作家处理地方志文献史料所需要的学问功底、文法等方面素材。

上　编

地方志与当代小说类型及诗学传统

地方志是一地的百科全书。宋代司马光将方志视为"博物之书"。近人刘师培《编辑乡土志序例》所拟订的《乡土志目》，对方志编修思路进行了详细论证。他认为，地方志书的内容应该包括舆地志、政典志、大事志、人物志、方言志、文学志、物产志、风俗志等8个部分。① 刘师培的8个部分是归纳，而具体的地方志撰写，则是以内部的分类条陈各地情况，如清雍正《河南通志》全书共80卷，43目，即：圣制、舆图、沿革、星野、疆域、山川、城池、礼乐、兵制、河防、水利、封建、田赋、户队、漕运、盐课、邮传、风俗、物产、职官、公署、仓廪、学校、选举、祠祀、陵墓、寺观、古迹、帝王、名宦、人物、理学、儒林、忠烈、孝义、文苑、隐逸、烈女、流寓、仙释、方技、艺文、辨疑等。

刘师培所概括的8个部分，未必能够囊括地方志所记载的地方性地理事物的全部内容，但这8个部分，对于小说创作来说，都可以成为作家取之不尽、用之不竭的资源。特别是舆地、政典、人事、物产、风俗等，更是小说家们叙写地方自然、历史、地理、文化与社会生活经验所乐此不疲取材的对象。这些素材，构成小说写作的对象，同时，也映现出作家的地方意识和地域性文化意识。特别是在当代作家的小说创作向"地方"后撤、下潜的情况下，方志所载的内容，正日益成为当代作家叙写"地方"的想象力的来处和宝贵资源。就像四川作家贺享雍所说的，"在全球化的背景下，世界各国的作家都在努力将区域文化作为审美对象来创作小说，以你前面所说的地方性知识，来突出自己民族文化特色，保住本民族的文化之根。在这样一种文化自觉的背景下，国内的许多作家尤其是从事乡土题材创作的作家，都或多或少地在头脑里树立了一种方志意识，有的甚至干脆直接用方志体的形式来创作小说"②。地方志既是当代作家获取创作的文化根脉的重要取径，同时也是使得他们的创作达到人文与历史深度的有效支撑。

地方志因为其内在的丰富与复杂，为作家创作提供的支撑是多方面的。本编主要从地学、名学、物学、史学、风学等几个方面，观察当代作家借用方志资源创作小说而形成的基本诗学特征和诗学创造。

---

① 王兴亮、赵宗强：《刘师培与地方志》，《中国地方志》2005 年第 3 期。
② 向荣、贺享雍：《〈乡村志〉创作对谈》，《文学自由谈》2014 年第 5 期。

第一章　地方志与当代小说的"舆地"诗学

从方志的角度观照当代作家的小说创作,舆地学是不能不考虑的,因为,方志首先就是地学,作家以地方志作为文学创作资源,地方志书中的地学知识、地学思维、地理价值观等便必然会顺势而下,进入作家创作。"舆地学"就是地理学。与现代地理学不同,舆地学是中国古代的地理学,包含着很多中国古代的智慧、思想和方法。

文学与史学、地学浑然融通,古今如一。只是,古今的写作者对"地"的情感、认识和理解,以及他们的地理观念、地理审美思维等,却有霄壤之别。古人对地的把握,是放在大道中加以认识的,与天对应,天和地都是道的实践,都有"心",故《易经》有云:"地势坤,君子以厚德载物。"①地呈现出的是宽厚和随顺的德性,是道德化和形而上学的,含有阴阳、五行、星野等思想。而今人对地的认识,显见已经剔除了玄学、道德哲学和形而上学的成分,回归到现代地理科学的认知领域。特别是过去的读书人以"治"天下为使命,舆地学便是他们"治"的实学和重要学问,"山川形势、城邑道路、关隘名胜、历史沿革、物产民族等,涉及外交、军事、经济、内务、方志等各个方面,包括治河、海塘工程等关系国计民生的大事"②。所以,古代的读书人,多有舆地的学问和兴趣。文学领域的诗、词、文、赋和小说中,各种地理事象和地理生活具陈,除了对自然之物的叙写外,像皇都、宫室、名楼、江河、山岳、寺观、村落、津渡、关隘等,应有尽有;纪行、游览、风土记、地理志写作等,也一应俱全。地学思维甚至成为文学史的定名法则,像《诗经》中的风、雅、颂,就是依据地理位置来定名,雅、颂以镐京为中心,风,则依周南、召南、邶、墉、卫、王、郑、齐、魏、唐、秦、陈、桧、曹、豳等国的地理位置定为"十五国风";《楚辞》更是直接以楚地命名,意为楚人之声和楚人歌词。至少从古代文学来看,地理

---

① 杨天才、张善文译注:《周易》,中华书局 2011 年版,第 29 页。
② 罗见今、王淼:《晚清舆地学者与新地学的兴起》,《哈尔滨工业大学学报》(社会科学版)2008 年第 2 期。

思想对文学的渗透和影响是无处不在的。

进入现代社会以来，因为学科分类的原因，地理成为专门的知识，作家大多没有地学的特别兴趣，更主要的是民族危机和社会变革的内在要求使然，中国作家的聚焦点基本转移到社会与人的解放，写社会、写人、写历史的文学，遂成为主流，"现实主义""文学是人学"等观念构成文学的经典法则。直到20世纪80年代，随着历史宏大叙事解体，文学向地方、民间下潜，兼及"寻根文学"的推波助澜和马尔克斯、福克纳等的影响，作家的风土写作、地理志写作方式渐渐复萌，不少作家借助地方志和其他史学、地学文献，创作出大批富含舆地趣味和美学品格的优秀作品，汪曾祺、林斤澜、刘绍棠、王蒙、张承志、韩少功、李杭育、陈忠实、莫言、贾平凹、阿来、迟子建、刘亮程、范稳等，都是极有代表性的作家。

这种舆地写作是值得探究的。我们既需要从一般理论上去探讨小说舆地写作的各种可能性，亦需从小说史的层面，综合打探当代小说重返舆地写作传统过程中的古今通约、古今对话诸问题，比如：地理如何形塑着当代小说的内部世界？作家们的地理观对中国传统的地学思想有何赓续和创新？作家们的地理观如何建构着小说的思想世界与审美世界？舆地写作的当代意义何在？……这些都需要做深入的阐发。有鉴于此，本节拟选择几个代表性作家，就其舆地写作的特点、内涵及其写作的意义做初步的探讨。

第一节　以名示意、地学景观与"小说地名学"

舆地写作可论之处甚多，地名是其中最基础的部分。就中国而论，地之有名始于何时无从考证。作为术语，"地名"最早见于《周礼·夏官·形方氏》："原师掌四方之地名，辨其丘陵、坟衍、原隰之名，物之可以封邑者。"①据著名人文地理学家陈桥驿考证，中国早期典籍中，"《禹贡》记载的地名约1300处；《山海经》约为《禹贡》的10倍；《汉书·地理志》涉及地名超过4500处；《后汉书·郡国志》超过4000处；《宋书·州郡志》超过2000处；《南齐书·州郡志》超过2000处；《魏书·地形志》超过6000处；《水经注》20000处左右"②。古人为地命名，多依地物的一两个主要特征，或以山，或以水，或以植物，或以动物，或以姓氏，或以官职，或以气象，或以色泽等，不一而足。

① 孙怡让：《周礼正义》（第八卷），中华书局2015年版，第3258页。
② 侯慧奔：《陈桥驿与地名学》，《中国地名》2015年第12期。

《水经注》总结地名的命名规律："凡郡，或以列国，陈、鲁、齐、吴是也；或以旧邑，长沙、丹阳是也；或以山陵，太山、山阳是也；或以川原，西河、河东是也；或以所出，金城城下得金，酒泉泉味如酒，豫章樟树生庭，雁门雁之所育是也；或以号令，禹合诸侯，大计东冶之山，因名会稽是也。"①《水经注》还总结出了"因山以取名""因水以取名地也""非直因山致名，亦指水取称""以物象受名""以物色受名"等地名命名原则。②

　　只是小说家写地，可以虚构，亦可据实，或虚实相间。统观当代作家的小说创作，虚构地名者自是大有人在，但据实叙录者更不乏其人。特别是在创作上，存在着普遍的所谓"童年经验"或"乡村经验"，加之作家们营造自己的"约克纳帕塔法体系"野心使然，微观地理学上的地名叙写丰富而驳杂。很多小说，篇名即含地名，如汪曾祺的《大淖记事》，古华的《芙蓉镇》，王安忆的《小鲍庄》，史铁生的《我的遥远的清平湾》，马原的《冈底斯的诱惑》，韩少功的《马桥词典》，陈忠实的《白鹿原》，贾平凹的《商州》《高老庄》，迟子建的《额尔古纳河右岸》，阎连科的《丁庄梦》，叶广芩的《青木川》，向本贵的《凤凰台》《盘龙埠》，红柯的《金色的阿尔泰》，孙惠芬的《上塘书》《歇马山庄的两个女人》，刘醒龙的《圣天门口》《黄冈密卷》，赵本夫的《天漏邑》，胡学文的《营盘镇》，范稳的《碧色寨》，邓刚的《潜进阿尔木湾》，凡一平的《上岭村的谋杀》《天等山》，叶舟的《敦煌本纪》，冯飞的《野猪岭饭店》，向春的《河套平原》，阿莹的《长安》，等等，都是以地名为小说的篇名。

　　以地名为小说篇名，本是中国小说命名法的一种。旧时的小说，以人为篇名的，有《穆天子传》《汉武故事》《燕丹子》等。以地为名的小说更多，如《海内十洲记》《西京杂记》《酉阳杂俎》《杜阳杂编》《齐东野语》《江淮异人录》《秦淮画舫录》等，都是享有文学史盛名的笔记小说。《三国演义》《水浒传》《西游记》《红楼梦》，本就有极饱满的地学元素。就小说本身而言，地名作为小说的名称，意味着小说某种空间上的限定性，意味着故事将在特定的自然地理和社会历史空间中展开。小说家们在特定的空间和异空间，即小说地名所呈现出的相对固定的地域社会，与外部更大的时代、社会、历史空间的互动中展开叙事，这是《红楼梦》《水浒传》等的共同特点。《红楼梦》以贾府深宅为聚焦点，外通莽莽浩宇、荡荡乾坤，使用的是穿插勾连的功夫，聚而不散，缥缈无定，整部小说的意旨，就全在红楼一"梦"里，"究竟是到头一梦，万

---

① （北魏）郦道元：《水经注》卷二"河水"，时代文艺出版社2001年版，第11页。
② （北魏）郦道元：《水经注》，时代文艺出版社2001年版，第79、27、141、120、98页。

境归空"①。"红楼梦"是以名示意。这种以地名喻示"不言之言"的,当代小说不乏其例,《芙蓉镇》《高老庄》《白鹿原》《天漏邑》《凤凰台》《圣天门口》《敦煌本纪》等都较为典型。如古华的《芙蓉镇》,作为一部反思小说,作品开篇呈现给读者的,就是"一览风物",写镇子旧时的繁华:

> 芙蓉镇街面虽小,居民不多,可是一到逢圩日子就是个万人集市。
>
> 三省十八县,汉家客商,瑶家猎户、药匠,壮家小贩,都在这里云集贸易。猪行牛市,蔬菜果品,香菇木耳,懒蛇活猴,海参洋布,日用百货,饮食小摊……满圩满街人成河,嗡嗡嘤嘤,万头攒动。②

风物者,景物与风习而已,于寻常百姓而言,就是生活的热闹与喧腾、富足与安稳。可是在特定时代,人的日常生活却被淹没在各种运动里,人不再是人,而是"坏分子""黑五类""右派""黑鬼夫妻"等,劳改、监管、自杀、发疯等,成为镇上另一种"风物"。小说最后,"运动根子"王秋赦幽灵般的声音在镇子上回荡:"千万不要忘记啊——!""阶级斗争,你死我活啊——!"孤绝的尾音,阴森可怕。小说中的芙蓉镇以何镇为蓝本,究竟是作家古华故乡嘉禾县的唐村镇,还是湘西永顺县的王村(谢晋电影《芙蓉镇》拍摄地,现已改名为芙蓉镇)? 不得而知。但是古华以"芙蓉镇"名之,且写到芙蓉河、河岸的木芙蓉树、"芙蓉姐子"等,"芙蓉"显然是一种别有深意、别有意涵的预设。《本草纲目》有"木芙蓉"条目。"木芙蓉"释名"地芙蓉",气味"微辛,平,无毒","清肺凉血,散热解毒,治一切大小痈疽肿毒恶疮"③。小说中芙蓉镇之芙蓉,有没有特别的含义,此处不便作强解,但是那些动辄将人打成牛鬼蛇神的政治运动,何尝不是正常社会的"痈疽肿毒恶疮"? 李国香、王秋赦们对政治运动的热情与情感陷溺,又何尝不需要"清肺凉血,散热解毒"的健康人性作为疗救的良药?

《芙蓉镇》是借名,借"芙蓉"之名,强化小说的批判功能。相比较而言,贾平凹的《高老庄》则是另一种借名。小说取境《西游记》中"高老庄",借用猪八戒在高老庄娶亲,酒后现出猪妖原形的故事,"假道于山川,不化而应化",以比附《高老庄》的主旨。《高老庄》写的同样是现形的故事,只不过现形的不再是猪八戒,而是大学教授高子路。子路出身农家,接受高等教育后成了大学教授。原本子路应该像孔子的弟子子路那样,勇武而刚直,辨别是

---

① (清)曹雪芹:《红楼梦》(脂砚斋批评本)(上),岳麓书社2006年版,第2页。
② 古华:《芙蓉镇》,人民文学出版社2004年版,第2、3页。
③ (明)李时珍:《本草纲目》(校点本第四册),人民卫生出版社1975年版,第2130页。

非,行仁义,但《高老庄》中的子路,却继承了高老庄人矮小腿短的特点。他一心要洗脱农家子弟的身份和趣味,为此不惜和乡间的原配妻子菊娃离婚,娶了城里大宛名马似的女子西夏,以改变下一代的基因。然而,在为父亲去世做三周年祭,他再次回到高老庄,回到自己熟悉的生活环境和文化环境时,子路却被彻底地打回高老庄人的原形,那些潜存在高老庄人骨子里的文化基因,如封闭、狭隘、自私、小气、粗鄙等,在子路重回高老庄的生活环境时,一一再现。贾平凹借道于《西游记》中的"高老庄",表达的其实是对乡土文明中人的精神退化的精深思考,用心实在是良苦。

和《芙蓉镇》《高老庄》的借名相比,赵本夫的《天漏邑》更有哲学的、人类学的复杂气象。此作颇有《红楼梦》的味道,虚则实之,实则虚之。小说中,两条线索交叉轮替,作家一边以田野调查的方式,以简笔写出天漏村的亘古、蛮荒、偏僻、神秘的历史,另以繁笔写出天漏村的人的天性与人性。天漏村是个与世隔绝的所在。世间传说,天漏村是远古遗民的部落,古舒鸠国的都邑,历朝囚徒的流放之地,天象诡异,时有雷电伤人之事发生,人也诡异,沿袭着古老的法则。《天漏邑》的故事极为复杂、情节奇特,但究其宗旨,写的不外是人的罪性与恶性。天有"漏",故有女娲补天之说,但天之"漏"又岂可尽补?哪里会有无"漏"之天呢?"漏",是事物的本质。于事和物而言,是亏欠、欠缺,是不完整、不圆满;于人而言,则是德性有亏。《天漏邑》处理的,就是人的罪性和原罪问题,但是在中国文化中,却没有发展出内在的忏悔文化,有的是外在的天谴机制。小说中,天漏村时有雷暴现象,三千年来劈杀了一万多人,似乎就是一个隐喻。《周易》中有"无妄"卦,"《象》曰:天下雷行,物与无妄""无妄往,吉"①。《说文》云:"妄,乱也。"无妄,就是没有虚妄、诈伪之意。天下雷行,万物皆不可虚妄,皆需有敬畏之心,大概就是《天漏邑》对人、对人性、对人的罪性与恶性的本质的思考。

对小说家来说,地和地名可以利用之处很多。地,不单提供小说故事情节展开和人物活动需要的物理空间,地名更是以其不可替代的地方性地理文化特质,构成小说家的标识。特别是在中国,内部为高山、江河所分割,形成很多大小不一的文明体,各地地形、地貌、植被、土壤、气候殊异,历史、语言、生活、礼俗、人情相远,地理特征和地名的命名机制相差很大,所以,区域性的地名系统,无论虚与实,多会构成各地独特的地名景观。如汪曾祺,居于高邮地区,地处江淮之间,中间有运河相连,湖泊星罗棋布,他的小说的地

---

① 杨天才、张善文译注:《周易》,中华书局 2011 年版,第 234、235 页。

理景观,就难免会有"水"的韵味和智慧。如《大淖记事》:

> 淖,是一片大水。说是湖泊,似还不够,比一个池塘可要大得多,春夏水盛时,是颇为浩淼的。这是两条水道的河源。淖中央有一条狭长的沙洲。沙洲上长满茅草和芦荻。春初水暖,沙洲上冒出很多紫红色的芦芽和灰绿色的蒌蒿,很快就是一片翠绿了。①

大淖、河源、沙洲等地名系统,和茅草、芦荻、蒌蒿等植被,呈现出鲜明的河湖湿地特色。生于斯,长于斯,汪曾祺即便写其他地方,也离不开诸如此类的地名系统,如《故里杂记》写"后街":

> 侉奶奶住在一个巷子的外面。这巷口有一座门,大概就是所谓里门。出里门,有一条砖铺的街,伸向越塘,转过螺蛳坝,奔臭河边,是所谓后街。②

街区的尽头,还是越塘、臭水河、螺丝坝等。这类地名系统,是汪曾祺小说中颇具地方特色的地理景观,在《辜家豆腐店的女儿》《黄开榜的一家》《昙花、鹤、鬼火》《故里杂记》等小说中,这些地名反复出现。水系地名景观,给汪曾祺的小说带来益然的生机和无尽的韵致。"自然水性即我性,水情即我情。"③水无定法,亦无形法,故以万物为形法,所以,汪曾祺的小说,总是有任性、任情而不拘礼法和敢于突破世俗陈规的力量。最典型的就是《受戒》,菩提庵成了"荸荠庵",荸荠庵便是菩提庵,"庵里没有清规,连这两个字都没有","牌客除了师兄弟三人,常来的是一个收鸭毛的,一个打兔子兼偷鸡的,都是正经人"。④ 无分别,无善恶、无是非,世俗与佛法泯然为一,确乎是达到众生平等、万法为一的大境界。汪曾祺小说的地名景观,承载着高邮人的记忆,东大街、泰山桥、竺家巷等,无一不带着高邮的地方特色。

汪曾祺小说中的地名多有出处,大多能够在《高邮县志》和《江苏省高邮县地名录》等典籍中得到求证,如《大淖记事》中的大淖、一沟、二沟、三垛等,《高邮县志》中都有记载。即便是《受戒》中的庵赵庄、荸荠庵,虽是虚构,但也各有其原型。就是说,汪曾祺小说中的地名景观,虽说有鲜明的高邮特色,但多是汪曾祺信手拈来,至多不过是略加改造而已。相比较而言,贾平凹对地名的运用,则有更多的主观创造性。他的小说地名之多、类型之丰

---

① 汪曾祺:《大淖记事》,《汪曾祺全集》小说卷2,人民文学出版社2019年版,第148页。
② 汪曾祺:《故乡杂记》,《汪曾祺全集》小说卷2,人民文学出版社2019年版,第192、193页。
③ (明)唐志契:《绘事微言》,山东画报出版社2015年版,第36页。
④ 汪曾祺:《受戒》,《汪曾祺全集》小说卷2,人民文学出版社2019年版,第96页。

富、命名之讲究,实为当代作家中所罕见。如《秦腔》——街景有清风街、秦镜楼、魁星阁,乡镇有西山湾、天竺乡、竹林关镇,地名有三角地、七里沟,山景名有虎头崖、屹甲岭、伏牛梁等,涉的地名有数十个。特别是近些年,贾平凹的兴趣转向了写秦岭的地方生活和其中的人事,写秦岭的山石、草木、鸟兽,连续创作出《山本》《老生》《秦岭记》三部长篇小说,其中涉及的地名更为丰富。比如《老生》,作品中的地名系统就几乎涉及秦岭山地环境中的所有地学类型。

河涧:倒流河、龙口

山崖:空空山、竺山、首阳山、青栎坞山、大庚山、虎山、鸡冠山、熊耳山、熊崖

镇街:上元镇、正阳镇、寺坪镇、竹林镇、过风楼镇、回龙湾镇、皇甫街

村寨:马王村、棋盘村、苟家村、祁家村、镇西街村、老鹰嘴村、陈家沟村、当归村、大明坪村、横涧村、八王寺村、黄柏岔村、琉璃瓦村、苟树洼村、石瓮村、老城村、王沟村、谢坪寨、涧子寨、口前寨、野猪寨

其他地名:回龙湾、八道峪、东川、甘家梁、王屋坪、万湾坪、铁佛寺、清风驿、麦溪沟、花家砭、巩家砭

自然地理形态上,小说写到的有河、川、山、崖、梁、坪、屿、砭、砭等;社会和人文地理形态上,小说写到了村、镇、街、观、寨、驿、寺等。这些地名,有的因为地的形状而得名,像虎山、鸡冠山、熊耳山、棋盘村、石瓮村、老鹰嘴村;有的因为物产而得名,像野猪寨、当归村、黄柏岔村等;有的因为姓氏和人物得名,像甘家梁、王屋坪、马王村、苟家村、祁家村、陈家沟村、王沟村、谢坪寨等;有的因史迹、神话传说得名,像空空山、首阳山、过风楼镇、八王寺村、琉璃瓦村等;还有因为方位而得名,如东川、横涧村等。这些地名有实有虚,究竟何为实何为虚,难以逐一求证。毫无疑问,写作这部小说,贾平凹肯定动用了大量地方志资源。不可否认的是,这些地名作为小说的叙事构成时,对《老生》这部小说的成形及其主旨的深化实有莫大的帮助。一方面,形形色色的地名,构造出一个具象的秦岭,特别是像梁、坪、屿、砭、砭、寨、驿之类,带有明显北方、山区和黄土高原特色的地名的反复出现,对秦岭的自然、人文、历史地理景观建构起到重要的支撑性作用;另一方面,这些地名连缀起的移动空间,构成了《老生》的整个叙事空间。在《老生》的后记里,贾平凹说:"《山海经》是我近几年喜欢读的一本书,它写尽着地理,一座山一座山地

写,一条水一条水地写,写各方山水里的飞禽走兽树木花草,却写出了整个中国。"《山海经》是一个山一条水地写,《老生》是一个村一个时代地写。《山海经》只写山水,《老生》只写人事。"①这种微观地理学意义上的地名所连缀的叙事空间,使得《老生》情节紧凑,叙事富有跳跃性,没有丝毫的沉闷。特别是小说中的地名,多依秦岭的山川形势而得名,或水云聚散,或阴阳晦明,或疏密深远,因此,整体上看,《老生》取形用势,小说更是因了秦岭的体势和形法,而有了某种跳跃的、晦暗不明但又纵横吞吐的气象。就像小说开始"像棒槌戳在天空"的空空山一样,贾平凹因为擅用秦岭的地名和山川形势,因此让《老生》窥得天地之理,进而有了生生不息的气机。

第二节 微观地理与小说"史地学"

其实,就地名而言,决然不单纯是纯粹的地理知识,它还涉及政治、经济、军事、外交、交通,涉及诸如人类学、民族学、民俗学、宗教学、人口学、植物学、动物学、矿物学、天文学、气象学、风水学、土壤学以及考古学、训诂学、语言学、文字学、音韵学等方面的知识。特别是中国的地名学,因为一地地名之产生、沿袭、变革的过程极为复杂,所以,地名所包含的内容就变得丰饶而复杂。在《〈史记〉地名考》一书中,钱穆先生曾提出地名学的三个原则:"一曰地名原始。其先地名亦皆有意义可释,乃通名,非专名,《尔雅》释山、释水诸篇可证。""二曰地名迁徙,必有先后,决非异地同时可以各得此名不谋而合也。地名迁徙之背后,盖有民族迁徙之踪迹可资推说。""三曰地名沿革,大概腹地冲要,文物殷盛,人事多变之区,每有新名迭起,旧名被掩,则地名之改为多;而边荒穷陬,人文未启,故事流传,递相因袭。如楚人南迁,屈原沉湘之故事亦随而南迁,湘水之名,始起于今湖南之洞庭流域,此后遂少变改。"②

钱穆先生所论,包含着地名的渊源、流变、沿革,是古史地学研究的基本功夫。就小说创作而言,对待地名,自然不必像学术研究那么复杂,但借重地学和史学的叠合和贯通,小说可以获得更为开阔的历史内容,这也是不争的事实。因为,每个地名都有它的渊源;这个渊源,本就是源自某种独特的历史。当小说家将地名植入小说中的时候,其实,就是将地名背后的历史植

---

① 贾平凹:《老生·后记》,人民文学出版社 2014 年版,第 291 页。

② 钱穆:《史记地名考》(上),九州出版社 2011 年版,第 3、4、5 页。

入小说之中,从而让小说流动着历史的气息,充满历史感。刘绍棠的《十步香草》,开篇即引《畿辅通志》和《图经志书》,介绍通州的历史和沿革:

> 通州上拱京阙,下控天津。潞、浑二水夹会于东南,幽燕诸山雄峙于西北。舟车辐辏,冠盖交驰,实畿辅之襟喉,水陆之要会也。——《畿辅通志》

> 通州本禹贡冀州之域,春秋战国皆属燕,秦属渔阳郡,两汉本潞县及安乐县故地,皆渔阳属邑。魏晋以降,属幽州。后魏置潞郡,隋开皇初省入涿郡。唐武德二年于此置元州,领潞、临洵、无终等县。贞观元年,省元后为潞县,后以水患徙治安乐故城,今州之东北即旧治地也,历五代皆因之。至金天德三年,升为通州。元因之。领县二,曰潞,曰三河。隶大都路。洪武元年闰七月内附,并潞县于州,仍以三县隶焉。——《图经志书》①

如此,通州的地理位置、疆域、归属和地名的沿革,便可于志书中得以一观究竟。小说中,刘绍棠由远及近,从写通州起笔,接着写一地名——安乐窝儿,刘绍棠同样是从志书和其他典籍文献入手,确证地名安乐窝儿是"因晋封刘禅于此而得名"②。刘绍棠征用《太平寰宇记》《后汉书·吴汉传》《水经注》《图经志书》《通州志》《钦定日下旧闻考》等一干典籍,求证出安乐原为一县名,旧属渔阳郡,故城在今幽州潞县西北,目前的通州,便是汉唐时期的安乐县所在地。

地名之一字、一词,背后都是历史,是故事。类似的还有汪曾祺的《大淖记事》中关于"淖"的叙述:

> 这地方的地名很奇怪,叫做大淖。全县没有几个人认得这个淖字。县境之内,也再没有别的叫做什么淖的地方。据说这是蒙古话。那么这地名大概是元朝留下的。元朝以前这地方有没有,叫做什么,就无从查考了。③

一个"淖"字,虽是轻描淡写,植入的却是读者对蒙元时期的复杂历史记忆。汪曾祺如何看待那段历史?如何看待蒙元时期的中国?不得而知。在其小说《幽冥钟》和散文《吴三桂》《我的小学》等作品中,汪曾祺不止一次提到至正十三年(1353)张士诚攻下高邮,在承天寺登基自称"诚王",建国号为"周"

---

① 刘绍棠:《十步香草》,北京十月文艺出版社 2018 年版,第 1 页。
② 刘绍棠:《十步香草》,北京十月文艺出版社 2018 年版,第 3 页。
③ 汪曾祺:《大淖记事》,《汪曾祺全集》小说卷 2,人民文学出版社 2019 年版,第 148 页。

一事。张士诚和元兵的"高邮之战",是元朝败亡前的一次大规模战争,汪曾祺想必并不陌生。他的一个"淖"字推源,"据说这是蒙古话",唤醒的便是人们对蒙元时期的中国的历史记忆。这种植入法,小说领域比比皆是,如徐则臣的《北上》,当中就有"蛮子营"一说,"蛮子营斜对面,运河的那一边,有个村叫杨坨,住的多是北方流民,有一部分人做过义和团"①。"蛮",为古代对南方民族的泛称,《周礼》中有"八蛮"之说。因为"蛮"在后来的演变中,有对南方人的蔑称的意味,所以,以"蛮子营"作为地名,多见于北方村落,在我国北京、河北、河南、山东很多地方,都有诸如"蛮子营村"这样的称呼。这样的村落往往是由南方人所建,因为有"营",所以又多和驻军或军人有关。

作为地名,"淖"和"蛮子营"之名是隐含着故事,而有些作品里面,地名本就包含着故事,例如房静的《运河码头》,在小说"前言"里面,作者就在参考了《新沂县志》后介绍了徐州窑湾的历史:

> 被称为大运河第一古镇的窑湾,坐落于江苏省徐州市西南部,民国前隶属宿迁、邳县两地,京杭大运河、故黄河、沂河和骆马湖在此交汇,因其特殊的地理位置,历史上是闻名全国的军事重地。早在两千多年前,西楚霸王项羽在此征收八百窑工,揭竿讨秦;元末明初,军事家刘伯温在此利用民房建筑,设置"奇门遁甲八卦迷魂阵"军事阵地,有力地打击了元军十万铁骑!②

地名是史学和地学的结合。每个地名都有它的渊源,每个地名也各有它的历史。这个历史,有的属于地名本身,有的属于地名所划定的地方,是地方的小历史。这种小历史,与国家、时代的大历史有交集、叠合,但也有错位、悖反,且极容易被淹没在国家、时代的大历史中。在小说创作中,不少作家极善于打捞这种地方性的小历史。韩少功在他的《马桥词典》中,就通过《左传》《水经注》《宋史》等典籍,重建了一个叫作"罗国"的古国的历史。在韩少功的叙述中,春秋时代就有罗国,罗人曾定居今天的湖北宜城西南,与西南方的巴国为邻。罗人以彭水为天然屏障,抗拒北方强国——楚,但最终不敌强楚。罗人后来两次逃亡,第一次逃到枝江,就是历史上"巴人"的发祥地;第二次是20年左右以后的楚文王时代,再次逃到湘北,即现在的岳阳、平江、湘阴县一带。在春秋列国中,罗国几乎不为人知晓,是韩少功的《马桥词典》,将湮没于时间的烟尘古道中的古罗国的历史复建起来。相似的是阿

① 徐则臣:《北上》,北京十月文艺出版社 2018 年版,第 397 页。
② 房忆雪:《运河码头》(第一部),新世界出版社 2019 年版,第 7 页。

来的《瞻对》,同样是通过史料和文献,如《清实录》《清史稿》《清代藏事辑要》《清代藏事辑要续编》《西藏纪游》《西藏志》《西藏通览》《西藏纪事诗本事注》《西康史拾遗》《清季民康区藏族文件辑要》《西康札记》《康藏史地大纲》《新龙县志》,以及奏章、御批、条约、协定、档案、回忆录、报道、日记、年谱、民间传说,等等,重建一个叫作"瞻对"的地方的特殊历史。"瞻对"在藏语里是"铁打成的疙瘩"的意思,小说的标题,就是《瞻对:终于融化的铁疙瘩》,副标题是"一个两百年的康巴传奇"。作为一部非虚构历史小说,阿来在《瞻对》里,通过大量的史料,将瞻对这个地方放置在 200 年的历史时段中,呈现出的是长期处于化外之地的瞻对人的"刁顽""捍番"和"番蛮",以及瞻对归化于大统的大势和艰难历程。

《马桥词典》和《瞻对》所叙述罗国和瞻对的历史,罗国和瞻对都是单纯被叙述的对象,是作家所要处理的全部。而在有些作品中,作家往往会穿插叙述某一地名的历史,这种地名在小说中不占多少比重,甚至仅是微不足道的部分,但是往往处在核心位置。典型的如《白鹿原》,其中关于白鹿传说,以及白鹿原、白鹿村、白鹿镇、白鹿书院名称由来的描写,便是如此。小说写白鹿的出现,借助的是传说。相传很古很古时候,原上曾出现过一只白色的鹿,白毛白腿白蹄,鹿角莹亮剔透。雪白的神鹿,柔若无骨,在开阔的原野上恣意嬉戏。白鹿所过之处,万木繁荣,禾苗茁壮,五谷丰登,六畜兴旺,疫疠廓清,毒虫灭绝,万家安康。白鹿原、白鹿村、白鹿镇、白鹿书院,皆因白鹿而得名。白鹿的出现在小说中不过寥寥几次,这一传说,是陈忠实对古代典籍的化用。《太平寰宇记》载:"白鹿原,在县西六里。按三秦记云'周平王东迁之后,有白鹿游此原,以是得名'。则秦运之象也。"①《太平寰宇记》所陈,仅是纪事,陈忠实却将白鹿的出现化为吉兆,凡白鹿一出,带来的必是祥和、兴旺。于是小说写道:宋朝年间,一河南小吏调任关中,见一只雪白小鹿凌空一跃又隐入绿色之中再不复现,遂在此盖房修院,划定墓穴方位,后代因此兴旺起来。白嘉轩地里得一物,形似白鹿,后以水地换鹿子霖的旱地,家道自此殷实而安稳。白鹿游原,是历史;白鹿原得名,千年百年,亦有其历史。《白鹿原》这种夹杂着地名历史的叙述和作品整体的历史叙述构成一种彼此映照的结构。白鹿原、白鹿村有自己的内部的历史,却同时处在一个更大的时代和历史当中,这个更大的时代和历史,有它的规律,这个规律就是冷先生所说的"反正",就是朱先生所说的"鏊子"。冷先生以医家的眼光看这个

---

① （宋）乐史撰、王文楚等点校《太平寰宇记》（第二册）,中华书局 2007 年版,第 556 页。

世界,必然看到"反正",因为医家讲阴阳、讲因果、讲辨证,结论所系,全在一心、一念,所看到的世界,必是"看山不是山",故有"反正"。而朱先生承继关学,"为天地立心,为生民立命",以大儒的身份看世界,看天下,所看到的天下,必是眼中的天下而非心中的天下,"看山还是山",故有"鏊子"。不管如何,处在这个"反正"和"鏊子"中,白鹿原和原上的每一个人,都受制于外部"反正""鏊子"的大历史,逃离不开"反正"和"鏊子"的命运。如果说白鹿的出现是吉兆,是万物复兴,是生机,那么,白狼在原上的出现,带来的则是衰败,是死亡,是寂灭。白鹿、白狼,就是原上的"反正",也是天下的"反正"。

这种在时代和外部的大历史中,植入地方小历史的做法,还有阿来的《云中记》。小说写的是"回来"的故事。阿巴从移民村回到云中村,是回来;阿巴从失忆中恢复记忆,再次获得记忆,是回来;阿巴妹妹的亡魂,显现于鸢尾花,是回来;云中村的废墟上出现鹿,是回来;云中村从无到有,又再次到无,坠入岷江中,还是回来……小说的主题就是形形色色的回来。而阿巴的回来,陪伴、安慰、祭祀云中村在震中逝去的人的鬼魂,最后随云中村一道消失于岷江中,显然是小说的主线。但《云中记》中,阿来却植入了一个地方性的小历史,就是云中村的历史。小说以史诗的笔法,写云中村人的先祖阿吾塔毗,一千多年前率领部落从高原向东迁徙的创世神话,他们一路打败虎、豹等凶猛的野兽,打败矮脚人,赶走土著,最后到达云中村这个地方,定居了下来。他们的先祖阿吾塔毗化为巍峨的雪山——阿吾塔毗神山,护佑着世世代代的云中村人。这个阿吾塔毗创世的故事,与整部小说构成一种深层次的对话关系:阿吾塔毗率领部落东迁,是人类生存意志决定的,他们要从不适宜人类生存的高山、高原地区,到舒适的地方去,为此,他们披荆斩棘,克服一切困难;但是,大自然也有它的意志,地震,就是大自然的意志的结果。人的意志,在大自然的意志面前是何等的脆弱,何等的渺小,何等的不堪一击,阿吾塔毗根本无法庇护他的后世子孙。人,唯有相信鬼魂的存在,并需要得到安慰,这是阿巴作为祭师存在的全部意义。

第三节　方位地理观与小说的文化观念

地理思想、地理观念对小说的影响,还体现在地理方位。很大程度上,至少就中国文化而言,地理方位并不单纯是一个自然空间问题,它还与中国人的文化观念、政治观念等密切相关。众所周知,早在殷商时期,中国人就形成了东、西、南、北的"四方"观念。因为黄河流域开发较早，相比其他地方更为发达，所以，春秋以后，以黄河中下游为核心的中原地区逐渐形成文化上的"华夷"观念，和蛮、夷、狄、戎相对的，是华夏。《荀子·正论》有云："故诸夏之国同服同仪，蛮夷戎狄之国同服不同制。"在西周分封制的基础上，中国人以国名、州土对应天上的星宿，继而形成"分野"的观念，并依据离王都的远近，将天下划分为"五服"，"封内甸服，封外侯服，侯卫宾服，蛮夷要服，戎狄荒服"①。到了战国时期，"天下九州"观念取代"夷夏之辨"，但是"夷夏之辨"和"五服"观念，却塑造出中国人地理思维上的"中心—边缘"意识，进而形成文化和政治观念上的"中心—边缘"意识；这种"中心—边缘"意识，便是以地理空间，来区分文化和政治上的正统与非正统。最典型的例子就是《三国演义》。从观念上讲，世人皆知，作者罗贯中是"尊刘反曹"的，因为刘备是皇室宗亲，是血缘上的汉室贵胄；但是，就《三国演义》的实际呈现效果看，我们可以发现，书中所写到的曹操手下的文官集团，几乎是清一色的中原人士，如郭嘉、荀彧、戏志才、贾诩、荀攸、程昱等；相反，刘备手下的文臣，除徐庶外，几乎再没有中原人士。汉魏六朝时期，彼时人们的正统观念是以地理而非血缘来判别。由此可知，在当时中原人士的政治认同中，内心是以曹魏政权为正统的，其中的原因很简单，那就是因为曹操占据着中原地区，正是如此，曹操手下才会汇聚着那么多中原人士，晋朝的陈寿撰写的《三国志》，也以曹魏为正统。

这种地理观念影响下的历史观念、文化观念和政治观念，深入中国人的文化生命的每个毛细血管。尤其是中国，东与西、南与北的冲突与对抗、分裂与统一，构成中国历史演进的一个轴心，人们对地理空间、方位的认知，更是别具意涵。转而观照当代小说家的小说地理空间和地理方位问题，可以看出，当代作家们受传统的地理思维和地理观念影响，在小说创作上，以地理方位呈现自我的各种情感、意识、观念乃至是无意识，是再寻常不过的事情，而其中隐含的各种思想的、文化的、观念的、情感的内涵，更是值得认真分析。比如说迟子建的《额尔古纳河右岸》。这是一部以使鹿鄂温克部落女酋长玛利亚·索为原型创作的长篇小说。小说以第一人称"我"——一个90多岁的、鄂温克族最后一个酋长的女人的口吻，叙述了鄂温克这个民族近百年的隐秘的历史。在"我"的回忆里面，这个以狩猎、驯鹿为生的民族，他们与天空、山峦、密林、河流、风雪相伴，就像小说的那个开头，"我是雨和

① （唐）杨倞注，耿芸标校：《荀子》，上海古籍出版社1996年版，第182、183页。

雪的老熟人了,我有九十岁了。雨雪看老了我,我也把它们看老了"。鄂温克人就是自然之子。但是在严酷的自然环境中,鄂温克人同时也是自然的对手,他们不得不为了活下来而不断地与灾害、野兽相搏。"我"的第一任丈夫拉吉达死于寻鹿途中,第二任丈夫瓦罗加死于黑熊;"我"的父亲林克雨季外出时遭雷击而死,姐姐列娜冻死在迁移的路上;弟弟鲁尼的儿子果格力从树上坠落而死,另一个儿子耶尔尼斯涅(意为"黑桦树")被洪水冲走,女儿交库托坎被马蜂蜇死;"我"的大儿子维克特酗酒过度而死;"我"的姑姑伊芙琳的儿子金德不满母亲定下的婚姻,在婚礼结束后吊死;矮胖酒鬼马粪包酒后被伐木工人打死;善于捕鱼的哈谢摔跤病危而死,哈谢的父亲瘸腿达西在雪地里与狼搏斗而死,哈谢的儿子小达西自杀;拉吉米捡到的女儿马伊堪跳崖自杀……小说的叙述语言不乏温婉动人,却掩盖不住鄂温克人生存的残酷。迟子建的《额尔古纳河右岸》,写到鄂温克这个民族独特的语言、信仰和生活方式,具有深沉的民族志、人类学的分析价值。就像小说中的依莲娜——鄂温克族第一个大学生一样,在走出鄂温克族的古老生活后,她不可抗拒地怀念鄂温克,她的画中,总少不了驯鹿、篝火、河流和覆盖着皑皑白雪的山峦;可是每次回到鄂温克,住上一两个月后,她就会心烦意乱,因为山里太寂寞了。迟子建实际上也是在一个矛盾的张力中,去触摸鄂温克民族的历史和生活的作家,她知道:鄂温克族走出高山和密林,带着家当和驯鹿下山是现代文明的大势所趋;但同时,古老的狩猎文明也因此而走向消亡。

值得关注的,并非《额尔古纳河右岸》的异域书写和文明挽歌,而是这部小说的篇名,即《额尔古纳河右岸》中的"右岸"。何谓额尔古纳河的"右岸"?这里面就涉及地理思想史问题。中国古代有"江左""江右"之说,这个"江",自然指的是长江。通常的说法,是长江在芜湖和南京之间呈南北流向,古人在地理上以东为左,故江东即为江左。这种说法用以描述长江勉强说得过去,但描述额尔古纳河则不通。因为额尔古纳河发源于大兴安岭西侧,为中国和俄罗斯的界河,流向上,它是自西南流向东北,迟子建所写的区域恰是河流的东边,如果按以东为左的惯例,那么应当是额尔古纳河"左岸",而非"右岸"。迟子建的"右岸"如何得来?这里面确实包含丰富复杂的地理观念问题。五代丘光庭的《兼明书》卷五"江左"条云:"晋、宋、齐、梁之书,皆谓江东为江左。明曰:此据大约而言,细而论之,左当为右,何以明之?按水之流之,随流所向而言之。水南流,则左在东而右在西;水东流,则左在北而右在南;水北流,则左在西而右在东。昔三苗之国,左洞庭而右彭蠡,则洞庭在西,彭蠡在东,其水北流故也。"①按照丘光庭随水流方向定左、右的说法,迟子建的额尔古纳河右岸是没有问题的,但是,丘光庭的说法是否符合古人的地理思想? 其实不然。东晋以降,之所以称江东为江左,实际上是以西晋的中原心态在看的。西晋末年,五胡乱华,中原名门望族、士人衣冠南渡。东晋虽在江南立足,但北方中原是名门望族和士人的故土,他们观天下的地理思维和地理眼光,还是以中原、故土在看,很难摆脱中原的思维和眼光。明末清初人魏禧《日录·杂说》也讲到"江左""江右"的问题,他提出:"江东称江左,江西称江右,何也? 曰:自江北视之。江东在左,江西在右耳。"②这里的"自江北视之",就是东晋士人望族观照天下地理的眼光。

以这样的地理思维思考,迟子建的《额尔古纳河右岸》,亦有复杂况味。小说中,迟子建曾写到鄂温克族人的一次迁徙:

> 三百多年前,俄军侵入了我们祖先生活的领地,他们挑起战火,抢走了先人们的貂皮和驯鹿,把反抗他们暴行的男人用战刀拦腰砍成两段,对不从他们奸淫的女人给活生生地掐死,宁静的山林就此变得乌烟瘴气,猎物连年减少,祖先们被迫从雅库特州的勒拿河迁徙而来,渡过额尔古纳河,在右岸的森林中开始了新生活。所以也有人把我们称为"雅库特"人。③

鄂温克族人究竟发源于何地? 是个复杂问题,此处不去探讨,特别是北方游牧民族,长期没有文字,迁徙频繁,就更难考证。但贝加尔湖显然是一个重要的发源地。"鄂温克人的故乡,是西边的勒拿河……在离勒拿河不远的地方,有个拉玛湖……都说我们的祖先是从拉玛湖的高山上过来的。"④在《额尔古纳河右岸》中,迟子建自己也写道:

> 勒拿河是一条蓝色的河流,传说它宽阔得连啄木鸟都不能飞过去。在勒拿河的上游,有一个拉穆湖,也就是贝加尔湖。有八条大河注入湖中,湖水也是碧蓝的。拉穆湖中生长着许多碧绿的水草,太阳离湖水很近,湖面上终年漂浮着阳光,以及粉的和白的荷花。拉穆湖周围,是挺拔的高山,我们的祖先,一个梳着长辫子的鄂温克人,就居住在那里。⑤

---

① 王云五主编:《丛书集成初编·兼明书及其他二种》,商务印书馆中华民国二十五年六月初版,第45页。
② (清)魏禧:《魏叔子文集》(下),中华书局2003年版,第1129页。
③ 迟子建:《额尔古纳河右岸》,人民文学出版社2010年版,第12页。
④ 参阅宋晗:《鄂温克民间传说中的族源地与民族迁徙》,《民族艺林》2013年第4期。
⑤ 迟子建:《额尔古纳河右岸》,人民文学出版社2010年版,第12页。

"拉穆湖",也即贝加尔湖,是鄂温克族人的故乡,"祖先诞生的地方"。至此,我们应该可以理解,鄂温克人的迁徙,是沿着西北—东南的方向,走到额尔古纳河的。在几百年前俄罗斯的东进、南侵下,鄂温克人的先祖被迫迁徙"去东南方,太阳升起的地方,东海之滨"①。拉穆湖,那个永远没有冬天的祖先诞生的地方,变成了鄂温克人回不去的故乡。额尔古纳河的"右岸",便有了"自拉穆湖视之"的故土意味,"右岸",带着鄂温克人浓浓的乡愁。

地理方位体现出作家的地理思维,而这个地理思维,很多时候却与作家的历史观念和文化观念暗通款曲。这些地理思维和地理观念,承载着厚重的历史,而在当代的小说中呈现出某种历史和文化意识的幽深。如《白鹿原》,其中就涉及很多方位描写。小说中两次出现异象——白鹿的出现和白狼成灾,都是从"南"写起。白鹿从南山飘逸而出,然后从东原向西原跑去,倏尔消失,这是吉兆;而一只纯白如雪的白狼从南原山根一带嘈说起来,所过之处牲畜遭害,血腥遍野,这是凶兆。就白鹿原的地理而言,其位于秦岭南麓,另外三面为浐河和灞河所环绕。《雍录》载:"白鹿原者,南山之麓,坡陁为原。"②因此,白鹿现形和白狼出没,自南方秦岭而来,此一方位或许并无问题。但小说写白嘉轩娶七个女人所涉及的方位,却不免值得玩味。小说的开头,便是"白嘉轩后来引以为豪壮的是一生里去过七房女人"。随之,小说具陈七个女人的方位:头房媳妇,是西原上巩家村人;第二房,是南原庞家村殷实人家庞女儿;第三房,是北原上樊家寨的一户殷实人家的头生女;第四房,是南原上靠近山根的米家堡村人;第五房,是东原李家村木匠卫老三的三女儿;第六房,是南原上一户姓胡的小康之家;第七房,是山里盘龙镇上与白家交好的吴掌柜的五女儿仙草。从地理方位上来看,白嘉轩的七房女人,分别是西原—南原—北原—南原—东原—南原—秦岭山中(位属南)。七房女人中,南边占了四房,另外东、西、北原上各有一房。可以看出,"南",在陈忠实的地理意识中占据着极重要的位置,这个地位,某种程度上是秦岭在陈忠实心理上的地位的反映,而来自最南边——秦岭大山里的仙草,终成了白嘉轩最后一房媳妇,结束了白嘉轩娶一房死一房的厄运。综合白嘉轩的七房女人来看,南原、西原、北原的六房皆为殷实人家,唯有东原的木匠卫老三的女儿出身穷苦人家,且是家里最苦命的三丫头,死,也是半疯半癫时栽进奇臭难闻的涝池溺死。

很难断定陈忠实的地理思维中有没有"贵南"而"贱东"的意识,但至少

---

① 参阅宋晗:《鄂温克民间传说中的族源地与民族迁徙》,《民族艺林》2013年第4期。

② (宋)程大昌著、黄永年点校:《雍录》卷七,中华书局2002年版,第145页。

就《白鹿原》来看，"东边"确实是与不好的事物联系在一起的。黑娃娶了田小娥，被父亲鹿三赶出家门，于是"黑娃连夜引着媳妇出了门，走进村子东头一孔破塌的窑洞"①。这口破塌的窑洞，最终成了被仁义白鹿村视为荡妇的田小娥的葬身之地，窑洞的废墟上，竖立起一座六棱砖塔，塔下压着的，便是田小娥被烈火焚烧的骨殖。在这一系列的描写中，"东边"是与淫荡、恶、败坏、毁灭相联系的。这种对"东边"的复杂地理意识，从另外一个陕西作家贾平凹的小说《老生》中，也可看出端倪。《老生》的特别之处，是在每个故事的开始、中间及小说的最后，插入关于《山海经》的问答，并以"南山经""西山经""北山经"为引子开启每个故事。《山海经》的山经，包括"南山经""西山经""北山经""东山经"和"中山经"，那么，《老生》何以只取"南山""西山""北山"，而舍"东山"和"中山"？有人认为，是因为作家"拒绝了象征着主流和中原的'东方'与'中州'：'南山''西山''北山'是'中国'的边缘"的缘故。② 此论是否精当，可存而不论。从作家的地理观来看，无论陈忠实还是贾平凹，以陕西观"中国"，当不会有自外于"中心"之感。虽然在《左传》的叙述中，陕西曾经被贬为西戎之地，但秦地毕竟有周入主中原、秦统一六国的壮举，所以不应该有政治或者文化上的边缘的感觉。如果说陈忠实、贾平凹等陕西作家有着某种程度上对"东方"的规避，我认为，当与中国历史上的东、西之争有相当的关系。无论是周击败殷商、秦挫败六国，还是楚汉相争，中国的国家建构和政权轮替，早期都是在"东—西"轴线上展开的。西周、东周，西汉、东汉，西晋、东晋，乃至东京和西京的"双都"格局等，都是地理上的分裂和对抗；这种地理上的分裂和对抗，在某种程度上会塑造出作家的地理观，进而影响到他们的历史观和文化观。再加上在战国时期，秦与六国以崤山为界，形成长期的对峙局面，东，为山东六国，西，唯有秦一个国家。崤山高山绝谷，峻坂迂回，形势险峻，是陕西关中至河南中原的天然屏障。贾谊《过秦论》中，把崤山与函谷关并称为"崤函之固"，所论的就是崤山的形势险绝，以及与东方六国的隔绝。这种天然的地理区隔，以及历史上秦地与东方六国的敌对和征伐，一定程度上会塑造出人们的地方性地理意识乃至无意识，这也是可以理解的。

特别是贾平凹的《老生》，因为是以《山海经》的鸿蒙、古老、蛮荒气息，去建构小说的神秘诗学，故取南山经（两广、海南和云贵川一带）、西山经（甘

① 陈忠实：《白鹿原》，人民文学出版社 1997 年版，第 125 页。
② 陈思："'新方志'书写——贾平凹长篇新作〈老生〉论"，《中国现代文学研究丛刊》2015 年第 6 期。

肃、青海、宁夏、陕西等）、北山经（内蒙古、新疆、中亚等），而不取东山经（江浙、山东、福建、环渤海一带）和中山经（河南、山西、陕西、江淮地带等），是有一定的合理性的。因为，《山海经》所写到的山系、水系和大荒经的异国，其实是汉以前中原地区人士对边地、异域的想象。就早期中国人的地理认知而言，最早接触到的异域就是东边的太行山以东地区，包括泰山和山东沿海一带，所以，中国早期的神话、传说，诸如蓬莱、瀛洲、方丈三座仙山的传说以及泰山封禅等，都是在东边发生的。而随着秦汉对南方和北方的拓殖，以及汉代张骞凿空西域，特别是佛学东进，西方给中国人带来更多更丰富的异域想象，神人、仙家、妖魔、鬼怪、道士、高僧等，中国的神话体系在地理纬度上已经从东边转移到西部。贾平凹的《老生》写的是秦岭山脉，很显然，"东山经"离得太远，"中山经"因为处在中原，早就因为人文化而去除了神秘意味，因此，唯有南山、西山、北山，方可承载秦岭山脉的神秘色彩，这大概是贾平凹不屑"东山经"和"中山经"的另一个理由。

第四节　作为小说叙事学的地理

　　这种融贯着历史观念和文化观念的地理方位，其实，很多时候，也是小说重要的叙事手段，是小说家的重要表达方式和修辞策略。如汪曾祺的《受戒》，其中就有多处写到地理方位。其中写小英子家：

　　　　小英子的家像个小岛，三面都是河，西面有一条小路通到荸荠庵。独门独户，岛上只有这一家。①

独门独户，三面都是河，唯有一条小路通向荸荠庵，写出的是小英子家的静谧、幽深和安全。汪曾祺特别强调："西面有一条小路通向荸荠庵"。按照小说的一般写法，汪曾祺未必非要写出荸荠庵和小英子家的地理方位关系，作家只要写出小英子家居里，荸荠庵在外，有一条小路通向荸荠庵即可。或者即便写出方位，东边、南边、北边均可，何以一定要是"西面"？西面一条小路，意味着小英子家在荸荠庵的东面。这究竟是随意的闲笔，还是别有深意的安排？我想肯定是后者。小说接下来写小英子家，桐油油过的大门上，贴着的万年红春联，便是关于"东边"的最好诠释：

① 汪曾祺：《受戒》，《汪曾祺全集》小说卷2，人民文学出版社2019年版，第97页。

向阳门第春常在

积善人家庆有余

　　有了"东边"，未必就是名副其实的"向阳门第"，就有"春常在"；但是如果没有"东边"，自然就不会有"向阳门第"，就不会有"春常在"。而要做到真正的"春常在"，亦须是"积善人家"，这是日常伦理的辩证。对联充满俗世的气息，而祛除虚妄的信仰，回归到人的俗世的幸福，回归到对人性、人情的基本尊重，求得俗世的岁月静好，求得世俗生活的祥和、安宁和快乐，不正是汪曾祺写作《受戒》的目的吗？如果说陈忠实、贾平凹等西部作家，有着隐隐的对"东边"的戒惕和规避之意，那么，汪曾祺却恰恰相反，他的"东边"是生活化、日常化、经验化的。最基本的经验就是：东边是太阳升起的地方，它代表着希望和勃勃的生命气机。所以，在《受戒》中他对"东边"的好感随处可见：如写善因寺，"善因寺是全县第一大庙，在东门外"。似乎唯有"在东门外"，才配得上善因寺为"全县第一大庙"的地位；写荸荠庵的空间布局，"大殿东边是方丈，西边是库房"，方丈的地位，是通过"东边"体现出来的；"大殿东侧，有一个小小的六角门，白门绿字，刻着一副对联：一花一世界，三藐三菩提"①，这个"一花一世界"，就是荸荠庵和尚们日常生活的地方，幽静而隐蔽的地方，这种对日常生活之所在的推重，也是通过"东边"体现出来的。

　　放在 20 世纪 80 年代之初的文学语境中看，汪曾祺的《受戒》不属于"反思"小说的范畴，但是，它却比所有的反思小说更具有反思的力量，那就是它不是以直面历史、直面生活的方式展开反思，而是将日常的、经验的、世俗的、伦常的，但同时又富有诗意的生活和人性提引到"庵赵庄"的生活中来，以一地为镜像，反抗那些反日常、反经验、反世俗、反伦常的清规戒律。而小说中"东边"的日常化、经验化、生活化，更是汪曾祺生活理想重构的一种重要的修辞形式。

　　《受戒》中的地理方位，其功能主要是小说主题学方面的，而在有些小说中，地理元素还起着搭建小说结构的作用，如贾平凹的《商州》。《商州》是贾平凹创作的第一部长篇小说。小说分 8 个单元，每单元的起首，贾平凹都是以地方志的手法，写一个地方的地理形势和它的文化气运。小说虚设一个叙事视角——"他"。"他"是商州的后生，能文能武，19 岁那年进了省城，后来留在省城西安。"他"极喜游览新境，考察种种奇域异地的风物习俗。小说便是以"他"一月行经商州七县十八镇为虚线，实写商州人事风物。小说

———————————

①　汪曾祺：《受戒》，《汪曾祺全集》小说卷 2，人民文学出版社 2019 年版，第 92 页。

的第一单元从商州写起,接下来是武关、山阳县、埭花镇、商县、达坪镇、照川坪镇等,第八单元以华山收尾。《商州》故事的"形",是刘成和珍子凄美的爱情,以其勾连起商州地区古老的民风民俗,和 20 世纪 80 年代初商州社会变革的潮起潮落。说贾平凹是中国当代小说家中最具地理自觉和地理思维的,似乎并不为过。《商州》中,贾平凹以不同的地理眼光写不同的地方。如写商州和武关,是王勃《滕王阁序》中"襟三江而带五湖,控蛮荆而引瓯越"的写法,"商州是黄河流域和长江流域接壤交错地面,人有南北特点"①,"如果说商州是八百里秦川的门户,那么这门户上的一把铁锁,就该是武关了"②;写埭花镇和山阳县,则又换成《山海经》写法,"丹江流经商州市后,就开始了它的冰糖葫芦式的旅程:三十里,是沙河子开阔地;再三十里是张村开阔地;又,二十里夜庙,十五里埭花,三十里金盆"③;写达坪镇,则是中国画的"皴"字诀,"整个镇子东是一座孤峰,南是一座孤峰,北是一座孤峰,西稍偏一点,又是一座孤峰。从峰上往下看,是一个瓮,或是一口井"④。《商州》这部小说骨架,便是由商州的七县十八镇构造而成,再由江、河、山、岭、村、洞、岩、沟、路等串联成网络状的结构。

贾平凹的《商州》,堪称商州的地理书。贾平凹个人地理志式的写作兴趣,也由此有了开端。在他后来关于秦岭的系列长篇小说《山本》《老生》《秦岭记》等作品中,贾平凹的舆地写作思想更为深刻广博,艺术上显得更加炉火纯青。特别是《老生》,体现出典型的依据地理空间结构小说的艺术特征。时间上,该作贯穿 20 世纪 30 年代到 21 世纪之初;空间上,小说主要以秦岭山脉的四个不同地方:山阴县、岭宁县、三台县、双凤县为背景,通过四个故事串联起秦岭地区百年的历史。第一个故事,写的是 20 世纪 30 年代秦岭地区游击队的故事,地点以山阴县正阳镇为主;第二个故事,写土地改革时期,故事的地点是岭宁县的老城村;第三个故事,写的是人民公社、大跃进、三年困难时期,地点主要在三台县过风楼公社;第四个故事,写的是改革开放以后,地点以双凤县回龙湾镇的当归村为主。贾平凹极擅长在"人—地"关系中,把握地理环境和人的精神、情感、心理、道德状态的关系。写四个地方,除时代不同外,还写出四个地方地形地貌、人物、动物、植被的差别。秦岭的山是不一样,各处的草木禽兽和人也不一样。山阴县的山深,树木多为

---

① 贾平凹:《商州》,春风文艺出版社 2006 年版,第 1 页。
② 贾平凹:《商州》,春风文艺出版社 2006 年版,第 23 页。
③ 贾平凹:《商州》,春风文艺出版社 2006 年版,第 72 页。
④ 贾平凹:《商州》,春风文艺出版社 2006 年版,第 124 页。

高大的樟树和松树，林中多豹子、野猪、熊等大动物，人也骨架魁实。岭宁县属川道，树木矮小又没走兽，偶尔见只豺狼，剩下的就是飞禽，城里更是栖聚大量麻雀。过风楼的风硬，连鸡、羊这些家畜家禽也爱斗，鸡掐仗时鸡毛就全翻着，像两个毛团滚过来滚过去。羊也爱斗，常常是主人牵了羊在路上碰见了，它们就抵起来，还会在风里各自退后几步，然后低头紧跑着冲过去，两只羊头撞在一起，和着风发出很大响声。当归村盛产药材，特别是庚参和当归，但是当归村的男人竟世世代代害着一种病，代代都是一米四五的个头，镇街上的人叫他们半截子。

　　贾平凹以四个地方的自然性格，对应着四个时代和人的历史性格。第一个故事中的山阴县，山深林密，多凶猛的大动物，所以，对应的是暴力、复仇、绑架以及惨烈的厮杀，这与 20 世纪秦岭山脉中游击队、地方武装、保安队在此展开拉锯战的历史现实是相符的。第二个故事中的岭宁县，难见走兽，山里只有飞禽，城里是大量的麻雀，所以，土改时期，流氓无产者马生在乡村弄权作势，在丈量土地、财产登记、阶级成分划定中，蝇口谋食，逼死逼疯地主王财东、张高桂，逼疯地主媳妇玉镯。第三个故事中的三台县过风楼镇，风硬，连鸡和羊都逞勇好斗，对应的是特殊年代运动迭起中，从公社到村老皮、刘学仁、冯蟹这些人身上的另一种阴、狠和好斗。第四个故事中的双凤县回龙湾镇当归村，盛产各种药材，却治不好自家的病——男人的矮化。当归村的"当归"，倒流河的"倒流"，本就暗含着贾平凹的某种社会思考和文明思考。

　　地学对于小说的叙事学意义，还在于它能为小说提供情节和故事的支架功能。小说的情节和故事，不独是在时间中延展，也需要"地方"提供空间的支持。虚构的小说如此，那些带有一定的历史真实性的小说更是如此。如李洱的《花腔》。小说纯属虚构，但李洱以虚虚实实、虚则实之、实则虚之的一套虚构方法，构造出一个"葛任"是谁，葛任死亡之谜之类具有哲学和新历史主义双重意味的话题。作为一部虚构小说，《花腔》全书由三个采访录构成。每一个采访录，另外分为正文和副本两部分，讲述人的话语之中，夹杂着其他的引述人话语，引述人话语之中，再加入引述，环环相扣。在副本当中，李洱史料套史料，文献套文献，地方志、对话、新闻报道、回忆录、口述史、党史、校史、家史等交叉使用，当取则取，信手拈来，构造出一个叠合多种可能的迷宫式历史叙事。《花腔》的最大特点是在小说结构上，李洱巧妙运用两套地理系统，构造出小说的骨架：一套是借用《红楼梦》的虚拟地理系统。葛任出生的地方，是青埂山下青埂镇；死去的地方，是大荒山中的白陂镇;"我"在追索小红和阿庆的踪迹时,翻阅的是无稽地区的志书——《无稽方志》。这样,《红楼梦》中的大荒山、无稽崖、青埂峰等,便被移植到《花腔》中来。此一移植,便是告诉读者:《花腔》不过是"花腔",是"满纸荒唐言"。另一套是真实的地理系统。小说的三个部分,三个受访者的身份不同,时间、地点也俱各不同,但共同点是都有一个寻找葛任的地理迁延。特别是第一部分《有甚说甚》,讲述者白圣韬医生是革命者,后来叛变革命。他被延安派出去寻找葛任,所以,他的讲述,是严格按照"延安—张家口—武汉—大荒山—白陂镇"的顺序展开的。这个地理空间的延展,构成白圣韬的活动轨迹。小说第一部分的叙事,就是按照这样的地理逻辑往前推进的。而在第二、三部分,两个讲述者——潜入军统的地下党赵耀庆和军统中将范继槐,情节设置则主要围绕大荒山的内部地理和葛任所到之处,如杭州、上海、延安等地展开的。

这种以空间地理为故事推进逻辑的做法,在小说创作中很普遍,区别在有虚有实。李洱的《花腔》是似实而虚,而周新华的《喝彩师》则是似虚却实。小说写浙江常山一代数百年来的喝彩行业,开头写明代册封使林鸿年出使琉球,带走一个少年,这是小说的一个虚构情节,也是埋下的一条线索,《喝彩师》后面的故事,多与这个少年的后人有关。情节虽为虚构,但明清两代的琉球册封使从北京出使琉球要经过衢州,这却是史实。因为,横渡台湾海峡涉及海流、台风等多种不确定因素,至少在明清时,这些因素都不是可以轻易克服的,所以册封使出使琉球,从福建出发航程最短。从北京到杭州,换水路,从衢江一路上溯,在江山的清湖码头上岸,换乘陆路便可进入福建。迄今为止,衢州、常山一带,还有很多和明清册封使有关的古迹和遗存。

因为空间地理承担着小说的情节支撑功能,所以,地名的地理位置、顺序、真伪等,对小说来说是极为重要的,特别是真实的地名,其真伪、位置和相互间的顺序关系就显得更加重要。如姚雪垠的五卷本长篇历史小说《李自成》。作为一部历史小说,作品中所写到的人物、事件、时间、地点等,很多都是真实的。地点的错谬,会对小说的叙事形态产生很大的影响。在《小说〈李自成〉中的几个地名方位》一文中,作者对《李自成》的若干地名及位置提出详细考证,其中,就有小说中出现 100 多次的地名——"白羊店"。据作者考证,白羊店古今的实际地名为白杨店。古籍《舆程记》载:白杨店位于桃花铺西北八十里、麻涧东南八十里处。白杨店北靠大山"十八盘"(《李自成》中疑似被写成"智亭山"),南临丹江岸。"十八盘"靠近丹江北岸的一面是悬崖绝壁,岩下的丹江面宽水深,悬崖和大江为天然屏障,易守难攻。而"十八盘"的地形复杂,山道崎岖,只要派兵守住山岭,放置官兵从武关方向进犯,白杨店便万无一失。李自成派重兵镇守麻涧和白杨店,对商州的驻军形成钳形包夹之势,可以让农民军处在有利的局面。但小说《李自成》却将白杨店的地理位置由丹江川的古代要道错移到丹江以南二十多里的崇山峻岭里去了,这样,当李自成率领农民军向湖北郧西一带山区作战略转移时,本来从十八盘直取龙驹寨,再经武关、荆紫关就行了,但由于地理位置不对,只好让农民军放着这条弓弦直路不走,而到丹江以南二十多里处绕个大弓背,抢渡一次丹江向东北方向走几十里,再折转来向东南方向进军。① 地理方位和位置的变更,改变了小说的情节。

　　舆地学和小说的关系,还有很多可论的地方,以上只是择其要者,略加讨论。从中国当代小说发展的角度来看——无论是创作还是批评或者是小说的理论研究,地学思想和小说的关系,都是值得深入探究的。这不仅是因为地学与文学的交融是中国文学的传统,也不仅在于中国传统的地学思想、地理观念对我们的政治观念、历史观念、文化观念、生命观念有着深刻的影响,更主要的是:小说本就与地理、地学有盘根错节的联系。作家写小说不可能不涉及各种地理元素,小说家思考问题,也不可能脱离人与地理、风俗与地理、历史与地理等诸多关系。如果说,时间思维是作家历史地把握这个世界的一种方法,那么,地理思维同样是作家把握这个世界的非常重要的方式。特别是中国小说,如前所言,地学、史学、文学的会通是我们的传统,当代小说如何从这个传统中吸取有效的思想资源和美学资源,成就具有中国特色的小说理论,这是我们必须要考虑的。另外,以常识推论,"中国"并非一个具有同质性的概念,地有东西高低,天有南北寒暑,江河山岳纵横,高原、山地、江河、海洋、丘陵、盆地、平原、戈壁、沙漠、草原交杂分布。不同的自然、地理、气候、水文、土壤、植被、物产、交通条件等,塑造着各地不同的文明、历史与社会生活。各地文明、历史与社会生活的差异,反过来决定着文学基础、风貌和发展水平的差异等。当我们说"中国小说"时,"中国"仅是一个国别统一性的概念,而如何从小说世界看到丰富、多样的"小说中国",这是我们需要从地理的角度研究小说的重要理由。

---

① 校征:《小说〈李自成〉中的几个地名方位》,《人文杂志》1980 年第 6 期。

第二章　地方志与当代小说的"名物"写作

　　农耕文明、天人相应思维和儒家的格物之学,加上宋元以降文人"雅玩"的传统,形塑出中国文学数千年写物的风习。从《诗经》《楚辞》,到两汉时期的《子虚》《上林》《两都》《七发》《羽猎》等赋文,再到《山海经》《博物志》《西京杂记》《洛阳伽蓝记》《大唐西域记》,以及明清小说《金瓶梅》《红楼梦》《镜花缘》等,中国文学名物叙写经典不断。而所谓"名物",按照《现代汉语词典》的解释,是指"事物及其名称"①。《周礼·天官》"庖人掌共六畜、六兽、六禽,辨其名物"中的"名物",则有"物的名称及形状"的意思。② 就小说而论,叙写名物本不可免,凡小说必写物,凡物必有名。只是,对一个本就重视物,且有"名学""名理""名教"传统的国家文学而言,为物赋名则更具特别意涵。名物对中国文学之重要,甚至催生出训诂、音韵、名物学之类的学问,"古之名物制度,不与今同也,古之语不与今同也,故古之事不可尽知也"③,遂有《尔雅》这般"所以训释五经,辩章同异,实九流之通路,百氏之指南,多识鸟兽草木之名,博览而不惑者也"④的专书。

　　进入现代社会以来,因启蒙和社会革命的观念使然,文学渐渐聚焦于人和社会问题,离写物之道越来越远。直至进入 21 世纪,随着作家们视点向古代经籍后退和向地方生活经验下移,名物渐次返回文学中,李锐的《太平风物》,徐风的《国壶》,储福金的《黑白》,贾平凹的《老生》《山本》,王安忆的《天香》《考工记》,金宇澄的《繁花》,阿来的《云中记》,李洱的《应物兄》等,皆为一时精品。特别是不少作家突入地方志中,择取一地之山川、地名、职官、物产、风俗、古迹、文献、仙释、水利、兵防、艺文等作为小说创作的素材,名物

---

① 中国社会科学院语言研究所词典编辑室编:《现代汉语词典》,商务印书馆 2020 年版,第 912 页。
② (清)孙诒让:《周礼正义》(一),中华书局 2015 年版,第 315 页。
③ (清)汪中:《述学·释三九中》,转引自郭康松著《清代考据学研究》,崇文书局 2001 年版,第129 页。
④ (唐)陆德明撰:《经典释文·叙录》,中华书局 1983 年版,第 17 页。

描写更见丰赡和繁复。

当下作家写物的风气,触发我们思考诸多问题,如:通过写物,当代作家如何重构中国小说的诗学理想? 如何打通与中国小说古典传统的联系? 物将在何等程度上再塑我们的"小说"观念? 作家如何更好地去处理物与时代、物与观念、物与人的诗学关系? 这些问题,需要我们在中国小说理论、小说史的层面去加以认真思考。有鉴于此,本章将以王安忆的《天香》和《考工记》为范例,加以较为深入的探讨。

第一节 "物"与"观":小说的时代风习

人与世界的联系,是通过"观"建立起来的,小说审美世界亦无例外。《天香》和《考工记》中,王安忆的"观",是通过"物"完成的。《天香》与《考工记》创作完成时间相隔八年。两部小说的题材、主题、人物和所反映的时代相别甚远,但作家的创作意图和叙事风格却非常切近,就是写物,以物作为小说的机杼。《天香》以晚明时期的上海园林(天香园)和绣品(天香园绣)为骨架,结撰江南士绅人家的家道、世运与人事。《考工记》则以老楼(煮书亭)为焦点,在世代的交替、纷扰与沉浮中,聚焦一座楼和一个人的命运。写作方法上,《天香》以时间为经,在物的荣衰与更迭中映照晚明百年申家六代人的命运。而《考工记》则以物为聚焦点,在世代更迭与交替中,去观照一个人的命运。《天香》如大河奔腾,泥沙俱下,在时代变动中让人看到不变的东西。而《考工记》则是静默如野,在时代的喧嚣和闹腾中,让人看到坚固、辽远和空阔。

作为以物为运思的小说,《天香》和《考工记》某种程度上是"视觉主义"的。小说呈献给读者的,是富有视觉生动性的物,读者阅读的过程,就是观物的过程。《天香》中,作家所写之物种类极为繁复,明代文震亨《长物志》所列室庐、花木、水石、禽鱼、书画、几榻、器具、衣饰、舟车、位置、蔬果、香茗等,小说无所不包;但最主要的,还是集中在园、景、绣、书画笔墨等方面。园,有申家的万竹村、天香园和彭家的愉园等;绣,有天香园绣、武陵绣史、沧州仙史;景,则有各种花木、水石、禽鱼,有楼阁亭台的雕梁画栋、朱红雀绿,有"一夜莲花""香云海"等;至于书画笔墨,《天香》所涉更是难计其数,单是写墨,就有徐家古墨、歙墨、柯海墨等。《天香》所写之物,是发散式的。作家写小说,多有参详地方志和其他典籍的地方,似有逢山开路、遇水搭桥的意思。

好几处写地方士绅富户捐桥、疏浚河道,细节与同治《上海县志》所载:洪武六年"发松江嘉兴民夫两万,开胡家港","建文四年疏吴淞江",永乐元年"引吴松江以入刘家河,复浚范家浜接大黄浦,以径达海"很有契合。① 其间穿插写到的其他人物与事件,如张士诚割据吴地,归有光开堂讲学,海瑞、严嵩、张居正等权力更迭,徐光启与意大利传教士交游,东林党人政治活动等,也有信史为证。写杭州地名、掌故、风物、民俗,不消说,亦多有化用《杭州府志》之处。《天香》的观物,是走马观花式的观法。而《考工记》则不同,其观物的方法是内敛的、静态的,就是一座老宅,所观之物全在里面,富贵人家的雕梁画栋、八仙过海、梅花雕刻、红木几椅,书香门第的狼毫湖笔、荷叶状砚池边坐着一只青蛙的方砚、朝代更迭几轮仍然匀净光洁的宣纸还有折扇、卷轴、线装书、瓷瓶等,都是旧时风景。外面的热闹喧腾不过是时势与世道,小说所演绎的,就是天地江河的壮阔中,一座老宅和一个人的命运变迁。

王安忆的"观物"不单是写出物的形体,更是种"物观",即以物观时、以物观世、以物观人,通过写物去呈现某个特定时代的生活风习和社会状况。《天香》的第一卷名曰"造园",写嘉靖年间上海士绅、官宦造园的风气:

> 中了进士,出去做官,或者本来在外面做官,如今卸任回家,都要兴土木造园子。近二百年来,苏松一带,大大小小的园子,无以计数。②

小说精雕细琢申家的天香园和彭家的愉园,透视的是彼时上海士绅阶层的社会生活、政治态度与审美风尚。申家的天香园,透着"雅"和"精"。为请白木匠造园子,儒世和明世专程去了白鹤村,那个白鹤村"绵延于芦花之间,古时栖息过白鹤,于是,水叫白鹤江,村叫白鹤村"③。天香园本想取意于"菊"或"梅",但是因为略显寒素,而最终应在了桃花的"沁芳"上,以"天香"为名。园子里的景致不在雕梁画栋和朱红雀绿,而在别致清雅,高古自成一格。天香园宴请宾客,申明世让每一支蜡烛内部都嵌入花蕊,制造出"香云海"的华丽效果,就是"雅"和"精"的极致。而彭家的愉园,求的则是"奇"和"巧"。园子以石为主旨,有几具奇石:"玉玲珑",七十二孔,孔孔泉流,石底燃烟;"三生石",色随四时而变,如同还魂;"含情",梅雨时分,泪如雨下。待万历五年彭家再度扩建愉园时,因做官久了,园子终究有了些官气,楼阁连绵,碧水环绕,瑰丽繁复,气势凛然。

---

① (清)俞樾、方宗诚总纂:《同治上海县志》卷四"水利下",南园志局。
② 王安忆:《天香》,人民文学出版社2011年版,第1页。
③ 王安忆:《天香》,人民文学出版社2011年版,第4页。

　　申家的"雅""精",彭家的"奇""巧",分别不在身份、地位,而在心性和根基。申家虽为官宦,但儒世、明世多以读书人的道理自解,而彭家却潜心于仕途,两家的心性,都凝结于园子的草木水石上。世人论《天香》,多以为是写上海的"前史",①此论未必精当。王安忆写出的,确实是地理学意义上的上海,但作家更深的怀抱,恐怕还是要写一个时代,写晚明,写晚明的上海,写晚明的江南,乃至是晚明的中国。——准确地说,作家是想给晚明江南社会的历史气运和知识阶层的精神气象造影。申家的"雅""精",彭家的"奇""巧",都是晚明精致文化、享受文化的典型,无一例外都是彼时江南文化最具代表的部分,它们代表着高古、脱俗、清雅,自然也代表着奢靡、浮华、空虚。英国汉学家柯律格研究晚明中国的品鉴文化时列出明代品鉴著作多达数十种,包括《格古要论》《遵生八笺》《清秘藏》《格致丛书》《考槃余事》《瓶史》《说郛》《长物志》《宝颜堂秘籍》《程氏丛刻》《闲情小品》等,内容涉及养生、鉴赏、收藏、制造和衣食住行等方方面面。对于晚明社会把赏玩当成正务的风气,顾炎武曾有尖锐的批评,"近二三十年,吾地文人热衷务虚求空之娱乐,概无例外者"②。作为小说家,王安忆自然不会条陈晚明士绅阶层沉溺浮华之物和空疏之学的原因,但小说中多次写到晚明文人"隐"的生活态度,申儒世建万竹村是隐于市,申明世建天香园是隐于物,柯海是隐于喧闹,镇海归于莲庵是隐于佛,阿昉是隐于市井。事实上,申家的三代女子,小绸、闵女子、希昭、蕙兰,何尝不是隐呢? 她们的绣,不仅是经济营生,更是一种隐法。这种隐,在《考工记》里面就是能工巧匠大虞,生逢变乱之世,历经生离死别之痛,大虞住到了江对岸的川沙乡下,不过,这只是表象上的隐,真正的隐,是隐于技,隐于物道,隐于"大木匠"的身份。

　　《天香》中由物而见的读书人"物隐"的风气,当为明代江南士绅的心性和宿命。莺飞草长的江南,格外滋养闲情逸致,培植人对艺术和审美的偏好,兼及"张士诚起兵割据,本朝方以开元,太祖就不信赖,必夹着尾巴做人"③,另加明朝宦官擅权,朝廷对读书人的猜忌,宫廷权斗剧烈,使得不少文士淡泊于仕途,他们"热衷于筑园修圃,莳花植木,三五雅客,徜徉其间,吟

①　刘永春《王安忆长篇小说中的上海叙事及其美学形态——以〈天香〉为例》、董蕾《海派前身,绣里锦心——解读王安忆长篇小说〈天香〉》、项静《陌生化的上海与物质生活的形式——读王安忆〈天香〉》、孙曙《〈天香〉的"俗情写作"》等论文关注到《天香》的上海"前史"。
②　[英]柯律格:《长物——早期现代中国的物质文化与社会状况》,生活·读书·新知三联书店2015年版,第146页。
③　王安忆:《天香》,人民文学出版社2011年版,第33页。

讽啸咏，好不逍遥自得"①，形成游冶玩乐，耽迷造园、戏剧和文玩古物鉴赏的风气，是不足为怪的。明代小说《金瓶梅》、"三言二拍"，清人写明代生活的《红楼梦》等，作家最热衷叙写的，就是繁复的园林、住宅、服饰、配饰、饮食、器皿、宫室、车马等。

对任何作家而言，小说中所写之物都绝非单纯的物。物是不言之言，是观念，是"物语"。《天香》和《考工记》更是如此。两部小说，王安忆都是以物为纲，统领小说，以物的不言之言，道尽意蕴纷繁的"物语"，让人看到王安忆的御"物"之力。《天香》中，第一卷"造园"，王安忆却以"桃林"开篇。这里的"桃林"别具意味。桃花不同于牡丹，牡丹生来富贵，是大王朝的气象。欧阳修《洛阳牡丹记》写洛阳牡丹，"是未尝见其极盛时，然目之所瞩，已不胜其丽焉"②，牡丹显示出的是盛世的气象。而桃花则不然，颜色过于娇嫩、冶艳，桃花开处，红云悬浮，万千粉蝶飞舞其间，难免有脂粉气和女儿态，所以古人作诗多以桃花言男女之情。"去年今日此门中，人面桃花相映红"（崔护《题都城南庄》）；"癫狂柳絮随风去，轻薄桃花逐水流"（杜甫《绝句慢兴九首·其五》）。《红楼梦》第二十三回"西厢记妙词通戏语，牡丹亭艳曲警芳心"，写黛玉第一次葬花，葬的就是桃花。桃花是与香艳、柔弱、短促、易逝联系在一起的。《天香》在晚明社会的侈靡、精微的物质生活和消费观念中，以绚烂的"桃花"为起势，实际上，已暗含着盛极而衰、阴盛阳衰的历史寓意。

这样的"物语"判断，在《考工记》里面同样存在，这个判断就在老宅和"考工记"三个字。小说起篇写陈书玉历经周折，从重庆回到老宅，隔着门窗的镂空望进去，"堂案上列了祖宗牌位，两尊青花瓷瓶，案两翼的太师椅，一对之间隔一具茶几"③。老宅的门窗是镂空雕刻，回廊是仿宫制的歇山顶，砖上雕刻着八仙过海的图案，黄花梨木高几虽不名贵但梅花雕刻却见不凡。老宅的主人未必富贵，一切的陈设、雕刻都是生活的气息和愿景。王安忆的不言之言，就落在老宅子的八仙过海、雕梁画栋的烟火气，"榫头和榫眼，梁和椽，斗和拱，板壁和板壁，缝和缝，咬合了几百年，还在继续咬合"的匠心和"考工记"三字承载的人文关怀上面。何谓"考工记"？"考工记"就是《周礼》的"冬官"，郑玄解释："象冬所立官也。是官名司空者，冬闭藏万物，天子立司空，使掌邦国，亦所以富立家，使民无空者也。""百工为大宰九职之一，此

① 徐茂明：《江南士绅与江南社会（1368—1911 年）》，商务印书馆 2006 年版，第 75 页。
② 欧阳修等著、杨林坤编著：《牡丹谱》，中华书局 2011 年版，第 11 页。
③ 王安忆：《考工记》，花城出版社 2018 年版，第 7 页。

稽考其事,论而纪识之,故谓之考工记。"①冬,为闭藏之季,需"生"。"考工记"的立意,是"以富立家",是"使民无空"。《考工记》中老宅的雕梁画栋、镂空门窗、金砖、"塞壬"阴沟盖、砖雕"八仙过海"等,就是"以富立家"。老宅的颓圮和能工巧匠大虞的消隐,映射的是世道失序。

第二节　"名实相怨"②与小说的"风雅正变"

无论是《天香》还是《考工记》,王安忆都是在"变"中来把握世界和人、事、物,把握世界和人、事、物的盛衰之理的。并非说其他作家就不写变,而是说,王安忆无疑更善于在"变"中去体察世道与人心动荡。《考工记》中的世变、事变、人变、物变,构成复杂的逻辑关系。小说从 1944 年抗战即将结束、国内局势却未明朗,"西厢四小开"前途未卜写起,继而是 1949 年以后,各人命运的柳暗花明、跌宕起伏与峰回路转。世道在变,人的命运自然随之沉浮不定,物的命运亦复如是。但是,小说却写出变与不变、动与静的大智慧。冉太太和朱朱是属于不变的一类人物,最后以变——移居香港,以应对时代的变。而陈书玉和大虞,却是以静应变。时代的滔滔洪流中,个人是极渺小的,唯大英雄或可逆势而动,或造时势,平凡的人只能顺应,大虞和陈书玉当然就是平凡的人,只有顺应时代的洪流,方得周全。用"弟弟"的话说,就是"顺其自然";以阿陈祖父的话说,是一动不如一静。陈书玉和大虞,就是顺其自然,是一动不如一静。

就名与物的关系而论,社会的变革与动荡,必会导致名与物的错位,或名存而实亡,或名亡而实存,或名变而实未变,或名未变而实变,造成名辨意义上的"名实相怨"。而在小说的层次,名实相怨,便是激烈的冲突。王安忆的小说,写变且极善写变,却少有激烈的大冲撞。《天香》中蕙兰生产,阿昉代娘家前往贺喜。席间,陈老爷、乔老爷、张老爷等一干人谈论见闻,从异国的"榴莲"(留恋)、云贵一带的"蛊",到长江一路岸上的"望夫石",引出男女之情和男女之怨的话题。陈老爷、乔老爷、张老爷的意思,男女之情当以温柔敦厚为主,当"怨而不怒",不可刁钻刻毒。在此期间,阿昉与陈老爷、乔老

---

① 孙诒让:《周礼正义・冬官考工记・总叙》(九),中华书局 2015 年版,第 3737 页。

② "名实相怨"概指事物的名实相违,语出《管子・宙合》:"夫名实之相怨久矣,是故绝而无交。"所谓"怨",据许维遹的解释:"怨,犹违也",见《中国逻辑史资料选・先秦卷》,甘肃人民出版社 1985 年版,第 334 页。

爷等有番"名辨"。阿睻引《淮南子·原道训》中"生万物而不有",主张不拘小"道"小"德",索性回到元初一无教化的大千世界,日月昭明。阿睻与陈老爷等名实之论的义理阐发,不在是非对错,而在于所学不同。"温柔敦厚""怨而不怒",不外是儒家的道德主张,阿睻的"生万物而不有",则是典型的《道德经》哲学,两者是尚有和贵无的区别。王安忆的小说处理名实相怨,既有"温柔敦厚"的风格,亦有"贵无"的意思。《考工记》中的那座老宅,数百年的历史,陈家的祖产,却是无名之物。或许对于那座老宅子来说,无名,才是本真,无名,即是无碍。老宅无名,却可被随意命名,陈家兴旺发达时,它是"半水楼",半条江的生意都是陈家的;历尽世事摧折和风雨剥蚀后,老宅子成了四面透风的"听风楼";待文物部门注意到这座楼后,老宅再度成为"煮书亭"。道可道,非常道;名可名,非常名。老宅子是随时代而赋名。实,与世沉浮,名,亦与世婉转。倘若固守一名,如"半水楼",恐怕就很难过得了后面的世事了。物如此,人也如此。阿陈正是因小说开始那次名实相乖的西南之行,后面的新政府才纳他入自己人,得以规避此后重重的风险。

名实之变,名实相怨,背后是时代、家国、地方的兴衰成废与"风雅正变"①。当代作家中,王安忆最擅长写时代、家国、地方兴衰成废和"风雅正变"。远的不说,她的《长恨歌》《富萍》《启蒙时代》《桃之夭夭》,写个人,写城市,背后却无一不是家国的气象。《天香》和《考工记》更是如此。相比较而言,《天香》与《考工记》所写兴衰成废是有区别的。《考工记》里面,老宅一出场,就处在颓势之中,陈家早已式微,阿陈在拮据中长大。老房子地上的石头缝中长满杂草,树叶扑簌簌划拉,蟋蟀曜曜鸣叫,昆虫唧啾,野猫倏忽出没,到处是枯败的迹象。《考工记》是从衰败写起,在时间的河流中观照人与物的流变,时有山穷水尽,复又柳暗花明,恍若隔世,世事无常。相比较而言,《天香》则是从盛时起笔。小说的第一句话,是"嘉靖三十八年,上海有好几处破土动工,造园子"。这样的"起势",和《考工记》把大宅子放在颓圮的衰势中起笔不同,《天香》的故事,是从盛向衰慢慢写下来的。天香园开始时,是精致、高古、雅致、侈靡、华丽,却一点一点走向衰败。"眼看他起朱楼,眼看他宴宾客。"虽说《天香》并未写出申家"眼看他楼塌了",但蕙兰出嫁时,索要的就是"天香园绣"的名,天工开物的天香园绣,在申家和张家,最终都沦为衣食经济的来源,再加上桃林、墨场、竹园、莲庵相继萧条荒芜,确是处

① "风雅正变"是"诗经学"的一个概念。《毛诗序》认为"变风""变雅"是西周衰落时期的产物,郑玄《诗谱序》提出"正风""正雅"的概念,认为是产生于西周的盛世时期。本书中的"风雅正变",是指时代的盛衰。

处的败象。

名实相怨,风雅正变。一家、一地、一国也好,一物也罢,盛衰兴废,自有其盛衰兴废之理。在写作方法上,《考工记》和《天香》殊为不同。前者是在时间的炼丹炉炼一座老宅和一个人,少有空间的腾挪。阿陈从重庆回来,故事与重庆再无瓜葛,冉太太、朱朱一家移居香港,也不过是寄些信件和食物。《考工记》里的故事,全在上海展开。《天香》则非如此。时间上,小说从嘉靖三十八年(1559)写起,一直写到康熙六年(1667),纵跨两个朝代。空间上,小说有好几个层次的互动:第一个,是中国与海外诸国接触与想象。小说中,莲庵里的和尚对"煮海"里怪"兽"(鲨鱼)的叙述,陈老爷酒席宴上对马六甲海上"土著国"气息犹如尸腐的异果(榴莲)的叙述,都是山海经式的遗闻逸事。到万历年间,西洋教会人士仰凰、利玛窦、毕方格等入华传教,徐光启引甘薯入华并与利玛窦合译《几何原本》等,中西文化的接触、冲撞与会通,已是不可阻挡的滔滔历史大势。第二个,是上海与杭州、苏州、淮扬等地的地理空间互动。柯海、阿暆的交游圈子里多有苏州、淮扬人士。小说中的一个重要人物希昭,则是来自杭州。第三个,是士绅阶层与市井、民间的互动。小说中与天香园多有交往的章师傅、闵师傅、弋阳腔戏班子、荞麦以及申明世的姜小桃,柯海的妾闵女儿和落苏等,都是来自市井阶层和民间社会。

《天香》中的三个空间,显示出王安忆开阔的历史视野和深邃的对于历史兴亡的文化思考。我之所以不愿把《天香》归结为上海叙事,主要原因,就是觉得《天香》的叙事根本是上海装不下的。嘉靖三十八年到康熙六年,这个时间节点在中国人的历史观中恐怕没有什么特别之处,但从世界史视野看,整个世界正处在大航海时代,强弱更替,此消彼长,一盛一衰,此处就是一个枢纽。就中国而论,此时段则是"早期现代中国"的开始。美国汉学家史景迁《追寻现代中国》讨论的"现代中国",时间节点就是 1600—1949年。[1] 英国汉学家柯律格研究晚明物质文化和消费观念的著作《长物》,副标题就是"早期现代中国的物质文化与社会状况"。[2] 欧美人以世界史的眼光看,晚明就不是一个王朝的概念,而是一个"现代"的轴心。正是如此,《天香》所呈现的并非单纯的上海荣衰,更不是申家的荣衰,而是对世界大转折时代,中国江南社会与文化的一种透视和病理学解剖。小说中,阿暆听仰凰讲经布道,就不时以中国古典经籍相比附:仰凰讲《箴言》第七句"敬畏耶和

---

① 参阅史景迁:《追寻现代中国(1600—1949)》,四川人民出版社 2019 年版。
② [英]柯律格:《长物——早期现代中国的物质文化与社会状况》,生活·读书·新知三联书店 2015 年版。

华是知识的开端",阿眦想起《论语季子》中的"君子有三畏";仰凰讲《出埃及记》中神与子民立约,阿眦想起《礼记》;仰凰讲《耶利米书》中的诸王之争,阿眦类比春秋争霸……这种文化上的中西之辨,小说中有更直截了当的论述,就是杨知县问徐光启,耶稣教与中华道统的高下长短,徐光启说:"互为补益,一为务虚,一为务实,虚实倘能结合,世上再无难事!"①这一清醒的文明理性,与其说是徐光启的,毋宁说是王安忆的,因为,中西文化相交至今的数百年,国人向以优劣论中西,或以为中国胜西方,或以为西方胜中国。这种"互为补益""虚实结合"之论,若不是遭受过千锤百炼,哪有这般的明白与精当?

中西文化的"互为补益",是对文化本质的思考;而"虚实结合",则是作家的文化理想。这种思考和理想,是王安忆从大处着眼对"中国"的宏观把握。回到申家、上海、晚明社会,王安忆的思考则更显独特。小说写上海,"此地临海,江水携泥沙冲击而下,逐成陆地平原,因之而称上海"②。因河网密布,每逢潮汛便泥泽交织,苦于淤塞而舟船断路,事实上,上海长期并不发达,"秦汉时代几不可考,隋唐时代也仅能沿地域范围寻踪索迹,窥其概略,宋元以下才有方志可据"③。纵是南宋年间已成为"人烟浩穰,船舶辐辏"的"蕃商云集"之地,④终究还是个粗蛮的地方。上海如此,申家亦复如是。上海造园的风气,未必就是因为根基浅薄,但小绸和希昭,无疑是王安忆给申家也是给上海和晚明文化开出的"诗书文章"的良方。小绸和希昭,一个出自南宋官宦世家,文章脉传,陪嫁的妆奁中就有一箱书画,另有一箱纸和墨锭;一个出自杭州书香门第,诗书传家,渊源极深。对申家而言,她们也是"疏浚",携浩荡的南宋文化进入天香园,意在给天香园增添厚度。天香园衰而不倒是因为有天香园绣,但倘若没有小绸、希昭的诗书画做底子,哪来的天香园绣?"别家针线不过是闺阁中的针黹,天香园绣可是以针线比笔墨,其实,与书画同为一理,一是笔锋,一是针尖。"⑤小说中,闵师傅到天香园访亲,待看到希昭,自觉不可小视,"方才园子里走一遭,险些儿以为申府气数差不多了,如今看来,还难说得很!"⑥为申府续命的,自然不是希昭,而是希昭所代表的方正阔大的悠悠文脉。

---

① 王安忆:《天香》,人民文学出版社 2011 年版,第 311 页。

② 王安忆:《天香》,人民文学出版社 2011 年版,第 1 页。

③ 谯枢铭:《上海地区疆域沿革考》,见《上海史研究》,学林出版社 1984 年版,第 1 页。

④ 嘉靖《上海县志》卷 1《总叙》,《上海府县旧志丛书·上海县卷》,第 1 册,第 105 页。

⑤ 王安忆:《天香》,人民文学出版社 2011 年版,第 224 页。

⑥ 王安忆:《天香》,人民文学出版社 2011 年版,第 209 页。

而从另外一个层面——民间与市井的角度看,这同样是小说中的文化探寻的方向。《天香》里面,有数处借不同人物之口,表达对"俗"这一具有社会学和美学分层意义的概念的不屑。俗和雅虽非天定,却以人分。申家子弟在天香园里开市买卖,是不羁和爱玩乐的心性表现;明世娶小桃,柯海娶闵女儿、落苏,是想从乡野中纳入拙朴之气,以补古雅、精致之不足。但雅可入俗,俗却决然不可入雅。阿奎庶出身份,因母亲小桃身份低微,自小便鄙陋无知,命里注定是俗界,却欲染指雅事,最终着了浮浪子弟的道,以五百五十两银子买了唐子畏赝品仕女画"李端端图"。倒是阿昳,生来就与申家人有别,身材不像,心性更是大有不同。读书时,先生谑称"异端",实则是"野逸"。恰是这份"野逸",成就了阿昳的包容、开阔、轩朗,成就他身上乡野的气机,和胸纳天下的胆气与魄力,参与东林党人的活动,这些,与申家的玲珑瑰丽大相径庭。昳,日徐行貌,日西斜。《说文》曰:"昳,日行昳昳也。"阿昳之名,即暗含着申家精致文化的气若游丝,须在变中存活。

第三节 "物"的哲学与小说修辞学

物存在的意义,是由物自身和人的需求双重决定的。物之名,物之观念,物之信仰,物之消费与欣赏等,无不密切联系着人,以及人背后的政治、经济与文化状况。《周易·系辞上》有言:"形而上者谓之道,形而下者谓之器。"此处的道是指天道,器则指器物。"《周易》将道器并举,由器溯道,由器显道,'器'最终落实到了形质的层面。"①物的身上附着的,是人们的世界、生活、生命、美学观念,所以说,作家写物,其实是在具象化物的观念和哲学;反过来,物的观念和哲学,会推动小说的故事情节发展,生发出小说的主题。

结构上看,《天香》和《考工记》,都是以物的思考、物的哲学推动小说前进的。《天香》中,申家由盛转衰,其后就是一整套的物的观念和哲学。《天香》所演绎的,其实就是世间兴衰成废的"物理"。小说中的人物,如小绸、希昭、蕙兰、章师傅、闵师傅、赵墨工等,多处有关于物德、物理、物性、物用的议论。就《天香》的叙事逻辑而言,申家衰败的根源究竟在哪?显然是在"物用"。《天香》29"九尾龟"部分,徐光启与造园大师张南阳有一番精彩的论辩。张南阳以抽象"物理"论造景、造园,以为景是人造,即是造假,但纵是造

① 闫月珍:《器物之喻与中国文学批评——以〈文心雕龙〉为中心》,《中国社会科学》2013 年 10 月。

假,亦必循物理之真,"造园子——不只造园子,所有制器,都不为仿造外形,实是形化物理,将每一种物的质,强调夸大"。而徐光启却不以为然,他认为世上万物,都以有用而生,无用而灭,并举"甘薯"为例,得出"凡有用之物皆美,不是华美,而是质美"之类的结论。① 徐光启的立论,是以务实经世为根基的,与小绸论天香园绣的风气,有异曲同工之妙。凡一物必有一用,一器必有一功。在小绸那里,天香园绣终究是用物,是衣冠纹饰的器具,若是"抽离物用而自得,不免雕琢淫巧,流于玩物"②。由此反观申家的凋敝与败落,何尝不是因了这"物用"? 天香园里,"一夜莲花"和"香云海"的胜景,雅致、精微至极,但是,终不过是浮巧的"华美",而不是物用的"质美"。明世在极小的年纪,就会操一双银筷子,专挑鱼鳃边上的樱桃肉吃,还晓得剥出莲子里的嫩莲心,放进茉莉花茶。即便是没落之时,申家人仍旧改不了固有的精致和刁钻:一道菜,螺蛳肉剔出来剁碎,和上肉酱,重又填进螺蛳壳里;一方火肉,蜜糖里渍几天,橘酱里渍几天,然后蒸馒头的大笼屉里放了巴掌大一个瓦罐,天不亮起就不歇气地蒸,直到晚饭时,不晓得烧掉多少柴火……申家的败落,就其根因而论,当在精致且无用。申家能衰而不倒,又应在小绸的"用"和希昭的以诗书画理调适绣法于方正大道。

《天香》关于物用、物德、物理、物性的辩证,是个复杂的话题。物之德性,是否全在一个"用"字?"用",是否应该有一个度? 可否违背物理? 这里不做讨论。可以说,即便物之德性在"用",也有大用、小用之别,大用用天下,小用用家室,用一人。《天香》中的"天香园绣",在小绸是用于家室,是小用;在希昭是用于载道,是抽象的用;唯有蕙兰以怜贫恤苦之心收了戥子和乖女,拜嫘祖,诗书画之外,却为天香园绣注入了仁心。

应当承认,王安忆在物的叙写中,提出"用"的思想和物德,是有深刻批判性的。《天香》写的是晚明,是世界变局和中国社会变局的前夜,而晚明的社会风气中,却出现了"清供""雅玩"的风尚,出现"巨家势阀在婚丧殡祭、冠履服饰方面的挥霍浪费,带动了庶民百姓靡然向奢,从而使守礼、节俭、关心风化等儒家核心价值荡然无存"。③ 文震亨的《长物志》中的"长物",本就是与生活中的衣食住行无关的物,但在晚明,知识群体却流连于无用之物的品鉴、收藏和玩赏:

---

① 王安忆:《天香》,人民文学出版社 2011 年版,第 221、222 页。
② 王安忆:《天香》,人民文学出版社 2011 年版,第 238 页。
③ [加]卜正民著、潘玮琳译:《挣扎的帝国:元与明》("哈佛中国史"丛书),中信出版集团 2016 年版,第 123 页。

> 夫标榜林壑,品题酒茗,收藏位置图史、杯铛之属,于世为闲事,于
> 身为长物。而品人者,于此观韵焉,才与情焉。①

这种背离物用的社会习气,从正面的意义上看,它推动了中国晚明社会美学思潮的世俗化、日常化、生活化、物质化转向,使得中国的建筑、绘画、戏曲、音乐、小说,以及金石、书画、古玩、鉴赏、收藏等有了很大的发展,但是从另一方面看,务虚的"长物"、无用之学的滋长,必然会削减经世致用的气力,在后来以强弱分胜负的社会大变局中,无论明亡于清,还是 19 世纪以后中国的节节败退,都是务虚不求实的必然产物。

从物的小说修辞学角度看,王安忆写物而善用物。《天香》和《考工记》,都是以物为中心,建构了小说的隐喻系统。这个隐喻系统,在《考工记》中,就是老宅子里的那座白色防火墙。陈书玉从重庆回到南市的老宅,扑面而来的就是那堵白色防火墙:

> 这一片白仿佛无限地扩大和升高,仰极颈项,方够着顶上的一线天,原来是宅院的一壁防火墙,竟然还在——从前并不留意,此时看见,忽发觉它的肃穆的静美。他不过走开二年半,却像有一劫之远,万事万物都在转移变化,偏偏它不移不变。

这壁防火墙,纵是"仰极颈项,方够得着顶上的一线天",虽经"一劫之远,万事万物都在转移变化,偏偏它不移不变";但终究抵挡不住世事的更迭,挡不住外面世界的蛮横与暴烈。小说最后,防火墙歪斜了,随时可倾倒下来,就像一面巨大的白旗。在《考工记》这部小说中,老宅子的防火墙是具有重要提示功能的,它无疑是失败的隐喻。防火墙愈是高大静穆,越是隐喻着时代的暴烈。这种具有总体性提示功能的隐喻,在《天香》里,就是桃林和桃花。这一点,前面已有详细论述,此处不再赘述。《天香》和《考工记》,以物作隐喻的地方甚多,有的隐喻是总体性的,还有不少则是局部的。如《考工记》开始,在新旧社会交替的时候,大虞的店铺里,作家写一个老旧的座钟:

> 木底子上,一群牙雕的小天使托着钟盘,钟却不能走,执意停在十二点差几分的位置,仿佛永恒的时间。②

这是很有意思的隐喻。"十二点差几分",是个具有分水岭意义的时间。

---

①　文震亨、陈植:《长物志校注》,江苏科技出版社 1984 年版,第 10 页。
②　王安忆:《考工记》,花城出版社 2018 年版,第 58 页。

处在历史的风陵渡口,"西厢四小开"等,何尝不是那个"执意停在十二点差几分的位置"的钟? 在旧式的生活当中,他们未必全都风光无限,但至少是他们熟悉的,新的生活对他们来说,却充满诸多的不确定。特别是老宅子,满是旧时代的生活符号、价值符号、趣味和美学,怎能走进新时代呢? 但天下大势滔滔,终遂不得人愿。这种隐喻,在《天香》中亦有多处。如《还魂记》。申家败落后,青莲庵只剩下一堆乱石,几堵断垣,就这样的破地方,申家竟还请班子唱戏,搭了台,掌了灯,演一出全本的《还魂记》。

王安忆化用物的哲学为小说修辞,再有就是人物塑造上的"观物比德",由物与人的关系和物之特性,去塑造人物形象,洞察人之心性。这种"观物比德"之法,在《考工记》里最成功的就是关于冉太太的描写。朱朱被抓进监狱后,陈书玉和冉太太一起去打探消息,在回来的路上,冉太太摸出香烟和打火机,风中点燃香烟,然后"摸出一个小银匣子,一按搭扣,弹开来,原来是一具烟灰盒。就这么站着,一口一口吸进,再一口一口吐出。一支烟很快到头,将烟蒂在小银盒底摁灭,咔嗒关上,回过身,说:'阿陈,谢谢你!'"①。"小银盒子"映射出来的,是冉太太的教养、贵气、优雅和临事不乱。所以,后面阿陈在街上再次看到冉太太带着三个孩子的时候,虽然朱朱还没有出来,但是"一家人干干净净,整整齐齐,没有一点落拓相"②。处于动荡之世,作家以"小银盒子",写尽了冉太太的教养与定力。因为有这份教养和定力,所以才有后来冉太太移居香港后,一张薄薄的宣纸,小楷毛笔的字迹,从右到左几行竖写,抬头两个字"阿陈"。这封信让凄惶中的陈书玉忍不住落下泪来。陈书玉终身不娶,是世上再无冉太太。这种"以物比德"的写人方法,《天香》里面随处皆是,如小绸妆奁中的古墨和柯海娶了闵女儿以后她作的璇玑图。古墨的背后,是家世,是根基,是悠悠文脉;而璇玑图蕴涵的,则是小绸的见识与才情和"倔"的性情与决绝之力。

第四节 名物与"小说"观念、小说史反思

像《天香》和《考工记》这种名物小说,近几十年来常见也不常见。说常见,是因为有些作家本就有写物的古风,如早期的汪曾祺、林斤澜、刘绍棠、冯骥才、陆文夫、宗璞、邓友梅以及后来的阿城、郑义、韩少功、格非等。说不

① 王安忆:《考工记》,花城出版社 2018 年版,第 74、75 页。
② 王安忆:《考工记》,花城出版社 2018 年版,第 104 页。

常见,是因为大多数作品,只能说写到了名物,但还不能称为名物小说,名物在小说中并不具有结构性地位。近年来,王旭烽的《南方有嘉木》、李锐的《太平风物》、储福金的《黑白》、徐风的《国壶》、王安忆的《天香》和《考工记》、贾平凹的《老生》和《山本》、阿来的《云中记》、孙红旗的《国楣》等,则是直接以名物结构故事,创构出别具美学风味的小说。

这类名物写作,其小说史意义是显而易见的。

首先,从文论的角度看,名物的引入,可促发我们重新思考"小说"的观念,对近百年来中国小说的现代传统有纠偏之效。诚如前述,进入现代社会以来,因为启蒙观念和社会变革思想影响,中国作家注意力全部转向"人"和"社会"领域,解决人的思想问题与价值危机,改造社会以促动其文明与进步,成为文学的历史使命。自梁启超、严复始,小说的地位就不断被抬升,"夫说部之兴,其入人之深,行世之远,几几出于经史上。而天下之人心风俗,遂不免为说部之所持"①,小说的地位,超过了作为读书人精神出处的"经史",原因就在于它能够改变天下"人心风俗"。如此,文学的观念、功能、价值塑造等,自然都由人和社会而生发,于是,"人的文学"与"现实主义"构成中国现代小说的两大生命系统,规范着文学理论建设与创作实践。

因为文学的主战场转向人与社会,转向启蒙和革命,现代以来的中国文学总体上是远离自然和名物的。小说的观念、理论与技法,作家的经典意识等,也都是围绕着"人"和"现实"展开或建构起来。在某种程度上,现代中国文学不仅远离名物,因为启蒙和革命,均强调精神、意识和观念的道德价值,现代文学很多时候还是反物质的。特别是革命文学和社会主义文学,物质是与享受等同的,而享受必然是资产阶级的。所以,物在相当程度上,就是一种原罪。正是如此,在萧也牧的《我们夫妇之间》和周而复的《上海的早晨》当中,"高楼大厦""丝织的窗帘""有花的地毯""沙发""跳舞厅""爵士乐""小奥斯汀汽车""柏油路""法国梧桐"等,都散发着腐朽堕落的气息。另外,启蒙和革命两个系统中的"人学"和"现实",其实都是相当观念化的。启蒙文学写人,是关注人的精神系统;革命文学写人,人同样沦为出身、阶级、立场等观念的载体。出于对观念化的人的反动,近四十年中国作家以人性去抵消观念化,却走向另外的观念化,作家争相描写人的权力、欲望、仇恨、争斗、饥饿、性等,小说领域,弥漫着潮湿、阴暗、鄙陋、混浊之气。

---

① 严复:《本馆附印说部缘起》,《中国近代文学大系·文学理论集2》,上海书店1995年版,第248页。

以今天的立场看,我们的"小说"观念确实需要调整;我们需要认识到:文学当然是"人学",但也是"物学",因为,没有物的世界不成其为世界,没有物的文学自然也不成其为文学。法国小说家罗伯·格里耶对西方以人为中心的小说观念——"巴尔扎克的观念"提出尖锐批评,他认为"事物就是事物,人就是人"。他要求作家纯客观地观察和描写物件的"既无虚伪的光彩也不透明的""表层",①并且单纯地注重物件的物理属性,它的度量、位置,它与另一物的距离等。罗伯格里耶的"物本主义"小说观,并不是否定人,而是否定那种通过主观去认识世界,并从人的角度去解释万物的传统做法,它"简直像人与物之间的'精神桥梁'一样,首先保证了这二者的相辅相成"。②

其次,从文法上看,名物进入小说,可丰富、拓展和深化中国当代小说的美学内蕴,创造中国小说独特的修辞系统。当下作家们的现实主义,无论是写历史还是写现实,多有短兵相接和贴身肉搏的味道。稍能闪转腾挪的,也多是借用曲笔,明修栈道,暗度陈仓。在这点上,物可以让小说变得更含蓄、更悠远、更意味深长。相比较人和具体的观念而言,物,相当于是取远景,是远镜头。《红楼梦》开头,大荒山无稽崖青埂峰下那块"幻形入世,无材补天"的废石,其实就道尽了全书的未尽之言。石头本是无情之物,却用来补有情之天,偏偏是无用的废弃之石,却生出"到人间去享一享这荣华富贵"的心思,历尽悲欢离合、炎凉世态。这一物,就是《红楼梦》的全部要义。《水浒传》中,水泊梁山从"聚义厅"到"忠义堂"的名变,更是无辞而意现。物,所呈现的是不言之意。看山是山,看山不是山,看山还是山,横看侧看,远近高低,看得何意,全在看者如何看。所谓"不着一字,尽得风流",大概就是这样一个境界。

物,是客观的,中性的,是固定不变的,不像观念和意见,譬如朝露。就像王安忆《考工记》中的那座老宅,是"半水楼""听风楼",还是"煮书亭"?不过是因时、因世的赋名。宅子还是那座宅子,世事却总在更迭中。在物跟前,所有的观念、思想、价值,都是脆弱的、多变的、易朽的,唯有物,历尽风吹日晒,岁月沧桑,方显得坚固。物作为小说的文法,从意蕴的层次看,它铭记着中国传统的智慧,儒、道、墨、名、法、玄、释诸家,都有关于物的哲学。作家在创作中,究竟是以儒家天人合一的世界观和格物致知方法,去以我观物、以物观我,把握物,还是以道家的齐物、物我两忘的方法去把握物,另或是释

---

① 柳鸣九:《新小说派研究》,中国社会科学出版社 1986 年版,第 605 页。

② 柳鸣九:《新小说派研究》,中国社会科学出版社 1986 年版,第 69 页。

家色即空空即色的认知去把握物,全在写作者的一心。而从修辞学的角度看,物对小说的文法意义则更大。按照中国传统的道/艺二分之法,小说、器物制作之法,都属于"艺"和"技"的范畴,有其"道"的统领下的内在同一性,故中国古代文论、诗论,多有以器物制作之法类比诗文作法的惯例。① 当代中国小说,倘能从物、器物中吸取经验和智慧,必能丰富中国小说的表现技法。

　　复次,从文统的角度看,当代小说领域的写物之风,是对中国小说古典传统的呼应,倘能深入研究,或可凝练出小说的中国叙事经验。众所周知,近代以来,中国小说的整体发展路径,从理论、观念到文体、修辞实践,都是以西方为师的,因此,当下小说领域的名物叙写之风,是一种积极的现象,它表明,中国作家正在突破单一维度的去中国化,一味模仿西方的路径,走向中西小说经验的融会贯通。

　　当代作家突入地方生活经验,或状摹自然,或以器物为中心,并在这几年形成一种写作的风尚,小说领域有,散文创作界可能更为普遍。而究其原因,则是非常复杂的。大的环境来讲,时下作家不再以模仿西方作家为时尚,再者说,通过几十年的学习,西方文学似乎再无新鲜的经验可供我们学习,这样,回归自家经验,就是一个必然选择。另外,从作家的年龄结构上看,写自然、写名物的,多是 60 岁左右的作家。这种创作上向自然、名物后撤的写作趋向,跟他(她)们的阅历、心性,包括个人的阅读史,对现实的态度,都有很密切的关系,毕竟,小说创作联系着的,是作家的生活史与生命史。中国古典文学的写作方式,无论是诗词歌赋、文章,还是小说,其实都是以阅历为底子的。读书、读人、读世,作家就是在世事洞明和人情练达之中,淬炼出好的小说。由此反问:当下作家,能否写出古典意蕴的小说?这是个问题。在我看来,传统并非一条消逝的河流,它的观念、制度、礼俗,它对人与物,对世界的认知,都会以不同形式进入今人的生活和意识当中;反过来,时下的作家亦可通过阅读古人的书,进入古人的生活和意识当中。如此,传统和当下,即处在活态的交往之中。当下的中国作家,涵化古今,会通天下,何愁写不出大作品呢?

① 闫月珍《器物之喻与中国文学批评——以〈文心雕龙〉为中心》一文,涉及中国古典文论范畴,是以器物制作术语类比文学批评的。详见《中国社会科学》2013 年第 10 期。

第三章　地方志与当代小说的"博物"写作

　　博物写作是中国文学与文化的传统。早在《诗经》时期，物就是诗歌的重要构成。朱熹说"解《诗》，如抱桥柱浴水一般，终是脱离不得鸟兽草木"①，讲的就是鸟兽草木训诂对解诗的重要。继《诗经》之后，《楚辞》《山海经》《博物志》《述异记》《十洲记》《西游记》《红楼梦》《镜花缘》等，同是博物写作的典范。传统中国写物风尚的形成，与农耕社会人们对天地的谦恭和对自然的崇拜有关，唯因生活于农耕社会，才有人对自然的亲，方可以写出"关关雎鸠，在河之洲""桃之夭夭，灼灼其华""桑之未落，其叶沃若""雄雉于飞，泄泄其羽"这种人与自然感通的句子。

　　中国文学写物之风的委顿，是史学、佛学及世俗社会挤压的产物，正是史传和世情文学的发达，使得物在文学中的地位逐步降低。特别是现代文学，因为民族危机和西学的激荡，社会变革意识、启蒙思想深入人心，文学的核心场域，渐渐转移到社会领域与人的问题上，"问题小说"成为时代变革的先声，"文学是人学"的观念得以建立。兼及百多年来中国文学向西方学习，求得的主要是观念、技巧和修辞层面的东西，物的描写本就不是西方文学所长。两相叠加，中国文学远离物的描写就势成必然。

　　从这样的小说史视野出发加以观察，我们会发现，近年来，诸如李锐的《太平风物》、王安忆的《天香》和《考工记》、贾平凹的《山本》等写物小说的出现，是有小说史分析价值的。它表明：在经历上百年中国小说现代化的努力之后，中国作家正有意向中国小说的古典传统回归。我们需要在小说史的视野中，去思考当下作家写物审美意识形态的形成与得失，作家写物风尚与传统文学的同异与关联，分析写物美学对中国当代小说诗学建构的意义，等等。有鉴于此，本文以贾平凹的《山本》为对象，具体探讨这些问题。之所以选择《山本》，是因为相对于《太平天物》《天香》《考工记》等，《山本》所写之物

---

① 黎靖德：《朱子语类》（第六册），中华书局 1986 年版，第 2096 页。

是自然的,能与中国古典传统所写之"物"更好地对接,小说写物的丰富性和小说史意蕴,更值得深入研究。

第一节　道心即自然:《山本》的"写物"观

《山本》写物之丰富,丝毫不逊色于《山海经》《博物志》《镜花缘》等典籍。虽说《红楼梦》所涉物的种类极丰富,但它是以器物描写为主,主要得益于明清时期中国器物美学的发展,与《山本》的自然物描写不可同日而语。《山本》究竟写了多少物种? 有人统计,"动物类八十四种,植物类一百八十种,以及其它菌类、果类之属,共计二百七十八种"①。整部小说,物的叙写铺排极为繁复。大致而言,《山本》之写物,有草木、动物二类。其中写动物,则有鸟、兽、鱼、虫四类,主要有葫芦豹蜂、哈什蚂、熊、斗鱼、扑鸽、啄木鸟、白面豹子、练鹊、百舌、鹭鸶、白鹭、豹猫、狸子、酒红朱雀、鹤等。写草木,则有树木、花草、药本、菌类、果类五类,其中包括栲树、皂角树、檞树、砍头柳、牵牛蔓、天鹅花、荷瓣兰、水晶兰、隔山撬、接骨木、牛肝菌、鹅膏菌、裤裆果、鹅儿肠、狗筋蔓、隔山撬、白前、白芷等。一部 50 万字的小说,写到将近 300 种的动植物,平均每一万字,就有六种动物或植物。所涉种类,远超《诗经》的 150 余种,直追《山海经》。

我们知道,小说不是地志类图书,不是科普读物。小说不可能像一般的知识普及读物那样,详尽介绍各种草木、动物的习性和特点。如果贾平凹就是一般性地写到各种草木、动物的名称,而不做细节、情节上,环境和人物塑造上的处理和展开,那么,这种草木、动物叙述,对小说写作而言又有何意义? 因为,小说所写到的很多动物和植物,不要说一般的读者不知所云,即便是长期生活在秦岭山脉里的人,恐怕也会觉得生疏。这种冷僻的动物、植物描写,显然不是小说所需要的。但是,倘若贾平凹对小说所涉的近 300 种动物、植物俱各有交代,那么,又如何保证小说不枝蔓旁逸而凌乱芜杂? 这就牵涉两个问题:第一,贾平凹为什么要写"物"? 第二,贾平凹如何处理小说中的"物"? 这两个问题,实际上又是具有同一性的,作家写作的目的,往往决定他写作的手段,所以,贾平凹为什么写物,自然就决定着他写物的方法和手段。

---

① 李小齐:《贾平凹小说〈山本〉自然书写的文化原型》,《商洛学院学报》2019 年第 3 期。

在很多创作谈包括《山本》的后记中,作家都提到《山海经》对他创作的影响。贾平凹说,他"曾经企图能把秦岭走一遍,即便写不了类似的《山海经》,也可以整理成一本秦岭的草木记、一本秦岭的动物记"①。小说完稿后,他原打算把小说的名字写成《秦岭》,只是担心和原先的《秦腔》混淆,才改成《秦岭志》,再变成如今的《山本》。由此可见,像《山海经》那样去记录秦岭的草木和动物,确为作家写作之初衷。但是《山海经》也好,《道德经》《易经》也罢,像贾平凹这样的作家,不可能在创作上会受制于这些典籍。贾氏之写草木、动物,必有他作为一个成熟作家的自我考量。就《山本》来看,我以为,贾平凹之写草木与动物,物既是目的,也是手段。说物是目的,是因为作家确有写出秦岭草木、动物丰饶之意愿;说是手段,是因为在贾平凹的写作意识中,物,不过是作家观天法地、观世事常变的方法而已。就是说,贾平凹其实是在一个更高、更大的哲学认知中,找到了"物"作为他叙事的一个基点。这种高的、大的哲学是什么? 就是《山本》当中的"本"字。何为"本"? 何为秦岭之"本"? 其实贾平凹也语焉不详。《山本》的书名,用作家的话说,就是"山本,山的本来,写山的一本书"。作家毕竟不是理论家,很难用清明的理论术语或概念概述他所理解的"本"。从整部小说所呈现出的意境和境界看,不难发现,贾平凹所谓的"山本",当是秦岭之为秦岭、秦岭之地之为秦岭之地、秦岭之人之为秦岭之人的"本然"。小而言之,贾平凹想在小说中去触摸秦岭的生命与文化的本原;大而言之,作家是想在国家文化地理的层面上,建构起秦岭与"中国"的文化命理联系。在《山本》的后记中贾平凹说,他想写"一本秦岭之志"。在他看来,秦岭是神圣的,是"横亘在那里,提携了黄河长江,统领着北方南方"的"龙脉",是"中国最伟大的山"②。借小说当中麻县长的话,就是:"秦岭可是北阻风沙而成高荒,酿三水而积两原,调势气而立三都。无秦岭则无黄土高原、关中平原、江汉平原、汉江、泾渭二河及长安、成都、汉口不存。秦岭其功齐天,改变半个中国的生态格局哩。我不能为秦岭添一土一石,就所到一地记录些草木,或许将来了可以写一本书。"③ 这样的表述,其实是把秦岭上升到了国家地理的高度,去看它与"中国"的关系。

从这样的认知出发再看《山本》当明白,"本"就是事物的根源,是《说文》

① 贾平凹:《山本》,作家出版社 2018 年版,第 522 页。
② 贾平凹:《山本》,"题记",作家出版社 2018 年版。
③ 贾平凹:《山本》,作家出版社 2018 年版,第 300 页。

所谓的"木下曰本。从木,一在其下"①。贾平凹是想在一个根源上、在一个本源处,去看秦岭,看秦岭的山水、自然、人伦与世事,去看秦岭的世道与人心易变。这个本、根源、本源是什么? 在我看来,就是天地心、道心。作家是站在一个超越人与物的高处,去看秦岭的人与物。小说当中,物,是天地心的具象;人世,也是天地心的具象。写物,即是鸟、兽、草、木、鱼、虫。写人,则是涡镇世事的激越与悲怆。小小的涡镇,不仅牵连着军阀、红军、游击队、国民党、保安团、土匪、逛山、刀客等不同政治和地方武装势力,你方唱罢我登场。涡镇内外,还有家族与家族间、家族内部的是是非非和恩恩怨怨,如井宗臣、井宗秀兄弟的分道扬镳,井家和阮家的恩怨、争斗和仇杀。小说开篇写道:"陆菊人怎么能想得到啊,十三年前,就是她带来的那三分胭脂地,竟然使涡镇的世事全变了。"②开篇之语当中,十三年是否有着特殊的意涵?不得而知。十二生肖、十二地支,古人把十二年称为一纪。如果说十二年是一个轮回,那么十三就是一个新的轮回的开始,所以十三年究竟是作家的一个有意的设定还是无意的闲笔,此处不敢确定;但是三分胭脂地却显见是撬动小说的支点。三分地,多么渺小的一块地啊! 可就是这么一个三分地的"龙脉",却改了井宗秀的个人命运、改了涡镇的世事,操纵着陆菊人的命和她的半生。天命、时运、人事,全在这个三分地里面。

很显然,涡镇是秦岭的缩影,也是中国的缩影。涡镇事,就是天下事;作家写涡镇,其实也是写中国。其中的黑白、是非、善恶、爱恨、情仇,都包含在那个"本"当中。一花一世界。这个"本",现于鸟兽草木,则化为秦岭山脉的山岳、河流、草木、花鸟、禽兽、鱼虫。现于人,则有世间的生老病死、恩怨情仇、你死我活及缠杂难断的世间伦常、家族仇恨和政权的斗争。这个"本"是"一",超越具象。有人批评《山本》,认为小说写到太多血腥、暴力、仇恨、杀戮,"在价值观、情感表达以及艺术形式等方面"都存在严重问题,"这样的作品能够在文坛流行并获得广泛关注,表明当下的文学批评界存在圈子化、江湖化等不良倾向"。③ 的确,从小说的细节处理来看,《山本》有些地方确实是过于血腥,像三猫通敌,被陈皮匠活剥人皮,做成一面鼓;为给哥哥井宗丞报仇,井宗秀下令让手下人夜线子、马岱活剐邢瞎子,然后把肉一条条扔出

---

① 汤可敬撰、周秉钧审定:《说文解字今释》(卷十一),第二册,上海古籍出版社 2018 年版,第799 页。
② 贾平凹:《山本》,作家出版社 2018 年版,第 1 页。
③ 鲁太光:《价值观的虚无与形式的缺憾——论贾平凹的长篇小说〈山本〉》,《文艺研究》2018 年第12 期。

去喂狼等场景,都有令人不适之处。但是否可据此就断定作家的价值观就存在问题呢?似可存疑。因为如前所述,作家是在一个哲学的高处,去俯察自然万物与世间众生的,残忍不是作家的残忍,而是作家之所见,是作家的"观"。天地本就藏污纳垢,人世的善恶是非美丑,不过是天地本然的显现。贾平凹自己也说,"《山本》里虽然到处是枪声和死人,但它并不是写战争的书,只是我关注一个木头一块石头,我就进入这木头和石头中去了"①。贾平凹把这种所见和自己的"观",称为庄子式的"天我合一"。小说中的万物与众生,世事沧桑,命运蹉跎,不外是一生二,二生三,三生万物,从"一"所派生出的"万物"而已。

就贾平凹的处理方式而言,人的世界、物的世界,在小说中不是并行不悖的。它们作为那个由"本"、由"一"、由根源处派生出的"二",是合在"一"当中的。人在物中,物在人中。所以,作家在小说的整体构造上,物,并不是独立在人之外;人,也并不是独立在物之外,而是人与物共生。艺术处理上,《山本》的一个重要特点,就是对物做情节化、故事化处理。比如小说开始,写到的第一个物类,就是葫芦豹蜂。但葫芦豹蜂,在小说中却不单是一个生物物种,它进入小说的情节当中,推动着故事的发展。小说开始,陆菊人的娘在割毛竹时被野葫芦豹蜂蜇死,她爹到镇上的杨记寿材铺赊了一副棺,四年了还不起钱,遂有杨掌柜提出让陆菊人当童养媳抵债的动议。陆菊人嫁到涡镇,带来了三分胭脂地,改变了涡镇的世情和很多人的命运,包括她自己的命运。追踪事情的因果,葫芦豹蜂,恰是世事变化的起因。正是这个几乎可以忽略不计的葫芦豹蜂,小说中却不止一次左右着涡镇的形势,左右着小说的推进。土匪五雷占据了涡镇,正打算撤出,手下的土匪玉米却被陆菊人招来的野葫芦豹蜂蜇死,五雷去而复返,于是,就有了土匪五雷和井宗秀媳妇偷情,井宗秀设计以井为坟,埋了自家媳妇的一节,陆菊人和井宗秀的精神之恋也由此开始。

小说中,类似这样的以"物"推动故事和情节发展、转折的现象非常多。像皂角树、隔山撬、娑罗树、冥花等,它们有的在小说中起到塑造情节和故事的功能,有的则起到象征和暗示的功能。比如长在涡镇中街十字路口的那棵高大的皂角树,凡是德行好的人经过,就会自动掉下一两个皂荚。再比如,随陆菊人出嫁的那只身子的二分之一是脑袋、脑袋的二分之一是眼睛的黑猫,在小说中前前后后出现20多次,每次出现,都预示着涡镇或者陆菊人

---

① 贾平凹:《山本》,作家出版社 2018 年版,第 525 页。

个人生活中将会有重要事情发生。凡此种种,都是在物与人的统一中展开的小说叙事。

这种物与人的交集,最典型的体现就是在麻县长身上。作为读书人,麻县长有自己的抱负与愿景,他原本想造福一方,伸展平生之志,但生于乱世,政局混乱,社会弊病丛生,再加上自己不能长袖善舞,便心灰意冷,渐渐退回到自然当中,萌生出写一部秦岭的植物志、动物志留给后世的想法。小说中,麻县长一出场,作家就写到他的窗前栽种的十几盆花草,有地黄、筚笈、白前、白芷、泽兰、乌头、青葙子、苍术,都是药材。这些药材,是有修辞学上的隐喻功能的,隐含着麻县长虽有治世之心,却无治世之力的无奈。他只能在室内栽种药材,以出世的方式,在秦岭的草木和动物身上,找到一个读书人的入世的寄托。特别是面对那盆春来抽高薹,夏初结籽角,根似萝卜,无论生吃还是炖炒,都能消食除胀、化痰开郁的莱菔子,麻县长感叹道:"这是化气而非破气之品啊!"天下熙熙,世间攘攘,暴力和屠戮,炮声和枪声,人们自然可以从利益和立场的角度去解释历史和社会,但归根结底,人世间所有的冲突和争斗,何尝不是麻县长所悟的一个"气"字呢?是非、对错、善恶、美丑,正确或者不正确,很多时候,何尝不是因为人们观念、立场不同,而衍生出的隔渊相望和水火不容?在一个文明、理性的社会,人们可以凭借"理"去化"气",而不文明、不理性的社会,人们必然会以"气"去冲决"理",去破坏"理"。可惜的是,麻县长所生活的世道,就是一个以"气"御"理",而非以"理"化"气"的时代。山中何所有,枪声与炮声。秦岭之中,不同政治势力,以及土匪、逛山、刀客等,各凭武力你来我往,即便是麻县长自己,也不断为史三海、阮天保、井宗秀这些表面上是他的手下,实际上掌握了枪杆子,凌驾于他之上的人所挟持而身不由己。读书人麻县长只能是"心将流水同清净,身与浮云无是非",他不仅不能在大的社会冲突面前有丝毫的作为,反而为这个社会的冲突所裹挟,最后葬身于炮火之下的涡潭的激流和漩涡之中,留下两部书稿:《秦岭志草木部》和《秦岭志禽兽部》。小说中的三个读书人,麻县长是以出世的态度寄托入世的心思;城里读书的井宗丞,则直接卷入世事之中,与时俯仰,与世俯仰,最后却为和自己同一个阵营、有家族仇恨的阮天保设计所害;另一个读书人,安仁堂的医生陈先生,既可断吉凶,亦可悬壶济世,救人于病痛;虽是个盲人,却比明眼人活得明白,活得通透。三个读书人当中,陈先生当是那个"一",洞察天地而知晓古今。比较而言,麻县长则是那个试图合天地、阴阳、人物为一的"二";而井宗丞,则是那个由"一生二,二生三"所生出来的,活泼泼的无数个具体生命之一。

第二节　"连续的世界观"与《山本》的混沌美学

　　写阴阳、图谶、鬼神、符咒等古老民间生活,可谓是贾平凹的一贯风格。从早期的《美穴地》《五魁》《白朗》《商州》,到《高老庄》《怀念狼》《秦腔》,再到近些年的《古炉》《老生》等,除极少数写实性特别强的作品——如《鸡窝洼人家》等,贾平凹绝大多数作品都摆脱不掉这类的描写。贾平凹在文学界素有"鬼才"之称,除了他幽冥莫测、诡谲多变的叙事方式外,也归因于其作品中鬼神怪诞因素的浓厚。贾氏自己也说:"我老家商洛山区秦楚交界处,巫术、魔法民间多的是,小时候就听、看过那些东西,来到西安后,到处碰到这样的奇人奇闻异事特多,而且我自己也爱这些,佛、道、禅、气功、周易、算卦、相面,我也有一套呢。"①从地理形要上看,贾平凹出生的商洛地区位于秦岭的南坡。据《秦陇羌蜀四省区志》所载,商洛地名沿革"春秋晋上洛邑,汉置上洛县,南太延五年置荆州,太和十一年改曰洛州,后周改曰商州"②。《太平寰宇记》载商州:"古商于之地,禹贡梁州之域。周为豫州之境。春秋时其地属晋,所谓晋阴之地。战国时其地属秦,卫鞅封于洛邑。"③商洛地区历史上的归属摇摆不定。但在文化基因上,商洛因为地处三界,而不可避免地浸染着秦地、荆楚、巴蜀三地的古风。这个古风究竟如何去理解很难说清楚,但荆楚、巴蜀自古就是中国巫风最为盛行的地方,兼及东汉张道陵、张鲁在汉中创"五斗米教",汉中成为中国的道教中心,又有唐以后佛教在长安的传播,商洛地区确实是聚拢着巫、道、佛的浓郁风气。

　　如何理解贾平凹创作上的志怪志异的习气,自然是言人人殊;但显而易见,贾平凹写鬼神、巫术、图谶、阴阳、生死等,与其他很多作家不同,贾平凹确实是把这些稀奇古怪的东西当作"有"在写,而不是像其他作家那样,明知其为"无",却以搜奇猎异的手段,把虚境、幻境写得煞有介事。这种以"有"的眼光去看别人眼中的"无",其根本的原因,还是起因于作家的世界观。不管是巫术、道教、佛教,还是贾平凹所说到的周易、八卦、风水等,归根结底,都是"连续的世界观"的产物。所谓"连续的世界观",借用的是考古学家张

---

① 贾平凹、张英:《地域文化与创新:继承与创新》,《作家》1996 年第 7 期。
② 白眉初:《秦陇羌蜀四省区志》第四册,北京师范大学史地系总发行,中华民国十五年五月初版,第 56 页。
③ (宋)乐史撰、王文楚等点校,《太平寰宇记》(六),中华书局 2007 年版,第 2733 页。

光直的说法,指的是"人和外在环境之间,没有一道明确的断裂区隔。世界万物跟我没有绝对的差别,这个可以变成那个,那个可以变成这个"①。在"连续的世界观"当中,生与死无疆域,人与物无界限,所以鬼神是存在的,人可以知物,物亦可以知人。这种"连续的世界观",是殷商时期早期先民祖先崇拜、鬼神崇拜观念的体现,虽说后来周人的价值观讲"未知生,焉知死",儒家意识形态排斥鬼神,但殷商的鬼神文化和"连续的世界观"却对民间生活、道家文化产生非常大的影响。

　　回过头来再看贾平凹的《山本》,就是典型的"连续的世界观"的审美体现。小说中作家写到的人与鬼、人与草木、人与动物是没有界限的、相通的。正是如此,我们会在小说中看到,镇子上下雨天的时候,在杨家棺材铺的门口,会站着一排鬼;打更的老魏头,会在夜晚看到吐出长长的舌头的鬼去白世强家投胎,老魏头的家里挂着一幅钟馗像;陆菊人给死去的丈夫杨钟上坟时,会看到黑乎乎的、成群的乌鸦和阳雀在空中飞,再后来是一只背上有人面纹的蜘蛛趴在燃过香的地上……在这个"连续的世界观"中,不单人与鬼可以相通,人的生命与动物、草木的生命之间,也是物性、人性相交。小说中,周一山能够听得懂鸟语和兽语。县衙门口,他听见两只狗的对话,哀叹它们过去是山上的虎,现在却成了狗。在井宗秀和麻县长商谈究竟把县城放在平川还是涡镇时,周一山猛然醒悟到,井宗秀属虎,所以决不能把县城放在平川,否则就是"虎落平川不如犬"了。像这种兽、鸟言人语,物性与人性相通的现象,在《山本》中非常普遍:老皂角树下突然说话的狗,龙王庙旧址上冒着紫气的醉猴,山中常在月圆时分嘘气成云的蟒蛇,懂得陆菊人心思、眼睛森煞的黑猫,声音像老人一样夜里雌雄相唤的西鸥鸺……诸如此类的灵异现象,在《山本》中到处都是。

　　如果我们就据此认为,贾平凹的写作方式是志怪和志异的,把《山本》归入传统小说的路子上,那么就未免失之简单了,因为如前所述,贾平凹的写作,其立足点不在怪和异本身,而在于作家有自己的哲学,有自己的"观"。回到前面的看法,贾平凹是在天地自然的同一性中去把握人和物的,因为处在一个大的同一性中,所以天性、人性、物性是合于一的。在小说的写法上,《山本》惯用的手法是"以物譬人"。黑河白河里长得色彩斑斓的斗鱼,眼对着眼,一动不动,可一旦咬起来,却谁都不松口——这是以斗鱼喻人与人之间的逞勇斗狠。安仁堂陈先生说:蜜蜂有天毒,它采花粉酿蜜,是削减自己

① 杨照:《庄子》,广西师范大学出版社 2016 年版,第 7 页。

的天毒——这是以蜜蜂善恶同体,喻人不如蜂,有天毒却不会削减天毒。小说中"以物譬人"最精彩的,当属麻县长。在释放井宗秀和杜鲁成之前,他让两人各说出三个动物的名字,再给每个动物前面加三个形容词。井宗秀说的是龙、狐、鳖。云从龙,升腾变化;狐,漂亮,聪慧,有媚;鳖则能忍,静寂。而杜鲁成说的则是驴、牛、狗。驴和马生的儿子为骡,可怜;牛犁地推磨,生前挨鞭子,死后皮蒙鼓;狗则忠诚。麻县长就是从两人说的动物当中,窥见井宗秀和杜鲁成的禀赋和性格。

这种把人和物放在同一性中的写法,是中国文学、文化的传统,它的重要出处,就是"连续的世界观"。这种"观"法和所"观",深刻地影响着中国的文化想象。除《诗经》外,《楚辞》也多有名状草木的诗句。《易经》就是以"文言"和"系辞"解释自然的"象"。像《史记》"殷本纪"写殷契的诞生,"三人行浴,见玄鸟堕其卵,简狄取吞之,因孕生契"①,王权天授的观念下,帝王的诞生却是因玄鸟而受孕。《山海经》之《大荒西经》叙述西王母:"有人,戴胜,虎齿,有豹尾,穴处,名曰西王母。"②记夏后启:"有人珥两青蛇,乘两龙,名曰夏后开。"③人与动物、草木、鬼神世界的边界是模糊的。虽说儒家有"人禽"之辨,但文学领域,动物修炼成仙、成精、成怪,人鬼相恋的题材,却不知有几何。在这种"连续的世界观"的审美观照下,《山本》的世界是混沌的,天与地、人与物、善与恶、正与邪、黑与白、阴与阳、情与欲、今与往,一切泯然于混沌之中。小说中的涡镇,就是混沌最形象、最直观的诠释。涡者,旋流也。小说如此写涡镇的由来:"涡镇之所以叫涡镇,是黑河从西北下来,白河从东北下来,两河在镇子南头处交汇了,那段褐色的岩岸下就有了一个涡潭。涡潭平常看上去平平静静,水波不兴,一半的黑河水浊着,一半的白河水清着,但如果丢个东西下去,涡潭就动起来……"④涡潭,就是汇聚着善恶、是非、黑白、对错,却没有方向的不确定的力量。历史和人性当中,何时不是涡潭,何处不是涡潭?小说从写涡潭起到写涡潭终。最后,当肥胖的麻县长在炮火的烟尘中滚动着肥胖的身躯,滚进河里,双手划动着进入涡潭,河水"开始旋转起来,越旋转越快,瞬间里人不见了,礼帽还在水面上浮着"⑤的时候,一切的是非、善恶、美丑,都在这里终结了,麻县长消失于涡潭的混沌之中,

---

① (汉)司马迁:《史记·殷本纪》(一),中华书局 2011 年版,第 81 页。
② 冯国超译注:《山海经》,《大荒西经》第十六,商务印书馆 2016 年版,第 524 页。
③ 冯国超译注:《山海经》,《大荒西经》第十六,商务印书馆 2016 年版,第 520 页。
④ 贾平凹:《山本》,作家出版社 2018 年版,第 3 页。
⑤ 贾平凹:《山本》,作家出版社 2018 年版,第 517 页。

涡镇也成为秦岭的一堆尘土。

在一片混沌当中,《山本》氤氲着"无常"的气息。陆菊人偶见两个赶龙脉的人,知道了自家的萝卜地是真穴,能出官人,这是无常;在井宗秀父亲无法下葬的情况下,杨掌柜给了他陆菊人陪嫁的三分地的龙脉葬父,井宗秀的命运由此而轮转,是无常;麻县长办公室吃茶,一阵风乍起,吹翻了案头上的卷宗,认为是天意而释放了井宗秀、杜鲁成等,是无常;井宗秀虽然无意中得到三分胭脂地,有过短暂的发达,随后兄弟俩还是死于阮天保的算计,仍然是无常。就是这样的无常,构成了涡镇人最严厉的命运本质。无常是混沌的本然。混沌是天地未分前的阴阳未定;是《西游记》篇首所说的"混沌未分天地乱,茫茫渺渺无人见";是班固的《白虎通义》所说的"混沌相连,视之不见,听之不闻,然后判清浊"①,天地既分,清者为精,浊者为形。远古的人们,因为没有是非心、分别心,而时时事事处于混沌之中;现代人则因为有了知识、理性、规则,有了是非、黑白、对错、善恶的判断,自以为就走出了混沌,然而,知识之外呢? 我们的规则和理性无法判别和解决的疑虑呢? 仍然是混沌。《山本》写的,就是这样的混沌,是现代的混沌。

《山本》的混沌,是指向生活、人性、历史的本质的,是指向世事和人性最复杂之处的无理数。但是,这并不是说贾平凹宣扬的就是"此亦无是非,彼亦无是非"的价值观。就像前面所说的那样,混沌是贾平凹对生活、历史、人性的认知,是他基于个人生命经验的一种对世界的判断,是他个人的"现实主义",这并不意味着贾平凹就在价值立场上认同他所写出的混沌。正是如此,在《山本》这部小说中,我们看到,贾平凹设置了三个深含意味的人物,那就是安仁堂的陈先生、130 庙的宽展师父和陆菊人。陈先生是道家人物,早年随元虚道长学医,他的智慧是超越于世事的,所以对于混沌世界的无常,陈先生说:"世上的事看着复杂,但无非是穷和富、善和恶,要讲的道理也永远就那么多,一茬一茬人只是重新个说辞、变化个手段罢了。"②这就是陈先生的大智慧。而宽展师父是个出家人,也是哑巴,小说中写到宽展师父的130 庙,有"地狱不空,誓不成佛"的地藏菩萨的大愿,这是佛家的大无畏,也是宽展师父的大无畏。她对世界的发声,是通过尺八完成的。尺八既是乐器,也是礼器和法器,一曲《虚铎》空灵而悠远,把人带到缥缈太虚之境里去。至于陆菊人,则是世俗世界的圣者。井宗秀在她的身上能看见光晕,像庙里地藏菩萨的背光。那面古铜镜上"昭日月光明"五个字,就是陆菊人的写照。

---

① (清)陈力撰、吴则虞点校:《白虎通疏证》(上),中华书局 1994 年版,第 421 页。

② 贾平凹:《山本》,作家出版社 2018 年版,第 525 页。

这样的三个人物,是贾平凹安排在作品中的三个有效视点,代表着不同的文化力量,各自从不同的层面,穿透了世事的无常和世界的混沌,呈现出思想的智慧和光芒。这些智慧和光芒,是陈先生、宽展师父和陆菊人的,也是贾平凹的。

第三节 《山本》"写物学"的现代性问题

《山本》的博物写作,接通了当代小说与中国古典文学伟大传统的联系。这样的写作不是贾平凹所独有的,在近些年的小说创作中,似渐形成一种写作风潮,像前面所提到的李锐的《太平风物》,王安忆的《天香》《考工记》,还有张炜、阿来、迟子建、红柯、张翎等的不少作品中,都有博物写作的特点。

对于当代小说家们的写物风尚,很难从一个特定角度去阐述其成因,但从贾平凹的情况看,博物写作当与他的年龄增长及随之而来的趣味变化及其对小说、生命、世界理解的变化有关。某种意义上说,作家的写作都是后退的。创作与思想上,年龄越大就越容易向传统靠拢,所以近现代以来,很多思想家和文学家晚年多多少少都是一个复古者。生活上,年龄越大,就越会放下,压没个人的自我,而把自己放在更大的天地江河中。贾平凹的《山本》,我以为就是作家向传统、向天地江河回归的产物。这样的作品,40 岁、50 岁的贾平凹未必想得到写,想得到也未必能写得出,唯有 60 岁以后,人生渐渐去除虚妄,返璞归真,方得见心、明性,才可写出《山本》这样的作品。就贾平凹而言,《山本》可说是作家创作的一个重要变化,就是作家把自己看"小"了。因为把自己看"小"了,才能看到秦岭的"大",看到秦岭的苍苍莽莽,大得如神。一旦作家看到了秦岭的"大",作家的自我自然就会胸臆开阔起来,进而写出浩浩荡荡的世界与自我文化生命的"大"来。试想:40 岁时候的贾平凹,大概觉得自己知晓了社会与历史的全部秘密,所以才会以决绝的颓废,写出如《废都》那样的作品吧。《废都》中的贾平凹,是把天下放在自己的眼里,去写《废都》的。《废都》的"废"字,废掉的是一个时代和一个时代的知识分子,废掉的是一个"都",直有横风断云,可废万古江河之势。到了写《山本》之时,贾平凹是把自己放在天地江河,放在秦岭里,才写出《山本》的绵延与跌宕。

从小说史的层次来看,今日的作家之写物,不可能是简单地回到传统,而是必然要有现代的转化和创生。因为,当下的作家,毕竟受过西方现代小说的洗礼,所以,作家们创作中如何会通中西,构造出当代性的写物美学经验,就非常值得关注。就贾平凹和他的《山本》来看,这部小说的最大贡献,就是把小说重新放回到大自然中,或者反过来说,把大自然重新搬回到小说中来。小说不仅写到了大量的鸟兽虫鱼,树木花草,还有诸多山峦、河流、云雾、悬崖峭壁、岩石之类的描写。生态—自然系统的秦岭,与另外由城镇、村落、寺庙、衙门、街道、店铺、茶庄、酒楼等社会—历史系统组成的秦岭纵横交错,构成《山本》的整个小说世界。如前所述,现代以来,因为民族危机和社会发展问题,中国的文学撤出了自然,突入社会与人生问题当中,成为社会变革与人性解放的尖兵。作为现代文学发端的陈独秀的《文学革命论》的一个重要观念,就是推倒"山林文学"和"古典文学",而建立"写实文学"和"社会文学"。在写实、写人生观念指导下,近百年时间,中国文学特别是小说,把"现实主义"视作小说的最高典律。似乎只有写社会、写人生进而是写人性的文学才是好文学,完全忘了人还是生活在大自然当中的,文学除了是"人学"之外,还应该是"自然学",是"物学"。近百年中国文学的自然环境和风景描写,因为过于突出人和社会的问题,大多时候是缺失的,文学中的自然美、自然哲学大部分时候同样是缺失的。在这种意义上来讲,贾平凹的《山本》,是对百年来中国文学的一次有力的纠偏。

　　《山本》写自然、写物,其诗学意义,是复活了中国古典美学体系中的"兴"。众所周知,"兴"是《诗经》"六义"之一。何为"兴"?孔安国释之为"引譬连类"①,朱熹则解释为"感发志意"②。释义虽不同,但大致意思不外是人的见物起意。按照《尔雅·释言》的说法,"兴,起也",讲的就是同一性中人对物的同情心、同理性所引发的人对物的感兴。因为人可以见物起意,所以古典诗歌中,有"感时花溅泪,恨别鸟惊心""举头望明月,低头思故乡"之类著名的诗句。《山本》中,安仁堂陈先生见蜜蜂采蜜,思量人不会削减自己的毒性,是"兴"。麻县长一进办公室,见牵牛花开了三朵,琢磨着是不是有三个人来言事,是"兴"。陆菊人见虎凤蝶,思量着成就井宗秀和花生的姻缘,花生与井宗秀成亲后,陆菊人把院子里的指甲花认定是花生,是"兴"。剩剩见到鬼灯擎,就想到是鬼给他爷爷和爹擎着灯,是"兴"……《山本》中,这种见物起意的细节非常之多。因为有"兴",小说所写之物,就不再是自然之物,而构成了明代文论家胡应麟所说的"兴象"。对于《山本》对自然的描写和其中的"兴"和"兴象",且不做理论上的讨论。从世界文学范围来看,西方

<hr />

① 李学勤主编:《十三经注疏·论语注疏》,北京大学出版社 2000 年版,第 237 页。
② 朱熹:《四书章句集注·论语集注》,中华书局 2011 年版,第 166 页。

文学虽然也有写自然,且不乏《瓦尔登湖》那样的经典名作,但西方文学却没有"兴",没有"天人合一",没有"物我两忘",这是不争的事实。西方作家写自然,自然是"它",写的是自然的"形";而中国作家写自然,却是在哲学意义上的"物""我"的同一中写自然的,写的不单是自然的"形",还有糅合着人的情理的"意",进而构成"象"和"境",其中的况味,实非西方文论可诠释。

《山本》的写物与"以物譬人"的写法,从另外意义上说,是一种另类的启蒙。这个启蒙的特点,就是以物化人。人能够见物起意,有"兴"的能力,说明人的内心是开放的,有着对天地、自然、万物的尊敬和敏感,说明人的内心是柔软而不是粗粝的。这样的启蒙,是以天性、物性、人性的统一,以自然的智慧,去召唤人们内心对人的自我重新认识。这个自我认识,包含着和谐、均衡的理念。同时,就像大自然既有日月朗照,也有风雨雷电一样,人性的内部,也是善与恶的统一。贾平凹《山本》的"以物譬人"的修辞学智慧在于:他不是以理想主义的求善去恶的理念,去要求生活、人性、社会保持一贯的美好,而是求得大自然那种阴阳的平衡。大自然一旦失去平衡,就是天地失调;而人性一旦失去内在的平衡,则是人文伦理的失调和社会秩序的失位,就是作品中所说的:"那年月,连续干旱着即是凶岁,地里的五谷都不好好长,却出了许多豪杰强人","成了气候的就是军阀,没成气候的还仍做土匪"。① 小说中,这种平衡的理念处处可见,涡镇上河有黑河有白河,山中的动物常有阴阳相和,艾草也依阴坡、阳坡生长而分阴阳。山里有蟒蛇,月圆时分嘘气成云,人要是误入其中即身子僵硬,气短而死,而能治愈的,却是山上七叶子树的叶子熬汤。这种阴阳平衡的理念,就是自然界的智慧。

贾平凹这种以物性启发人性的"物性启蒙"修辞学,让我们对现代以来文学领域的启蒙有了一个反思的立场,即:所谓的"启蒙",是否就是以不可置疑的准则、清明的理性、先在的知识,去祛除人心的暗昧,拔除人内心中的刺?是否就是以民主、科学、自由、平等这类西式的观念,去重塑我们的价值世界?恐怕未必如此。姑且不论,现代以来自上而下的知识分子精英式启蒙,是否如庄子《逍遥游》所说,"小知不及大知,小年不及大年。奚以知其然也?朝菌不知晦朔,蟪蛄不知春秋"②,因为民众与知识分子价值世界的不统一,民众的无知导致启蒙的失效。即便这种精英式的启蒙是有效的,它也不会是启蒙的唯一的形式。在这种知性的启蒙之外,还有一种智性的启蒙,就是把人放在天地和自然之间,在人与物的交往、人与天地的交往中,感受

---

① 贾平凹:《山本》,作家出版社 2018 年版,第 6 页。
② 陈鼓应注释:《庄子今注今释》(上),中华书局 1983 年版,第 13 页。

到自然的和个人生命经验的力量,并从自然和生命经验世界中提炼出思想与智慧。这个启蒙路径,在中国古代的典籍中,就是"白发渔樵江渚上,惯看秋月春风"那种历史兴亡中的渔樵闲话。真正的智慧,就是在天地间与自然中悟得大道,所以,中国古代的智者,大多为"耕者"形象。孔子之楚,遇到南方智者长沮、桀溺,就是"耦而耕";孔子之前吴的智者季札为避王位,不惜"弃其室而耕,乃舍之"①;陶渊明退隐和诸葛亮隐居南阳,过的就是"种豆南山下"和"躬耕陇亩"的生活。似乎在大智者的眼里,唯有与天地相交相接,方有源源不绝、变动不居的生命气机,而增益智慧?不管怎样,钱穆论"兴、观、群、怨"时有云:"诗尚比兴,多就眼前事物,比类而相通,感发而兴起。故学于诗,对天地间鸟兽草木之名能多熟识,此小言之。若大言之,则俯仰之间,万物一体,鸢飞鱼跃,道无不在,可以渐跻于化境,岂止多识其名而已。孔子教人多识于鸟兽草木之名者,乃所以广大其心,导达其仁。"②大概就是这个道理。

在《山本》的后记里,贾平凹说,他在写这部小说时,曾写过条幅挂在室中,左边挂的是"现代性,传统性,民间性",右边挂的是"襟怀鄙陋,境界逼仄"。这里的现代性和传统性,是解读《山本》的两个重要概念。我们知道,贾平凹是一个热爱传统、痴迷民间,且对传统文化和民间有精深研究的作家,他的作品,大多浸染着传统生活和民间风习。《山本》也不例外,涡镇人的饮食起居、婚嫁丧葬、礼俗信仰、人际交往等,小说写得面面俱到,弥漫着特殊的时代气息和地方色彩。涡镇人的生老病死、衣食住行和食色性,与秦岭的自然、山水、地理形要、交通、植被、动物、矿物、气候、人口等水乳交融,共同构建起一幅氤氲着传统性、民间性的生活画面。小说虽然写到了秦岭山脉的"大时代",写到军阀混战、解放战争,但所有的"大时代"事件,其实都是融化在秦岭人的生活日常和人伦日常中,融化在秦岭的草木云石之中。因为古典、传统、民间情结过重,在很多细节的处理上,作家有时甚至有耽迷其中之嫌。但是,贾平凹毕竟是站在现时代,以现代立场、现代意识在写《山本》,他不可能一味地以传统和民间立场去看传统和民间,而必须跳出传统和民间,去写传统和民间。从《山本》的情况看,贾平凹所谓的"现代性",并不是我们习见的那些以西方概念、西方价值为主导的现代性。恰恰相反,贾平凹是从传统和民间的内部,去发掘可超越于时代和现实的人生智慧、道德力量与文化精神。《山本》中最具代表性的,恐怕就是小说中的陈先生。他

---

① 司马迁:《史记·吴太伯世家第一》(二),中华书局 2011 年版,第 1337 页。
② 钱穆:《论语新解》,九州出版社 2011 年版,第 522 页。

既是一个具有通彻天地宇宙智慧的人,可勘破人生的苦处、痛处、短处、难处,可医治和校正人心,同时也是一个医者,可救治人身体的疾病,可救命。小说中,他是陆菊人的精神导师,引导着陆菊人向上,向人生的光明处和开阔处走;而陆菊人正是在陈先生的外在接引,与三分胭脂地的"龙脉"可出官人的内在想象中,不断走向自我的完善。不过,陈先生毕竟是一个理想化的人物。贾平凹从传统和民间生活当中深挖精神资源,试图为传统和民间找到一个现代的出口,愿景是可以理解的;但是,如果说西方文化的现代转型是重新返回古希腊和古罗马,走的是传统复兴的路子,那么,中国文化的现代化,恐怕要远比西方复杂,单纯的复古很难做到,原因很简单:西方的现代性,是复活古希腊和古罗马的人文主义,以对抗中世纪宗教神权对人的压抑,而中国的文化现代转型,所面对的问题和困境,恰恰就是传统自身。如果单纯地从传统和民间内部寻找文化因素,来解决传统和民间问题,那么,这何异于一个人揪着自己的头发,把自己从泥淖里拉出来?

不管怎么说,《山本》是摆脱了西方文学、美学观念影响,返回中国文学古典传统的一部书,这是毫无疑问的。我们可以对《山本》有各自不同的评价,但它重返中国文学之"中国"的努力,值得肯定。特别是小说对天地、对自然、对物的美学思考,于近年来的生态文学之外,给我们提供了一种新的阅读经验,它一方面打通了与中国古典哲学、美学的思想联系,另一方面又不乏富有现代意义的和贾平凹个人特点的当下沉思。正是在这种意义上,我们说,《山本》不是一部没有瑕疵的小说,但它绝对是一部有小说史意义的重要作品。

第四章　地方志与当代小说的"史传"传统

　　自 20 世纪 80 年代开始,中国当代文学领域,出现了传统文化回归的热潮,"寻根文学"便是这一热潮最直接的产物。这一思潮的出现,是基于多重历史合力共同推动而得以完成的,其中的缘起、起伏、兴衰,这里不去多做分析;有一点可以肯定,那就是在"文化寻根"思潮的导引下,作家们的目光普遍向偏僻的山地、乡村、边地下移和外扩,诸多具有"非遗"性质的题材、人物与故事,引起了当代小说家们的普遍关注,随之,文坛上出现了大量以"非遗"为叙写对象的文学作品。代表性的作品,比如获得茅盾文学奖的王旭烽的《南方有嘉木》、贾平凹的《秦腔》、迟子建的《额尔古纳河右岸》、陈彦的《主角》、徐则臣的《北上》等。有的作品,则获得鲁迅文学奖,如肖江虹写贵州传统"傩"艺术的作品《傩面》。此外,肖江虹以及他的《蛊镇》《悬棺》等。还有一些虽未获奖,但同样在批评界引起极大关注的作品,如冯骥才的《俗世奇人》、刘芳晓的《禹书》、方棋的《最后的巫歌》、阿来的《云中记》、张炜的《独药师》、刘一纯的《滩京府》、葛水平的《裸地》、刘裕国等人著作的《蜀盐说》、苏沧桑的《纸上》等,都涉及大量的"非遗"元素。作家们用地方性"非遗"题材所内在包含的特定政治、经济、文化、宗教、民俗内涵等,构造出别具地方性历史、文化特色的重要作品。

　　"非遗题材小说"的兴盛,究其原因大致有三:第一,中国文学地方性下移的趋势促成。自 20 世纪 90 年代始,当代文学中的宏大叙事终结,许多作家的写作开始从描写国家、民族、革命的大叙事写作转向地方性历史文化,"非遗题材小说"的出现,就是这种文学视点地方性下移的产物。第二,寻根文学和拉美魔幻现实主义影响的结果。20 世纪 80 年代中后期开始,西方的现代文化与文学思潮大量涌入,特别是拉美的魔幻现实主义,因为与中国"史巫"传统的文化家族的相似性而备受青睐,引发中国寻根文学的开展,激发了韩少功、贾平凹、李杭育、李庆西、莫言等人对传统文化的探索。第三,从创作看,故乡和童年是作家写作中永远也脱离不了的一个中心,尤其是作家最熟悉的童年经验和生活,一个作家可以离开故乡,但他的创作始终会围绕这片让他(她)成长的土地而展开。作家通过描写地方性的自然地理环境、身边的人物和故事来实现回归乡土创作、回归本土文化的目的。展开来说就是在作品中还原乡村的人事、人心和人伦故事,利用地方历史和叙事开始建立自我话语体系。其中,浙江因为江河纵横,山地、丘陵、盆地、海洋交错,自然、地理、历史、人文、风俗、人伦的独特性,"非遗"项目极多,是故以"非遗"为小说创作的材料而加以渲染,形成小说文本的创作现象极为普遍,代表性的作品有周新华的《喝彩师》,孙红旗的《国楮》《印舞》,赵言的《良渚三部曲》,古兰月的《守艺》《龙井》,毛芦芦的《琼奴与苕郎》等,都是具有研究价值的"非遗题材小说"。

目前学界对"非遗题材小说"的研究,多是以单篇论文形式出现;其次,关于"非遗题材小说",并没有提出一个明确的概念,说明学术界没有将小说与"非遗"明确联系起来,缺乏一定的现象认知自觉和理论自觉。有鉴于此,本节主要从"非遗题材小说"与地方历史、"非遗"自身历史的微观叙事以及"非遗"在地方小历史与时代大历史之间的穿插勾连三个方面去呈现"非遗题材小说"的历史研究,探究文学史视野下的"非遗题材小说"书写。

第一节　地方志与当代小说的历史叙事

"非遗"是历史的构造物,是在地方性的特定历史、特定生活中,在"人—地"相谐的运动关系中,形成的一种历史叙事和文化叙事形态。同时,"非遗"亦有其自身独特的生命史,有它的起源、发展、盛衰。因此,当作家展开"非遗题材"的小说营构时,进行必要的历史书写,就是必然的,是不容忽视的一部分。从逻辑关系上来说,"非遗"包含着如下四层历史关系:第一,"非遗"形成于地方性的小历史,是人与历史互动的产物;第二,"非遗"有其自身的生命史,有其自身的兴衰成废;第三,"非遗"兼具地方性的小历史与家国民族大历史的叠加;第四,作家所处理的"非遗",是一种过往的历史,因此与作家所处的时代,显然有历史的错位,形成某种意味丰富的历史观念、价值、意识的张力。

如前所述,"非遗"成于地方,而因为历史上的分封、郡县制,以及山川险要、河流阻隔等,各地除自然形要、自然景观、人文沉淀有别外,其历史的发展也各有不同。如果我们把国家史视作大历史的话,那么,地方的历史就可以被看作小历史,它是微观的、区域的,是在人们的日常生活中形成的,是每个普通民众都参与其中的历史。"非遗",便是形成于一地的自然地理和日常生活经验之中,承载着一个地方的历史、风俗、习惯、语言和传统,是一种文化、历史、生活的活态存在形态。这种地方性的小历史,既是"非遗"又是"非遗题材小说"最鲜活的部分。

以"非遗"的书写,建构地方性、区域性的小历史,是浙江当代"非遗题材小说"的共同特征,其代表性著作有王旭烽的《茶人三部曲》,周新华的《喝彩师》,孙红旗的《国楮》《印舞》,赵言的《良渚三部曲》,古兰月的《龙井》和《守艺》等。在这些作品中,作家们普遍注重历史环境、历史氛围的真实性塑造,体现出对大的时代、历史人物、历史事件的真实性的尊重。王旭烽的《茶人三部曲》,虽说忘忧茶庄以及小说中的主要人物皆为虚构,但是小说中所涉及的大的事件、核心人物,都是有出处和原型的。按照王旭烽自己的说法,"小说中的主要茶叶世家有一点点原型,是清代民国时期的翁隆盛茶庄,这个家族中有一些大的格局走向,是和小说中的忘忧茶庄近似的——比如几代单传,丈夫吸食鸦片、养小妾,茶叶销售有名,家中靠女人打下江山守护等"①。印证于王旭烽的《茶人三部曲》,忘忧茶庄的传人杭九斋不好理财治业,最终死在烟花女子的烟榻上。下一代茶人杭天醉,处在辛亥革命前后的大动荡、大震荡中,学问、才气、激情、抱负、爱等,并不能给他带来清晰的人生目标和社会志向,最后在迷茫中遁入空门。杭天醉所生的三子二女,生长于真正的大时代,俱各以不同的身份和方式,参与民族、国家、家族命运的再造。小说糅合着近现代中国的国运与茶人的命运,两者交相辉映,构造出一部跌宕起伏的历史。

这种"非遗"与地方史的同构,在衢州作家周新华的《喝彩师》中,表现得更加突出与明显。作品开篇用"出使异域"作引子,写大清朝册封使林鸿年奉命出使琉球,册封琉球国王。明清两朝,明清政府与琉球是封贡关系,琉球老国王去世,册封王世子为新国王,中央政府都会颁发祭谕文和册封诏。周新华的《喝彩师》,就是取材于道光十八年林鸿年被册封琉球国之正使,出使琉球这一真实事件。当然,这一真实历史事件,不过是小说中故事展开的背景和引子;小说真正要写的,还是常山喝彩行业、喝彩文化的传承,以及喝彩师们在国家生死存亡和大是大非面前的持守。小说的开头,就是诏书不知何故被盗,然后,小说引出宣读官宣读并不存在的诏书这一细节:

---

① 张玥、王旭烽:《茶道的核心是"守"》,《天津日报》2019 年 2 月 25 日。

奉天承运，皇帝诏曰：朕恭膺天命，为天下君。凡推行乎庶政，必斟酌夫古礼；其于锡爵之典，未尝以海内外而有间焉。尔等远在海域，世修职贡，自我皇祖，称为礼仪之邦。①

这个"出使异域"，据作家周新华的考证，写的就是历史上的真实事件，而这个国家大历史的真实事件，一方面，构成"喝彩"这一常山一带"非遗"项目的起源，另一方面，所谓"草蛇灰线，伏脉千里"，这一情节更为正文里面，在招贤镇发生的所有故事埋下了伏笔。

宣读官咧嘴一笑，册封使又恢复了严肃的神情："记住，这法螺殿的正门，一定得面朝西面。"宣读官点点头。他知道，面向西面就是面向祖先。②

这几十个文字，饱含了宣读官作为身在异国他乡的游子对国土故乡的怀念，无论身在何处，心中都有国、心中都有家的情感。这个细节描写，一方面增强了作品的抒情性，另一方面，为宣读官后人的寻根埋下了伏笔。

从引子部分可以看出，宣读官隐藏的喝彩师身份，挽救了当时的宣诏仪式。作家周新华没有直接把有着喝彩经验的宣判官名字写出来，而是将其隐秘化，这为引出后文的常山喝彩做了铺垫。同时，作品中宣判官的高声诵读，字里行间将其内心的心酸、苦闷、惆怅表现出来。从作品的楔子可以看出，作家周新华是具有深厚的历史储备和生活经验的。作家以"非遗"常山喝彩为主题，利用文中的人和事、人与人的纠缠，呈现出独具特色的地方史，展现社会面貌。作家的创作赋予了常山喝彩以文学生命。文学是反映人生的，只有作家投入真情实感的创作，文学才能具有生命力。

就《喝彩师》而论，它的地方小历史书写，不单单体现在历史书写自身，同时还体现在它的习俗、语言、文化等，如果说"喝彩"作为一种风俗，周新华写出"喝彩"与常山小历史的关系、与招贤镇小历史的关系的话，那么，在喝彩的语言和言语层面，小说更是包含着丰富、生动、微观的小历史。如《喝彩师》中常山喝彩的唱词：

"伏以——"乌皮师父开嗓了，"长尺量量又不短，短尺量量又不长；长刨刨刨六角郎朗，短刨刨刨一抹精光；正是一条好栋梁……"③

乌皮师傅在正厅东南西北四个方位祭了鸡血，又拿起角尺敲打筛

---

① （清）周煌：《琉璃国志略》，商务印书馆 2020 年版。
② 周新华：《喝彩师》，浙江人民出版社 2017 年版，第 7 页。
③ 周新华：《喝彩师》，浙江人民出版社 2017 年版，第 150 页。

子,一边"遣煞",一边喝道:"斧棒一尺八,赶走未来煞,口有二寸半,长有四角方。一百二十四位凶神恶煞,一打天煞归天去;二打地煞归地藏,三打凶神恶煞;四打逢山山过……"①

乌皮师傅的这段上梁喝彩词,开场的一声长调——"伏以",是喝彩的开场词。这句开场词,其实隐含着极具意味的地方小历史。何谓"伏以"? 就其本意而言,伏,是指臣子俯伏下拜;以,是指下面有事陈情,旧时是指下级官员对上级的报告形式。但是在周新华的《喝彩师》里面,这个"伏以"便是地方性的小历史。传说中,伏以是鲁班的弟子,此人长相俊秀,聪明智慧,对木匠工艺一学就会。后来,鲁班出于嫉妒和猜忌,以为伏以和其妻子有私情,于是设计害死了伏以。在明白真相后,鲁班羞愧难当。所以,鲁班后面在做屋上梁喝彩时,总要先喊一声"伏以",把弟子的名号放在前面,一是为化解伏以的怨气,一是以示纪念。这个规矩,世代相传,一直流传到今天。一声"伏以",隐含着的,是民间的丰富历史想象和伦理情感。

按照陈思和的说法,类似"喝彩"这种地方民间史,其价值和意义即在它的民间性,"一种以多元视角鸟瞰社会变迁为特征的叙事模式,这种叙事模式的主要特征在于透过民间生活场景,多角度、多空间地展示历史"②。在周新华的《喝彩师》中,"喝彩"显然是一种民间符号,一段喝彩,不仅包含了喝彩师对地方性特殊的历史与文化的认识与了解,更是唱出了喝彩师所处时代的精神气韵。周新华把自己对本土文化和历史的理解,融入民风习俗和乡村生活的描写中,这是作者用地方小历史塑造"非遗"大历史的过程。

周新华在《喝彩师》中,对浙江衢州非物质文化遗产——常山喝彩歌谣的起源、发展历史的描写,是紧紧植入于地方史之中的,通过以小说人物乌皮师傅刘朝训、柳贤乡为代表的喝彩师对"非遗文化"喝彩歌谣传承所付出的种种努力的细致描写,表现出作者对"非遗"传承和乡土文化的关注。作品高度还原地方文化和地方风俗,真实记录了浙南民俗风情。特别是小说中的柳贤乡这个人物,他对喝彩的喜爱和坚持,可以看出非物质文化遗产对一个人所产生的深刻影响。典型的就是柳贤乡,他从最初的街头乞丐到一名承担着行业荣耀的喝彩师的身份转变,其中自然有时运、个人命运的机缘巧合,但归根结底,还是源自他对喝彩的热爱和他天性中与生俱来的喝彩才华。随着柳贤乡对喝彩的投入和了解的逐渐加深,他对喝彩的感情,从最初

① 周新华:《喝彩师》,浙江人民出版社 2017 年版,第 150 页。
② 陈思和:《中国当代文学史教程》,复旦大学出版社 2004 年版,第 76 页。

的喜欢升华为人生信仰。小说最后,柳贤乡为了保护"喝彩"而甘愿牺牲个人的生命,更是体现出喝彩背后的文化精神。作家周新华在《喝彩师》中着重刻画的柳贤乡这一人物形象,他是具有时代意义的,对常山喝彩地位的提高有着推动作用。作家通过对人物之间、人与物以及人与历史等方面的描写展现出了强烈的人本思想、时代精神以及对美的追求。《喝彩师》作为浙江"非遗题材小说"的代表作,不仅通过文学使非物质文化遗产得到更好的保护和传承,同时也是对文化脉络的整体思考,有助于进一步探索"非遗题材小说"的文学价值,展示其文学的魅力。

从弘扬传统文化的角度看,"非遗题材小说"是地方历史文化的载体,更是地方美学精神的体现。小说作为文学的一种,它本身就是某一特定时期历史和文化精神的产物,甚至可以说,小说就是历史,就是人们的日常生活的诗学表达;小说拥有比历史更丰富、更具体的生动内容,"小说是叙事文学的最高形式……作为人类成年的艺术,小说具有包罗万象的气魄,人类文化和社会生活几乎所有方面都可以在小说中得到反映,在这个意义上,小说可以说是用美学方法写成的历史——'风俗史'和心灵史"①。而"非遗"的历史性,与小说的历史性,两者的叠合、缠绕与对话,是作家创作"非遗题材小说"的必然路径。这种对话的一个重要向度,就是作家郁达夫所认为的那样:"小说在艺术上的价值,可以以真和美两条件来决定……至于社会的价值,及伦理的价值,作者在创作的时候,尽可以不管。"②郁达夫对小说的理解,诠释的是小说自身审美的功能,表面上看起来,郁达夫是"不管"小说的社会价值和伦理价值的,但是,小说一旦以真和美为条件,又怎可放弃社会和伦理?

第二节　地方志与"非遗"的生命史

"非遗"成于地方性的小历史,而它一旦形成,就具有了自身的生命,就具有了自身的历史。在人类文明演进中,有的"非遗"项目已遗失于历史的烟尘古道,有的则绵延至今。"非遗"的寿命,长的上千年,短的则有数百年、数十年。在外部历史的激荡和轮回当中,"非遗"自身的生命史也各以不同的方式展开,它的叙事学价值、美学价值、文化价值,显然是值得当代作家深

---

① 李时人编校:《全唐五代小说》,中华书局 2014 年版,第 9 页。
② 郁达夫:《过去集》,开明出版社 1996 年版,第 78 页。

探的富矿。历史说到底也是一种叙事,是"叙事性散文话语形式中的一种言辞结构"①。"非遗题材小说"作家以小说去表现"非遗"背后的历史,对小说创作和"非遗"的传承具有双重意义。

在周新华的《喝彩师》中,作者写"喝彩"的生命史,是通过对"喝彩"行业的兴废与盛衰呈现的。写"喝彩"行业的兴起与盛衰,小说主要抓住两点:一个是"杨柳木命"。"杨柳木命"出自中国古代的"三命汇通论",是古代算命和术数的一种;它的义理,是以人的生辰八字为基础,推测人的体咎祸福,是一种命相术语。在小说中,周新华借用中国古代相学和命理学的知识,写常山"喝彩"行业的祸福相依。这当中,自然多有迷信、神话和传奇的色彩在里面。另一个,就是"喝彩"行业内部的师承门派及其酷烈的争斗。小说对喝彩门派之间百年恩怨的深入描写,表现出招贤镇的普通民众对喝彩的尊重,以及对喝彩师一生坎坷命运的哀叹。作品把人物的爱恨情仇,"非遗"的历史性和传统性表现得淋漓尽致。这部情节丰满的长篇小说,除了描写人、事、物之外,同时也可看作是一部喝彩技艺的普及书。

周新华的《喝彩师》,写喝彩行业的自身生命史,是一种历史化的写法,着重在写"喝彩"行业在历史轴线上的起落沉浮,时间跨度更是数百年。而王旭烽描写茶文化的"茶人三部曲"则有所不同,作家似乎是想在一个更为开阔的天地文化的大视野中,去写出一种天与地、地与物、物与人、人与世相感通的生命世界。小说以茶叶世家杭家几代人在时代变化中的经历反衬出茶人的精神世界与茶文化精神。在创作谈中王旭烽提到,"如果用一种植物来观照我们这个民族的话,没有什么比茶来得更为合适了。茶的内敛、历史悠久、生命力旺盛的特点很多地方与中华民族的优秀品质相关"②。由此可见,王旭烽的立意,其实远超出"茶"的历史与生命本身,而是从天地宇宙的大秩序中,抽绎出茶的精神,通过茶的精神与人类生命精神相贯通,达到涵养人的生命的美学志趣。通过作品开篇的序,事实上就可以看出,作者将茶文化植根于历史土壤中,描写茶与人生命共通的苦心,以杭州茶叶世家杭天醉六代人跌宕起伏的命运变化为主线,通过茶的兴盛衰败史演绎出中华民族不可或缺的民族精神。小说的时间,是从晚清到新世纪,虽然写的是一片片微不足道的茶叶,但是整部书中贯穿着诸多的历史大事件,具有史诗气质。

---

① [美]海登·怀特著:《元史学——十九世纪欧洲的历史想象》,陈新译,译林出版社 2009 年版,第 1 页。
② 沈文愉:《王旭烽精谱"茶人三部曲"》,《北京晚报》2000 年 11 月 23 日第 10 期。

"茶文化"在王旭烽的笔下,已然成为中国传统文化的符号之一。在《南方有嘉木》的序中,作家如是写道:

> 茶是郁绿的,温和的,平静的,优雅而乐生的;罂粟花是多彩的,热烈的,奔放的,迷乱而破坏的。①

在动荡的历史大背景下,将茶的纯洁与罂粟花的邪恶对比,喻含茶的优良品质。在叙事层面上,"茶人三部曲"以杭天斋、杭天醉、杭嘉和、杭汉、杭得茶五代人经茶、卖茶、护茶、守茶的经历,表现出杭家茶业由兴到衰的全过程,尤其是对历史大浪潮下中华茶的经久不衰与坚韧不拔的茶人精神的书写,堪称淋漓尽致。小说中的茶仿佛是一张大网,几乎所有的人物和茶之间,都存在着一层剪不断的关系。在作品中有两个极有深意的称呼:茶人和茶商。"从杭九斋开始,杭家三代以茶为生,作为茶人世家的杭家,家中上上下下对茶都能说出个子丑寅卯来。尤其是杭天醉,他可以从茶的栽植、采制、烘焙到储存到茶壶茶肆、茶礼茶俗、茶文茶典,怕讲上三天三夜也没个完。"②杭天醉作为典型的茶人形象,他虽然为茶商,但身上更多体现出来的,是末世文人的儒雅气质。细读文本可以发现,作家王旭烽明显地将"茶人"与"茶商"进行了区分,"茶人"与"茶商"仅一字之差,却将茶人的清澈与茶商的重利形成了鲜明对比。

《茶人三部曲》用文学的独特视角将几代茶人的情爱纠葛、生存抗争放置在大历史事件中,彰显出超越历史发展的民族精神。比如在中国茶叶被外国势力垄断的时候,茶人吴茶清不惧危险,英勇地与洋人正面斗争;抗日战争时期,杭嘉平在面临日本人的封锁时,冒着生命危险进行茶叶交易;到了"文革"时期,杭汉因茶商身份受到管制,转而走进书屋,潜心研究中国茶叶种植的手艺;改革开放时期,杭嘉和作为世纪老人,在经历了一个世纪的跌宕和盛衰之后,亲眼见证了茶叶博物馆的建立。因茶而生出祸端,因茶而得享荣耀,这就是杭家几代人在跨越百年的时间中与茶割舍不断的关联。五代人与茶之间的故事,体现出厚重的历史感,展现出丰富的文化底蕴。

王旭烽在《茶人三部曲》中深刻挖掘茶背后潜藏的文化精神。杭天醉,明明具有茶人与茶商的双重身份,却只表现出了作为茶人应有的茶道修养和茶道精神,而没有作为茶商应有的经商之道,他只会品茶、花钱、抽鸦片,却不懂得如何靠茶赚钱。这是一个典型的矛盾人物。作者将杭天醉塑造成

---

① 王旭烽:《南方有嘉木》,浙江文艺出版社 2010 年版。
② 吴秀明:《文学浙军与吴越文化》,浙江文艺出版社 1999 年版,第 120—121 页。

向往纯粹生活、不谙世事的文人形象,从杭天醉的日常言行举止,到他把"大同社会"确认为其最高的革命理想的态度,以及他身上体现出来的"合",都证明了他是一个真正的儒家知识分子。而杭嘉和,作为小说中唯一一个见证了整个茶史的中心人物,他的情感可以说是最复杂的。"他身上秉承了当时阶级固有的革命性和动摇性,但他更贴近地被卷入了'五四'及其后的新民主主义风暴,是深受了国破家亡的民族巨创的新一代茶人。他的品格更多的是由沦陷于日寇的杭州城的血泪斑斑的现实压铸而成的。"①作品通过人物来体现茶文化精神,无论是人、事、物,作者都巧妙地与茶交织在一起,由此这部小说所表达的文化精神得到了全面诠释。

和王旭烽《茶人三部曲》相类似,孙红旗的《国楮》同样是以物写人、以物史写人的心史。小说以开化造纸术的兴亡盛衰为题材,叙述了清代乾隆年间,衢州府开阳城徐氏家族继承抄纸祖业,抵御土匪侵扰,应付槽户内斗,历经艰苦,专心抄写上贡纸张,为传承造纸术而付出心血的艰辛故事。小说通过对以徐延誉一家为代表的绍熙纸行对造纸术艰难传承的系统性描写,达到弘扬传统文化的目的。孙红旗作为地方小说家,运用本土文化,将乡情融入文学中,以开化清代抄纸人为主题,塑造了徐延誉勇于探索的民间艺人形象。作为"非物质文化遗产"的传承者,传承人徐延誉经历了开化榜纸由盛转衰、开辟新方向再到接受榜纸创新的整个过程。

总体来说,周新华的《喝彩师》、王旭烽的《茶人三部曲》以及孙红旗的《国楮》,无论是写可见之物,还是写不可见之物,作家们都是在"非遗"的生命史中见出人的命运,见出人类的精神。

第三节 大历史与小历史:对话与潜对话

不管是《喝彩师》《国楮》《印舞》,还是《茶人三部曲》《良渚三部曲》,其实作家在写地方史或者说是"非遗"的自身生命史这样的"小历史"的时候,都不可能剥离开"小历史"与时代、国家、民族"大历史"的互动和有机联系。"非遗",以及与"非遗"有关的人、事、物等,都是而且只能是在时代、国家、民族的"大历史"的震荡中,方见得其深刻的意味与精神。在国家与时代的整体命运中,地方、小历史,不可能脱离开与国家、民族大历史的勾连,两者的

---

① 曾镇南:《微尘中的金屑:茶烟血痕谱青史——读"茶人三部曲"》,广州出版社 2004 年版。

互动、共振，正是小说家施展叙事抱负和叙事才华的地方。小历史如何在大历史的激烈震荡中形塑自身的体式，大历史如何进入小历史当中，形塑出地方的小历史以及处在小历史中的人物的命运，如何在大历史的激荡中起落沉浮？这是"非遗题材小说"历史叙述最具有话题性的部分。

这种小历史与大历史的联通、互动、相互激荡的处理方式，在周新华的《喝彩师》当中，是以"大"为纬，以"小"为经。也就是说，作家是以"喝彩"这一行业的兴衰起落为小说的情节发展线索，将行业内部的兴衰起伏故事，放在家国天下的历史大叙事当中，以大而观小，以小而见大。小说的时间跨度达百年。故事是从几百年前，朝廷册使林鸿年在去琉球途中，带走一位落难的民间喝彩师作为宣旨官随行开始的。而到了 20 世纪 30 年代，宣旨官的后人宫田教授以东瀛文化间谍身份重回江南招贤小镇，专注研究和记录喝彩技艺，却陷入镇上彩师门派之间的江湖纷争。

在大历史的叙事层面上，小说中的"琉球国"是真实的地理存在，琉球国与衢州之间的联系，也是真实存在的。根据作家周新华的考证，第一，史料显示，古时明清两代的琉球册封使，去琉球国需要经过衢州；第二，因路途危险且遥远，琉球册封使的家属会暂时安置在衢州；第三，光绪《兰溪县志》载"琉球国使墓在北乡邑厉坛。康熙三十年（1691）国使奉命入贡，经邑卒，因葬此。碑刻：'首里府舆力向氏峇滨亲云上之墓'共十四字"①。根据县志记载，琉球国使的墓地葬于兰江，可以看出衢州是一个重要枢纽。作者在创作中，根据实地考证以及历史故事，让作品在前后两百多年的时空中展示一代代喝彩人的故事，体现出作品具有贯穿古今的文化价值。

在这百年时间中，这座名为"招贤"的江南小镇一直保留着喝彩的风俗。文中最具有地方小历史色彩的，便是"喝彩"这门艺术。"喝彩"原意是指"高声叫好，称颂赞美"。"根据《常山县志》（明万历十三年）和《球川镇志》及诸多家谱记载，喝彩歌谣的历史长达四五百年之久。上梁喝彩习俗起源更早，北魏时期就已经产生了。"②从这些已有的历史材料可知，作为非物质文化遗产项目的"喝彩"，其自身的历史绵延已久。"喝彩"歌谣从清朝道光年间的开源祖师王培兰开始，在历经各朝各代的历史衍变，经文人修饰点缀，百姓之间的口头传唱，至今依旧流传于常山各个地方，这也使喝彩歌谣成为传统与现代结合的重要代表物。

不管是以"大"观"小"，还是以"小"见"大"，国家、民族大历史与地方、

① 秦簧：《光绪兰溪县志》，国学文献馆，1889 年。
② 曾令兵、黄鑫：《让喝彩歌谣代代传》，《浙江档案》2017 年第 8 期。

"非遗"小历史的互动,都需要作家有必要的历史自觉、历史感、历史认知与历史意识。刘继保在《中国古代小说起源于〈左传〉》中谈道:"叙事是小说文体的核心,离开中国的叙事传统是无法探讨小说起源的。无论是从古典小说发展的实际出发,还是从现代小说观念出发,都可以判定,叙事是小说最基本也是最重要的内在本质。"①就是说,在"叙事"的维度上,小说与历史是有内在同一性、同源性的,作家即便不是写历史小说,也需要有相应的历史感。就《喝彩师》来分析,作者是非常注重历史感的营造的。作者本人具有极深的历史积累和修养。周新华曾在创作谈中谈到,他从小就听过很多关于浙东南金华、衢州两地的神鬼故事、历史传奇与逸闻趣事等。这些故事听起来带有魔幻色彩,却与本地的自然状况、家族历史紧密相关。长大之后,从事民俗、文化等方面的工作经历,也为周新华创作《喝彩师》提供了素材。在作品中,作者以邋遢少年柳乞儿为核心人物,让读者随着柳乞儿身世的沉浮、起落、转折,走进常山喝彩的世界。小说开头"改朝换代了,改名换姓了;生是人家的人了,死是人家的鬼了……"②,写出的是大的历史动荡,是大的历史时势。这个动荡和时势,是后面小说中人物身如浮萍,又在时势的洪流中各寻定力的基调。小说以哭嫁喝彩开篇,让人耳目一新。文中写到作为乞丐的柳乞儿一听喝彩声就知道有好事儿发生,接着作者把视角直接切到嫁人喝彩的场景,喝彩师刘朝训一声"伏以——",众人"好哇好哇"的应声,让一场完美的喝彩场景被高度还原。

作者开篇就采用一场典型的风俗喝彩介绍了"喝彩"本身的历史特性。作品中出现的社会历史背景,以及"喝彩"行业的开源祖师王培兰、喝彩师刘朝训和柳乞儿等,都是作者经过认真查阅史料,稍加增饰点染塑造出来的。小说的写实性很强,书中涉及的人物,包括宋代诗人杨万里的行迹等,作家都加以考证。整个小说的故事发展以及历史背景之间的穿插勾连,未必达到"七实三虚",但都是建立在历史真实人物和一定的真实事件基础上的合理虚构,《喝彩师》是将"非遗"文学化的典型之作。

在小说意蕴的生成上,周新华颇费工夫,《喝彩师》将历史背景设置在民国年间。一方面,这是一个具有"变法年代学"意味的时间设置,传统与现代、古与今、中国与世界的关系,是自然而然的关系,所以小说中,有很多情感、观念、价值的冲突,融入小说的人物冲突当中,或转化为小说的事件、情节。虽然喝彩师刘朝训、风水师曾繁纪、剃头匠祁乐果、私塾先生范先生以

---

① 刘继保:《中国古代小说起源于〈左传〉》,《中州学刊》2004 年第 1 期。
② 周新华:《喝彩师》,浙江人民出版社 2017 年版,第 1 页。

及艄公等一干人物,似乎仍然生活在传统当中,但传统的门户已经洞开,内部的缝隙已经产生,小镇人物、生活平添了不少新的矛盾。另一方面,民国初年就是一个乱世,此一"乱"字,给小镇上各种势力,包括喝彩行业内部不同势力的角逐,增添了更多的不确定和矛盾冲撞的剧烈性。

关于大历史观的论述,黄仁宇认为:"生命的真意义,要在历史上获得,而历史的规律性,有时在短时间尚不能看清,而须要在长时间内大开眼界,才看得出来。"①从中可以看出关于历史的真面目是需要时间来验证的,如招贤镇中喝彩门派之间的争斗过程,跨越前后两百年,揭露百年前的故事。整篇小说高潮是围绕这场喝彩大赛开始,作者通过柳贤乡和四云之间的三场比试高度还原和展现喝彩艺术的魅力。

将"喝彩"本身的小历史嵌入时代大历史中,在周新华的小说中,可谓是作家处理历史的一种方法。无论是从"非遗"本身具有的历史性来看,还是从特定时代下的历史大背景来看,大历史和小历史之间包含与被包含的关系,周新华对历史复杂关系的处理,都有历史意识的自觉。作者周新华的写作视角很独特,他并没有像其他作家那样,从大人物、大历史出发,而是用小人物、小故事撑起大格局、大题材,透过普通的民间人物,来写其所处的大历史。作者在创作中抓住了喝彩的历史,以小写大,表现出其独特的历史意蕴。

在作品描写大历史和小历史之间的关系时,周新华突出表现的是两者的相融。作家并没有沉迷于"喝彩"行业的小历史,沉迷于喝彩行业江湖、门派的纷争,在家国、民族受到威胁的大历史背景下,喝彩师们共同保护"喝彩"手艺,在"喝彩"的背后,贯通的是喝彩行业内部的道德定力。周新华写历史,终究不是以惊奇险怪的事件描摹而取胜,作家是突出人物的精神。从小说开篇的引子可以看出,作者"最重要的放在首位思考的是历史"②。通过作家的创作谈和相关采访可以看出,作者在进行创作之前,就进行了大量的实地考证和资料收集,以此确保历史的真实性。只有对历史有一个深刻的了解,在进行历史叙事和寻找历史的真相时,才能保持反思和自省的态度。因为在作者看来,"文学便是人类的灵魂,文学发展史便是人类情感与思想发展的历史"③。以历史叙事的方式表现"非遗题材小说"的审美价值,提高非物质文化遗产的文化精神,给予作者更多思考空间和叙事自由。

---

① 黄仁宇:《万历十五年》,生活·读书·新知三联书店 1997 年版,第 307 页。
② 何言宏、阿来:《现代性视野中的藏地世界》,《当代作家评论》2009 年第 1 期。
③ 刘大杰:《中国文学发展史》,百花文艺出版社 2007 年版。

第四节　地方志与历史叙事中的"人—地"关系

"非遗"是史学的,也是地学的。"非遗"是在地方独特的自然地理环境中形成的,因此在"非遗题材小说"书写中,不可避免地要处理到文学的地理风貌描写。地理风貌是其重要特征之一。"在文学地理学视角下,地理与文学之间存在着源与流的关系,地理因素对文学有着基础性与决定性的影响。"①这句话说明,就"非遗题材小说"而论,一方面,作家在进行文学创作中,易受到生活环境和地方性文化的影响;另一方面,因各地自然地理环境不同,在特定的人—地关系上形成的文化、生活形态也各不相同。

作家在进行"非遗题材小说"创作时,文本中必然会涉及有关地方自然地理和事象的描写,表现出特定的地方感。很多时候,地理事物不仅是小说描写的"对象",还是小说重要的修辞方式,同时也会被纳入小说构造的建构过程中。因此,结合作家的写作背景,对小说的地理空间、场景、地理事象进行深入探究是有必要的。这里,我们将从"非遗"的在地性、"非遗题材小说"中的自然地理要素、地理事象的乡土书写角度等方面,论述作家如何通过"人—地—物"的关系,描写自然地理事象,以及由此而透视出的地方文化精神。

"非遗"的产生是"人—地"相谐的产物。有别于物质遗产,"非遗"是非物质性,是看不到、摸不着的无形遗产。联合国教科文组织在 2003 年通过的《保护非物质文化遗产公约》中对非物质文化遗产概念做了界定:"指被各社区、群体、有时是个人,视为其文化遗产的各种社会实践、观念表达、表现形式、知识、技能以及相关的工具、实物、手工制品和文化场所。"②根据此一概念可知,"非遗"是在特定的自然环境和生活地域中形成的,它体现出一个地区的艺术灵魂。

非物质文化遗产作为一种综合性的文化遗产类型,具有"独特性、活态性、传承性、流变性、综合性、民族性和地域性"③等特点。"非遗"最根本的特点,就是它的"在地性"现象,即是在地方的自然地理事物、生活经验、伦理

---

① 王红、张玲:《少数民族抗战诗歌中"地—国"意识的文学地理学研究》,《西北民族大学学报》(哲学社会科学版)2021 年第 2 期。
② 宋俊华、王开桃:《非物质文化遗产研究保护》,中山大学出版社 2013 年版,第 3 页。
③ 王文章:《非物质文化遗产概论》,文化艺术出版社 2006 年版。

经验、语言事实等的描写中，透见"地方"的造化和运化——这是有形的方面，在无形的方面，"非遗"的在地性，则可以理解为作家和故乡之间"血肉相连的情感和记忆"①。因此，当地方性作家以"非遗"为要素进行小说创作时，作家是否具有相应的空间意识、地理感觉，是否具有对在地性的地理事物的审美自觉，是否能够在"人—地"关系结构中把握描写的对象，就显得极为重要。

关于"非遗题材小说"的在地性，其实也可以看成作家在创作时运用小说的形式，构建情感地理上的"故乡"的一种方式，作家的情感所系，首先就在故乡的地理。王旭烽、周新华、孙红旗、赵言等几位地方性特别强的作家，通过对地方性历史文化的挖掘，以小说形式书写地方文化，探索"非遗"的文学呈现。在周新华《喝彩师》中，作家从"人—地"关系出发，通过生动的故事叙述和人物描写，将衢州常山"非遗"喝彩歌谣，与衢州常山独特的自然地理环境紧紧联系在一起。小说的故事背景，被放置于原生态的自然环境之中，作品中提到的"镇"，有古老的招贤镇；"渡"，有招贤渡；"江"，有常山江；"山"，有桃花山。这些自然地理环境，构成一个繁华的浮世绘。"喝彩"歌谣，既是俗世的欢愉、俗世的狂欢，也是俗世的庆典、俗世的寄托。

> 伏以——日吉时良，天地开张，立地焚香，香烟沉沉，神必降临，上坐烧着大炉清香，香烟渺起神通万里，传香童子为我传奏，传奏四方尊神，躬身拜请。②

周新华是个地方感很强的作家，《喝彩师》中的景观描写，如招贤镇、招贤渡、常山江的命名等，都能直接客观地表现出常山的形象，反映出作家的地理意识。文中写常山江：

> 常山江无比宽容，它不动声色，带着悲伤、苦难、质朴、宽恕、欢忻、慰藉、祝福、美好，以及血与诗句，依然穿州过府。③

江河是人类文明的起源，哺育着人类，所以在文学作品中，对江河的情感升华是常见之事。《喝彩师》也不例外。常山江作为小说中的主要场景，它四通八达，勾连起内外的两重世界。作家在文本中将其拟人化，赋予常山江以相应的生命和情感，这种生命和情感，是常山江的，也是招贤镇的，更是中国的。作家写自然的江河，不单是呈现自然本身，而是通过山水，折射和

---

① 陈晓明：《"在地性"与越界莫言小说创作的特质和意义》，《当代作家评论》2013 年第 1 期。
② 参阅豆丁网：陆河请神书［EB/OL］https://www.docin.com/p-1992361347.html。
③ 周新华：《喝彩师》，浙江人民出版社 2017 年版，第 252 页。

反映不同时代人的不同心境。自然的、地理的事象,氤氲着古老的历史感和人世的沧桑感,所以常山江才会"带着悲伤、苦难、质朴、宽恕、欢忭、慰藉、祝福、美好"。这种自然地理事象的历史化、人文化的转换,在写招贤渡口的时候同样有所体现:

> 古人眼里的招贤渡,不单单是个渡口,还是个通江达海的埠头。常山江,也绝对不是一条平常的河流。它多变,有时汹涌,有时仁慈。水太多,水太少,都上不了船。①

丹纳在《艺术哲学》一书中,曾以地域与植物为喻,突出文学艺术与自然环境之间存在的亲密关系。丹纳说:"地域是某些作物与草木存在的条件,地域的存在与否,决定某些植物的出现与否。而所谓地域不过是某种温度,湿度,某些主要形势,相当于我们在另一方面所说的时代精神与风俗概况。自然界有它的气候,气候的变化决定这种那种植物的出现,精神方面也有它的气候,它的变化决定这种那种艺术的出现。"②在这种复杂的"人—地"关系当中,"地"的人化、"人"的地化,是相反相成的统一在大道当中的两个具体方面;两者的结合,就是"物",就是"造物"。《喝彩师》中的"喝彩",就是常山江独特的自然地理环境造化出的产物,天地造化。小说中,作家除了通过喝彩歌谣唱词、职业喝彩师等正面描写,来表现"非遗"的历史意涵之外,更是通过常山的江河、山岳、村寺、古镇、码头等具有浓郁地方色彩的空间自然场景,来凸显"非遗题材小说"的地理感觉。这些场景既是故事发生的重要地点,同时也为了解小说中独特的"人—地"关系做了铺垫。

这种"人—地"关系的把握形式,同样体现在孙红旗长篇小说《国楮》中。小说以衢州的开阳城为中心展开描述,将开化城中靓丽的风光一一纳入小说。小说中具体描写的地方有徐府宅院、绍熙纸行、元丰纸行、久香茶楼、城外灵山寺、天香书院、西渠、凤凰山文塔、徐家藏书阁等等,小说既是对开化纸的历史做审美的寻访,亦是对开化的自然地理、人文地理做美学的再造,特别是对开化古老建筑的叙事呈现,就极富魅力,既展开历史和文化的描述,更突出其艺术美,让人感受到其中深厚的人文气息。

孙红旗善于从独特的自然地理环境中提炼空间元素,营造出锻造小说人物性格、制造故事情节、渲染小说氛围的典型环境。所以在作品中,作家

---

① 周新华:《喝彩师》,浙江人民出版社 2017 年版,第 18 页。
② [法]丹纳著:《艺术哲学》,傅雷译,安徽文艺出版社 1996 年版,第 43 页。转引自刘鹤《一个叛逆悲怆的文学时代——浙江文学三十八年》,浙江大学出版社 2013 年版,第 11 页。

一方面不断去构筑人物活动的物质空间,另一方面又通过展现人物之间的情感纠葛、钩心斗角,以及绍熙纸行盛衰起落的整个过程,来衬托出开化造纸术经过时代的重重考验后,仍经久不衰的巨大生命魅力。比如文中写每天清晨,徐家大媳妇都会早起去西渠洗衣服,徐家二儿子元靖平时喜欢待在自己营造的"世外桃源"——凤凰山文塔。作家通过再现人物的日常生活,尤其是对地域空间中人的细致描写,表达出其对家乡历史和文化的热爱。哈金说过:"一部关于中国人经验的长篇小说,其中对人物和生活的描述如此深刻、丰富、真确,富有同情心,使得每一个有感情、有文化的中国人都能在故事中找到认同感。"①作家通过对家乡日常生活的刻画,对地方历史走向的描写,由此传达出相应的文化认同感。

"非遗题材小说"创作是"建立在尊重生活真实的基础上"②。从"非遗"的地方环境选取可以看出,作家更热衷于从个人的乡土情感和独特的自然生态环境入手,来创造小说的空间形象。《喝彩师》中的常山招贤镇、招贤老街上的街景,以及坐落于常山江边的招贤渡口、天灯旗杆下重现的招贤镇柱;《国楮》里对开阳城的描写;《印舞》中对华埠古镇的立体化建构,以及《良渚三部曲》中良渚镇和良渚城的建筑描写,这些作品中的地理位置都是真实存在且具有历史意义的。在创作中,作家们利用有限的地理空间,在追求历史真实性的基础上,还体现出地理环境背后所蕴藏的精神世界。以《国楮》为例,小说通过对一系列人物形象的塑造,山水地理环境的描写,不仅描绘出开阳城和乡镇之间的繁华面貌和兴盛景象,更是以审美的眼光品味小说中的人文遗韵。

地理环境与作家、作品之间存在一层无法割裂的关系。"文学作品的地理空间,是存在于作品中的由情感、思想、景观(或称地景)、实物、人物、事件等诸多要素构成的具体可观的审美空间。"③作品《国楮》中的建筑描写突出了古典韵味,比如小说关于"桥"的描述是这样的:

> 西渠上建有八座青石拱桥,形状古朴,布满藤蔓。这桥十有八九是商贾、学子和历任知县所修,每座桥都要一个雅致的名称。……每一座桥的建筑风格迥异,既有时代的烙印,也有资建者的个人夙愿。④

小说通过描写建筑建构地理空间,不仅使小说更具古典意味,也是从地

① 哈金:《呼唤"伟大的中国小说"》,《青年文学》2005 年第 13 期。
② 赖大仁:《现实主义精神传统与当代创作追求》,《小说评论》2017 年第 2 期。
③ 曾大兴:《文学地理学概论》,商务印书馆 2017 年版,第 143 页。
④ 孙红旗:《国楮》,浙江文艺出版社 2015 年版,第 28 页。

理图景揭示文化和历史的底蕴。人文地理通过地方与个体之间的关系,在地方文化空间中展示中国古典文化之美,达到文化的多元融合。"非遗题材小说"以在地性为基础,通过建筑、山水等地域环境探寻其在历史空间中的日常生活。

第五章　地方志与当代小说的"风学"传统

　　所谓"风学"传统,是指由《诗经》风、雅、颂中的"风"所开创出的文学叙写民间乡野生活,叙写地方性道德情感、礼俗的传统。何谓"风"?傅斯年《〈诗经〉讲义稿》中释为与"雅"相对的,当时列国的通行歌乐,属于"四方之音","山川有异,建国各殊,风土不同,感觉不一"①。傅斯年的释义,仅是从文学类型学上做出的解释,而从文学文化学意义上看,所谓"风",当如孔子所说的"君子之德风,小人之德草",草随风而摇摆,而起伏,"风",即是风俗、风情、风物、风气、风土、风貌、风纪之意,"风"具有德化、教化、归化的功能。

　　就本章所论及的"非遗题材小说"而言,非物质文化不仅是中华文明的历史遗产,还是各个地方得以保存下来的具有民俗特色的文化成果,所以"非遗题材小说"在呈现明显的地域色彩的同时,必然也是各地"风"的展现,包含各地丰富的生活内容和文化内涵。基于这样的认知,本章主要从风俗民情描写、地方性的特殊伦理以及地方信仰主题三个层面去探析其丰饶的文化内涵,重点体现地方文化与主流正统文化之间的冲突和张力,从中映射出"非遗题材小说"独特的历史和文化发展脉络,更直观地显示出其中蕴含的文化价值。

第一节　地方志与当代小说的"风俗画"

　　"风俗画"一词出自艺术领域。在西方,风俗画隶属于绘画种类之一。在东方,"风俗画"始于汉代,兴盛于唐代,画论上鲜有提及但画史上多有记载,如"唐范长寿善风俗田家景候人物之状"②。人们一般认为,"风俗画"是对民间社会的生活方式和日常习惯再现的统称。文学与"风俗画"之间有着

---

① 傅斯年:《诗经讲义稿》,民主与建设出版社 2015 年版,第 70 页。
② 李昉:《太平广记》,中华书局 1961 年版,第 9 页。

密切的联系,因为,文学必须有空间、地理的支撑,这个空间、地理就是地方性的,因此作家十分注重对风俗民情的刻画,比如《诗经》中描写的纺织、狩猎、采桑等衣食住行的画面,《红楼梦》中婚丧嫁娶仪式的举办等,均是世俗生活中"风俗画"的真实描写。五四新文学开始,鲁迅、周作人、胡适、钱玄同等文学先驱不仅重视民俗的收集整理,还以故乡为背景,在作品中直接展示地方风俗人情,至此,拉开了现代小说中"风俗画"叙事风格的帷幕。

　　具体到"非遗题材小说"来看,作家们对各地的风俗、风土、风物、风情,也有独特的展示,举凡和"非遗"有关的小说,几乎无一例外地都会涉及大量的关于民间风俗人情的细节描写。比如《喝彩师》,作家周新华以衢州特色、衢州风物为基,全方位将常山喝彩的每一个门类、喝彩技艺、民风民俗等展示在读者面前。《喝彩师》中的故事发生在一个叫作招贤镇的古镇,古镇位于钱塘江上游的一个重要埠头,是小说起承转合的重要场地。这个山水环绕的小镇上有着经一代代人传承至今的常山"非遗"——喝彩艺术项目。其中常山喝彩歌谣艺术距今已有四百多年的历史,流传悠久,它是古时人们为了图吉利、喜庆、和平、安详唱出来的祝福。其中喝彩歌谣的种类有很多,新屋上梁、哭嫁、剃头等都有一套独有的唱词,从喝彩词中展现出的是浓厚的民俗底蕴,折射出不同时代人们的心理诉求。生活在常山的人,脱离不了常山这个特殊的地域环境,尤其是独有的风土人情和生存方式,都是在民俗体系的支撑下展开的。《喝彩师》中关于风俗人情的描写,占据了小说的三分之一篇幅之多。小说对喝彩词的来历、喝彩场景、常山婚丧嫁娶的仪式举行、下乡剃头、喝彩比试等等,都有细致入微的描写。作家将地方的风俗,转换为小说的情节,或者穿插在小说的故事情节里,增加了小说的趣味和可读性。比如说,在写招贤镇建造"四贤祠"的时候,要选择一根上好的原木,"按照习俗,还必须有个'偷梁'的程序"①;遇到传说中被封为树王的红椿树,还要进行谢山神环节;理发师挑着担子下乡剃头;等等。这些均是从细节突出民间独有的风俗人情,都是很有代表性的情节。

　　"风俗画"始于社会生活风习的呈现,但不能终于生活风习的呈现,而应是以刻画人物为目的。它与小说的故事性、人物之间有着密切的联系。高尔基在谈到小说人物场景塑造时曾提到,"不可忘记,除了风景画,还有风俗画"②。通过作品中"风俗画"的描写,可以起到突出中心、反映时代特色、达到艺术渲染的作用。如《喝彩师》,小说以曾祥泰的结婚开篇,用通俗易懂的

---

① 周新华:《喝彩师》,浙江人民出版社 2017 年版,第 147 页。
② [苏]高尔基:《给青年作者》,以群等译,中国青年出版社 1995 年版,第 33 页。

唱词,在带领读者认识喝彩艺术的同时,更让读者领略到小说主要人物内心的变迁。"改朝换代了,改名换姓了;生是人家的人,死是人家的鬼了……"①这四句由民间俗语构成的唱词,形象生动地展示了一位新娘出嫁过程中内心的转折、波澜和跌宕不定。"任何人的生活、思想、七情六欲,都离不开最基本的民俗文化生存模式。"②周新华在创作的过程中,以民间嫁娶的喝彩为开篇,文中提到的乌皮师傅刘朝训,喊出的一声"伏以——",接着唱出"福禄寿喜挂堂前,贺房老爷坐上面;新郎请在青龙边,世上加你几千年"。熟悉的喝彩之声从屋里清晰地传出来,众人"好哇好哇"的应声更响亮。在众声喧哗之中,喝彩的歌谣应声入耳:"一顶花轿八人台,一抬抬到夫家来;文武百官来恭贺,吉时清楚新娘来……"③这一段经典的结婚喝彩渗透了民俗因素,包含着乡野民众对未来的祈愿,文字简易朴素,将民间习俗立体化,以喝彩道出人世故事。

作者用了一章的笔墨着重刻画喝彩的由来和发展。小说最精彩的是德字门的柳贤乡和显字门的四云因为门派之争而引发出异常喝彩的比试。这三场比试聚焦喝彩技艺,把喝彩技艺的精华浓缩在一个断面中,非常全面地展示了常山喝彩艺术的精髓和魅力,其形象跃然纸上。此一情节由"比文""武试""喝彩对决"三部分组成。这场喝彩大赛,不仅是两个门派的意气之争、正统之争,也是平静、闲适、和谐的招贤镇近几年中规模最大、最热闹的事。"比文"是比谁了解的东西多,谁更熟知喝彩歌谣词;"武试"则是考验喝彩师的声音、气息掌控力;"喝彩对决"是由喝彩师自己挑一个喝彩种类,即兴发挥一段喝彩的唱词,比试双方临场发挥的功夫。这三场比试不仅是喝彩之赛,更是正邪之赛、人心之赛。这场比赛,作者不再就风俗而论风俗,而是以风俗展示了喝彩行业内部的正与邪,展示出喝彩行业理应包含的人文情怀。当然,在其中,读者也可一观常山地带的民间信仰、社会风尚。

作者通过喝彩仪式还原民间百姓的日常生活场景,细致描写喝彩过程,其中喝彩词的规范使用具有明显的宗教仪式感。喝彩师的职业如同上天与普通百姓之间的媒介,代表上天为百姓生活中的每个节点喝彩。喝彩涵盖了中国人的不同时段的精神生活,让小说具有一定的审美价值。

所谓"百里不同风,千里不同俗"。"风俗画"含有特定的地域文化特征,它长于日常生活和社会习俗的描摹与勾画,而体现出人性、人情、人伦之美。

---

① 周新华:《喝彩师》,浙江人民出版社 2017 年版,第 11 页。
② 陈勤建:《文艺民俗学导论》,上海文艺出版社 1991 年版,第 71 页。
③ 周新华:《喝彩师》,浙江人民出版社 2017 年版,第 13 页。

在作品《喝彩师》中,作者笔墨集中于好几个不同职业之间,小说铺陈喝彩行业内部的尔虞我诈、钩心斗角,但是在每个行业当中,周新华都能够在笔下的人物身上,看到人类的美德;作家通过捕捉民间职业中的道德感、仪式感等,反衬出特定时代、特定地域的风俗和人情,让读者看到生活中的高贵的人性之美,比如曾祥泰的风水师身份、乌皮师傅的喝彩师身份、范先生的私塾先生身份、老眯焊锡的打铁匠身份等等,作者在不同的职业身份当中,去寻找和发现由天地造化而出的美德,勾勒出一幅别具一格的民间"风俗画"。

在"非遗题材小说"创作中,作家们有意识地借鉴民间文化形式,在小说中加入带有神秘元素的风俗色彩,让小说产生浓厚的地域美。"风俗是历史中形成的,因而它对社会成员有非常强烈的制约作用,在现实进程中它指导着社会成员的日常行为,从而形成具有浓厚地方色彩的具体生活事件。"[1] 关于《喝彩师》,曾有推荐者这样评论:"所有的苦难深重,都是祝福,世界上的每件事都值得喝彩,无论生老病死……"[2]作家就是在书写"物"或"技"的过程中,发现其背后承载的精神和意义;这些"物"或"技",不仅体现出对日常世俗生活的敏锐捕捉能力,更是寄托了人与自然和谐相处的美好愿景,呈现出天道的力量,呈现出视觉和听觉并存的民间风俗画面。

第二节　地方志与小说地方伦理

"非遗题材小说"的地方性,包含着伦理、道德、精神生活的地方性。就像刘小枫所说的那样,"伦理是以某种价值观念为经脉的生命感觉"[3]。因为"非遗"形成于地方性的生活经验,受特殊的自然、地理、社会、人际环境的影响,其必然涉及诸多特殊的人际伦理关系和道德评判。因此,从地方特殊伦理和道德生活的层面,对"非遗题材小说"的伦理叙述和道德关怀作出审视,不仅是可能的,也是极为必要的一点。伦理与道德生活,是我们观照"非遗题材小说"的一个重要视角。

《喝彩师》中,地方性的"非遗"——常山喝彩,是故事的纵向的轴线,这个故事的展开,就其"形"而言,是写喝彩行业几代喝彩人之间的恩恩怨怨、是是非非,作家将喝彩人的是非恩怨,将他们对喝彩行业领导权的争夺,植

---

① 丁帆:《中国乡土小说史》,北京大学出版社 2007 年版,第 23 页。
② 周新华:《喝彩师》,浙江人民出版社 2017 年版,第 6 页。
③ 刘小枫:《沉重的肉身》,华夏出版社 2004 年版,第 3 页。

入时代的大历史中,制造出惊心动魄、跌宕起伏的故事外形。但是就其"神"而言,《喝彩师》却是传统的民间人文伦理秩序和"善"的道德准则,与"不善"的反道德行为的冲突。小说中,孤儿柳贤乡在一次机缘巧合之下,被范先生引荐给喝彩师祁乐果,向祁乐果拜师学喝彩,进入"显"字派,但是没多久,柳贤乡就在无意之中,听见祁乐果要陷害毛头师傅,在最后紧要关头,柳贤乡放下自己是"显"字派弟子的身份,为了维护正义和他的朴素的道德情感,以正确的社会道德观揭穿祁乐果的恶行,拯救毛头师傅于危难之中。

祁乐果是小说的一个重要人物,他的重要性就体现在,他是作为喝彩行业"善"的对立面而存在的。他刁钻、阴狠、毒辣,他的刁、钻、阴、狠、毒、辣,最基本的体现,就在于他没有基本的道德观和是非观,贪婪、自私、阴鸷、狂妄,为了获得自己的利益,获得喝彩行业内部的最高权力,他可以不择手段,可以随意置人于死地。文中写到祁乐果诬陷柳贤乡犯了《彩师大诫》中的偷书和欺师灭祖两条大诫,将柳贤乡吊在天灯旗杆下示众。

祁乐果愤怒地说:

> "今天之前,我还是他师父,他却造我的谣,还改换门庭另投他人,这不是《彩师大诫》的重罪吗?我今天把他吊在天灯上,就是替祖师爷执法。"①

柳贤乡脱离"显"字门,不是对祁乐果的背叛,而是正确的选择。他选择了良知,选择了正义,选择了道义,选择了大道。而祁乐果惩罚柳贤乡,抓住的却是民间伦理中的最大伦理——孝,脱离"显"字派加入"德"字门,虽说同是喝彩行,但背离师门,是为不孝;拆穿祁乐果的不义,拆穿身为"师父"的祁乐果的害人的阴谋,虽说捍卫的是人类的大的、基本的道义,是不欺"心",但是,终究还是"欺师"行为。特别是祁乐果抓住柳贤乡转换师门一事,摇唇鼓舌,更是让有些不明所以的人站在原始的"尊师"的道义立场上谴责了柳贤乡。相反,倒是柳贤乡,在祁乐果恬不知耻的威迫下,不卑不亢,敢于直面应对,体现出柳贤乡内心深处的"善"和"忍"。

作家刻画的柳贤乡这个人物,是一个传统的正面人物形象。周新华除了着重刻画他的善良,刻画他对喝彩的热爱这些可贵的品质之外,另外抓住的就是他对情谊的重视,小说中写道,当师兄小勇被祁乐果等恶人毒哑,此生失去作为一名喝彩师的资格时,在柳贤乡正式的拜师仪式上,乌皮师傅对

---

① 周新华:《喝彩师》,浙江人民出版社 2017 年版,第 42 页。

柳贤乡说："除了师父，你也得照顾你师兄啊。"①乌皮师傅一句简单的话，成为柳贤乡铭记一生的信念，柳贤乡终其一生竭尽所能地照顾师兄小勇。乌皮师傅、柳贤乡，贯彻的是"德"字，诠释的是一个"德"字，而不是追求显贵的"显"字，他们将"德"字镌刻在人生、生命活动的每一个细处。

在"非遗题材小说"中，作家们除了勾画出传统的民间伦理关系和道德意涵之外，更为重要的，是写出"非遗"生活中的民间底层人物对德性、德行、道义的坚韧和坚忍，他们有大信、有大愿，更有大魄力、大坚持。特别是这些大信、大愿、大魄力、大坚持融入人物的精神生命和肉体生命中时，人物形象便变得饱满而沉实、厚重而宽阔。

孙红旗的《印舞》，同样不乏道德内涵。小说中的大家族——吾氏家族，恪守家训、家风、家规。吾氏三代人构成的大家庭，给予了主人公吾衍一个良好的成长空间。从小生活在华埠古镇的吾衍，天资聪慧，好读书写字，从小对篆籀产生极大的兴趣，这些为后期吾衍成为印学创始人奠定了基础。

文中的吾衍心地善良，是个十分重视亲情的人。小说写到吾衍对小叔吾龙有着深厚的情谊，尊重并依赖他。文章一处写道，吾衍因叔叔吾龙的行侠仗义而杀害一名抢劫商店的土匪，这名土匪所在的妖帮为了报仇，绑架了吾衍。小说中，与妖帮进行交锋时，他临危不惧的胆识和品性，使他暂时处于安全地带。尤其是吾衍被抓后的心理活动描写，表现出来的不是他的害怕，而是他的从容和淡定：

> 倘若自己为龙叔担责，龙叔晓得，一定会夸他。想到这里，吾衍不再害怕，其实他没有害怕过，尽管不晓得"吃菜事魔"妖帮会拿他怎样，无论如何，他都不能丢下读书人的气节。②

作为一个性格分明的人物，即使在被绑架期间遭受虐待，落下左眼失明、右脚跛足的半残身体，面对自己的身躯，吾衍也没有流露出一丝的畏惧和痛苦，仍保持桀骜不驯的姿态继续生活。其实，小说中吾衍从美到丑的外形转变，恰恰是他个人精神生命的一个转机和一个大的开拓：过去的吾衍，外形俊朗，所以他对内在的精神自我建构并没有多少迫切的追求。相反，身体残损、外貌变丑之后，吾衍开始转向自己的内心和道德生命。身体外在的残损，并没有给他带来多大的困扰，他始终保持着淡定自如的心态，潜心学习。吾衍这个人物，是典型的"身残志坚"形象，但是，作家不是从纯粹的精神、意

---

① 周新华：《喝彩师》，浙江人民出版社 2017 年版，第 50 页。
② 孙红旗：《印舞》，中国言实出版社 2020 年版，第 132 页。

志层面去塑造这个人物的,而是融入道德和伦理意涵,从而扩大了这个人物的精神生命。吾衍,堪称中国当代小说领域的一个创造。

衢州地处皖浙赣三省交界,以山地为主,与外面的世界多有隔绝。如此的地理形要,使得衢州近代以来少有破坏,而形成不少大家族。写家族,是衢州作家孙红旗、周新华的共同特点。孙红旗的《国楮》,同样是以"非遗"的家族传承结撰故事,在"非遗"故事的辗转起落中,呈现出特殊的伦理样貌。只不过,《国楮》的家族伦理和道德,是正处在大变革中的伦理和道德。孙红旗不是写传统的家族伦理,而是在一个时代的变局中,去观照时代之变在人身上的伦理投射。小说以徐家长子徐元煦为中心人物展开故事,徐元煦从小博览群书,拥有过目不忘的能力,按常规,他本应接班"绍熙纸行",但徐元煦不愿按部就班地接受命运的安排,而是打破伦理束缚,去寻找新的发展空间。最后,经过他的努力,革故鼎新,推出当时新兴的"邸抄",这是几百年来造抄纸行业中最大的变化因素。

> 邸抄的纸质比绍熙纸行的纸差了一大截,但价钱便宜呀。买家只管阅读文章,猎取新鲜事儿,哪管用怎样的纸刻录印制。①

这段话可以看出徐元煦的骨子里是一个敢于创新,有远见,试图逃离传统的制度化的对于个人的生活安排,寻找适合自己的生活方式的人物。

"一部小说,若不发现一点在它当时还未知的存在,那它就是一部不道德的小说。知识是小说的惟一道德。"②从徐元煦与夫人赵伊姻、元丰纸行千金乃香、青楼女子玉蝶儿之间的三段复杂情感纠葛来看,徐元煦对待感情的态度,是其尝试逃离世俗生活捆绑、挣脱道德规范束缚、打破日常规范体系的主要原因。

在创作谈里,孙红旗谈道:"在国学的影响下,我创作的作品风格有着明显的变化,不论是人物个性和作品的寓意都有了一定的高度和厚度。"③与《国楮》中徐元煦的放荡不羁和追寻自由的性格描写相比,在小说《印舞》中,人物吾衍的道德感更强,他维护传统伦理道德的追求更加突出。小说以吾衍妻子玉娥重婚事件为线索展开,反衬出吾衍不屈服于官府势力、刚正不阿、襟怀坦荡的性格特点。以岳父牟利和吾衍之间的对话为例:

> "说什么都没用了,先生衙门里熟人多,请他们想想办法。"牟利哀

---

① 孙红旗:《国楮》,浙江文艺出版社 2015 年版,第 19 页。
② [法]米兰·昆德拉:《小说的艺术》,董强译,上海译文出版社 2004 年版,第 7 页。
③ 孙红旗:"捻不断的文学情"创作谈,《啄木鸟》2017 年第 7 期。

求道。

> "吾衍堂堂七尺男子汉,为何委屈求人,若是有罪,自己承担便是!"吾衍对着牟利吼道。①

吾衍清高、正直、自省、廉洁的文人风范以及内心强烈的社会道德感,使他在经历官府多次无故的审讯后,选择跳河自尽来维护自己的尊严和清白。这是吾衍在日常道德文化和个人高尚品格的驱使下所做的选择,也是对黑暗现实的抗争。

"伦理对于中国社会与中国文学是如此重要,以至于历朝历代,人们都把道德宣示、道德规训、道德担当视作文学的核心价值。"②"非遗题材小说"通过人物形象的塑造体现出当下的审美意识和道德关怀,激活小说对伦理道德的表述,向世人展现出"非遗"系列作品的气脉和风采。

第三节 地方志与小说的信仰地方性

因为自然地理条件和社会历史发展进程不同,各地在历史演进中,都会形成各地方自己的禁忌、崇拜,形成各地的信仰系统。"非遗题材小说"作为以"非遗"为核心的小说,包含着极为重要的地方信仰的成分,特别是有些"非遗"项目,本就是和人的信仰、禁忌、祭祀、崇拜有关,比如重庆作家方棋的《最后的巫歌》中的"巫歌"、阿来的《云中记》中的祭师"阿巴"等,因此,从民间或者说地方性信仰、禁忌、崇拜的角度,一观当代作家"非遗题材小说"创作的究竟,是一个有意味的视角。

就当代作家的"非遗题材小说"而言,地方信仰的首要特点,即在它的民间化的神秘书写。小说《喝彩师》中,喝彩工具"柳木镜",就是充满神秘色彩的代表。"柳木镜"是喝彩界的神器和法器,得"柳木镜"者,得喝彩界的正统,得喝彩界的统领的大位。

> 这柳木镜,是圆形的,海碗那么大,镜身是木刻的,周边刻着虫兽和云图的饰纹。一面的中心,是七连星的星宿图,七连星上嵌着五颗宝石。③

① 孙红旗:《印舞》,中国言实出版社 2020 年版,第 132 页。
② 周保欣:《伦理视野中的中国当代文学》,人民出版社 2012 年版,第 12 页。
③ 周新华:《喝彩师》,浙江人民出版社 2017 年版,第 114 页。

小说借乌皮师傅和柳贤乡的对话,写柳木镜的威力和法力:

> 这柳木镜,应该很古了。做木匠的人都知道,柳木并不能保存久远。我多次验看过,这柳木,是河底万年的阴沉木,不会腐烂。当年大匠说过,这柳木镜是要到多柳之地才能上下接通天地之气,激活灵性。所以大匠在营造滕王阁时,就从杨万里的诗文里得知我们这儿柳树多,所以一等滕王阁竣工,就带着柳木镜到了招贤。他终老常山后,把柳木镜和这些书籍都留给了王培兰。①

乌皮师傅将"柳木镜"神圣化,赋予了"柳木镜"作为神器的价值。此一神器的起源小说没有交代,但是,在民间信仰系统中,神秘的力量之所以成为神秘的力量,就是因为神秘的不可证实、不可证伪。

从地方信仰来看,作家把民间社会对神秘事物的敬畏融入情节。《喝彩师》里第三场喝彩对决中,四云和贤乡两位喝彩师的喝彩,给小说蒙上了另外一种神秘感。其中"显"字派的代表四云,以一曲《哭书》喝彩:

> 哭一声,叫一声,吾等声音尔惯听,为何尔不应?抬头望见西方路,西方路上一把伞;阳间事情尔不管,一天不吃阳间饭……②

中国的神秘主义,从哲学上讲,多与天人感应学说有关。《喝彩师》中的神秘感,就贯穿着这一哲学。喝彩师饱满的情感释放,是与自然环境的变异形成共振的,当喝彩师念念有词的时候,大片的乌云压过来,天暗了下来,气氛十分压抑。这一情节为后面柳贤乡采用《祭天文》一文,以喝彩方式与上天的对话,使用柳木镜喝彩引来巨雷闪电的过程做了铺垫。在这里,作者通过描写天人感应、人与天之间的交流,使文本产生了一种特定的张力,其中,相对应的神秘因素加大了喝彩的吸引力。

这种对神秘事物不加确证的信仰,反映出的是中国民间社会的原始崇拜。正如有的学者所说的那样:"原始信仰是指原始社会中的宗教现象,它包括万物有灵信仰、灵魂观念、图腾信仰、自然崇拜、祖先信仰、神鬼信仰等一系列宗教观念,和由此引发的各种巫术、祈祷、祭祀、禁忌等宗教行为。"③民间社会对神秘事物不加确证的信仰,源自我们古老的"连续性的世界观"。所谓"连续的世界观",借用的是考古学家张光直的说法,指的是"人和外在环境之间,没有一道明确的断裂区隔。世界万物跟我没有绝对的差别,这个

---

① 周新华:《喝彩师》,浙江人民出版社 2017 年版,第 115 页。
② 周新华:《喝彩师》,浙江人民出版社 2017 年版,第 116 页。
③ 孟慧英:《中国原始信仰研究》,中国社会科学出版社 2010 年版,第 1 页。

可以变成那个,那个可以变成这个"①。在"连续的世界观"当中,生与死无疆域,人与物无界限,知与未知无疆域,所以鬼神是存在的,人可以知物,物亦可以知人。这种"连续的世界观",是殷商时期早期先民祖先崇拜、鬼神崇拜价值观的体现,虽说后来周人的价值观讲"未知生,焉知死",儒家意识形态排斥鬼神,但殷商的鬼神文化和"连续的世界观"却对民间生活、道家文化产生非常大的影响。

这种由"连续性的世界观"引发出的原始的民间信仰,在赵言的《良渚三部曲》中同样存在。这部三部曲小说,作家描写了良渚祭祀、祈福仪式和巫术等早期原始先民的宗教生活形式,表现出良渚人对精神信仰的忠诚。小说中,七妹的母亲吴氏是良渚镇出名的仙姑,她在菩萨上身的时候,会借菩萨之口转告人们吉凶病灶,授予祛灾避祸之法。对于这种祛灾避祸之法,赵言如是说:

> 良渚巫术和祈福仪式是文化,是远古先民与天地沟通和祈求上苍降福的文明行为,具有不可思议的神秘力量,她们通过特定的仪式来强化协调一致的团体意识,借用节奏、秩序、韵律和音乐,来疗治和化解人们心中的恐惧和绝望。②

作者将百姓的日常生活与信仰结合,既展示了民间社会风貌,又传达出特定的时间、特定的地理空间中,人们特有的精神文化世界。

这种不可确证的神秘事物,在民间百姓的生活当中,是无须确证的,它们就是实实在在的"有"。就像《喝彩师》所写的那样,底层民众无论干什么,都要进行一番喝彩。美好的唱词是对生活的祝愿,其中充满了人情味和地域风情。这种生活化的民间信仰,在赵言《良渚三部曲》中,主要是采用描述百姓对大自然和天地的敬重,并由此而将生活仪式化的方式展开的。小说分为《最玉》《最城》《最女》三个部分,作者以良渚国和良渚古城以及苕溪两岸为背景,对良渚文化、良渚器具、良渚祭祀文化、良渚人的生活展开精彩的书写。作者采用古今呼应的方式,演绎良渚的巫文化。《最城》中人类学家罗伯特参观良渚城就是一次直接正面描绘巫文化色彩的过程。小说第十四章"从地狱到天堂"中夏小禹和罗伯特参观良渚城一角的全过程,是现代环境与历史文化之间相得益彰的体现。在现代的图书馆和画廊,夏小禹给它戴上"地狱空间"的帽子,而之后参观的游泳馆、酒窖等地却是以"天堂空间"

---

① 杨照:《庄子》,广西师范大学出版社 2016 年版,第 7 页。
② 赵言:《良渚三部曲》,江苏凤凰文艺出版社 2016 年版,第 115 页。

命名。作者采用反讽手法反映当下文化与娱乐之间的矛盾，是对文化寻根的一种号召，也是对历史和现实两个空间下的冷静思考。

赵言对良渚古国的祭祀活动的叙写，以及对口口相传的神话传说等民间宗教成分的充分展示，揭示出地方信仰的深刻意涵。小说中，作家用神秘元素的隐喻书写，达到个人的精神追求，表达对传统文化的眷恋。其中民俗文化作为一种集体文化，它是一个群体共同心理的反映，更是作者在进行文学创作中通过主体构建，呈现出的对自然、生命的敬畏。

或许就像新西兰人类学家肖恩·库比特所说的那样："文化身份不是凭空产生的；它产生于历史经历，产生于文化传统，产生于那些已经消失的、处于边缘的语言，产生于那些一直没有被书写自己的人们和历史。这些是身份的具体的根。"①无论《喝彩师》还是《良渚三部曲》，其叙事学的最高意义，就是阐释传统文化与古代人们生活的同构关系。《喝彩师》中的几代喝彩人，不仅要拥有一个好的嗓门，更需要的是对《周易》、堪舆之学、八卦、喝彩词语、彩师大诫等具备全面的了解。喝彩唱词是对传统美学的创造，喝彩师的职业，也是对传统文化的回望。

"非遗题材小说"作家在文本中加入神秘的民间文化元素，其中既包含有原始的宗教元素，也涵盖了一些类似巫文化、鬼怪神灵等神秘现象，作家们以此作为叙事的原始资源，创造出某种本雅明所说的"毛茸茸"的状态，丰富着中国当代小说的美学意蕴。

这种巫术和神秘元素，在《喝彩师》中，处处皆是，除"柳木镜"的神奇传说之外，关于古县六洞之一的"鬼洞"的描述，更见出传统的民间巫术色彩：

> 在离洞口十丈处，贤乡停住了。这熟悉的场景唤起了贤乡少时的恐惧。记忆里，那洞里空空荡荡，就是因为空荡，才显得可怕。接近洞口的岩壁上，泛着阴森的光。越往里走，就越能听到一阵阵的呜咽之声，可能这就是厉鬼发出的声音。长大了想想，那就是森罗殿。……宫教授他们待在原地不动了，一个个犹如僵尸。不一会儿，那帮人又开始手舞足蹈，念念有词的。②

作家用文中人物对景物所作出的反应，侧面表现出当地民间传说中的宗教现象，更直观地将民间文化的多样化展现在读者眼中。

① ［新西兰］肖恩·库比特著：《数字美学》，赵文书、王玉括译，商务印书馆2007年版，第255页。
② 周新华：《喝彩师》，浙江人民出版社2017年版，第172—174页。

　　从文学史的大视野来看,"非遗题材小说",赓续的是 20 世纪 80 年代"寻根小说"的余绪,而"非遗题材小说"中文化寻根的价值和意义,是以作家的现代化思想,对民族和历史文化的重新认识实现的。作家们通过自己的创作,唤醒大众对"非遗"的情感记忆,这是复兴民族文化的一种渠道。

中　编

地方志与当代小说地理及空间诗学

中国的地方志是史学和地学的结合体。《周礼》记述,早在周朝的时候,就出现了负责掌"邦国之志"的"小史",和负责掌"四方之志"的"外史"等,地方志的史学属性显露无遗。其中,《夏志》《商志》《周志》《郑志》《楚梼机》《齐乘》等,皆是地方志的雏形。春秋战国时期,出现《禹贡》,记述全国的疆域、地形、地势、物产、赋税和风俗等。地方志的繁荣,是秦汉国家大统一的产物,国家治理、郡县设置、统计人口赋税、水利治理、疏理交通、军事防御等,都需要有相应的地方志书、图经等作为资政的手段。地方志因为是地理书,所以其中多有一地地理疆域和自然环境的描写。民国前的中国地方志书,多从"星野"起笔,然后叙述一地之"疆域""沿革"和"形胜"。地方志中涉及自然地理环境的"舆地志"部分,多有"叙山""叙水""城池""关隘""桥梁""津渡""寺观""村落""井泉""陂地"等记载。再有就是"古迹志"部分,则有"名胜""坊表""墓冢"等的记述。《景定严州续志》方逢辰序称:"郡有志,所以记山川、人物、户口、田赋凡土地之所宜也……严之所以为望郡而得名者,不以田、不以赋,不以户口,而独以云山苍苍,江水泱泱,有子陵之风在也。"①

当代作家以方志作为小说创作的资源,自然、地理意义上的空间,亦多有借用,在虚实幻化腾挪间,创造出饱含历史意味、现实意味和审美丰富性的空间意象。本编,我们将择取村落、寺观、街区、流域作为主要的观照和研究对象,从中探取当下小说家们以方志的手段淬炼小说微观地理的法门和手段。

---

① 钱可则:《景定严州续志》方逢辰序,中华书局宋元方志丛刊本,第 4349 页。又见方逢辰:《蛟峰文集》卷 4《严州新定续志序》,影印文渊阁四库全书本。

第六章　地方志与当代小说的"村落"叙事

　　《白鹿原》是村落叙事的典范之作。所谓"村落",与"乡土"具有不同指向:"村落"是自然的、社会的、历史的概念;而"乡土"则是文化的、文明的概念。"乡土"是现代的产物,是中国进入现代社会后,学界以现代的知识、观念、价值系统,对数千年乡村社会进行观照后的一种"发现"。故此,"乡土"自诞生起,就被各种复杂的观念所缠绕。纵观现代以来的中国文学,"乡土"叙述概有三种范式:一是鲁迅式的,以启蒙为价值视野对乡村社会进行文明批判,并创造出未庄、鲁镇之类经典乡土社会意象;另一种,是沈从文以挽歌心态塑造出的"茶峒"边城,并以虚构的乌托邦世界对现代城市文明展开批判;再一种,就是以"革命"作为思想视野,构造出革命题材小说,如《太阳照在桑干河上》《创业史》《青春之歌》《艳阳天》《金光大道》等。

　　如上三类,无论是鲁迅式的启蒙,还是沈从文式的逆向启蒙,或是革命场域中的乡土社会叙述,乡土和乡村皆经观念改造而来,是观念化的乡土和乡村。而《白鹿原》则有所不同,其塑造的村落形态——白鹿村,虽激荡着诸多历史、文化气运,但就"白鹿村"这个村落形象自身而言,是中性的、去观念化的。陈忠实塑造"白鹿村"的基本方法,是动用大量的地方志、地方文献、民间传说、口述史料等:一方面,作家通过各类历史文献,复建一个祛除各种观念和意识形态纠缠的原始村落形态;另一方面,各种历史文献和地方文献内在所包含的历史文化、地方文化,又氤氲于白鹿村的村落文化及村民的个人命运之中。作家以《红楼梦》式的笔法,将白鹿原置于天地乾坤和混沌时代气象之中,创造性地开辟了村落写作的第四种形态——即扎实地嵌入大历史内,统合官方、半官方、民间资源,揭示正史之外的村落秘史。此种写作方法,于当代文学——特别是乡村书写——具有重要的方法论价值及典范意义。

第一节 地方志与"村落"的形态构建

小说扉页,陈忠实援引法国作家巴尔扎克的经典语录——"小说被认为是一个民族的秘史"。此举表达了人到中年的陈忠实对于长篇小说的理解,以及创作《白鹿原》所怀抱的野心。透过此语,不难体察到,陈忠实实则潜隐地存在着某种"文学史焦虑"——即成为在当代文学史上立得住的人。在《白鹿原》之前,无论是创作总量还是影响力,陈忠实在陕西作家群中都不突出:彼时,较他年轻七岁的路遥早因《人生》《平凡的世界》而达到个人创作巅峰;整整小他十岁的贾平凹,也因《鸡窝洼人家》《浮躁》《商州》等系列作品而名动天下。唯有陈忠实,虽业已发表了《康家小院》《初夏》《蓝袍先生》等作品,但终究是不温不火。1985 年夏,陈忠实参加了"陕西长篇小说创作促进会",该会议以鼓励青年作家创作长篇为主要精神,亦有着地方性"茅奖"焦虑背景。① 或许受到组织层面的引导,陈忠实内心萌动了想写一部"垫棺作枕的书"②的雄心。《蓝袍先生》见刊后,他便着手构思、草拟《白鹿原》。

当然,对于其时的陈忠实来说,如何写作长篇,特别是写出一部可"垫棺作枕的书",实是一挑战。《白鹿原》之前,陈氏并无长篇小说的创作经验——或曰,虽缺乏长篇小说的创作经验,却并不缺少"长篇小说"观念。或许正是此种观念,导致了他迟迟未动手写作长篇。该观念,便是巴尔扎克所言的"民族秘史"。既是"民族秘史",就必然不能是被观念甚至是知性、理性所裹挟或图解的;而应是隐秘的、野性的、混沌的,趋于大象无形的。故在正式动笔之前,陈忠实便如巴尔扎克所言,遵循着小说家"必须对社会生活进行调查"的方法,以严谨的、历史主义式的考古路径,呈现原本形态的村落。此村落,理应如胡适所判断的那样,不会太齐整,皆因"一切太整齐的系统,都是形迹可疑的,因为人事从来不会如此容易被装进一个太整齐的系统去"③。如是,陈忠实创作的首要步骤,便是深入历史内部,"进入 1949 年以前已经作为历史的家乡","了解那个时代乡村生活的形态和秩序"。④ 1986

① 陈忠实:《寻找属于自己的句子》,上海文艺出版社 2009 年版,第 3—4 页。
② 陈忠实:《寻找属于自己的句子》,上海文艺出版社 2009 年版,第 22 页。
③ 罗尔纲:《师门五年记·胡适琐记》,生活·读书·新知三联书店 2012 年版,第 60 页。
④ 陈忠实:《寻找属于自己的句子》,上海文艺出版社 2009 年版,第 9 页。

年前后,陈忠实分别选取蓝田、长安、咸宁等地作为调查对象,①甚至一度暂居于蓝田县城,抄录一切感兴趣的资料。在两年间,于县志中"看到'竹书纪年'里的白鹿原人的生活形态……踏访过创造中国第一部教化民众的《乡约》的吕大临的归终之地"②。于是,在几年的寻访中,《白鹿原》终于拥有了丰厚的村落史作为创作依托。

在《白鹿原》这一个案中,地方志书、历史典籍与文献、民间传说、口述实录等材料的使用是全方位的,特别是在"白鹿村"的叙事构造上,陈忠实从地名系统、人物、事件等不同层面,创造性地改造、转化、利用了地方志书,构造出一个兼具史学真实与文学创造性想象的复杂文本。其中最典型的便是"白鹿原":《太平寰宇记》卷二十六载,"白鹿原,在县西六里。按《三秦记》云:'周平王东迁之后,有白鹿游此原,以是得名'"③。与简化的"白鹿游此原"不同,小说对白鹿如何忽现古原而复消失的传说作了细致刻画。之所以颇费笔墨叙写白鹿原得名之由来,其一与作家的秘史情结有关。神秘而远古的白鹿精灵不仅是"白鹿原"之所以然,更构成古原秘史书写的起点,白鹿精灵与白嘉轩、白灵、朱先生、鹿兆鹏等人物皆有所联结,亦是文本神秘主义的主要表现;其二,则体现了在从地方志到小说的这一化用过程中,陈忠实对文史资料的挪用、延伸和演绎,是一种有意为之的文学修辞和想象;在其他地名系统内,《白鹿原》中"滋水县"实为蓝田县④。按《续修蓝田县志》,县内有一"灞水"流过,"在县城南半里","古曰滋水,秦穆公更名以显霸功"。⑤此"滋水"便是小说中的同名"滋水"。陈忠实在创作手记中提及,灞河流经白鹿原北坡,汉文帝陵墓因之称作灞陵,白鹿原则有灞陵原与灞上之称谓。⑥从蓝田县到"滋水县"的地名转换,可见其得名并非全然虚构。或许河流之于黄土地区的重要意义,加之"滋水"所具有的古史背景,令县志中的"滋水"成为小说中的县名;同样取材自地方志,小说中白鹿书院即芸阁学舍。⑦将"白鹿"纳入书院之名,突出朱先生们所秉持的"白鹿精神"之同时,增加了小说的神秘主义色彩,亦是对地方志的文学化用。另外,小说关于白

①　陈忠实:《寻找属于自己的句子》,上海文艺出版社 2009 年版,第 12 页。
②　陈忠实:《寻找属于自己的句子》,上海文艺出版社 2009 年版,第 81—82 页。
③　(宋)乐史撰、王文楚等点校:《太平寰宇记》(第二册),中华书局 2007 年版,第 556 页。
④　卞寿堂:《走进白鹿原》,太白文艺出版社 2004 年版,第 7 页。
⑤　凤凰出版社编选:《中国地方志集成 陕西府县志辑 17 雍正蓝田县志 光绪蓝田县志 民国重修蓝田县志(二)》,凤凰出版社 2007 年版,第 13 页。
⑥　陈忠实:《寻找属于自己的句子》,上海文艺出版社 2009 年版,第 105—106 页。
⑦　卞寿堂:《走进白鹿原》,太白文艺出版社 2004 年版,第 13 页。

鹿书院别名四吕庵的由来作出了如下描写：

> 宋朝年间，一位河南地方小吏调任关中，骑着骡子翻过秦岭到滋水
> 县换乘轿子……忽然看见一只雪白的小鹿凌空一跃又隐入绿色之中再
> 不复现……急问轿夫对面的原叫什么原，轿夫说："白鹿原。"……半月
> 没过，小吏亲自来此买下了那块地皮，盖房修院，把家眷迁来定居……
> 小吏的四个孙子却齐摆摆成了四位进士……四兄弟全部谢世后，皇帝
> 钦定修祠以纪念其功德，修下了高矮粗细格式完全一样的四座砖
> 塔……御笔亲题"四吕庵"匾额于门首。①

该描写亦与《蓝田县志》引《府志》载吕贲之事相符（"贲过蓝田，爱其山
川风景，遂葬逋于蓝田，因家焉"②）。与条目式的记录有异，小说对河南小
吏的这段神奇遭际作了详细交代，"凭空"加入"白鹿精灵"，更是为小说增添
了秘史况味。

在地方志人物化用方面，程光炜在专文中特别讨论了《白鹿原》带有地
方志色彩的白嘉轩、田小娥、白灵等，指出"鹿兆鹏和黑娃的形象是虚构的，
然而白灵则来自作家对地方志的勤奋抄录"③。其中最具方志属性的人物，
便是朱先生与田小娥。朱先生原型是主撰《续修蓝田县志》的"关中大儒"牛
兆濂。作家在蓝田县查阅的县志之一即由牛兆濂主编，是当时作家看到的
最后一个版本。④ 陈忠实为了尽可能地塑造朱先生，花费了不少精力搜集
牛才子史实。抗战期间，牛兆濂曾联合其他旧知识分子公开发布抗日宣言，
试图渡黄河亲赴山西中条山抗战前线。小说中，朱先生所书《乡约》与《续修
蓝田县志》卷十一中由吕氏兄弟所作《乡约》，表述完全吻合。鹿兆海战死于
中条山之战后，《三秦日报》《文汇报》刊载了朱先生的抗日宣言。朱先生决
心亲自抗战，后被劝回。以上情节正是源于牛兆濂本人经历；田小娥并无直
接生活原型与之对应，其形象源自陈忠实在翻阅县志"贞妇烈女卷"之后产
生的怅叹之情。作家目睹人性摧残，决定创造一个与传统贞洁烈妇完全背
离的人物。根据笔者翻阅的蓝田县志，"贞妇烈女卷"确如陈氏所言，并无特
定女性名字的记录，仅有某某妻、某某女之类的简化表述。内中有一条颇为

---

① 陈忠实：《白鹿原》，天地图书有限公司1993年版，第19页。
② 卞寿堂：《走进白鹿原》，太白文艺出版社2004年版，第12页。
③ 程光炜：《陕西人的地方志和白鹿原——〈白鹿原〉读记》，《文艺研究》2014年第8期。
④ 陈忠实、李遇春：《关于〈白鹿原〉中的人物形象塑造问题——陈忠实访谈录》，《语文教学与研究》2009年第11期。

令人震撼："严氏陈明才妻,夫亡氏年十八岁,守节六十六年。"①以现代文明的眼光视之,丈夫亡故之时,妻子方才 18 岁,直至 84 岁身故,一直守寡,终老未再婚配。此种对自然人性的摧损,构成田小娥反抗封建"道德"的内在逻辑。从表面看,小娥放荡、纵欲,但同时又不失本真:她对白孝文的情感就相当复杂,并不纯粹出于报复目的;在鹿子霖脸上撒尿一事也颇体现个性;临死之时,小娥所唤鹿三的一声"大",也因之更富悲剧力量。田小娥形象源自县志,又是对地方志的一种批判性超越。陈忠实将原本零散的历史碎片收集、整合,化入朱先生与田小娥等形象中,编织出符合历史的民族秘史。值得注意的是,上述两个人物皆出自地方志,却呈现鲜明反差——前者一言一行皆内蕴了传统旧式文人的浩然之气,后者则带有显见的反传统的特点。当"传统"遇到"叛逆",强大的村落运行机制便将"异质"无情地镇压。小说中,首先提议建造砖塔以镇压田小娥魂魄的,恰恰就是关中大儒朱先生。儒者,当有仁义大爱之心,特别是关中儒学,为天地立心,为生民立命,为往圣继绝学,为万世开太平。可是,朱先生对作为"淫乱"符号的田小娥,却只有一个"狠"字。在朱先生与田小娥身上,寄托了作家对传统文化的复杂态度和深度思考。

在人物之外,《白鹿原》亦将地方志中的历史事件化用至小说中,令之更符合秘史的特征。《续修蓝田县志》载:乙卯年八月二十日"四乡居民因逼印旧契苛刻,蜂拥围入县城交农器,烧毁乡间印契绅房屋多家"②,便是白嘉轩等人主导的鸡毛传帖交农具一事的直接来源。时值白嘉轩派遣长工鹿三传递消息,自己却被鹿子霖等人设法缠住。阴错阳差之际,在"和尚"——即大拇指芒儿的帮助下,鹿三代替东家完成了这一壮举。此一"官逼民反"情节,体现以白鹿村为代表的传统村落的民间运行机制,同时也是秦地民风的生动描摹。有关民国十八年(1929)的饥荒,《县志》载:己巳年"旱太甚,麦无收,粮价每斗七八元。民剥树皮剜菜根充饥,县设粥场……"③由于大旱,族长白嘉轩领头举行祈雨仪式。无果,粮价飞涨,村民不得不食树皮维生。当时白孝文受田小娥引诱,染上鸦片瘾、卖田卖房,父亲白嘉轩拒绝施以援手,不得已只能乞讨求食,饥饿之下倒在路旁,被野狗啃咬。鹿三发现了白孝文,

---

① 凤凰出版社编选:《中国地方志集成 陕西府县志辑 16 雍正蓝田县志 光绪蓝田县志 民国重修蓝田县志(一)》,凤凰出版社 2007 年版,第 306 页。

② 凤凰出版社编选:《中国地方志集成 陕西府县志辑 16 雍正蓝田县志 光绪蓝田县志 民国重修蓝田县志(一)》,凤凰出版社 2007 年版,第 497 页。

③ 凤凰出版社编选:《中国地方志集成 陕西府县志辑 16 雍正蓝田县志 光绪蓝田县志 民国重修蓝田县志(一)》,凤凰出版社 2007 年版,第 499 页。

嘲讽地告知县里设了粥场，白孝文遂去寻食。白孝文人生的谷底，便与这次大饥荒息息相关。在这一饥饿事件中，白孝文的第一任妻子在家中被活活饿死。白鹿原位于西北内陆地区，是典型的农耕文明与村落经济的缩影。旱灾近乎等于颗粒无收、原有小农经济的崩毁，以及饥荒和死亡。除了为白孝文的"堕落"设置合情合理的情节，小说对旱灾的历史化用，亦为文本注入了苦难和写实质地。田小娥被公公鹿三杀死之后，白鹿原便兴起了瘟疫，此瘟疫即《县志》所载"虎疫拉"——壬申年"夏大旱，七月虎疫拉大作，伤亡五千余人"[①]。在这场空前的瘟疫中，村落人口大幅减少，白嘉轩的妻子吴仙草也患病离世。未开化的村民将瘟疫直接与田小娥冤魂画上等号，要求为小娥修庙，被白嘉轩严词拒绝。请教朱先生后，白嘉轩决定修塔以镇压田小娥魂魄。该情节被一些评论家目为"魔幻主义"，但瘟疫事件本身实则自有其出处。之所以化用瘟疫之事，一是出于书写民族秘史目的，二是赋予了"奇女子"田小娥以非凡的人生结局，令其敢爱敢恨的叛逆形象更加深入人心。

除却地方志，陈忠实在《白鹿原》创作中亦融入了自身乡村生活经历、传说、口述史等民间资源。对于乡村生活经历，陈氏曾作出如下自述：

> 我对乡村生活的自信，不仅在于生长于兹，不仅是看着我的父亲怎样把黄牛归集体，而且我是作为最基层的一级行政管理干部，整整在其中干了10年，又把土地和牲畜分到一家一户。我不是旁观者的观察体验，而是实际参与者亲历的体验。[②]

由于生于兹、长于兹，具有像柳青这般的皇甫村"外来者"和"体验者"不具备的真切生命体验，达到了沈从文所言的"轻车熟路，亲切感人"[③]，陈忠实才能对白嘉轩、鹿子霖等人物手到擒来，细致到位地展现方言和故土风俗——让黑娃很在意的白嘉轩挺得太直的腰，便取自作家曾祖父的形象。[④]此外，白鹿村命名本身虽带有虚构性，但亦融入了作家本人的家族史记忆。陈忠实曾听过近门爷爷口述家族简史，门族的先祖很是能干，盖起了"陈姓聚居的村庄里的第一个四合院"，"又紧贴在西边建起了第二个四合院"，两

---

① 凤凰出版社编选：《中国地方志集成 陕西府县志辑 16 雍正蓝田县志 光绪蓝田县志 民国重修蓝田县志(一)》，凤凰出版社 2007 年版，第 500 页。

② 陈忠实：《寻找属于自己的句子》，上海文艺出版社 2009 年版，第 9 页。

③ 王亚蓉编著：《沈从文晚年口述(增订本)·自己来支配自己的命运——在〈湘江文艺〉座谈会上的讲话》，商务印书馆 2014 年版，第 94 页。

④ 陈忠实：《寻找属于自己的句子》，上海文艺出版社 2009 年版，第 15 页。

位儿子各拥有一个,"后来就成为东门和西门"。① 小说在此基础上,衍生出白、鹿二姓的过往历史:村庄有一任颇有见识的族长提出,将原本的"侯家村(有胡家村一说)改为白鹿村,同时决定换姓。侯家(或胡家)老兄弟两个要占尽白鹿的全部吉祥",商定老大一支姓白、老二一支姓鹿,"两姓合祭一个祠堂"。② 如此便解释了白鹿村,以及白、鹿作为同根同种的两大姓氏的由来。从家族记忆中的"东门""西门",到《白鹿原》中的白家和鹿家,体现了作家对家族史的文学化用。除此之外,陈忠实曾提到,自己村中并无一户地主,③这也与白嘉轩因解放前三年未雇长工而未被划归为地主的历史"结论"相符。《白鹿原》写作亦融入了作家本人的童年记忆,解放前夕有一新媳妇因不满包办婚姻与丈夫家境而偷跑:

> 在一位领头人的带领下,整个村子的成年男人追赶到新媳妇的娘家,从木楼上的柴禾堆里扯出来藏匿的新媳妇,把她抓回村子,容不得进门,就捆绑在门前的一棵树干上,找来一把长满尖刺的酸枣棵子,由村子里的男人轮番抽打。④

用酸枣棵子抽打不符合封建礼教的女子的"村法",也可与当着鹿子霖面抽打田小娥进行对读。在传说、口述史方面,陈忠实从父亲口中听说了不少有关牛兆濂的故事。父亲曾口述过牛才子神话,牛兆濂"站在院子里观测满天星斗,便能断定明年种何种作物,就会获得丰收;一个丢了牛的乡民求到他的门下,牛才子掐指一算,便指出牛走失后的方位,循此途径果然找到了牛"⑤。提前预测丰收作物("今年成豆")和帮助村民找到牛的情节("牛在南边方向"),都在《白鹿原》中有直接投射。

陈忠实跳脱了以往观念化的写作模式,没有追逐其时的文学风潮,而是潜沉下来,埋首于地方志、传说、口述史、心理学和史学研究著述,对乡村文化遗迹进行实地探访,形成了独有的创作资源。直至接近完稿,作家内心并无准确的把握。甚至在 1992 年春节前,陈忠实尚对妻子道出不成功便去当养鸡专业户的打算。⑥ 好在文学是有自己的评判标准的,《白鹿原》以无可置疑的姿态成为中国乡村书写的经典之作,亦为当代小说创作提供了富有

① 陈忠实:《寻找属于自己的句子》,上海文艺出版社 2009 年版,第 15 页。
② 陈忠实:《白鹿原》,天地图书有限公司 1993 年版,第 56—57 页。
③ 陈忠实:《寻找属于自己的句子》,上海文艺出版社 2009 年版,第 8 页。
④ 陈忠实:《寻找属于自己的句子》,上海文艺出版社 2009 年版,第 73—74 页。
⑤ 陈忠实:《寻找属于自己的句子》,上海文艺出版社 2009 年版,第 48 页。
⑥ 陈忠实:《寻找属于自己的句子》,上海文艺出版社 2009 年版,第 141 页。

创造性的新可能。

第二节　文学地方志及其"村落"叙事

　　除却方志中的地名、人物、事件化用,《白鹿原》本身亦具有地方志属性,可视作当代方志小说的典型代表。通过文学加工及演绎,陈忠实令小说超越了方志的词条性和化约性,构筑出一部比方志更为立体、复杂的文学地方志。概出此目的,从具体叙事策略角度,小说别出新意地通过白鹿精灵及其传说、家族史和人物志、风物礼俗、"志中志"的方式,创设出了一个带有陈忠实个人印记的地方志"世界"和"宇宙"。

　　地方志作为史学和地学的综合文献,内中包含着古人丰富而复杂的地学思想,当陈忠实以地方志作为小说的创作资源时,难免会将方志中的神话或玄学思维带入小说。《白鹿原》中,白鹿精灵及其传说就是典例。小说将白鹿原的历史追溯至上古,借神话、传说、古史,化实为虚、化虚为实,颇有《红楼梦》中顽石经茫茫大士和渺渺真人携带下凡历练、贾宝玉梦游太虚幻境之况味。《白鹿原》文本至少有 5 处写白鹿精灵和白鹿传说。与文献的简单描述不同,小说对古原上的白鹿精灵作了生动、细致的刻画:

> 　　很古很古的时候(传说似乎都不注重年代的准确性),这原上出现过一只白色的鹿,白毛白腿白蹄,那鹿角更是莹亮剔透的白。白鹿跳跳蹦蹦像跑着又像飘着从东原向西原跑去,倏忽之间就消失了……①

　　小说中的白鹿通体洁白,有克制毒虫害兽、治愈疾病、守护一方平安的神奇效用,填补了历史文献的叙事空白。通过白鹿精灵的正面描写,为白鹿村,乃至白鹿原增添了神秘感,亦是一种追根溯源式的地方志写法。第 2 处白鹿"出现"与四吕庵——即白鹿书院有关:地方小吏忽见一只白鹿跃过眼帘而又不复现,得知白鹿原之名后迁至该地,小吏的四位孙子官拜进士,皇帝亲书"四吕庵"匾额赐之。此具神话色彩的故事流传于白鹿原人口中。白鹿书院门楼也雕有白鹿纹样,表明白鹿精神以传统教育的方式铭刻于白鹿原人心中。由是观之,白鹿所代表的不仅是朦胧的上古传说,更是一种文化精神和传统延续。第 3 处白鹿书写与白嘉轩克妻命运的扭转息息相关。在送走六任亡妻后,白嘉轩决定请阴阳先生检视风水,去途中偶遇缀有五片叶

---

① 　陈忠实:《白鹿原》,天地图书有限公司 1993 年版,第 24—25 页。

片的宝物珍草,不知其为何物,遂求教于姐夫朱先生。待朱先生辨出妻弟所画的植物是一只白鹿后,白嘉轩设计请冷先生作中介,从鹿家手中将有白鹿吉兆的土地换到了手,自此便延续了家族血脉。可见,白鹿不但具有生态学意义,更是小说情节的转折点所在。通过此番谋划,白嘉轩的智计第一次得到了淋漓尽致的展现。自此,白嘉轩的形象便立住了。白鹿的第 4 次出现与白灵有关:白灵加入共产党后,积极投身革命工作。在执行黄先生交代的送信任务时,白灵想象出了白鹿形象。当白灵在教会女子学校首次听见"上帝"时,脑海中便出现了白鹿。在白灵的认知中,二者并无本质差异。回想奶奶白赵氏的讲述,白鹿约等于美好的代名词,具有化丑为美的神奇效用。白灵由"国"转"共"是小说的重要情节。倘若抛钱币决定政党带有童心与玩笑意味,那么第二次选择则是理性思考的产物。正是出于对白鹿——美好世界的向往和认同,白灵才成为共产党人。然而,白鹿毕竟既不等同于上帝,也与共产主义要义相去甚远。从某种程度上说,白灵对革命简单化的"白鹿想象"指向了后期在红军根据地"肃反"运动中被逮捕、活埋的结局。白鹿精灵第 5 次闪现于鹿兆鹏的想象中:时任十五师联络科长的鹿兆鹏渡过渭河,见证了新政权的诞生。随后,师长下达策动滋水保安团起义的任务,鹿兆鹏心情舒畅,驱车进入滋水河川,心中出现了白鹿形象,这一吉兆亦预示了起义的一路凯歌。在鹿兆鹏的游说下,黑娃、白孝文等人举起起义大旗,加速了旧政权的覆灭。故而,白鹿及白鹿传说并非简单的叙事背景或装饰,而是作为关键意象,呼应了下文情节。更深一层,闪现又消失的白鹿精灵亦是革命果实落入白孝文之手的预兆,夹杂着命运飘忽不定、不可预知的宿命论调。

除却白鹿精灵及其传说,《白鹿原》以宏大历史为整体背景,以白、鹿两姓的竞争、合作、兴衰荣辱为主要叙述内容,以此从地方志角度建构出白、鹿的家族史和人物志。小说特别描述了白、鹿两姓的发家史:祖先白修身"在贫困冻馁中读书自饬考得文举,重整家业重修族规,是一个对白家近代家史族史具有决定性影响的人物"①,这就奠定了白家的门风与家规。白嘉轩时刻以族长的标准严格要求自己,也以同样的标准教育儿子白孝文,后者初时颇具乃父风范,似已可独挑大梁。岂料鹿子霖设计用田小娥引诱白孝文,将之从族长继承人的位置上拖入泥淖,对白嘉轩造成了无可挽回的打击。好在之后,白孝武代替了兄长履行族长继承者之职,给白嘉轩带来了些许欣

①　陈忠实:《白鹿原》,天地图书有限公司 1993 年版,第 281 页。

慰。此外，白家有人无出的槐木匣子的故事，也对"耕读传家"、节俭门风的形成产生直接效用。槐木匣子本身不仅仅是家族物质遗产，更是家族精神的象征；与白家踏实、正当的发家史有别，鹿子霖老太爷"天下第一勺"的故事就颇具戏剧性，勺娃的受辱、后续复仇经历更是跌宕。白嘉轩曾对鹿泰恒、鹿子霖的教子之法颇有微词，其背后便是两家不同的家族史所致。

白、鹿两族先辈们的故事大多通过追述、追忆的方式闪现于文本，而白嘉轩、鹿子霖及其同辈、下一辈人物的掌故和形象，则是在革命、抗战、解放、"文革"等宏阔的历史背景下，以一种更为鲜活的面貌呈现。如小说记载了白嘉轩如何从腰杆挺得笔直的族长，逐步成为"锅锅儿"，从中折射出几十年间的村落演进史；鹿子霖从开始的意气风发，到饱尝丧子之痛，再到最后颇为狼狈、难堪的疯痴、死亡结局，是原始民间正义的体现；朱先生兴学、禁烟、只身一人劝服方巡抚罢兵、慨然试图从军抗日，其形象是传统文化与学术的缩影；白灵毅然出走家庭，与鹿兆鹏的同志加爱人情谊、与鹿兆海之间从青梅竹马走到分道扬镳，以及最后被活埋的结局，合奏出大时代下的女性悲歌；白孝文从族长继承人成为乞丐、瘾君子，后触底反弹任职于滋水县保安大队，升任一营营长，解放后任县长，其经历富于传奇性，亦折射出人性的复杂与人生的幽微；黑娃鹿兆谦在鹿兆鹏鼓动下火烧粮仓，阴错阳差落草为寇，后又学为好人，归顺保安团，被任命为营长，解放后任副县长，后遭冷血镇压，该结局令人在扼腕叹息之余，顿感命运的无常和不可知。《白鹿原》以时间为经、事件为纬，将人物的悲欢离合串联、缀合成为一幅浓墨重彩的历史图景，其本身便可视为一部白鹿原人物志。

为增强小说的地方志色彩，陈忠实在"故事"叙说中穿插了不少有关物产、作物、风俗的内容。例如滋水县因出产美玉而名声在外，据传秦始皇的玉玺便取材于滋水玉石。除却一般的粮食作物，白嘉轩从岳父手中获得价值不菲的罂粟种子，便开始细心种植、精心照料，白家因而起色，一改为白嘉轩频繁娶妻而造成的家业颓势。有此范本，白鹿原的平原与河川就遍植罂粟了。小说引用了斯诺《西行漫记》关于罂粟的看法作为对照，与罂粟王国的诞生互为印证，亦为后文朱先生禁烟的义举埋下线索。此外，润河上背人渡河的职业、白鹿原男人对于秦腔的普遍崇拜与爱好等内容，亦体现鲜明的区域特点，在物质与文化方面充实了白鹿原的地方志表达；风俗层面，婚姻、生育、丧葬、满月酒、祈雨仪式等，也呈现了活态的白鹿原历史。白嘉轩一生先后娶过七任妻子。白秉德、白赵氏之所以锲而不舍地为儿子娶妻，是因为在村落文化中，婚姻可为家庭带来劳动力和生育。李银河认为，在封建制度与传统村落中,或许大部分女性"一生的成就几乎只有生育"①,"中国农民的生育目的是拥有最多的可生育后代的儿子"②。此种强大的生育动力和对于生育的文化"信仰",可用于解释白嘉轩对于婚姻经历的引以为傲之情,还是鹿子霖意外得知鹿兆海留下一个儿子时的欣喜、有众多"干儿子"的得意,白鹿原人对离奇的求子仪式("棒槌会")的默许等情感的文化动因。此外,朱先生在修墓、丧葬仪式上的特立独行所遭到的反对和质疑、白灵满月摆酒的盛大场景、白嘉轩领头在关帝庙举行的祈雨仪式等,均体现了秦地风俗。附笔一提,当婚娶"遭遇"丧葬,强大的生育信仰便显现:白赵氏认为儿子无必要为白秉德守孝,"七七"过后便可操办婚礼。于是乎,两个月过后,白嘉轩便娶回了第五任妻子。

除了白鹿精灵及其传说、家族史和人物志、风物书写,出于强化小说的方志属性与历史感目的,《白鹿原》还采用了"志中志"的写法,即在文学地方志框架内又构筑出另一个地方志。朱先生作为张载所创的关学之传人,终身践行"躬行礼教""经世致用"③思想。小说中,朱先生曾去南方讲学,原本自幼未出秦地,故想去南边见识,谁知乘兴而去、败兴而归。南方文人沉迷游山玩水、饮酒取乐、寻花问柳,南方文士的轻浮之风,皆令关学派朱先生不齿,遂决意北归,揭橥南北儒士之差异。其原型牛兆濂曾在《芸阁学舍记》中写道:

> 天生孔子,以明人道,此天地之心也……意者留此先贤读书讲约寻丈之地,为中原绵一线人道之传……尚其抱孔子之经,日夕熟诵而身体之,以淑诸身,以教诸人,期不失圣人立言之本意。④

朱先生(牛兆濂)以绵延人道、践行孔子之经为使命,于是在书院开坛讲学,以传承关学。然而,与"现代"和"传统"的相遇、交锋有涉,现代教育逐步挤压了传统教育的生存空间,学生们纷纷离开书院去往各类新式学校就读,朱先生不得不退而求其次,关闭书院、转向修志,以教化一方民众。事实上,地方知识分子因大多不具备编修国史资格,而普遍怀有修方志理想,朱先生亦然。在乱世中归隐,树立人生志向后,朱先生精心挑选了8位关学派信奉者从事县志编写,自任总撰。县志记载的内容,则是:

① 李银河:《生育与村落文化》,内蒙古大学出版社2009年版,第119页。
② 李银河:《生育与村落文化》,内蒙古大学出版社2009年版,第52页。
③ 常新:《关学的原型、流变及其研究空间》,《深圳大学学报(人文社会科学版)》2020年第3期。
④ (清)牛兆濂:《芸阁学舍记》,西安市地方志编纂委员会编:《西安市志 第七卷》,西安出版社2006年版,第733页。

上自三皇五帝,下至当今时下,凡本县里发生的大事统都容纳。历史沿革,疆域变更,山川地貌,物产特产,清官污吏,乡贤盗匪,节妇烈女,天灾人祸……不避官绅士民,凡善举恶迹,一并载记。①

朱先生们以史家的严谨态度处理滋水县历史,将春秋笔法融于客观史实——对中国共产党军队的不同称谓便是一例。朱先生于印成《滋水县志》后谢世,至此正式完成了小说所赋予的历史使命。该县志亦与原型牛兆濂所撰《续修蓝田县志》形成互文关系,是一种文学地方志中的地方志。

另外,小说提到,白灵与鹿兆鹏之子鹿鸣在 80 年代翻阅《革命英烈》时知晓了母亲的事迹。事实上,是陈忠实本人在作家张敏主编的同名刊物中,无意中"发现"了张景文烈士。② 虚构的鹿鸣还是一位当代作家,创作了以农村集体化道路为主题、以白嘉轩为原型的长篇小说《春风化雨》。基于柳青对陈忠实的向导意义,大胆猜测,《春风化雨》或是《创业史》的文学翻版。通过小说叙述时段的延展,陈忠实为白灵的故事画上了句点,亦以多重"本事"的方法将现实碎片打入小说世界,令文本拥有了在历史与文学间跳跃的灵动性。

一言以蔽之,陈忠实以民族秘史为逻辑起点与创作旨归,在《白鹿原》中融入上古传说、家族史和人物志、风物,将小说塑造为一部秦地方志。《白鹿原》在把握历史真实与艺术真实的前提下,记录下了白鹿原人、白鹿村人的欢愉与悲愁、收获与创痛、历史与现在,与习见的乡土小说或寻根文学拉开不小的距离。此外,作家富于妙思地在文学地方志内插入地方志,在本事中化用本事,打通了文学虚构与历史真实的壁垒,在虚虚实实、真真假假中营构、幻化出了一个带有鲜明个人印记的文学白鹿原,亦为读解乡村中国提供了一种别样的文学思路。

第三节　地方志与"村落"文化的物态化

作为文学地方志,《白鹿原》中的白鹿村不仅是一个空间地理学概念,更是相对稳固的利益共同体,与宗族存在交集,亦是村落文化的承载,带有显见的文化象征意味。袁红涛认为,《白鹿原》的首要价值即体现于"宗族村

---

① 陈忠实:《白鹿原》,天地图书有限公司 1993 年版,第 173 页。
② 陈忠实:《寻找属于自己的句子》,上海文艺出版社 2009 年版,第 118 页。

落"叙事,"比较全面、生动地展现了乡土中国的社会形态、权力结构和运作机制"①。针对村落运行模式,李银河指出,"在农村社会结构的'个人—家庭—村落'"内,个人或个人主义往往被悬置,家庭则是"合法的利益单位"。村落为"界限清晰的生活范围",在划定生存空间的同时,亦限定了村人的视野。② 在《白鹿原》所构筑、反映出的乡村传统价值体系内,"反常"的个人式追求是不被提倡的:黑娃不走白嘉轩、鹿三为其谋划的人生,被父亲否定、驱逐,最终不明不白地冤死于镇压事件;田小娥反抗封建礼教,背叛郭举人,令家族蒙羞,先后见逐于原生家庭与白鹿村;白孝文追求个人享乐、卖地卖房,被白嘉轩视为逆子;白灵反抗包办婚姻、出走家庭,选择自由恋爱和革命道路,被父亲视作已死之人,最终亦是走向死亡的悲剧性结局;鹿兆鹏选择革命家作为终生志业,自己饱受枪林弹雨、有家不可回之苦,还间接导致了原配妻子的精神问题。与此有别,为家庭振兴努力的白、鹿先人是受到村民尊敬的;初期压抑自我意识、乖顺地成为族长继承人的白孝文,一度在村中享有威望和声誉;白孝武提出要重新修筑门楼,得到了父亲的赏识;在白嘉轩、鹿子霖牵头下,村人共同出资修建学堂、防御工事等。可见,在曾经相当牢固的村落制度内,家庭利益、宗族利益优先于个人利益,当个人利益与前者产生矛盾,便会受到来自外部乃至家庭内部的压力——譬如黑娃与田小娥的结合无法得到宗族的认可,二人便无法真正进入村落中心,只可蜗居于村子东头的破败窑洞中;鹿兆鹏在履行包办婚姻的义务后,也选择离村,走上了"耕""读"之外的第三种人生道路。

对于此种传统村落结构,陈忠实也有清晰的体认:"整个社会结构是家族式的,至于基层的农村村社,那更是典型的家族结构,它没有行政管理,更多地具有宗族色彩,它里边维系社会稳定、人际和谐的价值标准、道德规范,就是那些已经演化成风俗、民俗、乡规、民约之类的东西。"③

在概念上,此处的村社接近于社会学意义上的村落。宗族是小社会得以正常运行的基础,而族长则发挥了领导、决断之责。风俗、民俗、乡规、民约等作为文化符号,是村落文化与宗族文化的缩影,也是白鹿村乃至白鹿原的存在之根本。《白鹿原》因其地方志属性,也在相当程度上如实记录下了作为社会结构与文化载体的村落,包括建筑层面的门庭、祠堂、石碑、秦腔戏

---

① 袁红涛:《宗族村落与民族国家:重读〈白鹿原〉》,《文学评论》2009 年第 6 期。
② 李银河:《生育与村落文化》,内蒙古大学出版社 2009 年版,第 137 页。
③ 陈忠实、李遇春:《关于〈白鹿原〉中的人物形象塑造问题——陈忠实访谈录》,《语文教学与研究》2009 年第 11 期。

楼、六楼砖塔等,皆具有显见的文化符号内涵。

陈忠实曾提到,《白鹿原》创作"最初的影像"是"原上一幢镂嵌着'读耕传家'的四合院的门楼"①,小说与之对应的则是朱先生所写"耕读传家"玉石匾额。作为家训,"耕读传家"体现农耕文明的传承,亦构成村落理想家族运行的守则。"耕"与"读"缺一不可:仅有"耕"而无"读",便无法真正实现家族振兴。鹿子霖老太爷"天下第一勺"临终最大遗愿便是后人读书有成,以此告慰自己在天之灵。最后鹿家的败落与凋零正是有"耕"无"读"的结果;有"读"而无"耕",则无法感知四时万物的变化,与农耕传统渐行渐远。白嘉轩、朱先生家族所推崇的便是"耕""读"一体的家风。"耕读传家"匾额、门楼均以文化符号的方式被纳入村落文化的阐释系统中。李银河曾将"村落文化"定义为村落内的"行为规范及价值观念"②。村落内部则具有信息共享的特质:在同一村落中,个体对他者的情况都了然于胸,"发生于这群人之间的一切事件都不会逃过每个成员的视野"③。村落成员在流动性方面较不明显,④村人间具有"相互竞争的倾向"⑤。作为村落中的竞争项目,"盖房"⑥也是小说多次提及的细节。白嘉轩种植罂粟获利后,首先做的便是彻底修葺、改造祖屋,使之蜕去土胎、弥散清雅之风。自此,老屋焕然一新,白嘉轩提升了家人生活的物质条件,更直接有力地向白鹿村人展示了家庭实力。此外,白家先辈如何苦心孤诣、勤俭节约、置地盖房的故事,也是白嘉轩教育后代的核心教材,以口耳相传的方式延续白家门风;而鹿子霖上任乡约后即修葺白鹿镇的破败民房,后期落魄的直接表现是出狱后发现自家门庭败落。在"白鹿之争"中,鹿子霖以田小娥为诱饵,令白孝文走向堕落,拆房变成了鹿家打击白家的有力手段。之后白家重新盖房,以洗刷耻辱,更是这场竞争的延续。以上种种,皆体现了"盖房"、门楼背后所具有的文化象征意义。

门楼以外,祠堂作为后嗣祭祀先人、族人稳固宗族秩序所在,也是白鹿村主要的村落文化建筑之一。许慎《说文解字》卷一记有"春祭曰祠。品物少多文词也"⑦;段玉裁《说文解字注》曰:"祠犹食也,犹继嗣也。春物始生,

---

① 陈忠实:《寻找属于自己的句子》,上海文艺出版社 2009 年版,第 4 页。
② 李银河:《生育与村落文化》,内蒙古大学出版社 2009 年版,第 57 页。
③ 李银河:《生育与村落文化》,内蒙古大学出版社 2009 年版,第 58 页。
④ 李银河:《生育与村落文化》,内蒙古大学出版社 2009 年版,第 60 页。
⑤ 李银河:《生育与村落文化》,内蒙古大学出版社 2009 年版,第 60 页。
⑥ 李银河:《生育与村落文化》,内蒙古大学出版社 2009 年版,第 77 页。
⑦ (汉)许慎:《说文解字》,浙江古籍出版社 2012 年版,第 8 页。

孝子思亲,继嗣而食之,故曰祠"①。小说首先通过传说,交代了祠堂与村落历史之关系:相传,一场大洪水冲走了祠堂中记载先祖信息的神轴与椽子檩条;天降流火,焚尽屋舍,烧毁神轴与椽子檩条,再次毁去历史记载。祠堂直接成为村落历史的承载,见证了白鹿村人的过去、现在和未来。除去历史载体,白鹿村祠堂更是宗族文化的象征,也是《白鹿原》叙事的主要场景之一:白嘉轩作为宗族文化的代言人,依照族规授意在祠堂分别处置田小娥和白孝文,具有惩戒和示众效果;小娥因其过往无法获得族长和村民的认可,便无资格步入祠堂;祠堂在被"农协"破坏后,又完全恢复原貌,仿佛后者从未造访过一般,自此,村落文化得到稳固,重新成为主要的仪式场所;小说有鹿子霖将鹿兆鹏打进祠堂拜祖,白嘉轩提出给田小娥修庙葬尸之事应在祠堂商议,白孝文"浪子回头"在祠堂拜谒祖宗、重新被家族接纳,鹿兆海隆重的葬礼在祠堂举行,黑娃"学为好人"后重回白鹿原祠堂祭祖等情节,皆体现了"乡土社会里传统的效力"②和祠堂的文化意义。白嘉轩曾对白孝武道出白鹿村人无一例外要跪于祠堂的定律,亦体现祠堂所具有的封建伦理属性。顺带一提,作为祠堂的附属建筑,石碑亦是村落文化的缩影。白嘉轩曾请人将朱先生所书《乡约》刻于青石板碑,置放于祠堂两侧,与"仁义白鹿村"相呼应。之后,白鹿村选择修复被黑娃砸烂的乡约碑文,而非另起炉灶重新打造石碑,带有"拨乱反正"的意味,同时也是出于维系村落既有秩序的目的。

　　同样具有教化、示众功能的秦腔戏楼,则是白鹿原重要的文化与娱乐建筑。例如,批斗三官庙老和尚的大会,选址在白鹿村村中心的戏楼;白鹿原"农协"总部成立于戏楼;田福贤归来后在戏楼"表演"、处理贺老大等人;白嘉轩发挥、演绎朱先生之语,将戏楼比作鏊子等。除此之外,因土匪袭击,白嘉轩受伤、鹿泰恒亡故,白孝文遂提出退戏,意外受到父亲的强烈反对。白嘉轩力主白鹿村的"忙罢会"继续演戏,表面上看是对匪徒"白狼"的反击,深层次更是对宗族道德、秩序的坚守。农闲、节日时节,作为庆典或消遣娱乐项目的一部分,村落主事者会邀请剧团表演剧目。于是,在戏楼上频繁开演的秦腔,便构成了秦人的集体记忆:陈忠实曾在《我的秦腔记忆》一文中,忆及童年跟随父亲赴原上、塬下村庄看戏。秦腔是广阔乡村土地之上孕生出的戏种,亦是根植于秦地、秦人血脉之所在,"黄土在,秦人在,这腔儿便不会息声"③。于文本中忽现的秦腔剧目,并非随意为之的点缀或闲笔,而是暗

---

①　(汉)许慎撰、(清)段玉裁注:《说文解字注》,浙江古籍出版社 1998 年版,第 5 页。

②　费孝通:《乡土中国》,天地图书有限公司 1993 年版,第 52 页。

③　陈忠实:《我的秦腔记忆》,《湖南文学》2009 年第 1 期。

合了小说情节与氛围：获知受伤后的白嘉轩来看戏，演员麻子红决定改演《金沙滩》，以渲染村中的悲怆气氛。秦腔《金沙滩》以杨家将为主要表现对象，杨继业父子屡次拯救宋皇于危难之中，杨氏家族却损失惨重。昏君佞臣与忠臣良将形成鲜明对比，后者一腔报国之心无处安置，心灰意冷之下选择自我放逐。白鹿村的悲剧和杨家的悲歌互相映衬，加重了族长白嘉轩压抑个人悲伤情绪以捍卫宗族尊严的凄怆感。此外，在白孝文"堕落"过程中，在贺家坊戏楼被田小娥引诱成为重要转折点。当时戏楼上开演的剧目为秦腔《葫芦峪》和《走南阳》，后者有一桥段为刘秀和村姑嬉笑打闹场景。在台下观戏的白孝文当时思忖，有碍观瞻、伤风败俗的《走南阳》绝不可在白鹿村点演。而刘秀和村姑，似乎预示了白孝文与田小娥后文的"反常"情节。此处，之所以选择戏楼作为叙事空间，一方面是演戏之时环境嘈杂、人群拥挤，为小娥贴近白孝文提供机会；另一方面，白孝文在戏楼"上钩"，也是白嘉轩式族长教育的失败，亦是传统伦理道德在孝文这一个案上的崩坏。

除却门楼、祠堂、戏楼，《白鹿原》中另一重要物象与意象，即用于镇压田小娥冤魂的六棱砖塔。《说文解字》卷一三载有："塔，西域浮屠也。"①一般而论，佛塔、宝塔属佛教建筑，多用于置放舍利、佛像等，也有镇压邪祟之功用，譬如相传白蛇白素贞曾被镇压于雷峰塔下。小说中，鹿三无法接受黑娃与田小娥的私自结合，将之赶出家门，后者不得不居于破败窑洞。这一心结直接导向鹿三秘密用梭镖钢刀刺透小娥胸肋。但是，原上出名的"荡妇"并未就此消失，而是以冤魂的方式，给白鹿原带来了令冷先生也束手无策的空前瘟疫。小娥魂魄以鹿三之肉身为依附，道出死因，以及自己与瘟疫的直接关联，要求白鹿村在窑洞附近替自己修庙塑身，重新装殓尸身后由白嘉轩、鹿子霖抬棺；如若不然，便令白鹿原生灵涂炭。愚昧的白鹿村村民开始集体向小娥的窑洞烧香磕头，恳求族长应允小娥之求。白嘉轩断然拒绝，决定将小娥尸身挫骨扬灰，撒入滋水河，使魂魄永不归附；朱先生则建议将骨灰封死在窑洞内，并筑塔镇压，令之永世不得现世。于是，一座六棱砖塔出世，塔身东西南北分别刻有日月、白鹿。自此，鹿三神智恢复正常，小娥冤魂不再复现。与门楼、祠堂、戏楼等传统村落建筑有别，六棱砖塔并非常设建筑，而是应激作用下产生的陈设，揭示出宗族与原始村落文化中无情、粗暴、铁血的一面。白嘉轩原本的计划旨在彻底消灭小娥的物理存在形态；而朱先生提出的筑塔计划则是借宗教佛塔之"正气""灵气"压制"邪气""妖气"和"鬼

---

① （汉）许慎：《说文解字》，浙江古籍出版社 2012 年版，第 290 页。

气",是一种更为彻底的解决之法。村落文化与儒学文化自有其稳定的价值体系和运行规范,"人妖颠倒,鬼神混淆"之怪相必不见容于白鹿村,由庙到塔自是顺理成章之事了。

《白鹿原》以门楼、祠堂、戏楼、六棱砖塔为媒介,如实记录下了白鹿村的"形/神"合一。与此同时,门楼、祠堂、戏楼、六棱砖塔并非背景式的存在,而构成了文本的内在肌理和重要叙事空间,相关描写亦与宗族密切勾连,具有中国传统村落文化的共性,带有白鹿村的地域特点,这也是小说与常见的观念化乡村书写有别的主要缘由之一。文本中,鹿兆鹏劝慰黑娃切莫丧气,将行动失败归咎于白鹿村是古原上"最顽固的封建堡垒",恰恰从叛逆者、反抗者角度,论证了白鹿村稳固的传统价值体系和村落文化秩序。故此,白鹿村也可视作容纳诸多文化符号的容器,为文学社会学角度的村落小说提供了范例和摹本。

第四节 地方志之于当代"村落"叙述的启示

为创作"民族秘史",陈忠实早在 20 世纪 80 年代便及时地调整了自己的文学创作观念,有意识地摆脱了观念化的乡土叙述,收集、吸纳、化用、延展地方志,在真实和虚构之间达到了平衡,从而创设出经典性的村落形象——白鹿村。此种方志写作,发掘出了村落的历史生命、思想生命,揭示了文化的丰富性和多层性,无疑为当代乡村小说如何跳脱概念化、观念化、潮流化写作模式,如何实现文学与历史的整合及联姻,提供了艺术实践角度的参考。

如文章开头所述,中国现当代文学形成了三种乡村书写形态,分别以启蒙、逆向启蒙和革命为创作观念。在具体表现内容、主题思想、叙事风格、人物塑造等方面虽存在一定差异,但大部分小说——特别是当代村落小说,均具有观念在先、创作在后的特点。譬如《创业史》以宣传农业合作化、塑造先进典型人物为创作意图,便设置了一个近乎"完美"的主人公梁生宝:出身贫农,13 岁开始熬长工,中共党员。文化水平较低,没有阅读能力,始终如一地跟着政策走,积极推进合作化。面对心仪的"俊女子"徐改霞,梁生宝的衡量标准在于是不是和自己一条心,是否坚定地走集体化道路。因此,一俟知晓改霞有进工厂的想法,梁生宝便坚决与之划清界限,转向革命同路人刘淑良。邵荃麟当年有关梁生宝和梁三老汉的比较分析,便多少与此相关。在概念化、观念化写作中，人物、历史、事件皆化为阐释特定政策、潮流、理念或观念的工具，其弊端是显见的。当特定观念、思潮转向，小说便会处于一种颇为尴尬的境地，呈现时代局限性。倘若暂且抛开先入为主的诸多概念、观念、风尚，于各类官方、半官方、民间历史中寻求文学灵感，或可减少观念化写作之弊。毕竟，史书、地方志虽由特定知识分子书写，历史结论在时间长河中亦不可避免地具有波动性和流动性，但过往的地理、气候、水文、山川、名人、风物、习俗、历史事件，则相对处于较为稳定的状态，具体评价虽非恒定，但其"存在"本身一般是无异议的。

陈忠实煞费苦心地埋首于县志、地方党史资料，收集来自父辈、祖辈的口述、神话、传说资料，统合个人生命体验，用双脚丈量古原，以此为基石搭建出了白鹿原秘史。前文列举了小说对历史人物——如"关中大儒"牛兆濂、革命烈士张景文、作家曾祖父以及历史事件——如鸡毛传帖、饥荒、瘟疫的叙事征用，打破了文学与历史、虚构与非虚构的界限，将历史片段编织进艺术想象，入乎历史而出乎其外，打造出以白鹿原、白鹿村为主要叙述对象的文学地方志。此间，村落文化、乡村秩序、传统伦理或为情节助推器，或构成情节本身，使得《白鹿原》的村落书写具有了丰厚的历史与文化底蕴，呈现独有的个性特征。在这一过程中，小说也塑造了与之配型的众生相：延续旧式知识分子情怀与操守的朱先生、力求悬壶济世的冷先生、坚守乡村传统道德的白嘉轩、相夫教子的白赵氏和吴仙草、精于人情世故的鹿泰恒、工于心计且心胸狭窄的鹿子霖、固执保守而讲求忠义的鹿三、从村落秩序中脱离的白孝文、追求女性独立与婚姻自主的白灵、忠于人性本能且反抗贞洁烈妇观念的田小娥、赤诚坦率讲义气的黑娃等，皆跃然纸上，在大历史下奏响了属于自己的人生乐章。大部分人物虽是虚构，但或借助文史材料，或融入了作家本人对于故土的体悟，因而与小说的地方志属性相得益彰、互为表里。毕竟，若无村落传统，就不会有白、鹿之争，不会有族长白嘉轩保守、固执的一面，不会有白孝文人生信念的摧毁与重建，不会有白灵的反抗、出走，更不会发生小娥、黑娃等人的悲剧。正是在这个意义上，《白鹿原》整合多方资源，独树一帜地实现了地方志的文学演绎和文学的地方志表达，是一部忠于乡村历史、忠于传统文化结构的村落秘史。

由于疆域辽阔、历史悠久，中国的乡村形态各异，在地理位置、气候、民族构成、风俗习惯、物产特产等方面存在不少区别。然则在近百年的历史中，大部分乡村仍是经历了传统与现代的激烈交锋和裂变，见证了辛亥革命、抗日战争、解放战争、新中国诞生、"文革"等关键历史节点，随之对外来刺激产生应变。一方面是相对稳固的既有传统伦理道德与秩序,继续以家法、村法、族规之面目对村人言行作出规训,酸枣棵子、罚跪、逐出祠堂等原始手段依然持续发挥着效用;另一面是政党、军队、政策、法规对已有村落运行体系和规范的影响。外部环境的改变,迫使原始形态的村落作出相应调整,即使是相对超脱的书院也无法置身事外。每一个与外界产生联结的村落,皆是以上大历史的投影,白鹿村亦然。白鹿村的族长一职既非选举产生,亦非经考试选拔而来,而是沿袭了子承父业、兄终弟及的血缘继承传统。因为白秉德是族长,所以其独子白嘉轩也是族长,皆是村中颇有威望、作出重要决断的人物。然小说末尾,白嘉轩试图从人情、情感角度力劝县长白孝文放过黑娃鹿兆谦,后者无情地予以拒绝、斥责,顾左右而言他。以传统伦理角度视之,父亲长途跋涉亲见儿子,对白孝文进行规劝,并提出要求,后者在人伦层面实是难以拒绝的。然而,此时的白孝文不单是白嘉轩之子、白鹿村人,更是一县之长,拥有前者无法望其项背的权力和话语权。可见,在强有力的新生政权前面,原有的伦理纲常无法继续发挥效用,基本处于失音状态,体现了原始村落话语的失落和新兴政治秩序的升起。族长白嘉轩所一贯秉持的,村人"迟早都要跪倒到祠堂里头的",意指白鹿村在漫长历史演进过程形成的一套稳固的价值体系,以及村人对传统伦理和村落文化的主动皈依。然而到了白鹿村下一代人——白孝文、白灵、鹿兆鹏、鹿兆海、鹿兆谦等人身上,出走村落、挥别故土成为其立人、成人的首要一步。小说有一细节颇值得玩味:在重新被家族接纳后,白孝文得以回乡祭祖、上坟祭奠母亲,重归宗族序列。在完成这一系列仪式后,白孝文并未就此真正"化归"白鹿村,而是在离开之时,对太太道出"谁走不出这原谁一辈子都没出息"[1]一语,是对以"父母在,不远游"为代表的传统村落文化、伦理秩序的颠覆与背离。以上种种,皆体现在创作理念方面,《白鹿原》不是对地方志的简单复制或腾挪,而是基于对中国近现代史、当代史的整体性把握,对地方志的灵活运用和超越性探索。

　　此外,作为旧式知识分子、传统学术和文化的缩影兼化身,朱先生及其"天下"观念蕴涵了陈忠实对于中国历史、政治、经济、文化的独特见解。备受学界关注的朱先生的"鳌子说",是对历史曲折发展的通俗化理解。陈忠实借助朱先生、白嘉轩之世界观,表达了对政权更迭的看法。朱先生在鹿兆海生前曾亲口嘱咐,要求后者在战场上每消灭一个敌人,便收集一撮对方的

---

[1]　陈忠实:《白鹿原》,天地图书有限公司 1993 年版,第 477 页。

毛发，带回给自己。鹿兆海战死后，托战友带给朱先生一个装有敌人头发的盒子，是对诺言的遵守。朱先生动容不已，特书"白鹿精魂"四个大字以纪念学生兆海，其后联合众多知识分子公开发表抗日宣言、关闭书院弃笔从戎，更是其拳拳爱国之心的直接表露。朱先生只身劝巡抚罢兵、力主禁烟、主持赈济灾民等义举，是其所持有的家国和"天下"观念所致。在传统儒士看来，个人利益不是首要人生目标，一方百姓平安、天下太平方为一生所求——朱先生及其夫人终其一生过着清廉、朴素、简单的生活，未替自己或后代谋取一官半职，子嗣皆是从事耕种的农人。面对历史新变，朱先生与其他几位旧式文人，决心潜心在白鹿书院续修县志，以继往开来，彰显了"治世出仕，浊世归隐""为往圣继绝学，为万世开太平"的儒士情结。自然，小说并非为朱先生立传，而是试图以圣人朱先生为窗口，注解中国的历史、政治和文化。从某种程度上说，作家是借朱先生之口来夫子自道。《白鹿原》书写的主体时段是 1949 年前，但笔墨对 20 世纪七八十年代有所涉猎。"文革"时期，红卫兵挖开朱先生之墓，试图获取墓砖造井，没承想墓砖未经烧制，砖内尚刻有诸如"人作孽 不可活""折腾到何日为止"的遗言，在印证了朱先生的神机妙算、未卜先知的同时，也包含了作家对特定时期的价值评判及历史反思。

《白鹿原》依托地方志，而又超越地方志，在历史事实之基础上，对白鹿原、白鹿村秘史予以全方位地描摹，涉及村落建筑、村落文化、战争等诸多内容，是家国历史的一次畅快淋漓的呈现。通过白鹿村这一切口，陈忠实在地理、文学、历史维度建构出一部文学地方志与人物志。《白鹿原》集县志、地方党史资料、口述史、神话于一体，又融涵作家本人的成长经历、见闻，对历史、政治、文化的个性化见解，对非观念化的当代乡村小说写作有所启迪。不过，文史资料的区域性和个人经验的有限性，也决定了《白鹿原》难以被轻易复刻——或许这也部分解释了缘何在《白鹿原》之后，陈忠实再难写出轰动中国当代文坛之作了。

第七章　地方志与当代小说的"寺观"写作

寺观书写在新时期以来的当代小说史脉络中,虽称不上蔚为大观,但也不绝如缕:从矗立于新时期文学发轫伊始的荸荠庵(汪曾祺《受戒》),到贾平凹小说世界中的不静冈寺、太壶寺、清风寺、清虚庵等系列寺观;从李敖《北京法源寺》以寺为轴勾连清末民初风云际会的独创体式,到谈怡中《茨山庵》以庵庙串联起抗战题材讲述宏大叙事;从阿来《空山》、赵德发《双手合十》的宗教叙写,到范小青《香火》、张忌《出家》的荒诞透视与救赎主题……凡此,无不彰显出多元的叙述样貌、歧异的文本策略与繁复的审美涵容。近年来,伴随着小说创作"地方化"趋势的日渐明显,小说家们遁入"地方",频繁出入于各类地方志书、典籍、掌故、民俗之间,是类"地方志写作",正可为当代小说寺观书写的文体创化与美学更新提供范式转型的重要契机。①

理想状态下,多以求奇求幻为美学诉求的网络小说写作及其寺观书写,更适宜也更应该主动汇入严肃文学/纸质文学的这类"地方志写作"的探索道路中。然而,网络小说的寺观书写在承接严肃文学"方志小说"余绪的同时多有新变。这是因为:首先,于文学资源与取径方面,除与民国通俗文学和新派武侠小说有着较近的血缘联系外,网络小说与严肃文学的关系总是疏离远大于赓续。其次,网络文学的生产、流通、传播、接受机制,往往对网络作家的写作姿态与网络文本的形态生成起着更具决定性的塑形作用。最后,网络小说作者们确乎从方志、典籍等史地之学中有所择取,以完成其寺观书写;但或因受限于创作主体的学识储备与文化素养,其"方志"取用多为点缀与拼贴。

循此,本节的主要关怀与核心要旨在于:其一,探勘网络小说依托文类契约与"符码"再现的寺观书写的想象机制;其二,阐析"符码"化寺观书写所导致的笔涉"地方"而又去"地方化"的逆向审美效应,以及其所导向的"伪"

---

① 参见周保欣:《地方志与当代小说的体式创构》,《社会科学战线》2021年第2期。

方志写作的诗学构型；其三，于网络小说的文学生产、文本表述、读者接受与学界批评的环流系统中揭橥寺观书写"伪"方志诗学构型的建构、效用及后果。

尚需说明的是：下文将不惮烦冗，直接引用网络小说原文以作文本解析，以期对目下网络文学批评没有充分展开"内部研究"①有裨补之益；由于网络文本变动不居的特性，假如该网络小说有纸质版，即用作援引出处。

第一节 符码再现与"寺观"想象机制

通俗文学往往与佛道叙述瓜葛甚深，这其中，又以武侠小说为最。故有论者尝言："从唐传奇到新派武侠小说，在这大约一千二百年的发展历程中，武侠小说与佛道结下了不解之缘。佛家的轮回、报应、赎罪、皈依等思想，道教的符咒、剑镜、望气、药物等法宝，都是武侠小说的基本根基；更何况和尚道士还往往亲自出马，在小说中扮演重要角色。"也正因此，"可以说，没有佛道，英雄传奇、风月传奇、讲史小说、公案小说照样可以发展，而武侠小说则寸步难行。侠客可以不识僧道，写侠客的小说总是跟僧道有点瓜葛"②。应当说，目下的网络小说依旧不脱此传统。网络小说的文类划分名目驳杂，互有交集，且其标准不一，不同网站遂各行其是。大体来看，网络小说中接近于新派武侠，或与武侠题材有交叉的诸类型（如玄幻、修仙、穿越、灵异、悬疑、古言等），对佛道叙事与寺观场景垂青有加。这里，不妨先绕开易于混淆的网文名目，径以"寺观"为切入口，拈出数部关涉武侠的网络小说作品，在与网络小说文本的"短兵相接"中，勘察其对寺观的"符码"再现及内蕴的想象机制；嗣后，尝试在网络文学场域中以类型视角与接受视域对网络小说"寺观"书写机制作出解释，即文类契约何以形塑网络小说的"寺观"书写。

《少年歌行》（周木楠著）起初连载于"二次元"小说网站平台"不可能的

---

① "相对地说，网络文学的'内部研究'——借用新批评学派的一个术语——远未展开。尽管网络文学面世的字数如此之多，影响如此之大，可是，还没有哪一个作家如同王蒙、莫言、王安忆那样得到批评家的完整研究。"参见南帆：《网络文学：庞然大物的挑战》，《东南学术》2014 年第 6 期。

② 陈平原：《千古文人侠客梦》，北京大学出版社 2018 年版，第 216 页。

世界",后由江苏凤凰文艺出版社出版。作为一部被冠名为"新派武侠小说"①的作品,作者搭建的江湖世界相当简易,佛、道、魔鼎足而立,寺院和道观顺理成章地多次出现在小说中。兹截取若干片段:

> 天下三寺虽然声名鼎赫,但是论天下禅道第一大宗,却公认是寒山寺中的忘忧大师。据称忘忧大师一人便修习佛家六通:天眼通,天耳通,他心通,宿命通,神足通,漏尽通。是高手中的高手。②

> 天启城外三十里,梵若寺。
> 寺里有一株莲花,在这初雪之时,忽然就盛开了。那坐在堂内的老和尚,一连打坐了九日,也就在这一日,终于睁开了眼睛。他推开了门,走进了庭院,望着那株忽然盛开的莲花,静默不语。③

> 于阗国,大梵音寺。
> 这寺名虽然起得霸气,并且身为于阗国的国寺,若光论大小,的确与天下名寺相差无几,可是论气派就差多了。如今天子信奉佛教,中原大寺的香客可谓是络绎不绝,然而修行却讲究苦行,饭不能吃饱,衣服不能穿暖,唯有苦行,才能获大功德。这大梵音寺便担得起一个"苦"字,莫说没有中原大寺般的金碧辉煌,简直就像是蒙了一层土,破败得像是随时要倒一般。④

在小说的设置中,天下有三大寺,其中寒山寺是禅道大宗。"选段一"在描写寒山寺时,着意渲染的是佛教中的"六通"。所谓"六通",亦即"神通",亦被译作"神通力",简称"通",它"指修持禅定而获得的神秘灵力,一般认为佛、菩萨、阿罗汉具有五种神通或六种神通,简称五通、六通"⑤。"通"或"六通"语出玄奘所译《阿毗达摩俱舍论》。作者对"六通"恐怕并不谙熟,至少在《少年歌行》中并没有显露出对佛学要义的挥洒自如。在寒山寺和忘忧和尚处提及"六通"之后,作者便将"六通"置之不理,再无后续解说。寒山寺实有

---

① "新派武侠小说"此类名头,多是网络小说所在各网站的行销用语,并无多少学理成分。参见 https://baike.baidu.com/item/%E5%B0%91%E5%B9%B4%E6%AD%8C%E8%A1%8C/22371821#viewPageContent,查阅时间:2022年3月1日。
② 周木楠:《少年歌行1》,江苏凤凰文艺出版社2019年版,第36页。
③ 周木楠:《少年歌行4》,江苏凤凰文艺出版社2019年版,第90页。
④ 周木楠:《少年歌行1》,江苏凤凰文艺出版社2019年版,第47页。
⑤ 萧振士:《中国佛教文化简明辞典》,世界图书出版公司2014年版,第177页。

其名其地,而梵若寺却是子虚乌有。"选段二"在处理梵若寺时,征引"看取莲花净,应知不染心"一句,此诗其实化用自《题义公禅房》,原句为"看取莲花净,方知不染心",是孟浩然游吴越之地时,在义公大禹寺的禅房所作。作者借小沙弥之口,征引唐人诗句,配合着对莲花盛开的描写,尽管旨在表露禅机,却失之于陈腔俗调,了无新意。

除了中原地区的寒山寺、梵若寺等寺庙,小说还对边疆异域的佛寺有所涉猎,即为"选段三"中坐落于"于阗"的大梵音寺。位居塔里木盆地南部的"于阗",为音译地名,首见于《史记·大宛列传》。谢无量的《佛学大纲》在"佛教东渐略述"一节的"西域之佛教"部分有言:"东土耳古斯坦之中央,有沙漠焉,分南北二道。由西域通中国者,不取南道,必取北道。"而于阗与龟兹、高昌等即为东方枢要诸国。于阗"古时其领域颇广,为土其古斯坦文明之中心。于阗佛教自迦湿弥罗僧毗卢舍那始来开教,于阗国王亲受归依,建赞摩寺"。公元5世纪时,法显至于阗,"称有大乘僧数万人",公元7世纪时,玄奘过于阗,"亦谓有僧众数万"。[1]

小说将域外佛寺安置在于彪炳中国佛教发展史的于阗,倒也贴合历史实情:于阗作为西域著名佛国,约公元前1世纪,佛教传入于阗国,前期流行小乘佛教,中后期主要流行大乘佛教。仅以佛寺来看,据《汉藏史集》,"当时于阗地方的大寺院在城内外有68座,中等寺院有95座,小寺院有148座。另外荒地小庙及不属于寺庙的佛像、佛塔共计3688处"[2]。毗沙门天王神庙、麻射寺、龙兴寺、毗摩寺等诸多佛寺[3],无不有史可稽,有考古支撑。相关文献对寺庙的描写,今天看来,亦颇有可观,如:"国王安堵法显等于僧伽蓝。僧伽蓝名瞿摩帝,是大乘寺,三千僧共犍槌食","其城西七八里有僧伽蓝,名王新寺","作来八十年,经三王方成。可高二十五丈,雕文刻镂,金银覆上,众宝合成。塔后作佛堂,庄严妙好,梁柱、户扇、窗牖,皆以金薄。别作僧房,亦严丽整饰,非言可尽"。[4] 作者似乎只知"于阗"之名,对西域佛寺与佛学之流播与衍变也似懂非懂,所以只模拟得出"大梵音寺"之名。

从征实与构虚的角度视之,《少年歌行》所呈露出的佛寺书写可算作虚实相生,但"写实"成分明显相当粗浅且稀薄;从叙事空间的角度来看,文本中的佛寺,除了仅有的寺名以及寺中和尚的法号,几无建筑、景物等实体空

---

① 谢无量:《佛学大纲》,商务印书馆2018年版,第82—84页。
② 彭无情:《西域佛教演变研究》,巴蜀书社2016年版,第119页。
③ 参见《于阗佛寺志》,张广达、荣新江《于阗史丛考》,上海书店出版社1993年版。
④ 沙门释法显:《佛国记》,章巽校注,中国旅游出版社2016年版,第47页。

间或场面的摹写。不得不说,在面对网络小说这类样本时,惯常的文本批评或叙事学研究暂时失去了阐释效能。网文作家群的集体想象机制,以及网络小说的类型生产与流通机制,转而成为探勘与解释网络小说寺观书写的关键切入口。

翁贝托·埃科曾在小说史的脉络中细致爬梳了再现与描绘空间的类型学,并将其概括为五种主导技巧范型:指称;深入细节的描写;列举;堆砌;诉诸读者个人经验的描述。对于后四种类型,埃科分别以罗伯-格里耶的《窥视者》、乔伊斯的《尤利西斯》、拉伯雷的《巨人传》、艾勃特的《平面国》为例证阐析之。揆诸本书述及的网络小说,显然与后四者风马牛不相及,反而独独与"指称"式的空间描写类型学若合符契。在埃科的界定当中,所谓"指称",是小说在空间表现中的"最简单、最直接也是最机械的形式"①。诸如《少年歌行》等作品光秃秃地将"大梵音寺""寒山寺""反若寺"等"指称"直接纳入文本,构成了一众网络小说寺观书写的醒豁症候,即"符码"再现(symbol representation)。当网文作者将"指称"式的寺观名称等意象要素铺设于网络小说中时,小说叙事空间的延展、佛道文化与小说的互渗、文化审美的提升等寺观书写所能带来的种种功效,都将不再成为网络小说的主体追求,取而代之的,则是寺观"符码"所能带来的佛道氛围。然而问题在于,寺观"符码"的再现能否唤醒或能够在多大程度上激起读者群体对"佛道"的补偿性感知,则"完全取决于收到讯息的那一方"。正如埃科所说,"如果讯息本身处于无法传送的状态,那么意象也许就得自己跑得大汗淋漓",因而不能认为"符码"本身会"强迫收到讯息的那一方为自己去勾勒被指称的空间"。②

因此,寺观"符码"再现的完成,相当程度上倚仗于网络小说受众的"解码"。寺观书写的"符码"再现与"解码"过程,依托的正是文类契约。尽管网络小说有着自身独具的媒介特征与美学范式,但在共通的题材类型上,依然与纸质文学/严肃文学共享着同一类叙事语法。当此类叙事法则通过小说的畅销、影视剧的流播、网络话语的辐射等途径,先行进入以至不断塑造着读者群的文学感受、文类认知乃至价值体认,便俨然形成了一套或隐或显的接受成规与审美惯性。又如《少年歌行》中的道观书写:

> 青城山,乾坤殿。
> 一身紫衣道袍的中年道人坐在那里,闭目不语,仿佛正在神游千里

---

① 翁贝托·埃科:《埃科谈文学》,上海译文出版社 2016 年版,第 189 页。
② 翁贝托·埃科:《埃科谈文学》,上海译文出版社 2016 年版,第 189 页。

之外。忽然,他睁开眼睛,眼睛中似有紫光流淌,身后的三清祖师像猛地颤抖起来,摇摇晃晃似乎要坠落下来。中年道士站起身,掐指猛算,越算眉头皱得越紧,最后忽然抬头,望向三清祖师像,目光凛然。

祖师像瞬间停止了摇晃,祖师爷们依然一副庄严肃穆的样子,沉静而严肃。

中年道士忽然低声喝道:"青霄!"只见一柄长剑从远处飞了过来,中年道士一把握住,拔出了剑,剑身处有霞光飞扬,上面隐隐有符咒闪现。

蕴含道家至理,天下名剑位列第六,青城山镇山之宝——青霄剑,亦是青城山历任掌教的佩剑。所以此刻站在乾坤殿内的正是青城山建立门派以来最年轻的掌教,也是传说中近乎神仙的人物——道剑仙赵玉真。①

可以说,该书对青城山道观的处理,与佛寺并无太大差异,仅仅列出道观名称与道士姓名,多出的只是"符咒"与"青霄剑"。其中的"道家至理"云云,不过如"六通"般虚张声势,作者并无细致解说。是类肤浅的道观书写,假如能够被网络读者接受,不得不得益于"青城山"在自古而今的漫漫武侠文类发展史中积累起的稳固且广泛的文化蕴义。这也使寺观类"符码",近乎荣格的原型以及普洛普的叙事功能单位。唐传奇中的"青城山"自不待言,《剪灯余话》中便有《青城舞剑录》一篇。还珠楼主的《蜀山剑侠传》书涉巴蜀之地,已有青城、武当等正派剑仙,其中,"青城派"是作者尤为着墨的正派之一!此外,还珠楼主还另有专书《青城十九侠》。后者还于 20 世纪 30年代后期在京剧舞台上被尚小云多次扮演。金庸、古龙的武侠江湖中,"青城山"也占据着一席之地。

网络小说的寺观书写依托文类契约下的"符码"再现,这种想象机制为有效、实时地召唤出网文阅读者的既有知识储备、阅读经验及其佛道想象,生发出奠基于文类程式的"符码"链条和共享于网络文学场域中"符码"系统。历时性地看,前文引及的"青城山",便是"符码"链条的典型案例。从古典说部(唐传奇、明清小说)到港台新派武侠(以金庸、古龙、梁羽生、温瑞安为核心),此时的寺观"符码"在武侠文类的衍化与赓续中历历可寻。就连《少年歌行》中的"于阗国,大梵音寺""青城山,乾坤殿""天启城外三十里,梵若寺"等,这类层出不穷的以地名单独成段的句式,其实还是在模拟着古龙。

---

① 周木楠:《少年歌行 2》,江苏凤凰文艺出版社 2019 年版,第 140 页。

可是,古龙颇擅禅语与机锋,《少年歌行》的干瘪句法与之相比,大有画虎不成反类犬之颓势。

若考虑到网文写手的阅读结构与知识素养,那么,网络小说与严肃文学的关联性,其实是大可怀疑的。故而,历时性的"符码"链条很可能并不是决定网络文本之寺观书写的主导要素。在共时形态学层面视之,网络文学场域中的"符码"系统,其制约力则更为关键,且由此形成了特殊的寺观书写美学范式。

第二节 去地方性与"寺观"书法及其含义

之所以将寺观的"符码"系统限制在网络文学场域,正在于其首要特征为同一寺观"符码"在不同网络小说文本中的高频次复现。即如"大梵音寺",在网络文学语境中其来有自。仅就目力所记,兹举数例:

> 黑和尚这会儿正咬牙切齿,还没等我们发问,就全招了。
> 黑和尚说,他本来是青海大梵音寺的和尚,无意中发现了乌鬼村藏有巨宝。而他敏锐地发现,这个巨宝就是燃魂灯。在鬼同的神话传说里,得到了燃魂灯,就能够找到三道轮回之门,从而获得不死不灭的神秘力量。①

> 他低语道:"花花,且慢动手!"
> 苏闲花急道:"不行! 你看她手腕上的那串珠子,我绝对不会看错的——那是秦韶的东西!"
> "……"
> "那是大梵音寺的方丈大师送给我,我再送给秦韶的。大梵音寺的佛珠是用望月森林特有的红鸾木做成,颜色和普通的佛珠不一样。"②

"落英公子"将"大梵音寺"设置于青海,并且大梵音寺与巫术纠缠不清。而"苏非影"对"大梵音寺"似乎偏爱有加,在两部作品中,均用到了"大梵音寺"之名。上举三部作品的连载时间,均在《少年歌行》之前,去追究周木楠的寺观书写是原创还是蹈袭,其实并无多大意义,循环往复的互相"借鉴",

---

① 落英公子:《古墓记事簿之北邙剑冢》,安徽文艺出版社 2014 年版,第 241 页。
② 苏非影:《闲花弄影(上)》,春风文艺出版社 2010 年版,第 270、271 页。

本就是网络文学的生产模式,亦昭显着寺观"符码"系统的可再生性。再如与"大梵音寺"相近的"梵音寺",在成都、浙江、江西等都实有其寺。其中,要数成都梵音寺颇享盛名(如沙汀在回忆录中多有提及成都的梵音寺街)。"梵音寺"在网文中更是不可枚举,如:

> 梵音寺中,三道河流,各有心思。离梵音寺百里之外,有一片光秃秃的褐色山丘,远远看去就好像几个发霉的馒头一般耸立在漫天的风沙之中。①

> 没有想象中的神秘,古寺梵宇庄严,飞檐斗角,青砖碧瓦,掩映在菩提树荫之下,充满了幽静的味道。朱红色的大门静静地敞开,似乎在欢迎远道而来的旅人。②

> 毫不意外地,到梵音寺时已经是下午了。即使不是周末,梵音寺的香客也格外多,多是从五湖四海慕名而来的。还未到门口,就已经闻到了山间空气中飘散着的浓浓的檀香味。③

从 2006 年网络文学初兴到 2010 年代网络文学的郁勃,"梵音寺"在网文中可谓"长盛不衰",像写手"北倾"更是一而再地使用"梵音寺"。其写法也始终如一,终究不脱"符码"再现的表达机制。可资类比的是传统武侠中的"梵音寺"书写样貌,此处且以古龙和诸葛青云两位台湾新派武侠小说家为例:

> 山坡,密林。
> 这座庙就在山坡上的密林里。
> 梵音寺。
> 夜色凄迷,但依稀还是可以分辨出这三个金漆已剥落的大字。④

> 到得临近,才发现这是一座颓废的古寺,蛛网尘封,破烂不堪!
> 萧环抬头朝上面的三字望,心下倒十分狐疑。
> 原来那匾额上原来的梵音寺三字已经剥落,现在却被人用黄土在

---

① 龙鳞道:《中华仙魔录 1》,中国戏剧出版社 2006 年版,第 132、133 页。
② 仙魅:《赢尽天下(上)》,青岛出版社 2013 年版,第 96 页。
③ 北倾:《我和你差之微毫的世界》,青岛出版社 2016 年版,第 538 页。
④ 古龙:《大人物》,珠海出版社 2005 年版,第 186 页。

上面另写了梅佛寺三个字,字迹苍劲,很有力量。①

短句成段是古龙标志性的语言法则,刻画出密林、长明灯、梵音、哭泣声等多感官的场景,且夹杂着人物心理描绘。该段落自然称不上精彩绝伦,但至少语言上有板有眼。自山坡、密林、寺院以至院门牌匾、佛典灯火,空间意象的简单罗列背后,实则具备视角聚焦的变化层次感。诸葛氏同样如此,在萧环所视所听的观察中,渐次描写出"梵音寺"的景状。此外值得关注的还有,古龙《大人物》此节的标题就是"梵音寺",诸葛青云此节出自《江湖夜雨十年灯》第三十回,该回回目为"古佛拈花方一笑 痴人说梦已三生",于是,寺观书写或佛道意蕴被编入文本的叙事肌理。换言之,在古龙或诸葛青云处,小说的人物、叙事与寺观,并不处于区隔状态。而网络小说的寺观书写,恰恰与之背道而驰。

其一,网络小说的寺观书写抽离了释道宗教元素。这既与苏曼殊、许地山等极富宗教色彩的小说判然有别,也迥异于范小青《香火》、张忌《出家》等当代小说的宗教叙事;哪怕与传统武侠小说相比,网络小说中的释道内涵,也显得极为浮光掠影。平江不肖生、还珠楼主等旧派武侠小说家"开始在小说中谈禅说道,和尚道士明显大长见识。到了金庸的《天龙八部》和《笑傲江湖》,佛、道思想已渗入小说中并成为其基本的精神支柱,高僧圣道也真正成为有血有肉的艺术形象,不再只是简单的文化符号"②。反观网络小说的寺观及和尚道士的书写,不过是粗浅的文化"符码"罢了。

其二,网络小说的寺观书写完全摒弃了细节描摹。大到寺观建筑的位置、规制、院落、门匾以及相应的景物、植物、天象气候等环境氛围,小到袈裟、道袍、木鱼、浮尘、禅杖、发髻、香炉、佛像等本应具备的配套细节,几近于全面缺失。爆炸般喷涌而出的网文写手们,似乎还缺乏寺观书写所应具备的释道基础知识、语言描写功力以及空间想象能力和逻辑思维能力。因此,像古龙式的寺观名单独成段等手法,成为他们掩饰自身写作各方面缺陷的讨巧伎俩之一。寺观书写遂呈现着"空壳"化的趋向。在此境况之下网络小说寺观书写所建构出的美学含义,指向了能指缺席与去地方性的特征。

"中国的小说甚至是历史,因'史出于巫'的原因,长期浸染着巫和鬼神的风气。"③在这样的文化语境下,"在故事原型、叙事观念、审美特征等方

———————

① 诸葛青云:《江湖夜雨十年灯 4》,中原农民出版社 1999 年版,第 991、992 页。
② 陈平原:《千古文人侠客梦》,北京大学出版社 2018 年版,第 216 页。
③ 周保欣、荆亚平:《"地方"的发现及其小说史意义——当代"方志小说"的历史观照与现实逻辑》,《浙江社会科学》2021 年第 7 期。

面，我们不难发现网络小说与古代志怪文学之间存在着比较深厚的渊源，甚至可以说，某些类型、题材的网络小说就是中国志怪文学的延续和发展。透过这些'志怪'成分，网络小说承袭了中国文学积淀下来的审美经验，在一定意义上呈现出'中国话语'的品格"①。可是，网络写手却往往忽略这一点。最终，在网络小说寺观书写的"符码"再现中，尽管笔涉地方，却造成了去"地方化"的逆向审美效应。

以与"志怪"传统渊源甚深的网络小说题材来说，其主要有两种类型：一是以"鬼吹灯"系列为代表的盗墓题材；二是以《苗疆蛊事》《东北灵异档案》等系列为代表的灵异鬼怪题材。这些作品并非没有取材于奇人奇事、山川旧迹、风俗典故等"方志"或"地方性"材料要素，其短板在于，在提取了部分相关地方性的"符码"之后，就浅尝辄止，从而陷入一种对"地方性"的"孤芳自赏式的单向度描写"②，又历经网络小说文本间的陈陈相因，持续"固化着边地的刻板印象，使之成为一种消费性文学产品"，造成了"一种被消费主义规训的浅薄和诞妄"。埃科将能指空间性和所指空间性界定为表达的空间性及内容的空间性。就网络小说的寺观书写来说，其"符码"的所指，或曰空间性之内容，常常来自纪实性史料或既有的文学类型传统，但是，寺观"符码"的能指，往往遭到过滤或压缩。

原本星散于四方的寺观，天然携带着"地方性"元素，奈何网文写手们但取其名，使人大有买椟还珠之慨。比如"鬼吹灯"系列中的"鱼骨庙"，小说中的大金牙解释道："这种鱼骨建的龙王庙，在沿海地区有几座，在内地确实不常见。民国时期天津静海有这么一座，也是大鱼死在岸上，有善人出钱用鱼骨盖了龙王庙，香火极盛，后来那座庙在七十年代初毁了，就再没见过。"③事实上，自古以来沿海沿江沿河各处，无不有这类小型庙宇，假如作者能够借鉴诸如《永平府志》《河北省志》《威海市志》《大连市志》等等方志性文献，文本中龙岭山里的鱼骨庙，也不至于毫无辨识度。不过，大金牙有一处倒是

① 刘畅：《"志怪"传统与中国当代的网络小说》，《中国文艺评论》2017年第11期。
② 刘大先：《"边地"作为方法与问题》，《文学评论》2018年第2期。
③ 天下霸唱：《鬼吹灯之龙岭迷窟》，安徽文艺出版社2010年版，第37页。

所言非虚:据《天津区县旧志点校 宝坻县志·宁河县志》,天津确有鱼骨庙。① 另如网络小说中常见的"纯阳观""悬空寺"等,均有史地文献可资利用②。

第三节 寺观书写与"伪"方志诗学

诚然,绝大部分的网络小说"那些倾泻而下的文字一览无余,没有庞大的象征系统,没有远古的神话原型,没有深邃的哲学主题,也没有复杂多变的人物性格",囿于此,仅以单篇网络小说文本而言,"许多文字粗糙的作品段落甚至缺少可供分析的修辞现象。从人物、结构、主题到意象、无意识、叙事模式,文学批评的众多术语只能空转"③。故而,前文对寺观书写的勘察取径,不限制于单独的作家作品,而是选择聚焦于一众网络小说勾连起的文本谱系,在探究共通的写作趋向与共享的类型程式之基础上,尝试概括其想象机制、叙述策略及潜隐的审美范式。网络小说的寺观书写在发现"地方"的同时亦遮蔽着"地方";援用、征引史地之书时,又流于符号化,继而无法完成妥帖的审美转化:一种"伪"方志的诗学构型即呼之欲出。

这种"伪"方志式写作,从网络文本所关涉的与寺观、佛道紧密联系的山川旧迹、神话传说、奇人异事等"方志"性知识来看,强调它"伪"的特征并不意在区隔小说写作的真实与虚构,而是指认其单薄、浅近且粗陋的"伪知识"(pseudo-knowledge)形态。网络写手们确实征用寺观等方志材料为小说创

① 载录有鱼骨庙的方志文献相当丰富,如:河北省地方志编纂委员会编:《河北省志·第四卷》,河北人民出版社1994年版;盘锦市人民政府地方志办公室编:《盘锦市志·科教文化卷》,方志出版社2000年版;游智开修、史梦兰纂:《永平府志·清·光绪五年4》,中国审计出版社2001年版;青岛市史志办公室总编:《胶南简志》,五洲传播出版社2002年版;大连市史志办公室编:《大连市志》,辽宁民族出版社2002年版;天津市地方志编修委员会办公室等编:《天津区县旧志点校 宝坻县志·宁河县志》,天津社会科学出版社2008年版;威海市地方史志编纂委员会编:《威海市志》,山东人民出版社1986年版。
② 有"纯阳观"之录载的如下,四川省南川县志编纂委员会编:《南川县志》,四川人民出版社1991年版;江西省地方志编纂委员会编:《江西省宗教志》,方志出版社2003年版;广州市地方志编纂委员会编:《广州市志(1991—2000)第九册》,广州出版社2010年版;《浙江通志》编纂委员会编:《浙江通志 第110卷 地方志专志》,浙江人民出版社2018年版;等等。同样,"悬空寺"也散见于乔志强等编:《山西风物志》,山西教育出版社1985年版;《恒山志》,山西人民出版社1986年版;王仲奋编著:《中国名寺志典》,中国旅游出版社1991年版;李彦忠主编:《太行山大峡谷志》,三晋出版社2008年版;张玉坤主编:《中国长城志 边镇·堡寨·关隘》,江苏凤凰科学技术出版社2016年版;等等。
③ 南帆:《网络文学:庞然大物的挑战》,《东南学术》2014年第6期。

作所用,但取用途中错讹或破绽随处可见,透露出煞有介事的"伪"貌。从作家主体对"方志"之学的取用姿态来看,网络写手们泰半选择"伪"装成博古通今,将自己一知半解的方志文献、历史典籍,点缀在作品中,以作耀眼的装潢,进而洋溢着难以遏止的自恋与无知无畏的自得。从接受状况来看,网络粉丝常常真伪不明、良莠莫辨,加之为数不少的拥趸群体狂欢化之裹挟,自甘于接受网络文学的"哄骗"与"麻醉";在学术研究圈,部分网络文学研究者,或屈从于个人的粉丝心态,或受制于学术"领地""开疆拓土"的"欲求"或"护食"行为,"捧场"与"喝彩"之声不断。

质言之,"伪"方志诗学实则嵌套于网络小说的文学生产、文本表述、读者接受与学界批评的环流系统。有鉴于此,值得继续探勘的是,网络小说寺观书写与"伪"方志诗学型构的建构、效用及后果。

寺观"符码"的想象机制,尽管建立在由作者群与读者群共享的文类契约之上,并且主要以传统说部、民国通俗文学、新派武侠小说及数量庞杂的网络作品为大要,但也不必奢望网络小说写手们的文学阅读能达到多么精湛的深度。一方面,网络写手对文学"深度"本身就丝毫不感兴趣,对"五四"以来的现代文学更是相当隔膜甚至"敌视"或"无视"。作为消遣,作为逃离鸡毛蒜皮的庸碌日常生活的虚幻通道,网络文学从未主动"抛出'不好玩'的问题增添读者的思想负担"①。另一方面,网络作家主体所吸收的文学资源其实异常稀薄。网络小说寺观书写所能达到的审美价值之高低,实取决于作者主体的文学素养、文化储备以及写作姿态。正如梁羽生说的那样,"武侠小说的作者,知识面越广越好,诸如历史、地理、佛学、民俗学、四裔学都要懂一些,否则就只能瞎编(《从文艺观点看武侠小说》)。即使有这样的学识修养,还必须能抵抗住金钱的诱惑,以免粗制滥造。好多武侠小说作家是边写边刊,根本无法从容思考,像金庸那样能够急流勇退,集中精力修改作品的毕竟太少了"②。以此等标准要求目下的网文写手,似有强人所难之嫌,也不乏缘木求鱼之弊,更何况还会耽搁写手们的"更文"与"收入"呢!

前文引及的网络作者"苏非影",其人自称为"姑苏人士",或来自"历史

---

① 南帆:《网络文学:庞然大物的挑战》,《东南学术》2014 年第 6 期。
② 陈平原:《千古文人侠客梦》,北京大学出版社 2018 年版,第 216 页。

悠久的古城","看着金庸和古龙长大的双鱼座女子"①。她的小说写及佛寺时,本人显然"忘却"了其地方特性;当需要建构出自家形象时,"苏非影"反倒一点没忘记以突出"历史悠久"的"姑苏"与"古城"这一地域性出身为自家才女气息的营造与维护添砖加瓦。另如《诛仙》的作者萧鼎,他"想要自己开阔一下思路;再加上他小时候看《蜀山剑侠传》,一直以来都觉得'人物情感比较苍白',自己写一部中国古典风味的东方仙侠小说就成为他的一个心愿,最终成功地把中国古典文化和时兴的魔幻风潮结合起来,创作出《诛仙》"②。被网络文学研究者视为"神"一般存在的写手"猫腻",于20世纪90年代末"在两年半大学'混日子'的生活中,看了千部左右电影(以美国好莱坞电影为主),读了大量通俗文学作品(以金庸等武侠小说为主),也读了精英文学作品(主要是《鲁迅全集》),无形中为未来的创作做了重要积累",之后,猫腻一边工作,一边读完了《寻秦记》和《大唐双龙传》。在访谈中,猫腻也透露:如周星驰的电影《功夫》、国产动画片《天书奇谭》对他的创作直接影响较大。③ 以网络写手愿意展现给世人的文学阅读清单来看,集中于还珠楼主、金庸、古龙、黄易等民国以还的武侠作家,俨然是对民国旧派武侠与港台新派武侠"二手"的"贩卖"。让猫腻念兹在兹的动画片《天书奇谭》,其实由《平妖传》改编而来,但作者本人似乎对明清小说所知有限,不然何以只字未提。

　　"在处理地方志、历史典籍、地方文献的过程中,作家的学识积累毫无疑问是个关键问题。文学创作不是学术,不需要作家具备很深的学术功底;但是作家创作中一旦涉及历史文献,就需要有文献处理的基本能力,包括版本、目录、训诂能力等。"④例如玄幻、修真题材偏爱援用、借鉴《山海经》,且不提《山海经》的作者、成书年代、版本、笺注、文字训诂、神话形象、异兽图

---

① 苏非影的各种简介有:
　　"姑苏人氏,看着金庸和古龙长大的双鱼座女子。毕业于东南大学土木工程系,披着理工科的皮,藏一颗细腻温婉的心。梦想营造一个属于自己的温柔江湖,隐于心间,琴剑相随,纵马天涯。"参见 https://book.douban.com/subject/35102988/,查阅时间:2022年3月8日。
　　"苏非影,出生在历史悠久的江南古城,80后纯理工科女生一枚,春天出生的双鱼。热爱一切美好事物并极易出现间歇性凌乱。最渴望达到的境界——所有想填的坑都填完了!"参见 https://book.douban.com/subject/10543353/,查阅时间:2022年3月8日。度其口吻、语气,大概率是由作家本人自拟。
② 褚春元:《大学语文实用教程新编》,中国科学技术大学出版社2017年版,第285页。
③ 猫腻、邵燕君:《"如果人生能够重来,我大概还是这样"——猫腻访谈录(上)》,《名作欣赏》2022年第1期。
④ 周保欣:《地方志与当代小说的体式创构》,《社会科学战线》2021年第2期。

谱,也不必说《山海经》的神话思维、原始宗教信仰、政治地理观等要素,单单就其主体内容,网络写手们就已经模棱两可。《苗疆道事》中,作者借主人公之口说道:"小观音说的这个是《山海经》中盘古开天辟地的故事,耳熟能详,我所读的道家典藏中也多有此类叙述。"①"盘古"并非出自《山海经》,假如该作者真真正正翻阅过《山海经》,想必不会如此草率地张冠李戴吧。

缘乎此,对于网络写手们抛弃乃至无视地貌、云石、草木、山川、物候、风土、礼俗等等具象而直观的"地方性"细节,只留下光溜溜的寺观"指称"与"符码"性症候,便足够得到明晰的解释:是不能也,非不为也。网络小说写手着实没有能力建构出包含着地理属性、地域特质与文化印迹、审美内涵的寺观书写。网文作者群体阅读结构的贫瘠与审美口味的褊狭,直接导致了这种能力的缺失。

甚至连"掉书袋"与"炫学"的包装本领,网络写手也远逊于贾平凹、格非、徐则臣等严肃文学作家。网文写手们限于学力,往往舍难就易,只能选择"处理"和"消化"一些大众化图书或读物。猫腻就这样自述他的创作过程:"《朱雀记》的主要背景是佛教,写书的时候手边就放着一本地藏王菩萨本愿功德经。《将夜》里写了儒家和夫子,那时手边常备着一本论语。《庆余年》里《红楼梦》里的诸多诗词自不必说。但这些很难单从哪个方面讲,主要还是对认知、情感、审美等多方面的影响,然后在小说的创作里很自然地有所体现。"②借用红楼梦诗句这种低幼化的写作方式姑且不谈,猫腻《朱雀记》改写《西游记》,小说中的佛道书写(如其中提及归元寺、玉清元始天尊、上清灵宝天尊等元素),其实与地藏王菩萨本愿功德经的距离,不可以道里计!

试观《佛本是道》的作者"梦入神机"之自述:"学业闲暇消遣时,笔者偶读还珠楼主前辈之《蜀山剑侠传》,惊为天人,尔后更喜神魔志怪、仙侠异人,转读《西游》《封神》《红楼》,略为痴迷。不想却是一心二用,种了祸根","笔者又念及消遣所读之神魔志怪,其中有多喻人、喻事、通史之处,堪堪想来,俱是博大精深,遂有感,将读神魔志怪之心得,做半卷笑谈,谓曰《佛本是道》,聊以自慰。望能当看官茶余饭后闲谈之资"③。不文不白的夹生话,掺杂着溢于言表的以贾宝玉自况的"自恋"情结。他罗列出的自己所痴迷的读

① 南无袈裟理科佛:《苗疆道事12》,上海文艺出版社2020年版,第226页。
② 陈帅:《接续传统 灌注情怀 力求经典——网络文学作家猫腻访谈录》,《创作与评论》2017年第4期。
③ 梦入神机:《佛本是道1》,花山文艺出版社2008年版。

物,也与苏非影、猫腻等人大致吻合;他认真研读后的心得,便是所谓佛道本一家的"佛本是道",亦无甚特异处。在《佛本是道 1》中,作者有如是描写:"昆仑山,正是号称上古第一神山的昆仑山,上古大圣人元始天尊就在此地开设道场,建立阐教,统领群仙,留下了不知道多少神话传说","四周几座翠绿的山峰上也耸立了几座大大小小的道观"。① 对道观和昆仑山的处理极尽浅显、乏味,对阐教的解释,也不过沿袭《封神演义》之说,作者似乎对阐教与截教的历史脉络缺乏必备的常识(这些在许地山《道教史》或鲁迅《中国小说史略》中均有涉及)。这都不由得使人纳罕,作者所说的"读神魔志怪之心得"究竟在哪!

梦入神机对自己的"心得"颇为自信,以至自满到了言论"专制"的程度,他在《告读者书》中明言:"我有我对《封神演义》和《西游记》的观点和看法,自然要写出来,不喜欢看的,或者不认同我观点,可以不看,如果又没有读过原著,又硬要在这里叫嚣的人,一律禁言。"②对于如此蛮横的创作态度与枯窘的文本内容,很难想象该书该作者竟能招揽读者、粉丝无数。甚至还有专门的"佛粉语录",如:"《佛本是道》给我们做出了一个很好的示范,那就是在跟风中创新,开创自己的潮流,当仙侠修真类型题材发展到 2006 年时,几乎已经给所有的网络创作者一种穷途末路的错觉,然而梦入神机却突出奇招,将修真与中国传统神话体系相结合,形成了一套独特的修真体系,这就是现在被我们称之为'佛本流'的体系","另外,《佛本是道》简洁流畅的文字,无疑是其成功的另一个基石"。③

以网络文学的作家主体与文本质量来看,它只能造就一代没有深度的读者。当网络粉丝还在为小说中出现的"天地不仁以万物为刍狗"这句话的所有权及出处究竟归于哪位网络作者而犹疑不决、争执不下直至破口开骂时,这一群体的知识储备与文学接受能力自可窥见一斑。这里并不是对网友们的文化素养有所"歧视",因为相较于粉丝群体,一些网络文学研究者对本该是"常识"的误认与误识,也"不遑多让"。

网络小说寺观书写的"伪"方志特征的成因,还与时下小说写作的"影视化"趋向有关。王晓明在十年前敏感觉察到小说写作影视化、游戏化的趋向,名之曰"网络文学化"。在他看来,"网络文学与纸面文学的最主要的区别,不在其物质形式(电脑类屏幕还是纸面),而在不同的物质/技术条件对

---

① 梦入神机:《佛本是道 1》,花山文艺出版社 2008 年版,第 99 页。
② 梦入神机:《告读者书》,《佛本是道 1》,花山文艺出版社 2008 年版。
③ 梦入神机:《佛粉语录》,《佛本是道 1》,花山文艺出版社 2008 年版。

作品成形(从创作到阅读)的深度干预所造成的作品的内生逻辑。只要对比'手机小说'与刘震云、张炜那样的鸿篇巨制的形式差别,就能明白这种内生逻辑上的明显不同。极端地说,如果书店里的大多数文学作品都主要是依照网络文学的那些内生逻辑创作出来的(幸运的是,目前这还没有成为现实),那么,无论这些作品是否先在网上发表,都说明了文学的'纸面性'的整体溃败"①。不幸的是,"纸面性"的整体溃败,在十年之后的今天已然降临。诸如马伯庸、严歌苓等畅销书作家,其小说无不突出"剧本化"的特征,作家本人也早就倚马可待,坐等其小说被改编为影视。为了减轻导演、编剧再加工的负担,何妨将小说写得更接近剧本呢!

对于网络写手来说,这种状况就更是家常便饭。网文写手与粉丝共同的期待视野之一,便是网文能被改编为影视、游戏等跨媒介产品,进而晋升为热门 IP。网络文本中的寺观,在经过实景拍摄、特写镜头使用等一系列的影视化改造后,或辅之以优秀编、导、演的改写,寺观"符码"得以视觉化、在地化,将从根本上弥补网文写手文学创作上的不足。《少年歌行》中的寒山寺即为一例。在小说苍白无力的语言表现下,寒山寺的摹写可以说是失败的。当《少年歌行》被改编为国产动漫后,情况顿时发生逆转。寒山寺所天然携带的历史文化记忆与地域属性特征及其佛家悲悯内蕴等多元性和复杂性,被漫改彻底激活,且不再像小说中的诸寺观可有可无似的游离于文本肌理之外,真正成为《少年歌行》中无可取代的叙事空间与史地场域。如果说文本中的寺观"符码"再现仅仅使用"指称"一种方式,那么,寺观的 IP 化过程,则综合采纳埃科所归纳的"深入细节的描写""列举""堆砌""诉诸读者个人经验的描述"②等所有手段,最终用视觉形式将网络文本容许读者想象的内容具象化。

在众多评价网络小说的溢美之词中,最为醒目的是"东方玄幻""东方修真"一类的说辞。《诛仙》被作者视为"中国古典风味的仙侠小说";出版商在《佛本是道》的封面醒目处印着"中国仙幻武侠的代表作""东方奇幻文学划时代作品"的字样。这种评价方式习焉不察地将"中国与世界"的文学关系,直接简化、曲解为二元对立的"中国与西方"的"东/西"结构。其背后的认知逻辑,持续不断地左右着"国家民族自我认同的想象机制"③。当网络写手们尝试刻意凸显与展演具备异质性的"东方"景观、"东方"形象、"东方"元素

---

① 王晓明:《六分天下:今天的中国文学》,《文学评论》2011 年第 5 期。
② 翁贝托·埃科:《埃科谈文学》,上海译文出版社 2016 年版,第 200 页。
③ 周宁:《跨文化形象学的"东方化"问题》,《福建论坛·人文社会科学版》2009 年第 4 期。

之时,实则已经陷入西方话语规训下的"东方"认知的樊篱。因而,举凡寒山寺、白云观等寺观,昆仑、茅山等山岳,以至对古典神话框架的取用,一定程度上沦为抵抗西方奇幻话语的刻板化"符码"。

20 世纪 90 年代中期曾有学者揭示张艺谋《大红灯笼高高挂》所挂起的灯笼和民俗仪式"乃是为西方权威贴上的文化标签",强调它的"东方他性"特征,"无异于一次精心安排的'后殖民性'的朝拜典礼"。① 孙犁在《风烛庵文学杂记》中就专门对这类刻意寻找中国落后和阴暗面加以摹写以迎合西方的行为嗤之以鼻:"写历史,就专门去找那些现在已经绝迹,过去曾被洋人耻笑的东西。改编古典文学,忽视其大部精华,专找那些色情糟粕,并无中生有,添枝加叶,大做文章。写现实,则专找落后地区的愚昧封建,并自作主张地发掘其人物的心理状态","即认为这样写,就可以受到海外的青睐,青少年的爱好,评论家的知音"。② 与近现代中国"辫子""恶龙"等负面国民性隐喻不同,也与新时期第五代导演张艺谋、冯小刚等人的电影中不断出现的"金莲""长城"等迎合西方凝视的意向相异③,网络小说中的寺观"符码"多以正面的价值倾向示人,但寺观书写的文化蕴意,依旧处在这条"自我东方化"与"自我殖民化"的延长线上;孙犁痛切的针砭,用在网络文学上依然有效。西方文化霸权有时并不显现于外在的压制性力量,而衍化、潜隐为"'非西方'的某种文化无意识"。这种自觉或不自觉的"东方人的自我东方化"意识,既是"符码"化寺观书写及"伪"方志写作的成因,又是其后果。

可堪类比的文学现象还有,廿余年前,余秋雨的"文化大散文"刚问世时,招引得无数热切的欢呼。余式散文用传统文史知识的剪裁、拼贴加上传统文人式的感怀,抒发对传统文化的悲悼。余秋雨笔下的"传统",与网络文本中的"传统"一样,都经过了过滤、筛选的化约,并都伴有矫情与谄媚的情感取向。前者类乎景区景点说明书,后者近于游戏攻略解说。批评界对二者的发语也具有类同的逻辑:在民族主义观念支配下对"传统"的再召唤。在对网络小说"东方"类型的指认方面,如果说网络作者的自夸与伪饰、网络粉丝的狂热与执迷、网站与出版商的极尽宣传之能事,尚情有可原,那么,网络文学研究者的类似"鼓吹",就显得尤为令人惊异。且以文学评论者对猫

① 陈晓明:《"后东方"视点:穿越表象和视觉》,《文艺争鸣》1994 年第 2 期。
② 孙犁:《风烛庵文学杂记》,《孙犁全集(八)》,人民文学出版社 2004 年版,第 339—347 页。
③ 参见杨瑞松《病夫、黄祸与睡狮》(政治大学出版社 2010 年版)、韩瑞《假想的满大人》(江苏人民出版社 2013 年版)、施爱东《中国龙的发明》(生活・读书・新知三联书店 2014 年版)等著述关于"东方主义"式文化与文学符号的探讨。

腻《将夜》的发语为例。

　　研究者首先将网络文学头把交椅的位置"颁发"给猫腻,丝毫不吝谀辞:"猫腻是最具经典性的网络文学作家,《将夜》是其最成熟的作品",认为其代表作"《将夜》借套路之骨架,成自身之丰腴",已经"完成了从'大神之作'到'大师之作'的跃进"。具体到《将夜》这部作品,在该论者看来:"该作亦确立了'东方玄幻'这一滥觞多年的网文类型的中国品格","这是一部颇具东方神韵的巨制,使东方玄幻这个脱胎于西幻的网文类型,终于剥离了欧美网游升级系统和日本热血漫的结构内核,在本土文化中落地生根,注入了中国人的精气神"。① "东方玄幻"的说辞,不过依样画葫芦照搬网络读者的热捧、出版商的套语以及写手的自我包装,何为"玄幻"? 何以"东方"? 不只此处语焉不详,在很多网络文学批评者那里都只有含混的解释:"'奇幻'一词在男频文中一般指西方奇幻,在女频文中,西方奇幻有'西幻'这一专属称谓,'奇幻'则是一种高度幻想类作品的通称。而之所以用'东方奇幻'的概念,是为了与仙侠、修真色彩浓厚的'玄幻'相区分"②,论者在"西方奇幻""东方奇幻""玄幻""奇幻"等范畴的缠绕中,并没有"辨章学术、考镜源流"的学理性和起码的逻辑性。

　　网络小说安置寺观的江湖—庙堂格局,不外"中央—地方""中原—四夷""中国—外国"的观念框架。最为典型的要数写手"priest"的《杀破狼》,其中除大梁外,"西洋""北蛮""东瀛""南疆"琳琅满目地同时出现,这种"'夷夏之辨'所构造出的'四方'观念之中,中原是正统的、符合礼乐文化的,而'四方'则充满诡谲奇异的想象"③。华夷模式而外,"佛""道""魔"是网络小说最喜用的框架。如《诛仙》:"方今天下,佛、道、魔三教最为鼎盛,术法造诣最高最深。魔教名声恶劣,邪术残忍无道,人所不取;而道家奇术,精深神妙,与佛门各擅疆场,若能联袂研习,必能突破僵局。"④应当说,《将夜》小说情节的框架不出此套路,其原创度相当有限。猫腻设置了佛(悬空寺)、道(昊天道门)、魔宗与书院并立的虚构世界。其中多出来的书院,便是前文所

---

① 邵燕君:《封神者说》,《名作欣赏》2022 年第 1 期。另,该文对《将夜》的语言也赞美有加:"相比于广受高评且为作家本人最为喜爱的《间客》,《将夜》在笔法上更加成熟。语言有质地,细节经回味,两笔三笔,人物栩栩如生,近四百万字,几无赘语,显示出在'追更'机制下,超长篇网络类型小说可能达到的精品品质。"

② 肖映萱:《"历史演义"与"东方奇幻"的女频引渡》,《中国文学批评》2018 年第 1 期。

③ 周桑欣、荆亚平:《"地方"的发现及其小说史意义——当代"方志小说"的历史观照与现实逻辑》,《浙江社会科学》2021 年第 7 期。

④ 萧鼎:《诛仙 1》,中国华侨出版社 2016 年版,第 14 页。

引的作者照着《论语》写出的儒家文化寄托。

猫腻将儒家文化与寺观一起进行了"符码"化处理。可就是这粗浅的儒家符号及其稀薄的文化容量偏偏使得研究者大为震惊:"《将夜》以自由和爱情为主题,以孔子师徒为原型,在'架空世界'里建构了'书院'和以'书院精神'立国的'大唐'——力图在一个功利犬儒的'小时代',重书'大写的人格'与'大写的国格';在所谓'历史的终结'和'文明的冲突'的背景下,重建中国人的生命信念和自由信仰。在丛林法则盛行的'时代大潮'前,猫腻逆流而上,独领风骚,'虽千万人,我不愿意!',展现了深埋于网络自由空间的'草根知识分子'的精神气象。"所谓"人格""国格""文明的冲突"云云,与"东方"一词一样,成为这类批评中最常出现的语汇。

从对《将夜》的点评文章来看,该研究者貌似也对儒家文化缺乏基本的了解与必要的省思。例如称"'书院精神'是'人本主义'与'仁爱'思想的结合体,'不自由,毋宁死'与'知其不可为而为之'在夫子师徒身上获得完美统一"①,便是将儒家文化随意比附、增添,解读得不伦不类。吊诡的是,《将夜》中与主人公的修行、命运与思想紧密连接在一起的是《太上感应篇》——也就是《子夜》中那本伴随吴老太爷死亡的书。谙熟现代文学脉络的读者自然不会忘记茅盾的笔法与批判锋芒指向所在。这种情况下,还要强行指认"《将夜》有情怀亦有烟火气。一方面以坚定的草根立场将情怀下沉到'饮食男女',一反西风东渐以来国人因无神而自卑的文化心理;一方面又以启蒙价值为核心对传统儒家思想进行改造"②,究其实,何来的"启蒙价值"呢?

即如《佛本是道》的作者一度陷入了失去"传统"的恐慌,索性将本自外来的佛教文化一并划入中华传统。他说:"现在大家都知道,我们的传统正逐渐丢失","我怕许多年后,我们再也不记得我们的传统东西","发扬土生土长的传统文化","这也不是扣上大帽子,只是我自己的看法"。③ 在网络作者和网络文学研究者那里,"传统""中国"与"中原"画上了等号。在"中华"的内部脉络中,传统文化代表着中国文化,中国文化又以中原文化为内核,"四方"遭斥于外;在中外格局中,以某种标签对抗假想中的"西方"文化话语,不断复制、重演着晚清民初以来,现代化进程中"民族主义者设想的建立在民族异质性与领土管辖权相互重叠之上的国度"④。网络小说的"伪"

---

① 邵燕君:《封神者说》,《名作欣赏》2022 年第 1 期。
② 邵燕君:《封神者说》,《名作欣赏》2022 年第 1 期。
③ 梦入神机:《佛本是道 1》,花山文艺出版社 2008 年版。
④ 汪晖:《声之善恶:什么是启蒙?》,《开放时代》2010 年第 10 期。

方志书写,也就滑向摒弃历史、消弭屈辱、放纵欲望的黑洞。

　　面对"灵韵"顿失后网络文学生产的机械复制,面对网络文本"伪"方志书写中所充斥着的"自我东方化"、狭隘民族主义与华夷等级秩序,网络文学研究者们委实不该以粉丝心态将文学批评辨伪去妄的应有之义抛诸脑后。换言之,探勘网文写手如何煞有介事地挪用浮光掠影的寺观"符码"以及网络读者又何以自甘于接受此类网络小说一知半解的"哄骗",网络文学研究者的发声,未必与此无关。

第八章　地方志与当代小说的"街区"写作

地方志于创作上可资借鉴者,除一地之疆域、沿革、建制,山岳、寺观、村落、河流、关隘、津渡,人物、物产、风俗等之外,城邑、街区亦有颇多可取材之处。在前面研究名物学与当代小说诗学建构的部分,我们就曾谈到王安忆的《天香》《考工记》等作品与地方志的关系;这两部小说,其中就多与上海、杭州的府志、县志有涉。而地方志书之中,关于街市、街区的记录则相对较少。当代作家中,专门写一条街道、一个街区的作家则更为稀缺,这当中,哲贵堪称代表性的人物。世人论哲贵的小说,都会提到他的"信河街",信河街似乎成了哲贵的符号,信河街就是哲贵,哲贵就是信河街。

哲贵所写到的信河街,是实有其名的;其名称之由来,包含复杂的历史故事。据《温州市城市建设志》记载:信河街是温州老城一条南北走向的主要老街,南起人民路,北至百里坊,长 1420 米,宽 12 米,人口稠密,居民居住集中,是温州最早的一条集市贸易街。沿街原有一宽约丈余的河道,开自五代年间(907—960),后填塞,宋淳熙四年(1177),宋代抗金名将韩世忠之子韩彦直任温州知府,募民开浚河道,取名新河,街遂名为新河大街。明洪武年间(1368—1398),国公汤和下令疏通拓宽原本叫"新河"的河流,当地人为表示感戴,改称为信河,街亦改名信河街。① "信河街为旧城一条路长巷多的主要交通干道,呈'鱼骨状',被称'七十二条半巷'。"②

哲贵小说中的人物,主要活动区域就在信河街。早期以写商人、生意人为主,近年来,他写作的领域有所打开。《仙境》中的余展飞尽管仍是商人,但小说的重心已不在写商场的枝枝蔓蔓,而是更多延伸到越剧,延伸到《盗仙草》剧目,延伸到余展飞对白素贞这个戏里人物的执念中,人生如戏,戏如人生。哲贵更加强调写人物的生命状态,在这种状态中,外在的商业化的东

---

① 　参阅孙良好、吕强:《寻求富人的精神救赎之路——评哲贵的"信河街"系列小说》,《文艺争鸣》2011 年第 10 期。

② 　参阅高启新:《温州历史文化街区的特性与有机更新路径》,《中国名城》2015 年第 2 期。

西越来越稀薄,人的生命感觉,人的心性、气质、精神与灵魂层面的东西如浓雾般弥漫在哲贵的小说中。特别是哲贵近些年的很多小说,从人物上来说已经不再与商场有涉,如《诸葛莉莉的隐秘和孤独》《骄傲的人总是孤独的》《每条河流的方向和源头》《在书之上》《活在尘世太寂寞》《酒》等,哲贵写中医世家、书店主,写民间的黄杨木雕大师、老酒汗酿酒师,等等。哲贵的小说在往开阔的地方走,往大处走。虽然说空间地理上,哲贵小说的人物和故事还是落在信河街,但是此时的信河街也与早些时候的信河街迥然有别。哲贵的信河街正在变得多元、饱满和丰富,变得越来越富有诗性、哲学和文化人类学味道,因此意味深长。因为诗性和哲学意味的增进,哲贵的信河街有了某种特殊的气质,信河街不再单纯是物理的、空间的、地理的,同时也是文化的、精神的、原乡的。

当然,说哲贵的小说有哲学,此间的哲学,断不是那种纯粹的思辨哲学,或者说书斋里的哲学;哲贵的哲学,更多是从小说中人物的生活状态、生命状态中升腾起来的,它们是小说中人物"活"出来的哲学,也是哲贵自己活出来的哲学,是哲贵对个人生命的体悟,并将这种体悟与笔下人物的生命经验打通的产物。这种哲学化的转向,在早期时候的哲贵那里是时断时续、时有时无的,最近几年,这种转向正变得越来越清晰,越来越突出,哲贵小说思想的色彩越来越浓郁。在如此的诗性和哲学化转向中,哲贵究竟会走向何处?如此的诗性和哲学化转向,又会蝶化出一个怎样的哲贵?目前还不清楚,但可以想见的是,哲贵的信河街正在变得越来越有味道,越来越有袅袅余音。

第一节　"地方感"与信河街的小说史意义

信河街是哲贵的"约克纳帕塔法"。在信河街,哲贵写形形色色的生意人、富人;哲贵写他们的奋斗史、生活史,写他们的情史、心史和灵魂史。他们在生意场上和人生当中的俯仰起落,构成哲贵小说创作的现实依据。在谈及个人创作时,哲贵如是说:"中国的传统社会对商人是有偏见的,这种偏见是社会主流对商人的偏见。遗憾的是,中外文学史上也充满了这种偏见,无论是《红楼梦》还是《包法利夫人》,都可以找出这种偏见的例子,其他的文学作品中就更多了。这应该是我写信河街富人系列的一个起因,是从文学上考虑的。"①可见,哲贵有着不加掩饰的以文学的形式为商人、富人重塑形象的意图。

哲贵熟悉商人。曾从事过记者职业,哲贵与商界人士过往甚密,且因生在温州,长在温州,哲贵虽然很少在他的小说中写温州的历史,但是,温州人的生存、生活方式,还是运化为哲贵小说之魂魄。地理上看,温州这个地方山海相连,绝少平地,通江达海,自然条件决定着温州人多辅以商贸谋生。特别是温州地处偏僻,绝少有儒家义利之辨的教化。明嘉靖《温州府志》记载:"汉东瓯王启土俗化焉,多尚巫祠。武帝时,粤人自相攻击,诏徙处于江淮间,其地遂虚。后虽置县,尚荒寂也。晋立郡城,生齿日繁,王右军导以文教,谢康乐继之,人乃知向方。"②许是如此,诞生于浙东的永嘉学派,推崇经世致用之学风,义利并举、农商并重,并不例外。而哲贵用心去写商人、富人群体,为他们在文学上"翻本",也有其内在的地方性文化地理逻辑。

哲贵的信河街是实的,是具象的。《你为什么不来天堂看一看》中,尹雯丽"走过环城路,朝右拐入公园路,有中山公园和新华书店。过了公园路就是五马街,是条步行商业街,有百年老店,也有国际新品,外地人来信河街旅游和访友,都要到五马街看看"③。信河街就是一条实实在在的街区。但同时信河街又是虚的、抽象的,哲贵以佛经十万亿恒河沙、三千大世界的手法,写信河街之广大,"信河街是一个民营企业特别发达的地方,据工商部门统计,有十万家中小型企业,个体户有三十五万家,他们主要从事皮鞋、服装、眼镜、打火机、低压电器、包装印刷等行业……"④再如,"信河街地稠人稀,这里的人各自怀揣一身手艺,肩挑手提,穿州过府,为了是讨一口饭吃。有人统计,这里手艺人有一百八十多种:制笔客、磨刀客、补锅客、阉猪客、风水先生、剃头老司、弹棉郎、修鞋匠、拳头师傅、道士、和尚、斋公、圆木老司、雕花老司、泥水匠、漆匠,等等等等"⑤。在哲贵的笔下,信河街不单是一条街,信河街是温州的缩影,在很多小说中,哲贵甚至不加掩饰地把信河街置换为一座城市,如《图谱》中,信河街就直接成为城市的代称,"那时,信河街已经是一个名气很大的城市了。充满了暴发意味,也充满了神秘气息。信河街成名是因为经济上的成功,几乎每家每户做生意,前门是店铺,后门是工

①　桫椤:《对话哲贵:每个作家都有各自的使命》,《百家评论》2019年第4期。

②　(明)张孚敬纂修:《温州府志》,1964年上海古籍书店据宁波天一阁藏明嘉靖刻本影印。

③　哲贵:《你为什么不来天堂看一看》,《穿州过府》,作家出版社2018年版,第54页。

④　哲贵:《跑路》,《我对这个世界有话说》,中国言实出版社2018年版,第133页。

⑤　哲贵:《仙境》,上海文艺出版社2021年版,第147页。

厂"①。诸如此类的以信河街代替城市的描写,在哲贵的很多小说中都可以见到。

哲贵写信河街,自然要为信河街赋形,而他赋形的方式,即重在写其地方感。温州古称瓯越或东瓯。《温州府志》载:温州"南控闽峤,北按台明,西为括苍","瓯郡数县,倚山滨海,为浙东控,接八闽要地,列城相望,襟江带溪,形势雄壮"。② 温州自东晋明帝太宁元年(323)析临海郡温峤岭以南地区置永嘉郡,治所设于永宁,辖永宁、安固、横阳、松阳四县。建郡城于瓯江南岸,相传有白鹿衔花而过,故后名鹿城或白鹿城,是为永嘉建郡之始。著名舆地学家郭璞选址营造郡城时,根据天人合一,以象制器,以"倚江、负山、通水"和"东庙、南市、西居、北埠"的原则进行布局。他的设计规划开创了温州棋盘形的街巷和河流并列的格局,形成前街后河,小河小巷,密如蛛网,"门前流水,户限系船,花柳饰岸,荷渠飘香"的江南水城特色。到了宋代,特别是宋室南渡之后,温州的经济、文化出现了极大的繁荣,成为滨海重要的商贸城市,店铺密布,百业齐全。③ 温州并不缺乏独特的自然地理事象和富有历史感的空间事物,单单从历史街区来看,温州就有非常著名的四大历史街区,即:五马街—墨池坊历史街区、城西街历史街区、庆年坊历史街区、朔门街历史街区等。但是,温州的地理事物,哲贵写得比较多的,就是瓯江。

> 瓜田无边无际,霍军觉得自己好像被这个世界遗忘了。他每天傍晚走到瓯江边,这里是入海口,江面开阔,望不见对岸,江水浊黄,滩涂和江水混成一体,在斜阳的余晖下,闪射出无数片红光,气势恢宏。
>
> ——《猛虎图》
>
> 尹雯丽没去做头发,她从人民路逛到九山湖,经过信河街第一中学,这里曾是她的母校,听说已搬了新址。然后逛到瓯江边,江中央有一座岛屿,她读小学时班级曾组织去春游。
>
> ——《你为什么不来天堂看一看》
>
> 瓯江源自龙泉,蜿蜒八百余里,流经处州、青田等地,抵达信河街。再往下便是东海龙王敖广的地盘了。
>
> ——《酒》
>
> 从梅宅出去,穿过一条大马路,再过一条街,便到瓯江了,这里是与

---

① 哲贵:《仙境》,上海文艺出版社2021年版,第79页。
② (清)李琬修、齐召南等纂:《温州府志》,清乾隆二十五年刊,民国三年补刻本,影印。
③ 高启新:《温州历史文化街区的特性与有机更新路径》,《中国名城》2015年第2期。

东海的连接处。沿着江堤往东,迎面而来的是略带腥甜味的海风,江堤
边榕树如盖,有的榕树已有两三百年的历史,树干粗得三个人抱不拢。
江堤上铺了塑胶跑道,像鲜艳的舌头,长得没有尽头。

——《骄傲的人总是孤独的》

　　瓯江与东海江海相连,站在江边,就是天地江河的壮阔,所以,在哲贵笔
下,写瓯江不单单是环境描写,也不单单是满足小说中的情节建构之需要;
哲贵写瓯江,是与小说中的人物——比如霍军、尹雯丽、柯一璀、伍一舟、梅
巴丹们——逼仄的生命相贯通的。《猛虎图》中的霍军,本是个浪荡子弟、赌
徒,却喜欢上了丁香芹,他在流亡之际,一心只想着回到丁香芹身边,陪伴、
安慰丁香芹。回到丁香芹身边之后,丁香芹的丈夫伍大卫被判刑,霍军却不
乘人之危,只是帮扶丁香芹,此时的浪荡子,成了精神上的圣徒。《你为什么
不来天堂看一看》中,李大卫在美国开中式快餐店,尹雯丽从李大卫的身上,
闻到的总是油烟味和古龙香水相混杂的味道,内心极为不喜,却出于对母亲
的逆反,嫁给了李大卫,之后随着他去了美国。霍军的生命是逼仄的,尹雯
丽的生命也是逼仄的,梅巴丹还是逼仄的。哲贵写瓯江,不过是借助瓯江的
浩荡与壮阔,开阔小说中人物的生命。哲贵不忍他的小说中的人物在令人
气闷的压抑中挣扎与沉沦,所以,瓯江就成了哲贵小说中的人道主义修辞
术。这种人道主义修辞术是柔弱的,其实哲贵比谁都清楚,生命之逼仄、孤
独、无助、无意义是不可逃避的,它们是生命的本质;但是哲贵同样清楚,人
们在心灵上、灵魂上、精神上,必须要有逃避这一切的意识和动力,否则,活
着还有什么意义呢? 正是如此,在《骄傲的人总是孤独的》中,哲贵让梅巴丹
开着用黄杨木制成的小汽车,骑着黄杨木做的木马在大街上行走,划着黄杨
木刻成的小舟,驶向大海,最后骑着黄杨木做的大鸟在天空飞翔,一路朝东
飞去,再也没有回来。行走或者飞翔的意志,是梅巴丹对逼仄的生命,生命
中的孤独、无助、无意义的反抗,然而,行走或者飞翔的意志,终究是木头实
现不了的。

　　从小说的空间建构上看,哲贵写瓯江是借力,借瓯江之力,来扩大小说
的叙事空间。信河街再怎么热闹、繁华,毕竟太真实了,小说需要真实,但也
不能过于真实。况且,信河街再怎么广大,毕竟还是嘈杂的,逼仄的,它是街
区,是市井,商业气、烟火气、世俗气、人间气息太重,哲贵似乎总是想在商业
气、烟火气、世俗气、人间气之外,给他的小说输入另一种气机,那就是山野
气、云霓气、鸿蒙气、大荒气。哲贵的小说中,多有这样两种气机的交集、碰
触、回旋、激荡。这些气机的完成,其实在哲贵的小说中是形式多样的,但瓯

江肯定是哲贵最擅借用的一个地方性地理事物。

从哲贵的早期小说看,他写信河街,多在空间上用力,信河街除了自身四通八达外,还连通着杭州、上海,连通着神农架、西北的草原和戈壁、云南的丽江和西双版纳等,连通着美国、意大利、西班牙、葡萄牙等。时间上,尽管信河街有着古老的历史,但哲贵很少向时间和历史的深处溯游而上,而从近几年的创作看,哲贵似乎渐渐有意识地在他的小说中复建信河街的某种历史感,如《每条河流的方向和源头》,开篇即叙写信河街上的望族吴家的家世与家史,"诗书传家一千年",根据吴家的族谱和史志以及《万历温州府志》记载,吴家自唐以降,一千多年出过一百多位诗人、作家、画家、书法家、戏剧家、舞蹈家等。家族的历史背后,是信河街的历史。《活在尘世太寂寞》中,同样是开篇叙写信河街名门诸葛家族的家史。诸葛家族始迁祖为青松公,公元 1130 年正月,作为皇室御医随宋高宗赵构南逃至信河街,此后在信河街落根,世代行医,以许多秘而不宣的"诸葛家药"千年不衰。

或许对哲贵来说,这些家史的叙述还只是闲笔,但这样的变化,对哲贵来说是非常重要的,因为他的小说如果只能在空间上开阔,而不能从时间上打开,那么,终究只能成就其广大,而无法成就其深广,而如今哲贵有意识地向信河街的历史深处溯源,接通信河街的现实与历史,历史的浩荡之气自然会顺势而下,形成信河街的古今对话,激活信河街的历史文化对现实的解释。这种历史气运的下潜,是哲贵和他的小说走向深刻,走向具有历史文化内涵的开始,是哲贵走向大作家的开始。

我略有疑惑的是:温州历史文化街区甚多,除了前面所说的四大历史街区外,历史上的府城大街、府前新街、兴文街、北市街、广化大街、横街,以及古已有之且沿用至今的地名如谢池坊、招贤坊、五马街(坊)、康乐坊、墨池坊、百里坊等,哪个不深纳历史内涵?哲贵何以独独青睐信河街?其中缘由不得而知。或许哲贵自己也未必了然。作家写小说,写什么或者不写什么,未必全在清明的理性,而在章学诚所说"著书者的心术"。或许对于哲贵来说,信河街之意味,就在于它的"信"字,所以,哲贵小说中的商人和商场,鲜有传统观念中"无奸不商,无商不奸"的诡计、狡诈和巧取豪夺。相反,信,成为哲贵小说中所写的商人至高无上的美德。典型的就是《信河街》。王文龙被骗后,从西班牙蓬头垢面回到信河街卖掉自己的别墅还债,是信;婶婶受王文龙牵连,卖掉自己的眼镜厂还债,是信;婶婶和王文龙传出绯闻,叔叔摸了摸自己的脑袋,微微笑了一下,说"我是相信老婆的","王文龙不是那样的人",还是信。哲贵写商人,写商场,写商战,全无观念上的先入为主和伦理判断上先验的对商人的污名化。哲贵所写的商人，既没有大奸大恶之辈，也鲜有作奸犯科者，相反，哲贵的很多小说中，都反复出现"看守所"这一具有惩罚性意味的空间：《猛虎图》中，王万迁、伍大卫进了看守所，《刻字店》中爸爸进了看守所，《雕塑》中唐小河进了看守所，《跑路》中的王无限最终还是进了看守所……这说明，哲贵内心是有他的律令和尺度的。哲贵小说中的温州商人，以他们自己的行为，测试着金钱的生命意义，测试着法律与欲望的边际，测试着人性。

从当代小说整体格局看，哲贵的信河街不算是独创，莫言、贾平凹、韩少功、张炜、阎连科、阿来、叶兆言、苏童、迟子建等绝大多数作家，都有他们的"约克纳帕塔法"。这种返归地方，叙写地方自然、地理事物和生活经验的做法，是当代文学普遍的现象。特别是 20 世纪 90 年代，随着"国家"整体话语消退，文学的地方书写更加普遍，山岳、湖泊、河流、村落、小镇等，虚构的、写实的，以微观地理折射中国的地方性写作比比皆是。但是哲贵的信河街却自有其与众不同的地方，它不像莫言的"高密东北乡"、贾平凹的"商洛棣花镇"、阎连科的"耙耧山脉"、迟子建的"白银那"、叶兆言的"秦淮河畔"、苏童的"枫杨树故乡"等那样，甚至不像哲贵的前辈同乡作家林斤澜的"矮凳桥"——这些地方性的意象，都是乡土中国的，是农耕时代的社会空间与文化空间，而信河街则不是，它是商业文明的产物，是与矮凳桥、高密东北乡等有着迥然不同的文明类型差别的文学空间。

哲贵的信河街叙述，可谓是文学对现实的"发现"。在中国，商业活动古已有之，《周礼·天官·大宰》中，就有天子"以九职御万民"之说，其中就有"六日商贾，阜通货贿"一职。[①] 然而，因为传统中国社会重农轻商的传统，中国作家对商业活动的叙述染指极少，有限的一些作品，主要集中在明清两朝的部分拟话本小说里，像冯梦龙的"三言二拍"，石成金的《通天乐》《雨花香》，五色石主人的《八洞天》，天然痴叟的《石点头》，艾纳居士的《照世杯》《豆棚闲话》，李渔的《连城璧》，东鲁古狂生的《醉醒石》等。长篇小说则有晚清大桥式羽的《胡雪岩外传》、姬文的《市声》，以及民国初年江红蕉的《交易所现形记》等。这些小说，连接着茅盾的《子夜》，曹禺的《雷雨》《日出》，周而复的《上海的早晨》等等，构成中国商人小说的一个叙事传统。但综合来看，明清的商人小说，多是在明世、醒世、警世、劝世的道德论框架中展开叙述的，小说的主题不外是告诫人们不可贪婪，不可欺诈，明辨义利。现代和当

---

① 　孙诒让：《周礼正义》（一），中华书局 2015 年版，第 96 页。

代领域的诸多涉及商人的小说,因为特定的现实原因和中国重农轻商的历史原因,同样无法去除"商人"身上累加的诸多污名化符号(比如"无奸不商""无商不奸""见利忘义"等)。事实上,晚清以降中国社会的变局其中一个重要路径就是从农耕文明向商业文明、工业文明演进,特别是改革开放以来,工业文明、商业文明已成为中国占据主导的文明形态,传统的农业经济、农耕文明和乡村生活方式已渐渐退出历史舞台时,人,将如何面对财富?"富起来的"人,将面临怎样的心灵和精神纠缠?这是文学必须面对的。然而时至今日,绝大多数中国作家都还停留在乡土中国的审美想象中,难以进入对商业文明时代人的精神世界的探察。正是在这种意义上,显示出哲贵的稀缺性,哲贵写作的意义也因此而得到凸显。

第二节　信河街与富人群体的精神地理

比较而言,哲贵的信河街比莫言、贾平凹们的高密东北乡、商洛棣花镇、耙耧山脉、白银那等更难塑造,因为,作为乡土中国的空间意象,"高密东北乡"等饱含数千年中国古老生活经验和心理经验,特别是乡土社会承载的"传统与现代"的冲突,是现代中国社会的大命题,自鲁迅以来,中国作家已有百年的写作积累,但"信河街"却不同,中国社会的商业经济还不发达,商品社会自身存在的意义,商品社会的伦理、价值准则还没有深入人们的内心,更没有成为我们的生活指南,所以说哲贵的"信河街"打造,以及他对商人、富人群体的形象刻画,难免缺少历史的根基和纵深感。特别是历史上,我们多以固有的观念、价值与情感判断,先入为主地形构商人的不良形象,这种固有的情感思维,哲贵或破或立,难免对他的创作产生影响。

所幸的是,哲贵并不打算从观念上展开对商人形象的美学辩驳。哲贵知道,小说家应该对生活的"事实"而不是观念负责:"我首先想将信河街上的富人作为一个人来考察,人的优点缺点他们都具备。商人只是他们的职业,是另一种身份。我想告诉读者一个最简单的道理,并非所有商人都是无奸不商,并非所有商人都是唯利是图,并非所有商人都是'重利轻别离',并非所有商人都是非黑即白的单一品种。他们首先是人,是拥有七情六欲的复杂的人。我希望我的文学作品中能够这么表达他们。"①正是如此,哲贵

---

① 梣椤:《对话哲贵:每个作家都有各自的使命》,《百家评论》2019 年第 4 期。

更为关心的,是商人和富人这一特殊群体,在获得充足的物质生活资料之后,他们的精神遭遇和心理危机:"普天下的人都知道温州人有钱,知道温州富翁多,温州的别墅多。可是,谁看见温州的富翁们的哭泣了?没有。谁知道温州的富翁们为什么哭泣了?不知道。谁知道他们的精神世界里装着的是什么?也不知道。但是,我知道他们的人生出了问题,他们的精神世界也出了问题。这个问题是他们的,也是中国的,可能也是人类的。"①

哲贵的小说是现实主义的。他的现实主义的基本方法,就是写真实的人物,紧紧地贴着人物,写他们遭遇的东西。《猛虎图》中的陈震东、王万迁、李美丽和许瑶,《信河街》中叔叔、婶婶、王化龙,《跑路》中王无限、胡卫东、陈乃醒,在这些人物身上,哲贵揭示出人与社会、人与自身的近乎惨烈的博弈。商业社会自然是商机无限的,但是更是布满暗礁和险滩,社会巨大的不确定性,人性内部的贪得无厌、欲壑难填,总是把哲贵小说中的人物推向绝境和深渊。《猛虎图》中,哲贵以寓言的形式,写曾经风光无限,却在资金链断裂后走投无路的陈震东的遭遇。他躲进积谷山里,山上有座土地庙,"他在土地庙外站了一会儿。庙里除了一尊泥塑的土地神和一尊香炉,空无一物。土地神身上布满了灰尘和蜘蛛网,香炉是用石头凿成的,破了一个大缺口"②。关于积谷山,《温州府志》载:"在府治东南隅,形元正如高廪,故名。"③积谷山在温州不过是一座海拔 38.7 米的小山,小说中,却被哲贵化为鸿蒙大荒之地,荒芜的土地庙、布满灰尘和蜘蛛网的土地神,这些农耕社会建立起来的信仰,早已无人问津。陈震东在风生水起之时,何曾想到过积谷山?何曾想到过山上的土地庙?然而在如今败落之时,积谷山、土地庙,却成了陈震东反思过往的一个观照视角。小说最后,哲贵以隐喻的形式,让陈震东的眼里出现成千上万只吊睛白额猛虎,个个张开血盆大口,争先恐后地朝他扑过来。这种梦幻与现实相融合,既是梦又不是梦,既是现实又不是现实的美学奇观,是哲贵的创造。哲贵借助这样的美学创造,把《猛虎图》的审美意涵推到一个更高的境界。在陈震东眼里,情人楼雪飞是老虎,妻子柯又绿是老虎,朋友刘发展、许琼、王万迁、李美丽是老虎,父母和儿子陈文化、胡虹、陈宇宙等,也是老虎。事实上,陈震东何尝不是老虎?何尝不是那个张开血盆大口,随时扑向别人的老虎?只不过,是虎时他不知身是虎,识得他人是虎时,一身已为虎环伺。

---

① 桫椤:《对话哲贵:每个作家都有各自的使命》,《百家评论》2019 年第 4 期。
② 哲贵:《猛虎图》,北京十月文艺出版社 2017 年版,第 255 页。
③ (清)李琬修、齐召南等纂:《温州府志》,清乾隆二十五年刊,民国三年补刻本,影印。

　　哲贵没有否定商品社会的意思。相反，他和陈震东们一样，对如何建立商品社会人们的健全生活和道德准则有着巨大的焦虑，只不过，作为小说家，他还另有探索的热情。借助陈震东的自我反思，哲贵揭示出的，其实是商品社会人性陷溺的可怕，商品社会的世界本来可以是美好的，充满创造性的，但如果人们忘记了初衷，忘记了其意义所在，灵魂世界为金钱和建立在金钱基础上的物质和心理欲求所占据，那就成了怪兽，就成了吊睛白额猛虎。

　　相比对陈震东们现实遭遇的关注，哲贵更感兴趣的，其实是他们的内心，是他们的精神世界。这是哲贵小说"写人学"的核心部分。在《骄傲的人是孤独的》这篇小说中，哲贵写女儿梅巴丹看父亲的黄杨木雕，认为其中有平庸之作，也有杰作。早期的神话人物，过于脸谱化，且没有走进人物的内心，就是平庸之作；而那件苏东坡被贬黄州期间，拄着一根木杖站在江边目视前方的黄杨木雕，则是杰作，因为，这件黄杨木雕，父亲的用力点是苏东坡的表情，孤愤之中包含着豁达，狰狞之中又有慈祥，父亲刻画出的，是一张谁看了都会心疼的充满矛盾的脸。梅巴丹的艺术哲学，是心学，是读心术，这同哲贵写人的方法如出一辙。哲贵具有哲学家的气质，他在信河街的富人群体身上，勘察到的是一种归属感的危机以及现实感受和他们的人生理想境界的距离。读哲贵的小说，无论是早期还是近来的小说，其小说中的人物无论是顺境还是逆境，无论是人生的高潮还是低谷，他们当中的多数人，都处在精神上的游离和漂泊不定——"出去"状态。"出去"，与其说是灵魂的居无定所，毋宁说是小说中人物的灵魂出窍。《住酒店的人》中朱麦克六年多时间一直住在酒店，似乎是个隐喻。他和佟娅妮却是不同类型的灵魂出窍的人，佟娅妮是信河街的记者，嫁给本地的大老板儿子后，很快分得一笔遗产，离婚后远走云南丽江，在那里开了家名曰"四海为家"的旅店，旅店的隔壁是"南麂岛酒吧"，对面是"乡愁小栈"。佟娅妮有自己的故乡，那是她身体的故乡，在身体的故乡之外，她还有自己的灵魂的故乡，那就是丽江，丽江是她的精神地理上的故乡。而朱麦克却似乎一直是个灵魂居无定所的人，他有灵魂的漂移，有不安的心，却终究无法安静下来。

　　哲贵的小说，"积谷山"是精神地理，"南麂岛酒吧"、"四海为家"旅店、"乡愁小栈"、"香巴拉"也是精神地理。哲贵用不同的地理事象，折射出商业大潮中人的精神图景和心像。哲贵小说的精神地理，是诗学的，更是白日梦。在《孤岛》中，它是光爷倾心打造的"桃花岛"，那是光爷的现代版的桃花源，是光爷的梦想。桃花岛地处雁荡山的余脉，四面环水，远离尘世的喧嚣与闹腾,岛上鲜花盛开,红色、白色、黄色,远看如一朵朵五彩祥云,走近了是一地锦绣。光爷的桃花源,不是陶渊明的桃花源,陶渊明的是臆想式的,光爷的不是,它是建立在雄厚的经济基础上的理想与现实的统一。在光爷身上,哲贵似乎是想探究金钱和理想主义统一的可能,所以,哲贵把光爷设置成一个充满灵魂自由的人,他是个商人,精明,能干,又交游甚广;但他又是个隐者,隐于酒,酒,可以让他灵魂出窍,让他处在"出去"状态,得到灵魂自由。他还热爱读《红楼梦》,喜欢贾宝玉这个最具有经典意义的"出去"者,用光爷自己的话说,就是喜欢贾宝玉式的理想主义和失败者角色。在光爷的潜意识当中,或许理想主义失败者的角色比理想主义更重要,因为,失败者角色,会让光爷得到某种生命的悲壮感,所以,光爷对衰败的身体,甚至有种隐隐的向往。光爷不想做一个意志上的理想主义的失败者,而身体的衰败,恰是他成为失败者的最好形式。

　　哲贵的小说,写出形形色色灵魂出窍的人,他们有很好的物质条件,却对自己的生活感到厌倦,而他们应对厌倦的方式,就是逃逸。这种厌倦、逃逸和无家可归的状态,是灵魂和精神层面的,或构成对现实的彻底逃逸,或构成对白日梦的追找。而无论是逃逸还是白日梦,哲贵都是借助精神地理形态完成的。《你为什么不来天堂看一看》中的尹雯丽,因为厌倦信河街,厌倦母亲,而选择远去美国,决意做个客死他乡异国的孤魂野鬼,这是逃逸。《雕塑》中的唐小河,因为做冒牌抽水马桶被判刑,刑满后虽然归入正道,做自己的品牌,却迷恋于妻子董娜丽的不断整容,把妻子打造成一个彻头彻尾的假冒伪劣产品。典型的是《柯巴芽上山放羊去了》。小说中的柯巴芽,就是不断地在离开。大学期间谈了一个男朋友,国字脸,五官精美,身材匀称,但因为长得太周正、太完美而让柯巴芽不满意,一个人怎么可以没有缺点呢?她离开了男朋友,离开了父亲的服装公司,离开了农业局特产站,离开了戴喇叭,去了青海铁卜加草原石乃亥小学支教。在那里,柯巴芽常常一个人背着双肩包搭坐镇上的班车去青海湖,有时选择一个地方坐一整天,有时沿着湖边走一段路……寒暑假的时候,柯巴芽去过西宁、兰州、敦煌、西藏,柯巴芽的灵魂中有着不安分的冲动。小说最后,柯巴芽重新回到了信河街,但是,一个"出去"过的人,她的灵魂不可能安放在信河街。半年多的时间,她每天对着院子里的大榕树发呆,直到有一天,她突然想起她曾经去过的一个叫天井的自然村,想起了那片茶园,她回到了那个荒芜的世界,整座山安静得没有一点声音,她把三栋爬满藤蔓的石头垒成的老房子改造成民宿,取名"天井人家",搭起羊舍。"柯巴芽上山放羊去了",小说的标题既有出世的感觉,又有想入非非的白日梦的味道。

我不知道,哲贵在创作这些白日梦的精神地理意象时,究竟是写小说中的人物,还是把自己的个人生活感受也塞进小说人物的意识和行动中,让小说中的角色代替自己去行动?从年代上来说,哲贵这个年龄层次的作家,多少都有些理想主义的精神气质。外表缓慢的、沉静如水的哲贵,内心有没有狂野的东西,有没有他的想入非非的白日梦,而借助小说中的人物来帮他完成?有没有"逸出"或从这个世俗的生活中"出去"的潜意识或者冲动?我说不清楚。但是,总的来说,在场、不在场,逃逸、出去,不安分的精神气质,构成哲贵小说非常重要的意识结构和情节构造。早在十多年前的长篇小说《迷失》中,哲贵就曾经写到过这种逃逸。雷蒙是信河街第一批下海的人,他做运动品生意,生意做得很大,可是他却在生意做得最好的时候把企业盘出去,一个人背起了登山包,融入自然和大野,登山、露营、攀岩、漂流、滑翔,最后消失在大野中。

十余年来,哲贵持续不断地写信河街富人群体的逃逸和"出去",特别是在信河街的第二代、第三代人身上,逃逸和"出去"的冲动、意志更加明显,行动更加坚决,并且因为"出去",导致小说中出现了诸多父子、母女之间的代际冲突。这种代际冲突,是人类文明演进的基本规律,因为时代、成长环境、教育背景不同,代际之间的经验、认知、价值观念必然会有所不同,也必然会造成各种代际的分裂和冲突。哲贵大多数作品当中,都出现信河街父子、母女之间两代人因为价值观、生活方式、职业选择的分歧而产生的代际矛盾,甚至是激烈的情感冲突。但是哲贵的写作重心,却并不是在写代际冲突,而是在一个更高的层面,来审视一个更为根本的、深层次的问题,即:钱与人的心灵安放问题。如果说,在陈震东(《猛虎图》)、光爷(《孤岛》)、叶海鸥(《归途》)、黄作品(《信河街》)、黄腾飞(《倒时差》)、余全权(《仙境》)、史国柱(《企业家》)以及《柯巴芽上山放羊去了》中柯巴芽的父亲这些早期的生意人身上,赚钱的意义首先还是解决生存和温饱问题,那么,到他们的下一代,像陈宇宙(《猛虎图》)、柯巴芽(《柯巴芽上山放羊去了》)、叶一杰(《归途》)、黄中梁(《信河街》)、黄嘉诚(《倒时差》)、余展飞(《仙境》)、史泰龙(《企业家》)这些富二代的时候,生存和温饱已然不是问题,这样,企业、财富给他(她)们提供的人生的、生命的价值和意义又在哪呢?这是哲贵小说明面上没有明确指向,事实上却又处处指向的地方。《归途》的开篇,哲贵写道:"有时候,叶一杰是蛮不讲理的。""蛮不讲理",当然是叶一杰有"蛮"的资本,他衣食无忧,生来富裕,父亲是信河街最早做百货生意的,他可以无欲无求,不依赖任何人——除了父母,所以他学化妆、长跑、唱越剧、玩摇滚、学摄影,出国留学,学服装设计等,随心所欲。"不讲理",是因为他不会遇到大多数人生活经验内遇到的麻烦和痛苦,所以,他的所思所想、所作所为,自然和大多数人有所不同,就会"不讲理","理",只是大多数人的道理。回到哲贵的小说来看,陈宇宙、柯巴芽、余展飞等,这些富二代们,谁不是"蛮不讲理"的呢?对陈震东、光爷、叶海鸥、黄作品、黄腾飞、余全权、史国柱、柯巴芽父亲这些人来说,他们的"理"是求得"有",就是有钱,把企业做大;到了他们的下一代,所求已不再是"有",是"有"了之后如何?这恰恰是柯巴芽、余展飞、丁一杰们面临的问题。对于求"有"来说,中国人从不陌生,数千年来吃苦耐劳忍辱负重,所求得的不过是个"有",但"有"了之后,人如何用"有"去获得理想的、恰当的、诗意的生活?这却是一个难题。这个难题,陈震东、史国柱、光爷、雷蒙、柯巴芽的父亲没有,柯巴芽们也没有,这样,"有"的后面,其实是一个巨大的、空洞的、虚幻的"无",雷蒙、光爷不得不在"无"中生活,柯巴芽、余展飞、丁一杰们更是如此,这是哲贵小说中有那么多的"出去"的根本原因。这是史国柱们无解的问题,也是柯巴芽们无解的问题,自然也是哲贵无解的问题。

第三节 信河街与哲贵的"和解美学"

小说虽是虚构,却比历史更加历史,因为小说叙述的是普通人的日常生活。"礼失求诸野",这种"野"——普通人的日常生活,包含着比时代观念、英雄人物、历史事件等构成的历史更加真实、生动的内容。某种意义上说,小说具有考古学的价值,是一种关于过去时代人们的政治、经济、道德、礼俗生活的历史记录。

哲贵的小说,其考古学价值是将来意义上的。在大多数作家陷入二元对立的"城市与乡村""传统与现代"冲突难以自拔的时候,哲贵以先行者的姿态,探入商业社会中的富人群体的日常、伦理与价值生活,捕捉到先富起来的一批人的内在心理和精神困境,并将其上升到哲学的层次加以思考,这是具有先锋意义的,而且是超越形式层面上的真正意义上的先锋小说。小说构造上,哲贵对当代商业社会商人、富人群体的人心、人性的刻画,很少通过激烈的矛盾和冲突来呈现,相反,哲贵的小说几乎没有外在的冲突,如果说有冲突,那也是抽象意义上的,是人与大的时代的冲突,是人性、欲望与规则、良序的本然的冲突,是人与自我的冲突,是前面所说的"有"和"无"的冲突。然而,就像前面所写到的现代桃花源、理想境界,以及逃逸、灵魂出窍或无家可归的状态那样,哲贵的小说表面看起来平静,波澜不惊,内里却激荡着湍急的漩涡,那是无冲突的冲突,是灵魂的冲突,是更古老的人类所面对的理想与现实的尖锐的冲突,只不过,哲贵将其转化为商业社会部分成功人士的心理困境和精神难题而已。

哲贵不写激烈的社会冲突以及人与人之间剧烈的情感、道德、利益和价值冲突,是因为他不是以概念的、观念的方法去看商业社会,看待商人和富人,看待生活,他是以平常心去"观",平常人的生活,哪有那么多大悲大喜、大起大落?现代的现实主义小说传统,写生活尖锐的矛盾和冲突,其实多是理论和观念上的冲突,作家们意在笔先,于是"冲突"美学应运而生。以《坛经》六祖慧能的说法,所谓矛盾和冲突,"不是风动,不是幡动",而是"仁者心动"。哲贵心中没有诸如"传统与现代""义利之辨"之类先在的框范,或者是金钱罪恶之类的观念,自然笔下就没有那种观念制造的大冲突。

因为哲贵不愿意去营造惨烈的社会矛盾和激烈的人性冲突,所以,他的小说整体上看起来节奏舒缓,随物赋形,情节推进不疾不徐,绝无其他小说的大起大落,或者说所谓的跌宕起伏。哲贵善用"止"学,化动为静,让小说中人物本该奔腾的情绪沉稳下来。《柯巴芽上山放羊去了》中,对精致、完美、现代感有着近乎抵触心理的柯巴芽,短暂地迷恋起戴喇叭热气腾腾的肉身,在一次放纵后有了身孕,柯巴芽去医院打掉了孩子,并把那个小肉块带回家,埋在院子那棵据说有五百年历史的大榕树下。柯巴芽的"止",是发乎欲,止乎情,止乎智。那块她和戴喇叭的骨血,在被埋进榕树下的那个时刻,柯巴芽在想些什么?没有人知道,柯巴芽一念未动,则万念俱止。止,是哲贵的诗学,是哲贵的忍学。止,不是无,不是终了,而是空寂,是空白,是悬置。柯巴芽的内心倘若空无一物,就不会把那块骨血带回来,埋进榕树下。柯巴芽的止是有,是空旷,是无垠。"善写意者专言其神,工写生者只重其形",哲贵是专言其神的"善写意者",他的止,是留白,是不言之言,就像《陈列室》中,魏松喜欢林小叶,却没有能够得到林小叶,于是,他在公司陈列室里陈列着各式各样的性慰器——塑料女人,都是按照林小叶的形象设计的。这是魏松的"止",是"止"也是"不止"。魏松时时对着这些"林小叶"出神,看着看着,眼泪就出来了。

说哲贵不写大的冲突,并不是说他的小说就没有冲突,代际、人际、自我内心以及理想与现实、伦理、文化的冲突,在他的小说中比比皆是,像《你为

什么不来天堂看一看》中尹雯丽与母亲的隔阂，《柯巴芽上山放羊去了》中柯
巴芽与父亲的疏离，《陪床》中的夫妻冲突，《送别》中的阴谋与欺骗等，只是，
哲贵一般不把冲突往大处写，这是因为，哲贵的内心里面没有悲，没有哀，没
有怨，没有怒，没有狠，没有恨，没有不平，所以他的小说总的来看，风格是冲
淡、平和、舒缓的。这种冲淡、平和不是散淡，而是源自哲贵的那种无分别
心，无是非心。哲贵没有强烈的善恶之念，没有明确的是非对错之别，他的
小说中，经常出现一种句式，比如"他的语调总是缓慢的，轻柔的，很温柔，很
有修养。但也可能是很没修养"，"这事可能跟他父母有点关系，可也未必有
必然关系"等，这种句式，说明哲贵是一个折中的人，一个不喜欢走极端的
人，所以，他的小说自然就没有水火不容的观念、价值缠斗。特别是哲贵动
用了那么多富有诗意和富有远方意味的地方性地理事物作为他的小说的场
景建构，如积谷山、瓯江、古榕树、青海草原、丽江、玉龙雪山等，更是化解了
小说中人物与时代、人物与人物之间的紧张感，小说更难显现出冲突的
激越。

　　说哲贵的小说没有分别心、没有是非心，不是说在哲贵那里，一切人事
就没有差别和是非对错，而是说，哲贵有类似佛家"缘起性空"的断识，一切
的善恶、是非、对错，都是因缘（特定的条件）而起，缘起则善恶、是非生，缘尽
则善恶、是非灭。人的自性，是没有所谓善恶、是非、对错的，因而是"性空"
的。"本来无一物，何处惹尘埃。"正是因为这样的"性空"，哲贵小说中的人
物以及人物间的矛盾和冲突最终都走向了和解，这在《柯巴芽上山放羊去
了》《你为什么不来天堂看一看》《送别》等小说中非常明显。哲贵小说中这
种人与人之间的抵牾与隔阂，根本就不是坚硬难以消解的东西，即便是《倒
时差》中宣布与"我"断绝父子关系的父亲，在听闻他病危的消息后，"我"也
会毫不犹豫地从美国飞回来。

　　哲贵小说的和解，不仅在人伦亲情上，在人与外部世界、自我的关系，理
想与现实的关系方面，同样如此。《金属心》中的霍科，安装一颗金属的心
脏，意味着他失去了对这个世界的爱的能力，在象征的意义上，这是霍科失
去对这个世界的信任，但在盖丽丽的身上，他看到了信义、理想和坚持，霍科
的"金属心"开始渐渐活泛起来，终于有一天，他和苏尼娜离婚，在走出酒店
大门想到盖丽丽那一刻，他清楚地听到自己左边心室的跳动声。霍科"金属
心"传出的跳动声，是霍科向世界的回归，也是与这个世界的和解。

　　哲贵的和解，释放的是他自己对人世、对这个世界的善意。哲贵的身
上，有一种非常特殊的气质，这种气质，有禅意，有老庄之气，有仙气。这种

特殊气质落于物,则为山岚、云霓、莽苍之气;落于人,则有隐逸、超脱、飘逸之境界。所以,在《信河街》的结尾,哲贵写叔叔和王文龙下象棋,叔叔在进攻,局面上占着优势,可是王文龙的脸上却一直挂着微笑,神态安详;这种安详,不惊不喜,不悲不怒,随遇而安,就是禅意与老庄味。在哲贵最近的短篇小说《仙境》中,哲贵的仙气更加浓郁。余展飞是皮鞋商的儿子,本该子承父业做"皮鞋佬",却迷恋上越剧《盗仙草》,迷恋上白素贞这个人物。一边是皮鞋商,一边是灵芝仙草、仙童、仙翁、许仙、白素贞这些戏里的人物,余展飞在皮鞋商和白素贞这样两个跨度极大的身份之间做游走。肉身还是那个肉身,灵魂却是可以出窍的。出了皮鞋商,余展飞就成了似人似妖似仙,却又非人非妖非仙的白素贞。余展飞对越剧《盗仙草》、对剧中人物白素贞的迷恋,不是执着于群山巍峨、云雾缭绕的峨眉山的外境,也不是被浮云般的妄念遮蔽了自我的本性,相反,集美貌、善良、优雅、高贵以及追求自由、敢爱敢恨的精神于一身的白素贞,就是余展飞灵魂里面的自我,就是余展飞的自我本心,就是他的自我心境。余展飞对白素贞的执迷,就是对自我本心的呵护和保存,所以,余展飞演白素贞,无论是扮相、神态、动作、眼神、氛围还是唱腔,都是极致,光芒四射,摄人心魂。余展飞对同是扮演白素贞的舒晓夏有好感,却终不能与她在一起,因为,和余展飞自己一样,舒晓夏不过是另一个肉身,她不是白素贞,余展飞爱的是白素贞。

余展飞这个人物,是哲贵的一个新探索。这个人物的出现表明:哲贵不再是在理想与现实或此或彼的二元张力中把握、塑造人物,哲贵试图探索一种新的可能性,那就是在传统商人的世俗、现实气之外,尝试从人类的文化根性中,为商人找到与我们共通的精神元气。在余展飞的身上,我们可以看到,哲贵试图给他的小说中的人物从"无"处生出"有"来,这个"有",与上代人"安身"所求的"有"不同,他们是"立命",是给自己的心灵找一个安放的地方,解决生命意义的问题。陈宇宙在尝试,柯巴芽、梅巴丹、丁一杰、吴旖旎、余展飞也在尝试。不过,余展飞还是与众不同,他似乎代表着一种方向,哲贵尝试着给信河街注入历史的浩荡之气,给信河街的商人们引入一种文化气运。这种文化气运就是《在书之上》中的书卷气——尽管这个书卷气,在悦乎书店那里已经成为大火后的废墟,但是在小于书肆那里,却保存着微弱的香火。从此商人不再是一个符号,而是一个有根性、有精神、有文化气运的人。信河街也不再是一个只有皮鞋厂、眼镜厂、服装厂、打火机厂、包装厂、印刷厂的地方,信河街成为一个有文化的历史街区。这种从有到无再从无到有的过程,就是《每条河流的方向与源头》中吴旖旎与她的哥哥吴起那段对话中所呈现出来的那样：

> 他转头问吴旖旎："你确定没有跟人学过？"
>
> 吴旖旎很不好意思地摇摇头。
>
> 吴起问："你这些画想表达什么？"
>
> 吴旖旎还是摇摇头。
>
> 吴起说："你知道你的画好在哪里吗？"
>
> 吴旖旎说："我是瞎画的。"
>
> "你的画好就好在瞎画，没有目的，没有道理，表达的只是一种情绪和意境。"

没有师承、瞎画，本就是无中生有，而无中生有便是最大的文化气运。

从大的脉络看，或许信河街、商人群体、富人群体，都不是哲贵本根的东西，这些不过是哲贵熟悉的经验生活，是哲贵阶段性的写作现象，真正属于哲贵的，恐怕还是他的精神生命中无处不在的禅意、老庄之气和仙气，这是哲贵作为一个作家，成就大的、独特的自我不可或缺的东西。

第九章　地方志与当代小说的"山岳"写作

　　山岳文化是中国的重要传统，它密切联系着中国古代的政治、宗教、地理、历史，会通儒、释、道三家以及民间文化。自中国有文学始，游山、喜山、乐山、敬山等，即成为中国文学的重要叙事传统，绵延数千年不绝，进而生出数之不尽的经典作品；反之，也因为众多写山岳的文学经典的存在，而催生出众多的山岳经典意象，除《山海经》《水经注》中记载的山岳外，《庄子》中的"姑射山"，陶渊明笔下的"南山"，李白笔下的"天姥山""莲花山""敬亭山""天门山""峨眉山"，欧阳修描述的"琅琊山"，等等，都是非常著名的意象。中国古代作家对山岳敬且由衷地喜爱。然而，进入现代社会以来，中国作家写山岳的兴趣，对山岳的态度，由山岳而生发出的观念，对山岳的美感体验，等等，都发生了翻天覆地的变化。中国文学这种山岳叙事的转变，映射出的是历史、社会和时代之变，也是观念和文化之变。如何认识并把握此一变局？如何体察现代以来中国作家山岳叙写背后折射出的观念和美学的蜕变？如何看待和评价此一山岳叙事之变？都是非常值得思考的问题。

第一节　作为文化与文学传统的山岳叙事

　　中国多山。最早记载山地的典籍，当属先秦时的《禹贡》和《山海经》。其中，《山海经》依据方位，将作者"见闻所及的大地分南山经、西山经、北山经、东山经、中山经五个区域，每一区域又分若干山系，每一山系都按方向道里依次叙述每一山区的特征、物产及其形态和用途、出山之水及其流向归宿等等"①。《山海经》中，南山经记山 39 座、西山经记述 77 座、北山经记述 88 座、东山经记述 46 座、中山经记述 197 座，共计 447 座。《山海经》所述山

---

① 　石光明、董光和、杨光辉编：《中华山水志丛刊·前言》，线装书局 2004 年版，第 1 页。

系,杂有神话和臆想的成分,当不得真,但中国的文明、文化构造中,山岳占有极为重要的地位,这是不争之事实。

上古时期,中国人何时形成对山岳的崇拜,很难作出断论。《尚书·尧典》中记载:"岁二月,东巡守,至于岱宗,柴,望秩于山川。"孔传:"东岳,诸侯境内名山大川,如其秩次望祭之。谓五岳牲礼视三公,四渎视诸侯,其余视伯子男。"①望,是指古代帝王祭祀山川日月星辰;望秩,意谓按等级望祭山川。这说明,在尧的时代,就有巡守山岳和祭祀山岳的做法。《墨子·天志下》云:"故昔也三代之圣王,尧、舜、禹、汤、文、武之兼爱之天下也。从而利之,移其百姓之意焉,率以敬上帝山川鬼神。"②同样提到尧舜禹汤、文武诸王敬祀山川的举动。古人崇敬山岳的原因非常复杂,大致而言:一者,山岳为早期人类的生存提供相应的物质保障,《说文》中的《释名》有云:"山,产也,言产生万物。"③《礼记》:"夫山,一拳石之多,及其广大,草木生之,禽兽居之,宝藏兴焉。"④所言及的就是山岳与人类基本生存的关系。儒家所谓的"仁者乐山,智者乐水"中的仁者之"仁",就在于山可以生养鸟兽、滋养人类,为人提供食物。二者,山岳峭拔险峻,易守难攻,可以为人类提供安全保障。《尚书正义·盘庚下》:"适于山,用降我凶德,嘉绩于朕邦。徙必依山之险,无城郭之劳。"孔疏:"言古者我之先王,将欲多大于前人之功,是故徙都而适于山险之处,用下去我凶恶之德,立善功于我新国。"⑤提到的就是盘庚依山定都。《易·坎卦》象云:"王公设险以守其国。"⑥徙必依山之险,欲使下民无城郭之劳。三者,山岳高大巍峨,通天绝地。在古人的认知中,山岳自身即具有非凡的神性,《礼记·祭法》云:"山木川谷丘陵,能出云,为风雨,见怪物,皆曰神。"⑦此外,山岳还是离天最近的地方,在具有天帝崇拜的古人看来,祭祀山岳即可上达天听,故而形成对山岳的崇拜。

古代中国,人们对山岳的崇拜原因还有很多。山岳形法多变,阴晴四季,造化无穷,本就让人流连忘返,加上其高大挺拔的形貌,与古人"以大为美"的审美心理多有关联,再及古人有山葬的风俗,山岳与人的生死、物质生

---

① 孔安国、孔颖达著,十三经注疏整理委员会编:《尚书正义·舜典》,北京大学出版社 2000 年版,第 71 页。
② 付江海编:《墨子·天志下》,西安交通大学出版社 2014 年版,第 251 页。
③ 李学勤:《十三经注疏 标点本 13 尔雅注疏》,北京大学出版社 1991 年版,第 208 页。
④ 戴圣著、傅春晓译注:《礼记精华·中庸》,辽宁人民出版社 2018 年版,第 294 页。
⑤ 孔安国、孔颖达著,十三经注疏整理委员会编:《尚书正义·盘庚下》,北京大学出版社 2000 年版,第 288 页。
⑥ 朱安群、徐奔编:《周易·坎卦》,青岛出版社 2011 年版,第 89 页。
⑦ 戴圣著、傅春晓译注:《礼记精华·祭法》,辽宁人民出版社 2018 年版,第 288 页。

活、精神生活联系紧密,故而古人虽对日月星辰、山川河流、花鸟虫鱼皆有感念,但至深、至切、至广、至绵密者,恐怕还是山岳。政治传统上,早在夏商之际,中国就有了"封禅"之说。《史记·封禅书》中说道:"自古受命帝王,曷尝不封禅。"①古代的帝王,不管是易姓而王,还是向上天报功颂德、祈求长生不老,都需要去祭祀山岳,正是如此,山岳特别是泰山,就和中国的传统政治文化有了深刻的联系。"五岳四渎"之说,是对山和水的崇拜,但是两者相比较而言,"岳"的地位显然要远高出"渎"。在文化上,中国的儒释道三家,都与山岳关系密切。早在尧的时代,就有许由、巢父这类隐逸山林的高士。许由隐居其山,饿死在去九嶷山的路上,其山和九嶷山因许由而载入史册。许由、巢父当然仅仅是传说中的人物,但春秋战国以降,中国的文人或者避祸,或者避乱而隐逸于山林,或者迷恋于山林之美、耽沉于山川之乐而流连、啸聚于山川之间,可谓是常态。特别是魏晋六朝时期,一方面,身逢乱世,逸民、隐士等文化性山居者避乱山间堪称常事,尤其是东晋衣冠南渡,江南的山水,对中原迁居的文人而言,无疑是一个重大的自然的发现,重新认识山岳,政治的、信仰的山岳向自然的、审美的山岳转换,构成中国山岳文化史的一个拐点,另一方面,东汉以来印度佛学的输入,加上本土的道教兴起,山岳的宗教化趋势愈来愈明显。历史的、现实的,政治的、宗教的因素交杂在一起,塑造出特定时期中国山岳文化的特殊景观,并由此而持续、深刻地影响到中国的文化、文学、绘画、建筑、音乐等。其中最突出的一点,就是中国山岳文化的宗教化、哲学化倾向。五台山、九华山、嵩山、峨眉山、普陀山等,至今仍是佛教圣地。茅山、武当山、终南山等,是道家的圣地。有学者说:"4世纪以降,随着佛教山寺的兴起和山中修道的宫观化,山岳文化景观发生了根本性的变化,一些山岳成为寺观集中的宗教圣地。"②此言确实不虚。

山岳的政治化、宗教化、历史化、社会化、生活化、哲学化、美学化、艺术化特点,对中国文学包括整个文学传统的塑造和影响是非常深远的。从中国文学的源头《诗经》开始观照,写山岳就成为一个非常鲜明的特点。《齐风·南山》中写:"南山崔崔,雄狐绥绥。鲁道有荡,齐子由归。既曰归止,曷又怀止?"③诗歌以南山的高大沉稳,与周人的君子之风形成鲜明的对应;《鄘风·君子偕老》中则写"君子偕老,副笄六珈。委委佗佗,如山如河",用

---

① (汉)司马迁撰、(南朝宋)裴骃集解、(唐)司马贞索隐、(唐)张守节正义:《史记》,中华书局1982年版,第1355页。

② 魏斌:《"山中"的六朝史》,生活·读书·新知三联书店2019年版,第2页。

③ 张兆裕编:《诗经》,中国友谊出版社1997年版,第119—120页。

"如山如河"①来赞美贵族女性的品德操守;《邶风·简兮》中则有"山有榛,
隰有苓。云谁之思,西方美人"之类的描写,②以山和榛象征男性,隰和苓象
征女性,写出男女情思。《大雅·韩奕》中的"奕奕梁山,维禹甸之,有倬其
道"③,以梁山的巍峨高峻,比附帝王的丰功伟绩。《诗经》中涉山的作品很
多,作为周朝的文化产物,《诗经》中写山的作品,以传达王道、礼乐教化为
主。到了《楚辞》时代,山岳在中国文学中的形象有了很大变化,《九歌·山
鬼》写到的山,则是"若有人兮山之阿,被薜荔兮带女萝",是"表独立兮山之
上,云容容兮而在下",是"山中人兮芳杜若,饮石泉兮荫松柏,君思我兮然疑
作",④楚人传说中的山鬼形象跃然纸上。山和山鬼,与作者的孤独、哀婉、
悲切,混合在一个缥缈迷离的世界中。汉魏六朝时期,文学中的山岳形象再
度发生变化,"自然"观念的萌生和人的审美意识的大觉醒,特别是在乱世
中,文人寻求身体与心灵双重庇护的情况下,汉魏六朝的诗歌、赋、笔记小
说、散文当中,有大量的山岳描写。因为衣冠南渡后,北方士人南迁之后心
境的变化,和士人南迁以后对南方山水的审美"发现",山岳成为文人知识分
子的挚爱之物,"山水诗"亦随之应运而生。谢灵运、陶渊明等作为山水诗的
开创者,以山、水为诗的经典名篇自然是不在少数,其他像孙绰的《游天台山
赋并序》、庾信的《和宇文内史春日游山诗》、孔稚珪的《游太平山》、江淹的
《游黄蘗山》、萧子云的《落日郡西斋望海山》、吴均的《山中杂诗三首》等大批
诗文,都是写山的名篇。唐、宋两朝,诗歌和散文作品中涉及山岳描写的更
多。除李白和著名山水诗人王维、孟浩然之外,唐代诗人几乎是无人不写
山。文人喜山、喜好游历和交游是一回事,毕竟,唐代儒、释、道三家通行,求
仙修道思想盛行,且唐王朝的政治性格和文化性格中,胡汉混杂。陈寅恪在
《李唐氏族推测之后记》一文中说:"李唐一族之所以崛起,盖取塞外野蛮精
悍之血,注入中原文化颓废之躯。旧染既除,新机重启,扩大恢张,遂能别创
空前之伟业。"⑤李唐王朝的奔放、热烈、开放,文化上的兼容并包、海纳百
川,自然会影响到文人的精神生活世界。虽然说同样是写山,但唐人笔下的
山,与汉魏六朝时期文人笔下的山岳相比,意趣则大有开阔。王维笔下,山
岳四季变换,春日是鸟鸣深涧,夏日则是万壑参天,秋日便是敛余照,冬日则

---

① 张兆裕编:《诗经》,中国友谊出版社 1997 年版,第 67 页。
② 张兆裕编:《诗经》,中国友谊出版社 1997 年版,第 58 页。
③ 张兆裕编:《诗经》,中国友谊出版社 1997 年版,第 322 页。
④ 熊竹沅注:《楚辞》,贵州人民出版社 2000 年版,第 46 页。
⑤ 陈寅恪:《金明馆丛稿二编》,生活·读书·新知三联书店 2001 年版,第 344 页。

天寒叶稀,一年四季的山岳,是气机生动。李白诗中,山岳移步换景,如《早发白帝城》《独坐敬亭山》《登峨眉山》《登太白峰》《岘山怀古》《焦山望寥山》《望木瓜山》《望天门山》《望庐山瀑布》《关山月》等。李白游历地方甚多,这些诗,只是他创作过的与山岳有关的诗歌的一部分。唐代诗人对于山岳的另一贡献,就是创造出许多著名的山岳景观,诸多山岳因为唐代诗人的驻足而声名远播,为后人津津乐道。到了宋代,诗词文章中自然也不乏写山的经典,典型的如欧阳修的《醉翁亭记》《嵩山十二首》,范仲淹的《游庐山》,王安石的《游褒禅山记》,苏轼的《题西林壁》《赤壁赋》,范成大的《峨眉山行记》,朱熹的《百丈山记》,等等,但总体来看,宋代写山的文学,与前代已远远不可比,且因为理性精神、艺术精神的高炽,清雅、冷静有余,豪迈奔放不足,与唐及唐以前人已有极大的分别。宋代人论画有云:"山者,有主客尊卑之序,阴阳逆顺之仪。其山布置各有形体,亦各有名,习乎山水之士,好学之流,切要知之也。"①

宋既是中国历史的分水岭,也是中国文化、文学的分水岭。钱穆先生说:"论中国古今社会之变,最要在宋代。宋以前,大体可称为古代中国,宋以后,乃是后代中国。"②古代与后代的分别,便是贵族和门第社会的有无。就山岳叙写来看,宋以后,文人作家写山的意趣似乎大打折扣,各类小说,如《红楼梦》《西游记》《水浒传》《封神演义》等,自是免不了写山,但山岳的那种它性的——政治、宗教、文化、美学的趣味,日渐消薄。到了现代以后,中国文学的山岳叙事,更是有了意味深长的转型。理论上,陈独秀在他的那篇充满战斗精神的檄文——《文学革命论》中,直接提出要"推倒迂晦的艰涩的山林文学,建设明了的通俗的社会文学"③。闻一多《新文艺和文学遗产》说:"至于文学遗产,就是国粹,就是桐城妖孽,就是骸骨,就是山林文学。中国文学当然是中国生的,但不必嚷嚷遗产遗产的,那就是走回头路。"④在现代作家那里,山林文学有它的原罪,但这个原罪并不是陈独秀所说的"迂晦"和"艰涩",而是中国在经历近代以来的屈辱后,需要在社会、文化、制度、人心层面进行刮骨疗毒式的变革,这样的变革,需要文学将中心转移向社会,转到人身上,过去的山水、田园文学,是远离社会,远离民族富强。从观念上

---

① 俞剑华编著:《中国历代画论大观》第二编《宋代画论(一)(二)》,江苏凤凰美术出版社 2015 年版,第 67 页。
② 钱穆:《中国学术思想史论丛 第六册》,台北东大图书有限公司 1978 年版,第 213 页。
③ 陈独秀:《独秀文存 论文 上》,首都经济贸易大学出版社 2018 年版,第 78 页。
④ 颜浩考:《闻一多 新文艺和文学遗产》,山东文艺出版社 2006 年版,第 11 页。

看,山水是自然的、美的,是天人合一,是闲适、消遣、隐逸、欢愉,这些显然与现代社会倡导的诸如民主、科学、自由、平等之类的社会价值系统相去甚远,故而山林文学为现代文学的价值系统所不容似乎就在所难免了。

统观现代以来中国文学的山岳叙事,一个明显的特点,就是传统中国文人作家对山岳的喜爱,被一种现代性的情感厌弃所取代;这个情感厌弃,是现代性启蒙叙事的产物。在现代性叙述中,山岳不再是高大巍峨的美景,不再是《世说新语》中所写的山阴道上行,"千岩竞秀,万壑争流。草木蒙笼其上,若云兴霞蔚"[1],山川自相映发,使人应接不暇。也不再是召唤起人们的生命感觉,和对天地、造化、生命展开哲思的起源,而是为一种现代的观念和焦虑所改造的东西。就像 20 世纪 20 年代,贵州作家蹇先艾《在贵州道上》所写到的那样,它是自然地理意义上的艰难、险恶、隔绝,是启蒙主义和人道主义意义上与现代文明相隔绝的苦厄、贫穷、冷漠、愚昧等。

> 多年不回贵州,这次还乡才知道川黔道上形势的险恶,尤其是踏入贵州境界,触目都是奇异的高峰:往往三个山峰相并,仿佛笔架;三峰之间有两条深沟,只能听见水在沟内活活地流,却望不到半点水的影子。中间是一条一两尺宽的小路,恰容得一乘轿子通过。走在这一类的山谷之中,不用说行装累赘的搭客要发出"行路难"的叹息来,连筋强力壮的轿夫都裹足不前了。[2]

小说以逆向叙事的方法,通过"我"的归乡,看贵州山道的险恶,看险恶的山道中人的破败、蛮荒的古老生活方式和生命状态,再透过这个险恶的自然的环境,洞穿以赵洪顺为代表的山区民众在宗法社会和贫困文化土壤中生发出的丑陋性格。蹇先艾笔下的川黔古道,全无李白《蜀道难》中的奇丽险绝和磅礴的气象,历目所在,皆为人的蒙昧、粗鄙,制度和军阀的蛮横和霸道。陶渊明的《桃花潭记》中,为山口和洞穴阻隔的内外两个世界,内部是"豁然开朗。土地平旷,屋舍俨然。有良田、美池、桑竹之属"[3]。而《在贵州道上》为"奇异的高峰"所阻绝的,则是外部的现代文明,是文明的现代价值,是现代的人性之光,山峰的内部,是野蛮、愚昧、落后、鄙俗。

在现代作家的文化意识和审美意识中,山岳因为交通不便、信息闭塞、物资匮乏,而成为一种负面的地理形象,以山为背景的村落,多以贫困、封

---

① 夏华等编:《世说新语》,万卷出版公司 2014 年版,第 39—40 页。
② 蹇先艾:《蹇先艾文集 1·小说卷》,贵州人民出版社 2004 年版,第 261 页。
③ 徐巍注:《陶渊明诗选》,广东人民出版社 1984 年版,第 137 页。

建、落后、愚昧、粗蛮的形象定格在文学史上。这种启蒙主义视角对山岳的反现代性解读和描写,在艾芜的《山峡中》里面同样有突出的表现,小说开篇写西南的山岳地理:

> 两岸蛮野的山峰,好象也在怕着脚下的奔流,无法避开一样,都把头尽量地躲入疏星寥落的空际。夏天的山中之夜,阴郁、寒冷、怕人。①

现代作家笔下的山岳是"蛮野"的,山中之夜是"阴郁、寒冷、怕人"的。如此感觉经验,与中国古典作家笔下的那种静谧、宁静、雅致、清越、欢愉,并且充满哲思,构成了强烈的反差。究其根源而论,中国作家的山岳叙事,何以会在进入现代社会以后有如此深刻的改变?传统中国社会结构和文化结构中,山岳的政治、宗教、哲学、美学属性,何以会被如此彻底地清销?其实原因很简单,那就是前面所提到的,中国现代社会人们的文化观念、价值取向、审美取向,是由晚清以来中国所承受的殖民主义羞辱文化所建构起来的,在殖民主义的羞辱文化当中,富国、强民是摆脱羞辱的唯一路径,所以,变革社会、改造人心,重塑社会的价值观和意识形态,是现代中国的最大的、最急迫的任务。现代社会是讲"进"的,山林、田园是讲"退"的。文学同样如此,聚焦社会,聚焦人心与人性,聚焦于社会和人的观念系统、价值系统变革,如此的文学才是"现代的"文学,才是"好的"文学。

第二节　当代中国文学山岳叙事类型

相比较而言,古代中国文学领域,山岳的形象是它作为物的自身——自然形成的山岳之美的形象以及儒、释、道和民间文化相混融所形成的文化性的形象。而现代以来,文学中的山岳形象,更多的则是被文学的潮流和社会的潮流所牵引,思潮化和观念化的特点比较明显。山,作为自然地理存在的"物性"的一面被遮蔽了,山岳成为启蒙主义的观念化的某种载体,以及展开社会变革和历史变革画面的某种特定的历史场景。

从当代作家的小说创作情况来看,山岳叙事与现代时段还是有一些区别的,根本的就在于现代性的启蒙叙事,在现代文学领域就被革命化的历史叙事所取代。到了当代时期,启蒙与革命的此消彼长更为突出,山岳叙事的启蒙的一面,渐渐被革命化的一面所取代,只是启蒙与革命的内在辩证,确

---

① 艾芜:《艾芜流浪小说》,上海文艺出版社 1994 年版,第 40 页。

实是很难作出明显的切割。曲波的《林海雪原》,其中就涉及山岳的描写,小说当中所写的威虎山所呈现出来的景观,却是融合着启蒙与革命的双重意蕴:

> 来到一个乱葬岗,松树野蒿,密密丛丛,坟丘累累,满目荒凉。这里绝少人迹,唯有群坟当中的望乡庙内的纸灰和香灰,证明曾有人来吊祭过。[①]

这里所写到的山岳的内部景观,是"乱葬岗",是"坟丘累累",它们既是土匪罪恶的见证,也是阶级压迫、阶级仇恨、社会乱象的见证。其中所写到的荒凉与阴森的鬼气,与启蒙叙事中的山岳想象还是有内在的同气连枝的。从当代小说史的大的历史维度看,当代文学中的山岳叙事是有所变化、有所发展的,其中一个主要的类型,就是革命化的山岳叙事。中国现代革命史的展开过程中,山区、山地是一个非常重要的地方。一方面,现代史上的中国革命,是以农村包围城市,乡村社会特别是山区的乡村社会民众生活的极度贫困,不同阶级之间的压迫与剥削以及山区普遍存在的匪患等,是与革命构造的"哪里有压迫哪里就有反抗"的意识形态构成因果关系的。再加上山区易于隐蔽的特点,更适合开展游击战和敌后斗争,所以,山区是中国革命当代书写的一个非常重要的场域。其中,比较有影响和代表性的作品有马烽、西戎的《吕梁英雄传》,黎汝清的《万山红遍》,李乔的《破晓的山野》,季宇的《群山呼啸》,叶辛《高高的苗岭》《峡谷烽烟》,吴源植的《金色的群山》,窦孝鹏的《崩溃的雪山》,孙扬《兴安踪影》,李乔亚的《铁血七曜》,李西岳的《百草山》,岳立功的《湘西三部曲》(包括《黑营盘》《红城垣》《白祭坛》)等。

这类山地革命小说,其主旨当然是写革命。其中涉及的范围很广,早的甚至从辛亥革命到北洋军阀时期,一路往下写,有的写红军长征,有的写抗日战争日寇铁蹄下的山区民众的抗日图景,有的写的是国共两党之间的军事斗争,有的写的是共产党和国民党地方势力、地方武装之间的军事斗争,林林总总,不一而足。在这类小说中,山区首先是自然的地理环境,是自然的空间和社会的空间,但是作家在写作中,山岳亦多是作家借力的地方。比如《吕梁英雄传》第一回《日本鬼兴兵作乱 康家寨全村遭劫》开头写山:

> 吕梁山的一条支脉,向东伸展,离同蒲铁路百十来里的地方,有一座桦林山。山上到处是高大的桦树林,中间也夹杂着松、柏、榆、槐、山

[①] 曲波:《林海雪原》,人民文学出版社 1977 年版,第 37—38 页。

桃、野杏；山猪、豹子、獐子、野羊时常出没。山上出产煤炭和各种药材，山中有常年不断的流水，土地非美，出产丰富，真是一个好地方。①

小说名曰"吕梁英雄传"，实际的场景，主要就在吕梁山系的桦林山。马烽、西戎写桦林山，只取近景，写其物产丰饶，"真是一个好地方"，意在写日寇兴兵作乱，扰乱了民众的平静生活，使得"好地方"兵连祸结。此段开头，颇有中国古典文学"兴"的况味，言彼物而先言此物。事实上，桦林山山势险峻，建有古长城垛口，此地扼三关而控五原，自古便是抵御北方游牧民族入侵的险要之地。马烽、西戎取近而不取远，取实而不取虚，自然是与他们的个人经验和教育背景有关。马烽、西戎等作家，成长于革命的历史洪流中，他们更多是靠经验写作，是经验型作家，所以，创作中难免会经验为上，取意也是直中取，不会或也没有兴趣曲中求，所以，创作上的意蕴丰赡和旷远略显不足。就像黎汝清《万山红遍》，开篇写豹子山虎头崖上的映山红。小说名为"万山红遍"，红遍万山的，便是映山红：

映山红正在盛开怒放，像一片片彩霞把巉岩峭壁轻轻偎抱，又像一团团烈火在林莽荆丛间熊熊燃烧。鲜红艳丽的花朵，在柔和的晨风里轻摇曼舞，向着从山路上走来的老人和孩子点头微笑。②

小说家以比喻、拟人的手法，写虎头崖上映山红的层林尽染、万山红遍。但是，在老人的讲述中，映山红却并非自然的"风景"，"从前，咱们这山区里是没有这样的花的"，"什么时候才有的呢？不是人种的，也不是天生的，是英雄好汉们的鲜血化成的！"③映山红被置换成山区穷苦民众反抗暴政、反抗欺凌的一种历史写照。

在革命小说的山岳叙事中，山岳本身的事物，被革命所改造，或者说再发现，是一种普遍的现象。革命的山岳叙事的另一种类型，便是"剿匪记"。张行的《武陵山下》、贾乃超的《山匪》、丁令武的《风扫残云》、李恒谦的《龙泉降魔记》、曾纪鑫的《豹子山》、水运宪的《乌龙山剿匪记》、武剑青的《云飞嶂》、刘玉峰的《山村复仇记》、梁信的《龙虎风云记》以及张熙、杨韩的《瑶山密林》，海飞、王彪、曾凡华的《大西南剿匪记》，等等，此一类型的小说很多。这类小说大多以湘西、大西南的深山密林为背景，而剿匪小说中的绝大多数，都会写到洞穴。《乌龙山剿匪记》中土匪头子田大榜、钻山豹等，都是存

① 马烽、西戎：《吕梁英雄传》，人民文学出版社1952年版，第1页。
② 黎汝清：《万山红遍》（上卷），人民文学出版社1976年版，第1页。
③ 黎汝清：《万山红遍》（上卷），人民文学出版社1976年版，第4页。

身在洞穴中,而关于洞穴的叙述,要么是"洞内光线很暗,猴四进来以后,定了半天神才适应过来",或者是"满目尽是赫赫的阴森景象,俨然不是人世间的山水"。① 武剑青的《云飞嶂》,写土匪头子七方利啸聚匪徒打家劫舍所居之地,就是一个巨大的石洞。这个石洞"大而奇,洞中有洞,幽深莫测,这个洞里还有深潭,就连七方利这帮匪徒,也不知道这洞到底有多大,通到哪里"②。

　　诸如此类的洞穴描写,在山岳剿匪小说中极为常见。这种现象的形成,当然与湘西和大西南的地理和历史原因有关。一方面,自然地理形态上,这些地方崇山峻岭多,且因为水流和地下河岩层溶蚀的原因,形成形态各异的洞穴。就像《云飞嶂》中解放军指战员蔡明分析的那样,"广西山多石洞多,处处有山,山山有洞。这是岩溶地形的特征。别看西面那座土山其貌不扬,说不定这座土山的肚子大得很,它四通八达"③;另一方面,湘西和大西南,历史上多为化外之地,地方贫瘠,地形复杂,所以匪患严重,土寇流贼多如牛毛。而土匪的存身之所,亦以洞穴为主。但当代革命题材类型的剿匪小说中,洞穴成为一极为常见的叙事场景,我以为,倒并非单纯因为土匪的习性是喜欢住在洞穴,而是作家们下意识地借用《西游记》的手法。《西游记》中,洞穴多为妖魔鬼怪的存身之所,花果山水帘洞、碗子山波月洞、黑风山黑风洞、麒麟山獬豸洞、陷空山无底洞、福陵山云栈洞、号山枯松涧火云洞、敌毒山琵琶洞、黄风岭黄风洞、平顶山莲花洞、金兜山金兜洞、翠云山芭蕉洞、盘丝岭盘丝洞、狮驼岭狮驼洞、柳林坡清华洞、隐雾山折岳连环洞、豹头山虎口洞、竹节山九曲盘桓洞、青龙山玄英洞,等等,幻化出《西游记》中无数精彩的情节。在《西游记》中,洞穴是与道家的修道成仙思想紧密相连的。道教认为,神仙居住的地方,有十大洞天、三十六小洞天、七十二福地。《西游记》中的妖魔鬼怪,虽不是道家,但追求长生不老,却与道家极为相似。洞穴,因为是妖怪的住所,多与混乱、阴森、恐怖相关联。当代剿匪小说中的山洞描写,与《西游记》中的洞穴描写有异曲同工之妙。有些作家,甚至对洞穴的描写,就有仿写《西游记》的味道,典型的就是《云飞嶂》中写土匪头子七方利所住的山洞,箭猪顶的后面有道瀑布,从猪婆岭上倒挂而下,瀑布的后面,就是七方利隐身的山洞。这个山洞的位置与格局,与《西游记》中的水帘洞如出一辙。

---

① 水运宪:《乌龙山剿匪记》,湖南人民出版社 2014 年版,第 25、179 页。
② 武剑青:《云飞嶂》,广东人民出版社 1978 年版,第 46 页。
③ 武剑青:《云飞嶂》,广东人民出版社 1978 年版,第 107 页。

在山岳的革命叙事外,山岳的社会化叙事,是另一重要形态。如前所述,现代中国的一个急迫的问题,就是社会变革与发展,以现代性的观念和价值矫正民心民性,以摆脱国贫民弱的问题,启蒙、革命、救亡、变革等,是现代中国的主旋律。在这样的历史背景下,"山林文学"被"社会文学"所取代,便成了历史的内在逻辑。写山乡、山村、山区剧烈的社会变动、深刻的人心变革,便是对历史潮流的顺应。早期作品如周立波的《山乡巨变》、赵树理的《三里湾》等,自是人所皆知的名作。20 世纪 80 年代以来,古华的《芙蓉镇》,鲁彦周的《天云山传奇》,贾平凹的《鸡窝洼人家》,郑义的《老井》《枫》,大明的《大山里的三代人》,以及进入 21 世纪以来阎连科的《年月日》《日光流年》,葛水平的《喊山》,王蓬的《山祭》,凡一平的《天等山》《上岭村》,宋清海的《猿山》,展锋的《山隅》,马平的《草房山》,钟正林的《山命》等,都是写山村小社会,把乡村小社会放在社会大历史中去精雕细刻人心、人性之变,以乡村小社会映现外部大历史的有影响的作品。

这类写作,多与中国的当代文学思潮同步,很多作品,都可以归纳到诸如反思文学、改革文学、寻根文学、新写实文学、生态文学中去。它们既是中国社会历史变革潮流推动的结果,更是与现代启蒙运动紧密结合的产物。作家们之所以选择"山村"作为展开社会变革画卷描绘的空间所在,一方面当然是因为山村本就是中国乡土社会的一部分,但另一方面更加富有分析意味的,是山村相比较于平原农村,交通更不便、信息更不发达、经济更落后、民风与人性更剽悍、宗法文化更顽固,等等。正是在这种意义上,我们再回过头去看此类山岳叙事,便可以发现,它们很好地延续着现代文学的启蒙传统,山岳,就是与贫穷、落后、闭塞、愚昧、麻木、残忍相联系的。葛水平的《喊山》极具代表性。小说写太行山大峡谷的岸山坪。山,是"从远处望去赤条条的青石头儿悬壁上下";岸山坪的住户,是在"瘦得肋骨一条条挂出来"山体上"挂了几户人家"。[①] 在这个荒远、偏僻的山村里,"喊山"是人与人对话、交往的方式。小说三次写到"喊山"。第一次是小说开始,有私情的岸山坪的韩冲和甲寨的琴花隔着山头"喊山"。这次的"喊山",是情欲的释放。第二次是腊宏死后,红霞对着腊宏的坟堆喊。这次喊山,是红霞怨恨、委屈的释放。第三次是夜里,红霞听到对面甲寨上人筛着铜锣"喊山",于是勇敢地走出房门,对着苍茫的大山狂喊。这次喊山,是红霞被压抑已久的,作为一个人、一个女人的天性的大释放。《喊山》这部小说,情节和故事其实并不

---

① 葛水平:《喊山》,浙江文艺出版社 2011 年版,第 3 页。

复杂,并不曲折,不过是写两对三角形的畸形婚姻,腊宏、红霞、韩冲是一组,韩冲、琴花和琴花的丈夫发兴是一组。小说通过两对三角形的畸形婚姻的交错影响,不断地推进着故事发展。小说中,葛水平写乡村的贫困,这更是表面上的,腊宏吃了上顿没下顿,要到山下去讨白馍和面团子糊口;韩冲因为赤贫如洗,三十岁了讨不上老婆,所以与甲寨的琴花保持不正当关系;琴花虽说是甲寨最富裕的,却也为两个儿子的婚事发愁。贫困,是岸山坪作为山村的原始面相。葛水平的发力点,似乎是在写自然环境的恶劣、古老的文化传统、人性的原始力量三者之间的美学辩证。但是,这部小说最具冲击力的,其实就在小说的标题——"喊山"。何谓"喊山"?"喊山"是一种沟通、交流,是一种对话、表达,是一种辐射、影响。这里面的"喊",不单是人与人之间的"喊",也是人与时代、一种文明与另一种文明之间的"喊"。喊,意味着回应、应答,意味着同情、理解。但是在葛水平的《喊山》中,红霞却是一个失去说话能力的沉默的哑巴。当红霞最后走出屋门,拿着新洋瓷脸盆和铁疙瘩火柱,对着大山狂喊的时候,那种宣泄、释放、冲动,极具力量和思想张力。红霞"喊"出来了,岸山坪呢?封闭的山村和农耕文明呢?它们向谁"喊"?况且它们的"喊山",才是甲寨、岸山坪的未来,是腊宏、韩冲、红霞、琴花们的未来。

　　类似这种以启蒙主义眼光观照山村的写法,当代文学领域非常之多。区别在于作家们聚焦点不同,有的作家聚焦于山村的社会形态,有的作家聚焦于山村的文化形态,有的聚焦于人性与人心。当然,人心、人性与文化传统以及社会形态等根本不可割裂,三者之间本就是辩证关系,作家们写小说,自然不可舍此而就彼,只是侧重点有所不同而已。如展锋的《山阴》,就是侧重写山村社会的宗法文化。小说从革命时期写到改革开放,宏大的历史时间结构,不过是上演家族和人的命运。王、辛两个家族的矛盾和冲突,皮相上是两个家族政治选择的冲突,但根底上,还是乡村社会家族文化和传统伦理的冲突。马平的《草房山》,借助一个叫七里堡的山坳小村,写中国从"土改"到"文革"的乡村社会史,写中国乡村社会农民的心灵史。小说中,李安乐、老古等,既是大时代历史洪流锻造出的"新人",又是数千年乡土中国、乡土文化、宗法文化塑造的"旧人"。小说所处理的,其实就是启蒙主义和后来的革命叙事反复涉及的命题:农民,尤其是中国的农民,当如何在社会的转型中去除自己的根性,而转换为"现代的人"?

　　在当代山岳革命化、启蒙化叙事之外,另一较为普遍的类型,就是山岳的民族志式或者说秘史类叙事。中国的山岳,主要分布在西南和西部。这些地方,本就是中国少数民族聚居的地方。各个民族,在其历史发展过程中,都会因应山岳的形势,然后形成自己的历史、生活、语言、习俗和信仰。如此,山岳与山岳、民族与民族之间,便有了各自的特殊性和相互之间的差异性,山岳中的民族志或秘史性叙事,由此而成为可能。就当代文学整体来看,这种山岳的民族志和秘史类叙事,基本也分布在中国的周边,特别是"胡焕庸线"[①]附近所涉及的大兴安岭、贺兰山、三峡、云贵川等地的山区,更是密集。乌热尔图的《一个猎人的恳求》《七叉犄角的公鹿》《琥珀色的篝火》,阿来的《云中记》,迟子建的《额尔古纳河右岸》,吴景娅的《男根山》,何也的《嘎山》,黄尧的《女山》,杭盖的《浚稷山》,方琪的《最后的巫歌》,杨文升的《神山》等,其中除何也的《嘎山》是写闽南山地外,其余都分布在"胡焕庸线"附近。

何以中国山岳的民族志和秘史性叙事,多集中在"胡焕庸线"附近?这不是我们知识范围内能解决的问题,但是,此类山岳叙事所构成的"中国",是一个多元、多维、立体的"中国",这是毫无疑问的。乌热尔图的小说,呈现出的是鄂温克民族独特的自然环境以及在这种自然环境中自然而然形成的历史环境和文化性格。长满灌木丛和杂草的山谷、又高又密的松林、鹿奶般的晨雾、野鹿走过的小径、熊熊燃起的篝火等,构成乌热尔图小说常见的意象。乌热尔图的小说,既是为鄂温克民族的历史和生活立传,更是为他们的文化心理和民族性格塑形。乌热尔图的小说频繁出现的动物意象,是野鹿和野熊;野鹿和野熊的出现,自然是鄂温克族人生活的地理环境的事实,特别是鄂温克人,多以驯鹿为生,野鹿的出现更是小说命理中的必然。但是,乌热尔图笔下的野鹿和野熊,很显然不是一种地理的意象,而是文化的意象。鹿,在古代被视为神物,象征着幸福、吉祥、长寿,象征着美好和纯净。而熊则象征着勇气、胆识、勇猛和力量。因此,乌热尔图小说中的动物意象,其实只不过是以动物的形象,写照鄂温克族人的精神世界和民族性格而已。

与乌热尔图注重民族性格和文化心理的描写不同,福建闽南作家何也的《嘎山》,则更像是闽南文化的百科全书。小说开端,以风水命理师凌子罟以及他的徒弟缪百寻的行动为线索,系统性地描写了三山地区(有大三山和小三山。大三山是大莽山、响廓山、鹚山崖,小三山是嘎山、塔尖山、翠屏山)的乡民、商贩、官家、山匪、戏子、花间查某等普通民众的生活状态。凌子罟和缪百寻作为风水命理师,通晓天文地理,洞察世事人情。凌子罟对徒弟缪

---

① 中国著名地理学家胡焕庸先生在 1935 年提出的划分我国人口密度的对比线,最初称"瑗珲—腾冲一线",后因地名变迁,先后改称"爱辉—腾冲一线"和"黑河—腾冲线"。

百寻谈论命理时说：

> 山、医、命、卜、相道门五术，出自黄帝的《金篆玉函》。山指的是仙学，炼丹为龙虎胎息、吐故纳新，符箓为通上天而役神鬼，修典为览承继而知未来。医家透彻经络，精通导引、祝由与方剂。命学依凭八字、星辰、神数推断命运。占卜预测吉凶，太乙、奇门、六壬为式卜；梅易、六爻为卦卜；测字、占梦、抽签为杂卜；蓍筮、掷钱为易占。相学最是博大精深，星相是相天术，风水是相地术，面相、手相、体相、音相、摸骨、痣相是相人术。五术百艺，寻常禀赋终其一生也难通一途，能兼容并包者万不及一。①

《嘎山》兼具纪行和游历小说的味道。凌子罟见闻广博，藏书甚丰，留下遗著《子罟杂记》。徒弟缪百寻承继凌子罟的学问，沿《子罟杂记》所记载的山水村寨、过往人事一一印证。统观整部小说，何也对闽南自然地理、地方语言、风土人情、乡村风物的描写，堪称用心至极，精到至极。有人把《嘎山》视为闽南山区的《百年孤独》，确实有几分道理。特别是闽南的方言与文化，留存着诸多中原河洛文化的成分。中原文化自汉代传入闽南，与当地原居民文化逐渐相融，混合而成闽南文化与风俗。所以，闽南虽为化外之地，但是因为文化流动和人口迁徙的原因，闽南的语言、风俗、习惯中，保存的其实更多的是传统的中原地区的古语。在何也的《嘎山》中，语言上，半文言半白话、半古语半现代语，人物行动上的古意与大义之风，其实折射出的，都是一个地方的民族志、一个地方文字背后隐匿的历史。

第三节　当代山岳叙事的文学传统与史学问题

当代文学领域的山岳叙事，远不止上述分析的这些。问题的根本，不在于我们如何去把握当代文学领域的山岳叙事，而是需要在中国文学、文化、文明的大传统中，去审视当下中国作家山岳叙事的问题与可能性。前面我们说，中国的文化结构中，天地之间，人事与自然万物，皆是文化；但是山岳在自然事物中，其地位要远超出其他地理事物。中国文学传统中，山岳所处的结构性位置，同样远超出日月星辰、花鸟虫鱼。原因其实非常简单，就是前面所提到的，山岳密切联系着中国传统的政治文化，联系着儒释道三家的

---

① 何也：《嘎山》，作家出版社 2018 年版，第 120 页。

文化精神,包括民间非常复杂的文化精神。

现代以来,中国作家处理山岳的叙事经验,的确与传统作家有了天渊之别。最根本的原因,就是启蒙现代性对山岳的另类想象。现代中国文学,迄今不过百年,现代以来中国作家的山岳叙事经验,显然不是历史的常态,而是特殊历史阶段的特殊经验。那么,如果从中国文学、文化、文明的大历史视野出发,中国文学的山岳叙事,当有何等的面貌和可能性?这是一个值得认真思考的问题。这种对于文学史经验反思的命题,自然有它的复杂性,我们可能有很多问题需要加以探讨,但是统合起来看,我以为,时下我们最需要反思的,就是启蒙现代性对山岳的一种反现代性想象。从客观事实上来说,山区或者说山村,确实存在着交通不便利、信息闭塞、物资匮乏、与外界隔绝的问题,但是,这并不意味着山村就是贫穷、落后、愚昧、麻木、阴冷、残忍的代名词,山村同时表征着宁静、静谧、清朗、秀美,表征着人与自然和谐相处的古朴、本真,可是,在现代以来作家的现代性虚构中,山村无一例外地被启蒙的观念预设所改造,成了被批判、被否定的对象。此类创作,阎连科的耙耧山脉系列小说堪称代表。《年月日》的开篇,就是写耙耧山脉的亘古洪荒:

> 千古旱天那一年,岁月被烤成灰烬,用手一捻,日子便火炭一样粘在手上烧心。一串串的太阳,不见尽止地悬在头顶。[①]

空旷的大地上,是虚妄,是死寂,是生机全无。阎连科在一片荒绝的气氛中,写出耙耧山脉人们生存境况的枯寂与死沉。阎连科善于在一种绝境中,写人类的生之艰难,写人活之苦难。阎连科的小说美学,可谓是一种"绝境意识"。阎连科习惯把人类的生命处境,设置为一种绝境,然后在绝境中,去看人类的韧性、坚持、力量,看人类的悲愤乃至是透彻到终极之处的悲剧。《日光流年》中,阎连科写河南大山深处三姓村人的宿命,三姓村人因为"喉咙症"都活不过四十,所以三代村长开始改变现状:司马笑笑试图"把所有庄稼都种油菜",蓝百岁则"把所有田土翻到地下几尺",司马蓝是"从灵隐渠引水"。三代村长的努力,无一例外以失败而告终。支撑三姓村人活下去的,一个是靠男人卖皮,一个是靠女人卖身。小说的核心人物,是村长司马蓝。阎连科以时间倒流和后退的写法,从司马蓝的死开始写起,然后回溯司马蓝担任村长后的所作所为,再返回青年司马蓝如何当上村长,再倒流到少年司马蓝在同辈中的出类拔萃,最后是回到司马蓝的童年和出生。中间穿插几

---

① 阎连科:《年月日》,河南文艺出版社 2014 年版,第 117 页。

位前任村长和其他有关人物的故事。小说令人震惊的地方，就是司马蓝最后回到母亲的子宫里，那里是生命的起源，是生命的来处；那里没有失败、痛苦、死亡和不安，那里安详而宁静，充满希望。但是，人类是不可能躲到那个"来处"的，更不可能躲避现实世界的酷烈、肃杀、残忍。阎连科把现实世界中无解的命题，退回到母亲的子宫里，这只能说是阎连科的人道主义修辞术。

这种启蒙主义的美学遗产，需要我们展开认真的反思。启蒙主义的修辞学里，山岳为何成为贫困、封闭、愚昧、麻木、奴性、肮脏、丑陋、残忍、凶狠、争夺的象征？这个我们前面已经讲得比较清楚了。可问题是，即便山岳可能因为与世隔绝而存在消息闭塞和交通不便、经济落后等现象，但这并非山岳的全部。陶渊明的《桃花源记》虽是虚构，可是它的和平、美好、宁静、安然，却是陶渊明对山岳世界的想象。在陶弘景那里，是"山中何所有，岭上多白云"（《诏问山中何所有赋诗以答》），山中虽无华轩高马、钟鸣鼎食、荣华富贵，却有超然尘世、超越功名世界的淡然；在李白那里，是"脚著谢公屐，身登青云梯。半壁见海日，空中闻天鸡"（《梦游天姥吟留别》），是"天如邻四明，华顶高白越"（《天台晓望》）；在苏轼那里，"水光潋滟晴方好，山色空蒙雨亦奇"（《饮湖上初晴后雨二首·其二》）；等等。可以说，山岳既有美好而富有诗意的一面，也有不美好的一面，诗人和作家们究竟写什么、写出什么、如何写，其实就是一个观察角度和立场的问题。古人在自然的、美学的、天人的、超越的观念中看山岳，山岳就是一个相对于此在的彼在世界；今人以启蒙的观念系统，构造出一个"现代的"世界，再以"现代的"世界去反观山岳，山岳就成了贫穷和落后的代名词。

就文学创作而言，事实上，今天的作家完全可以跳出传统和现代的二元对立，跳出对山岳的观念化塑形——无论是启蒙的还是革命的、宗教的还是政治的，山岳，其实就是它的自身。山有它的形体和形势，有它的自然、气候、走向、水流，有它的物的系统，有它的历史和传说，有它和人类形成的特殊关系、特殊生活形态。毕竟，在人类的历史发展过程中，山岳承载着诸多和政治、宗教、哲学、审美等有关的特殊内涵，这些内涵都是山岳文化的一部分，它不是人类强加的、假定的，所以，其实它们也是山岳的"自身"。简单地说，时下的中国作家写山岳，启蒙和革命意识形态赋予山岳的那些美感经验，其实只是现代性的预设和假定，它们不是山岳自身。我们反思现代山岳叙事的假定性，就需要回到山岳的自身——包括它的自然系统和文化系统。

应当说，近年来这种回到山岳自身，去呈现山岳作为"物"的独特的"这

"一个"，作为文化的独立存在，正在成为作家们努力的方向。特别是贾平凹，有将近十年时间，他一直在写秦岭，写秦岭的飞禽走兽、草木虫鱼，写秦岭的历史与人事，写秦岭的山峦和沟壑。他的《老生》，借助《山海经》的写法，写秦岭内部的山系。贾平凹一座山一座山地写，一条水一条水地写，他把时代的变动和山岳社会内部历史的演变糅合进秦岭的山水沟壑之中，尽写秦岭的地理与人事。《老生》这部小说，贾平凹的实验性还是比较强的，就是仿写他心目中伟大的书——《山海经》，所以在小说的结构、人物的塑造、情节的设置和矛盾冲突的营造等方面，贾平凹都是按照《山海经》的空间思维和"人—地"关系理念设计的。小说的四个部分，虽然在时间上是四个历史阶段，在空间上却是按照《山海经》的西山经、南山经、北山经等设计的。特别是唱阴歌的阴阳师这个人物的引入，打通了《老生》中的阴与阳、人与物、人与神、古与今，使得小说氤氲着某种亘古蛮荒的气息。除《老生》外，贾平凹的《山本》和《秦岭记》同样是写秦岭的。其中，《山本》的书名即为"山本"，这表明贾平凹写秦岭的"本来"，写秦岭这座山岳的"自身"的意愿更为强烈。确实，《山本》虽然也写到秦岭内部的历史与革命、人事与社会，但是，贾平凹向秦岭"自身"回收的写作意图还是非常明显的。小说中的秦岭，兵荒马乱，炮火连天，各种政治势力搅作一团。战火纷飞之中，麻县长——一个失意的读书人，平生政治抱负难纾，剩下的唯一的志向，就是写出两本秦岭的动物志和植物志。小说中，贾平凹对秦岭的物——草木鸟兽等，描写更多。小说中，贾平凹把人、事、物放在一个大的统一性中观照；这个统一性，就是"本"，它既是山之"本"，是事之"本"，更是人之"本"和物之"本"。这个"本"是什么？其实就是一个万物之理，就是《山本》中写到的"涡"，白和黑、阴和阳、善和恶、生和死，都在这个"涡"代表的统一性中。贾平凹写秦岭，其实最彻底的是他新近出版的《秦岭记》，这部小说，社会、历史、人物、人事这类与人有关的内容，小说已很少涉及，山峰、崖坪、云石、沟谷、寺观、河溪、草木、虫鱼、鸟兽等，是《秦岭记》写作的重心。《秦岭记》是真正一部记秦岭的书，是纯粹记秦岭的书。

除贾平凹外，阿来、韩少功、陈应松、孙频等近年的创作，亦有向山岳自身回撤的趋势。阿来在几年前的《蘑菇圈》《云中记》等作品中，就有以自然的眼光写山间草木的念想，他的自然观念、大化观念，隐含着阿来写作的新的可能性。如今，葳蕤的花草，茂密的森林，岩石，水潭，飞瀑，鸟鸣，西南的关隘与古道，在阿来的笔下随处可见。韩少功回到汨罗江畔他的故里，《山南水北》叙述的地方地理，山岳、湖泊、河流、云海、雾浪、飞鸟、鱼群等等，韩少功信手写来,皆是旷远的意境。

当代作家所写的山岳,除自然性、审美性外,当然还有它的文化性、宗教性。特别是贾平凹的系列小说,秦岭叙写中,儒学、道家、佛家以及民间的杂学、风水、阴阳、五行和八卦等思想,杂糅其间。阿来写山地的动物、植物、山岳,佛教、苯教、神话的哲学贯通其里。当代作家观山岳,见山不是山,见山还是山,但是,他们的"是"与"不是",他们所见之山,与中国传统作家单纯的那种隐逸的政治美学和自然的山水美学,包括佛家、道家的修心、修性、修仙之思已不可同日而语。当代作家观山的"观",要复杂得多,历史的、社会的、政治的、文化的、民族的、地理的、自然的、科学的,中国的、西方的、传统的、现代的,当代作家要远比古人多元,如此,即便是再写山岳之美,那种自然的美学,也会为其他综合的思想所改造,作家们写出的山岳,自然不是古人的山岳。

从大的历史脉络来看,山岳与中国文学的关系,其实不单纯是创作上的关系,它还涉及文学史的空间建构和形态建构问题。中国的地形地貌复杂,有高原、平原、草原、丘陵、盆地、高山、峡谷、湖泊、海洋、戈壁、沙漠等。各种不同的地形、气候、交通、植被、土壤、人口、物产等,决定着地方的生活、语言、伦理、审美等。所以,我们再看"中国文学"时,其实,完全可以从地理结构和地理空间去看到中国文学内部的多元,特别是山系和水系,更具有文学史的空间结构性,比如中国的当代作家,按照山系来分,就可以划分为以李锐、葛水平等为代表的"太行山系",以贾平凹、王蓬等代表的"秦岭系",以姚雪垠、阎连科等为代表的"伏牛山系",以陈应松等为代表的"神农架系",以刘玉堂等为代表的"沂蒙山系",等等。从水系上划分,则有淮河流域、钱塘流域、汉水流域、松花江流域、汨罗江流域、洪泽湖流域、运河流域,等等。不同的山系和水系,作家的创作面貌多截然不同。不过,即便在同一个山系和水系里面,作家的创作差异也比较大,比如说山阴和山阳,山岗和山谷,不同的山岭,其物产、人种等都不一样,所以山岳内部的作家,差异性还是比较大的。相对来说,因为在古代的时候,河流起到重要的交通功能,所以一个流域内,物流、交通、人际交往等都较为方便,物产和语言的同一性程度更高,饮食、风俗的统一性程度也高,所以,反倒是流域作家或者说流域文学的标识度更高。

不管怎么说,山系同水系一样,建构着中国文学之"中国"的地理板块,这是不争的事实。再者,反过来说,文学也在建构着不同的地理景观,包括文学中的山岳景观、流域景观等,这也是不争之事实。就像贾平凹,尽管秦岭是著名的山脉,但是人们对于秦岭的掌握更多的是科学的、地理的、自然的,而贾平凹的《老生》《山本》和《秦岭记》,则为我们构造出一个具有历史、地理、文化、宗教、生活、风俗、伦理、语言、自然等多重内涵的综合性的秦岭、形象的秦岭,这不能不说是文学的贡献。就像迟子建的《额尔古纳河右岸》对额尔古纳河的塑造,徐则臣的《北上》对运河的塑造,道理都是如此。

第十章　地方志与当代小说的"流域"写作

　　河流作为生命摇床与文明摇篮，各民族文学都与之唇齿相依。其中，运河以其广袤的地理样态与多元的文化内涵，持续参与中国文学的发生与演变，运河书写也一直延续着河流文学书写的文脉。当代以来尤其在 20 世纪80 年代以降，自汪曾祺的高邮运河市井小说和刘绍棠的北运河乡土风情小说始，伴随着王梓夫、冯骥才、徐则臣等诸多小说家的加入，运河题材小说作品成为当代文坛中一股不容忽视的创作潮流。当代小说家们心有灵犀纷纷扮演起运河揭面人的角色，诉说着运河故事，陈述着运河过往，无数段辉煌繁荣的运河历史，便凝结在当代小说家笔端。

　　20 世纪 80 年代的文学语境使当代小说家对运河的聚焦式书写呈现出一种"回到地方"的特殊态势。"文革"以后，大陆的思想界几乎处在一种"真空"氛围中，中国现代性发展和思想断裂引起普遍的文化焦虑和身份焦虑。在这样的背景下当代小说家急需寻找自己的文化身份认同。而"回到地方"，在孕育自己生命的"地方"中寻找文化认同成为许多作家的共同选择。加之"寻根思潮"的影响，便催生了大量向地方文化、传统文化回归的文学作品，显示出当代小说家空前强烈的地域意识。在全球化语境中，文学家对于个人身份和民族身份的思考，就表现在如何通过写作寻找和确立"本土"文化经验。文化认同的根源之一就是本土的"地方经验"，用文学的方式为一个自在性的地方立志、立传以确立自身的地方和民族认知。

　　循此脉络，在 20 世纪 80 年代的"地方写作"趋势下，诸多小说家选择以河流、山川为"寻根"的载体。仅以河流来看，文坛便涌现出张承志《北方的河》、迟子建《额尔古纳河右岸》、苏童《河岸》等具有典型文学史意义的小说文本。当代小说家们将"河流"视为地方书写、文化寻根的中心，并将其纳入作家主体的地方文化精神体验。20 世纪 80 年代以来运河书写的出现与上述文化语境有千丝万缕的关联。就专注于运河地方书写的小说创作而言，其对"地方性"的重视可以看作是对 80 年代以降挖掘地方传统、"文学寻根"

的赓续与回应。不同于长江、黄河等河流书写对象,运河已然成为一项文化遗产,亟待保护。运河影响下形成的地方文化随着运河的衰落而日渐消殒,这都让当代小说家们感到了强烈的认同危机,因而自觉不自觉地通过书写运河来对自己所属的地方文化、民族文化进行挖掘、溯源,并以此完成回归地方、回归民族的价值取向。

对于书写运河的小说作家而言,他们对自己熟悉的地方的情感是以运河为中介的,他们与一个地方的关系包括人与运河、地方与运河之间的情感、信仰、道德等多重关系。当代作家对以运河为中心的乡土和城镇空间的联系,是由人与运河互动的本质而发展出来,指向的是以运河为中心的地方的归属。当代作家以当代人的眼光重新审视运河周围的地方文化,"重新发现各种本土性、地方性知识的特有价值"①。当代作家站在当下的立场开掘过去有价值的地方文化,具体表现为作家在小说中对地方风貌的再现、对礼仪风俗的重现与审视、对地方历史的反思、对地方精神的挖掘等等。

当代小说家聚焦运河地方书写,在小说中描绘运河地方空间的样貌、钩沉地方历史、挖掘地方传统的多方面文学努力与地方志在内容和形式上形成了某种内同构性关联。方志是"记载某一地区历史、地理、社会风俗、物产资源、经济文化等方面的综合性著作"②,方志的内容既可以成为小说创作的文学资源之一,同时,专注运河地方书写的小说,也可被视为一种文学形式的"地方志"。中国文学史上也曾出现过很多以一地之风景、风俗、历史为书写对象的文学作品,刘卫东就此认为,文坛上"张爱玲笔下的上海、沈从文笔下的湘西、赵树理笔下的山西、孙犁笔下的冀中","构筑了一部'地方志文学史'"。③ 以某个具体地方的运河书写也视为"地方志文学史"的延续。当代小说中的运河书写包罗万象涵容丰富,举凡山川、河流、疆界、生物、物产、风俗、礼仪、古迹、名人等,同时也是地方志所涵盖的内容。对地方知识的挖掘与再现,在河流与地方之间寻找自身的文化之根,催生了当代小说家们笔下形态各异的运河地方小说形象。从刘绍棠《蒲柳人家》等作品中的"鱼菱村"到冯骥才《俗世奇人》中的"天津码头",从汪曾祺《受戒》中的"高邮"到徐则臣早期作品中的"花街",再到萧耳《鹊桥仙》中的"栖镇"等等,当代小说家将目光聚集在自己最为熟悉的运河一隅,共同撰写着中国大运河文学的地

---

① 叶舒宪:《文化寻根的学术意义与思想意义》,《文艺理论与批评》2003 年第 6 期。

② 仓修良:《方志学通论》(增订本),华东师范大学出版社 2013 年版,第 2 页。

③ 刘卫东:《被"家"叙述的"国"——20 世纪中国家族小说研究》,中国社会科学出版社 2010 年版,第 287 页。

域谱系图。

　　书写运河的当代小说家都曾直接或间接地表示为运河及其沿岸地方"立传""立志"的价值取向。比如刘绍棠的小说无一不以北运河乡土的通州"儒林村"为背景,在谈及自己的文学理想时他表示:"满怀感恩戴德的孝敬之心,为我的粗手大脚的乡亲父老画像,以激情的热爱灌注笔端,描写我的家乡——京东北运河农村那丰富多彩而又别具一格的风土人情,为家乡的后辈儿孙留下艺术化的历史写照,同时也使外地人,甚至外国人,通过我的小说,了解我的家乡,喜爱我的乡土,这便是为今生文学创作活动的最大野心。"①徐则臣则坦言自己写大运河并不仅仅因为它很重要,也因为他自幼就与运河和水打交道,"熟悉它,而且迫切地有话要说"②。江苏籍小说家蒋海珠也称自己为运河人,"喝着运河水,吃着运河水浇灌的稻米长大"③,写一个关于运河人的故事顺理成章地成为他的写作情结。小说家王绪益更是将自己的小说作品名为《〈运河志〉传奇》,不仅是因为小说中主人公立志行游运河以完成《运河志》撰写的夙愿,也是因为作者试图将这条与中国共产党革命路线相符的大运河的历史挖掘再塑出来,用小说的形式展现运河流域的地方历史和运河上的革命历史,书写作者个人的"运河志"。

　　不难发现,当代小说家基本秉持着为运河及其地方空间发声的文学自觉。在小说中关于运河流域的自然风景、风俗人情、历史变幻等方面的书写使他们的小说无不呈现着一种"地方志"式的写作取向与姿态。在为一条河流和一片土地"立传"的文学目标的自觉不自觉影响下,很多小说家在文本中引用地方史志以为小说背景做铺垫,显示了作家书写对象的真实性。当代小说家在构建运河流域地方历史时,为了让读者相信和认同小说基本的历史真实性,会在小说文本或创作谈中特别强调自己考据史料、田野调查的文献功夫与创作准备,体现他们对历史真实的尊重和坚守。

　　如徐则臣再三强调自己书写运河的实证态度,他说:"这条河在历史和现实中都存在,我必须通过可靠的细节把它还原出来,可靠的细节从哪里来?实证。虚构不是瞎写,更不是乱写和随便写。"④谢遵祥在《运河往事》"后记"中坦言,友人"提议让我去写剧本,并给我找来三大本《中国运河文化

① 刘绍棠:《四类手记》,北京十月文艺出版社 2018 年版,第 120 页。
② 徐则臣、袁毅:《徐则臣:一条大运河与一个民族的秘史》,《长江丛刊》2019 年第 13 期。
③ 蒋海珠:《运河女》"后记",作家出版社 2010 年版,第 264 页。
④ 徐则臣、袁毅:《徐则臣:一条大运河与一个民族的秘史》,《长江丛刊》2019 年第 13 期。

史》及其他书籍,于是,我开始了长达十几年的笔耕历程"①。刘绍棠更是直接在作品中点明了他的文献来源,据初步统计他参考的书目包括地方志《通州志》《畿辅通志》《潞县志》《张家湾城记》,其他史志有《图经志书》《钦定日下旧闻考》《太平寰宇记》《燕山丛录》《长安客话》等等。刘凤起、王绪益、周祥等小说家也都将地方史志作为重要的创作资源,让小说中与运河相关的空间状态、历史演进尽可能接近史实,保证了运河书写的客观性、真实性。地方史志进入小说文本也在某种程度上提醒读者,作者是在对地方史志充分掌握的情况下进行小说写作,因此需要注意到文学作品中地方经验的可靠性。小说作者们借用地方志、运河志等文献史料,在运河流域中反映各个时代的社会生活,钩沉了地方历史沿革的风云变幻,小说家笔下的运河地方传统便升华为一种类似"史传"的传统,历史真实与艺术真实之间的平衡,给小说增添了一定的庄重感。

小说家在小说创作中借用史志资源,既有在文学中直接嫁接式的挪用,也有匠心独运的审美再创造,以虚实相生的形式交代一条河流和一个地方的波谲云诡。小说中的真实是一种个人意义上的真实。在有事实依据的基础上,经过作家的主观创造成为小说叙事的一个有机体,展现小说中一地之演变。小说家基于当代的价值观念,根据当代社会的需求对地方志中的相关内容进行处理,使得小说主题符合当代价值观念,被当代读者所理解与认可。另外,地方志与当代运河书写的密切关系,还体现在写作体式、艺术手法等等层面。如作家借鉴地方志中的民间文艺形式,在文本中加入有地方风味的传说故事、神话戏曲等,无不增加了小说的民间乡土色彩和通俗趣味。小说家们还会借鉴地方志的志书形式,以人物志、物产志、风俗志等志书体形式来还原运河历史。

在地方志的加持下,当代小说家对运河地理风貌、历史变幻、人文传统的地方志式书写,在很大限度上确立了运河地方的文学身份,使小说的"地方性"超越了"地性"而触碰到"人性"的内核。生活在运河流域的当代小说家对运河的情感是深刻而细腻的,因而他们希望通过文学展现一条河流和一片土地的古往今来,在"一体化"的背景下划定出属于自己的文学地方空间,在小说中为自己所属的运河地方立传,在河流和土地中确立个体身份和文化身份。当代运河小说中的运河书写大致可以视为一种从河流进入地方书写的"地方性"写作类型,又从"地方性"进入"人性"的书写新范式,补充了

---

① 谢遵祥:《运河往事》"后记",山东文艺出版社 2019 年版,第 335 页。

以土地为中心的地方性书写,以"河流"依附"地方",为中国的乡土文学、历史文学、生态文学等多种小说叙事提供了多元的写作路径、创作方式及审美范型。

第一节　"流域"书写与地方景观美学

小说家对运河地方的呈现,首先即为对"地方性"的摹写。借助地方风景物产陈列和民俗文化描绘,小说与志书遂在一定程度上构成叙事学同构:小说俨然成为另一种意义上的"运河风土志"。独特的运河地方风貌描绘在小说中构建出一个"异域"世界,开辟出独特的文学空间。小说家以地方志为运河风貌书写之依据,同时以风物、风俗描写的广博性展露出地方志式的写作姿态。其中湿气氤氲的运河地貌、渔樵耕读的生活方式、丰富活泼的风俗习惯等等,无不是自然运河经过小说家艺术加工后所营造的文化空间,是文学符号意义上对地理运河的空间重构。

当代小说家将创作重心置于运河地方空间,以"地图"式的自然和人文风景描述运河流域内的地方故事,通过风景的独特性确立运河文学空间的可存在性。此类运河地方空间往往由标志性的水域来建构。运河水域凝结着小说家对地方乡土的依恋,它是小说家生命之"根"的一种存在形式,也是小说家创作中的心灵原乡。小说家对运河、湖泊等水域的描写,在一定程度上开辟出专属于运河的题材疆域,也将小说的运河书写与其他类型的河流书写区分开来,构成一个自足性的运河世界。即如汪曾祺笔下的"大淖":

> 淖,是一片大水。说是湖泊,似还不够,比一个池塘可要大得多,春夏水盛时,是颇为浩淼的。这是两条水道的河源。淖中央又一条狭长的沙洲。[1]

> 大淖指的是这片水,也指水边的陆地……沙洲上长满茅草和芦荻。春初水暖,沙洲上冒出很多紫红色的芦芽和灰绿色的蒌蒿,很快就是一片翠绿了。夏天,茅草、芦荻都吐出雪白的丝穗,在微风中不住地点头。[2]

---

① 汪曾祺:《大淖记事》,《汪曾祺全集》小说卷2,人民文学出版社2019年版,第148页。
② 汪曾祺:《大淖记事》,《汪曾祺全集》小说卷2,人民文学出版社2019年版,第148页。

汪曾祺所摹写的"大淖"沙洲、植被等,与方志中的记录一致。据《高邮县志》载:高邮地区"荡滩连片,面积较大,地面低凹,河荡相联","荡滩主要生长芦苇等植物","水质好,水源活,荡滩鱼多草盛"。[1] 不难见出,汪曾祺小说的风土植被描写正是建基于方志。汪氏的高邮文学空间是于个人体验与记忆中的现实再造,且与地方志形成对应,真实呈现了运河地方空间的景观风貌。

又如刘绍棠。他在小说《渔火》中从方位、流向等角度对通州地区水系加以描绘:

北运河贯穿通州全境,此外东有潮白河,西有凉水河,城东北还有温榆河和箭杆河,都是从北向南,注入运河;只有来自北京城内太液池的通惠河,却是从西向东。[2]

值得注意的是,刘绍棠经常在小说中直接引入地方志等参考文献,借此为地名考证、水域布局等提供切实依据,体现了"回到地方"本身的写作指向。刘绍棠的北运河乡土小说,其中迷人的运河风情、动人的运河传奇既给读者以酣畅的阅读感受,同时,地方史志与小说的互文,也不断强化着其小说世界的"真实性"。如通州之方位,刘绍棠在小说《十步香草》中引用《畿辅通志》加以阐明:"通州上拱京阙,下控天津。潞、浑二水夹会于东南,幽燕诸山雄峙于西北。舟车辐辏,冠盖交驰,实畿辅之襟喉,水陆之要会也。"[3]

从汪曾祺、刘绍棠的小说中可以看出,当代小说家常常借助地方志等地方史料,将运河地方空间的地名、物名等融入小说,通过书写地方空间内的真实"事物"以回到地方之"物名"的基点。对运河地方的"地图"式描绘增强了小说的质地感,强化了小说文本的地方性标识作用,从而形塑起自在性的运河地方空间。

有运河的地方,自然少不了依河而建的街道、桥、坝、堤等建筑,后者同样成为小说家的描绘对象。杭州小说家萧耳在小说《鹊桥仙》中对当地的地标"桥"进行了人景合一的描写,将运河地方建筑作为展现当地人悠闲生活方式的载体:

长桥上的人,上上落落。夏夜里,是一年中人长桥上流量较大的时候。水南的人,走到水北去,水北的人,走到水南来,都兴兴头头。还有

---

① 王鹤、杨杰纂:《高邮县志》,江苏人民出版社 1991 年版,第 145 页。
② 刘绍棠:《渔火》,《蒲柳人家》,北京十月文艺出版社 2018 年版,第 85 页。
③ 刘绍棠:《十步香草》,北京十月文艺出版社 2018 年版,第 1 页。

些人的目的地就是桥,上了桥,在桥上待一会儿,就回转了。①

当小说家试图构筑运河地方场景时,现实中曾经体验过的河边建筑和景观便成为重要的叙事资源。据萧耳自述,小说中的长桥,就是现实中塘栖镇的广济桥。另据光绪《塘栖志》卷三载:"通济长桥在塘栖镇,弘治二年(1489)建。"②《栖水文乘》载:"得建此桥,然后行旅无褰裳之苦。间阎有锁钥之依。渐成名镇。"③由此可见长济桥是小镇的中心,现实和小说中的故事都围绕着这个中心展开。由此类建筑组成的运河地方环境与小说中的人物构成了不可分割的整体,正如托马斯·福斯特所言:"环境只为故事中的人物负责。他们的世界不必非得是我们的世界,但绝对是他们的世界。"④对于小说中长居于江南小镇的人们而言,那座桥已经和他们的生活完全融为一体,到桥上去转悠已经成为每天都要完成的一项生活"仪式"。运河、长桥、人情、世故,加之作家舒缓悠长的叙述语调,一个烟雨江南小镇形象便鲜活地呈现出来。

王梓夫的小说同样穿插了大量古迹名胜描写,而若不参考史料文献,将无以呈现真实。如通州佑民观,"佑民观在张家湾南里二泗村,因临泗河而得名。元世祖开凿通惠河,为祈求漕运顺畅,建造了天妃宫,俗称娘娘庙。明嘉靖十四年,道士周从善敬乞皇帝赐宫观名,遂改为佑民观"⑤。这段描述与《通州志》《日下旧闻考》的录载相似:"里二泗近张家湾,有佑民观,中建玉皇阁旧址,塑河神像。嘉靖十四年道士周从善乞宫观名,赐今额,名其阁曰锡禧。"⑥再如徐则臣在《北上》中描写山东南旺的水利设施鱼嘴形"水拨刺",它将河水"一分为二,七分朝天子,三分下江南:七成的水量流向北边,朝着京城去,三成水量往江南走,迎接从鱼米之乡来的漕船"⑦。有关于此,《山东运河文化文集》有着更为详尽的记载和论述,徐则臣的书写实则取自该材料:"汶水急流奔腾至坝下鱼嘴处,被'水拨刺'一劈为二,南北皆注。至今仍流传着'七分朝天子,三分下江南'的谚语。"⑧

借助地方志,小说中"地图"式的运河风貌空间描写起到了独特的真实

① 萧耳:《鹊桥仙》,《收获长篇小说》2021春卷,上海文艺出版社2021年版,第229页。
② 中共杭州市余杭区委宣传部编:《余杭史事》,西泠印社出版社2007年版,第166页。
③ 中共杭州市余杭区委宣传部编:《余杭史事》,西泠印社出版社2007年版,第167页。
④ [美]托马斯·福斯特著,梁笑译:《如何阅读一本小说》,南海出版公司2015年版,第46页。
⑤ 王梓夫:《漕运码头》,人民文学出版社2003年版,第232页。
⑥ (清)于敏中等编纂:《日下旧闻考》卷一百十,北京古籍出版社1985年版,第1887页。
⑦ 徐则臣:《北上》,北京十月文艺出版社2018年版,第244页。
⑧ 于德普、梁自洁主编:《山东运河文化文集:续集》,齐鲁书社2003年版,第150、151页。

效果:虚构的小说故事遂有一个真实或者近似真实的运河水域背景的发生地。从当代小说家书写运河时征引或化用方志的叙述策略,可以看出作家们回到自己所体验、归属的地方之物、地方之事的取向,从而在小说中构筑起一个自在性的运河地方世界。

在运河流域及相关建筑景观以外,民俗文化也是小说家在文本中着墨较多的地方元素。当代小说家对运河流域的风俗礼仪、日常生活等细节的描绘,较为细腻地展现了一个地方的社会风貌和生活状态。小说中的生活细节同时也可以在地方文献中找到对应之处,这都强化了小说所呈露的生活流之真实性,使得小说构成一种"风俗志"的样貌。小说家们对运河流域的民俗文化有着浓郁的兴趣,且知晓民俗文化对于小说写作的重要补足意义:民俗书写在很大限度上能够避免环境描写和人物刻画的浅俗粗陋。当代小说家们从不同角度对运河流域内部民俗进行描绘,也是介入并揭露运河地方群体共通思想观念的文学尝试。故而,小说家们以风俗为载体,挖掘运河与人之间的信仰、道德联系,以更深入地展现一地之风,揭示运河人民的精神状态。

小说家对运河流域地方百姓的衣食住行等进行了全方位的描绘,包括节庆礼仪、人生仪式、信仰禁忌等等。此处重点探析与运河休戚相关的地方性节日。作为地方文明的历史沉积物,节日中的仪式典礼可被视为一个隐喻性的道德空间,最集中地反映着历史和现实中多姿多彩的人情世态。与此同时,运河节日书写对于揭示小说家所切身体验且持有的存在于运河地方内部的共同价值观发挥了重要价值。共同的价值观进而搭建起一个小说的"地方共同体",承载着小说家与地方乡民之间的情感连接。

对于不同的传统节日,各运河流域均有不同的庆祝仪式。小说家对这些独特庆典、仪式的描绘在一定程度上揭示了其背后的地方历史与文化。如当代小说家们经常述及的运河流域中元节放河灯的习俗。中元节放河灯是很多流域都会有的仪式,刘绍棠、刘凤起、徐则臣等小说家都曾有过对这一民俗节日的细致书写。但是,中元节放河灯到了江苏小说家房忆雪笔下,却另有意味。在小说《运河码头》中,房忆雪介绍了在作为运河上军事重镇的徐州窑湾,人们放河灯所具有的不同意味。房忆雪安排小说人物向读者介绍了当地的独特庆祝方式:

> 中元节和清明节一样,是鬼节。我们窑湾历来是兵家必争之地,几千年来,在我们脚下的这块土地上,从项羽召集八百窑工揭竿而起,到关羽兵败曹操、岳飞御金、刘伯温反元,直至史可法抗清,曾有无数热血

男儿,血染大运河。所以,每到中元节这天,各寺院道观都要到河边念诵经文,超度亡灵;家家户户也要烧纸钱祭祖,并把死去亲人的名字和生辰八字写在河灯上,以表达悼念之情。久而久之,就演化成将自己或亲人的名字写在河灯上,祈求身体健康、长命百岁。相爱的人,也可以把双方的姓名写在河灯上,祈求爱情天长地久、永结同心。①

小说中的内容与窑湾本地的文史资料基本相符:

　　农历七月十五日为中元节,和清明节一样,同为鬼节。这天家家烧纸钱祭祖。窑湾河神庙、三圣庙、观音庵的僧尼,三清观、碧霞宫的道士道姑都到河边念经祭祀,为死在运河内的冤魂野鬼超度灵魂,扎纸船放入河中念经文祷告河鬼上船渡往西天。清朝初期,从江南、江西等地逃往窑湾的反清义士和明朝旧官员在这天遥望南方,为抗清兵战死的亲人们祭祀。②

来自窑湾的小说家者房忆雪结合地方史志记载将自己熟悉的民族传统节日放置于地方历史背景下进行解读,能够让读者感受到窑湾当地传统,展现独特的"地方气性"。

节日习俗书写也会成为小说家突出地方人文传统特殊性的一个叙事手段。同一个节日在不同小说家笔下、在不同地方背景的渲染下,具备了各异的文学内涵。汪曾祺经常在小说中描写高邮当地的节日民俗,包括七月十五的"城隍会""盂兰盆会",端午节吃鸭蛋、元宵节点花灯、清明节吃螺蛳等等,通过节日描绘来勾勒高邮的旧影,展现了高邮内部形成于特定空间中的"地方性知识"。运河沿岸的地方性节日与地方文化形态和历史形态相关联,进而又影响到当代小说家。小说家们在小说中展现自己长期浸润其中的地方性文化。这种文化将地方内部的每一个生命凝聚在一起,体现了小说家意欲表达的地方共同体意识。

这种兼具地方色彩、历史纵深感和文学审美性的民俗书写,是小说家在地方人文传统的脉络中进行节日场景化建构的一种尝试。其中,运河风俗成为当代小说家塑造人物的一个重要叙事策略。通州小说家周祥在小说《运河滩上儿女情》中通过开漕节的狂欢描写,将边缘人群放置于文本的中心,利用节日塑造作者所关心的底层人物。"开仓节"亦称"开漕节",是通州码头特有的节日。每年开春大运河的河水解冻之后,漕船抵达通州之前,通

---

① 房忆雪:《运河码头》第 2 部《上 错爱成殇》,新世界出版社 2019 年版,第 94 页。
② 陆振球:《古镇窑湾》,中国矿业大学出版社 2008 年版,第 19 页。

州仓场都要举行一次祭祀仓神的活动,老百姓则称之为"开仓"或者"打仓"。运河开漕节始于明代,源于祭坝祭祀吴仲等人。据《明史·河渠志》载:"大通桥至通州石坝,……自此漕艘直达京师。……人思仲德,建祠以祀之。"又据《通粮厅志》载:"每年祭坝毕,在北督储馆(又称石坝御门)公宴。"①喧嚣狂欢的节日氛围中,地方人民的心性得到了酣畅的释放。

周祥在小说中借节日氛围重点刻画了在仪式中扮演坝神的人物孙大黑。他是晚清底层人民的典型代表。这些人没有稳定的收入来源,只能在运河滩边当苦力谋生。孙大黑拥有强健的体魄,因而成为假神扮演者的最佳人选。也只有在这个时候,他才能找到底层人民最渴望的尊严。周祥突出了小说人物的内心世界,倾听着仪式参与者的心理声音,同时通过对仪式的过程、器物、环境等叙事要素的描写,表达出孙大黑的内心体验与情感倾向:

> 每当他威风凛凛地立在粮坝上,那些仓场衙门的大小老爷们朝他下跪,朝他顶礼膜拜的时候,他的心里就充满了说不出的豪气,穷哥们真是扬眉吐气了,龟孙子们,这世道本该就是这样。②

在周祥的个人体验和认知中,节日给人以振奋、鼓荡,人的精神在节日的氛围中得以满足、强化以至升华。小说通过对孙大黑的心理叙述,表达出人物内心深处最自然原始的欲望。以孙大黑为代表的底层人民长期被痛苦的生活折磨,只有在开漕节日中可以尽情欢娱,享受着一直渴望的平等,尽情散发他们的奔放情感和生命意识。同为通州小说家的王梓夫也在小说《漕运码头》中再现了通州地区节庆仪式中当地人民本然的天性释放。小说中表演的扛夫们半裸着,"空开场合,人多势众,上来4个光着屁股的扛夫大家非但不觉得难为情,反而觉得新鲜,可以肆无忌惮地看个够"③。正如巴赫金所言:"狂欢生活可以说是一种远离了日常生活的边缘生活,狂欢的本质就是在边缘状态中人的生命意识的爆喷。"④通州地区的人民在这一天将平时积压的情绪释放出来,显示了地方社会的潜在生命力。

在当代小说家们的理解中,运河节日是当地人民一年之中最为重要的日子,指向的是未来的维度和内心的精神寄托,表达着通州地区人民对运河通畅的祈盼。运河沿岸的小说家们借用具有浓郁地方特色的节庆仪式,映

---

① 转引自郭炜编著《大运河与通州古城》,北京出版社2018年版,第117页。
② 周祥:《运河滩上儿女情》,中国文联出版公司1994年版,第244页。
③ 王梓夫:《漕运码头》,人民文学出版社2003年版,第107页。
④ 王建刚:《狂欢诗学——巴赫金文学思想研究》,学林出版社2001年版,第145、146页。

射出自己所体验、所感知、所颂扬的运河地方文化特性。由此,"可以实现对地方文化阐释的相对准确和完整的具体化认识,小说对一个文化现象的诸多细节的准确的、全面的把握和了解,对细节进行描述,提供了地方文化具体的文本,可以让我们理解地方文化的符号意义,分类和作用环境,了解文化的作用机制"①。

当代小说家以小说的形式,借风俗描写将运河流域的往昔生活真实地展现在读者面前,是一种生动的地方"风俗志";同时,风俗对于小说叙事也产生了重要影响。运河流域的地方风俗是地方群体的心灵之镜,是文学中刻画人物心理空间必不可少的一环。小说家将自己归属于运河地方的一员,以民俗文化的视角在文本的字里行间展现运河生活,不断发掘运河与人之精神、道德、意识的联系。小说家们探寻了运河地区人民的性格、行动、命运等一切行为的深层文化基因,显现了运河地方社会的性格和精神。当代小说家从地方性的风貌描绘上升到地方性的人类关切,表现了运河地方的人们共享的价值观念。这正是当代小说运河书写区别于其他河流书写的精神要旨。

当代小说家利用文学创作与地方史志的互文,对运河风景与风俗展开描绘,以其描写的丰富与视野的广度呈现出"类方志"的小说形态,不断形塑出运河空间的整体风貌,且在运河风景和风情的描摹中倾注着自家的创作旨向和精神体验。运河是生活在运河流域的作家们一份挥之不去的情结、一块无法遗忘的地方,因而他们需要根据实地"风景的发现",并结合地方志等史书为自己所创造的地方文学空间提供现实依据,以真实、形象地构建一个姿态迥异、特点鲜明的"运河世界"。更深层面来看。部分当代小说所包含的运河民风、民俗能够深入地方集体无意识中,使小说在一定程度上超越"风物志""风俗志"的记叙,而具有意识道德层面的"人志"况味。小说家们所创造的"运河世界"是现代社会的一个参照,小说中的运河风貌不仅仅是对运河地方空间的界定标志,更是立足于人与自然的和谐美学对运河地方自在状态的认同与肯定。

---

① 葛红兵、高霞:《小说:作为叙事形态的"地方生活"——中国小说类型理论中的"生活论"问题》,《文艺争鸣》2010 年第 13 期。

第二节 "流域"书写与在地史钩沉

当代小说家对运河风景风俗的外在风貌描写,勾绘出运河地方空间的表面样态,而要持续、稳固地构筑丰富多义的运河空间,尚需确立一地之历史传统,挖掘一地之内在核心。小说家们从地方志中寻找曾经的历史真实与细节,从已逝的生活和经验中去寻找精神依托,寻绎对于个人和集体而言仍有活力和效力的生命线索,以此来构建自成一体的运河文学空间。当代小说对地方进行深度挖掘后的历史叙事,使其创造的运河文学空间具备了蕴涵深广的历史纵深感。

总体而言,当代小说家的运河历史书写有多重维度。由于作者在不同的地方历史立场下进行写作,受不同的人文历史环境熏陶,造就了运河流域作家不同的历史书写。其中,又以"江湖""国族""民间"三个向度的历史建构较为典型。换言之,小说家们利用历史题材与历史人物,撰写出了小说形态的"江湖史志""国族史志"与"民间史志"。将运河流域的历史书写进行比较可以发现,当代小说家在重返地方历史时,注重对运河的地方社会在历史进程中的"常"与"变"的勾勒与挖掘。作家们既目睹、亲历了地方历史的变化,也开掘了在此过程中隐藏在运河内的稳定精神内核。在地方历史之"变"中凸显地方传统、精神之"常",这是当代小说家在书写运河地方历史时所普遍秉持的历史意识。

运河的特殊功能和历史造就了当代小说家笔下关于运河的"江湖"历史书写。"江湖"在某种程度上"泛指五湖四海的巨型空间"①,运河的运输功用给沿岸地区带去了源源不断的物资和人力,形成了运河空间开放、流动、复杂的"江湖"社会形态。在书写"运河江湖"的当代小说家中,要数北部运河的小说家描写的"江湖史"较具典型意义。北部运河小说家主要指生活在北京、天津、河北等运河沿岸地区的作家,他们多受燕赵文化的影响,在小说中描写地方历史和运河历史时会刻意突出"燕赵"风骨,描绘极具运河特质、地方特色的"江湖"历史。

司马迁在《史记·货殖列传》中将燕赵之地的民风概括为"雕捍少虑""悲歌慷慨""好气任侠"。班固在《汉书·地理志》中指出:"赵、中山地薄人

---

① 杨经建:《"江湖文化"与 20 世纪中国小说创作——侠文化价值观与 20 世纪中国文学论之三》,《天津社会科学》2003 年第 4 期。

众,犹有沙丘纣淫乱余民,丈夫相聚游戏,悲歌慷慨,起则椎剽掘冢,作奸巧,多弄物,为倡优。女子弹弦跕躧,游媚富贵,遍诸侯之后宫。"①而后长孙无忌编撰《隋书·地理志》,对所属燕赵的冀州民俗描绘道:"俗重气侠,好结朋党,其相赴生死,亦出于仁义。故班志述其土风——'悲歌慷慨','椎剽掘冢',亦自古之患焉。"②可以看出燕赵之地形成了一套内部的历史人文传统。地方的历史人文底蕴给当代小说家以深远的影响,诸多小说便常常展现义无反顾、慷慨豪爽的"燕赵风骨"。小说家们在关注运河地方的历史生活时,所强调的是运河人民在时代变革和发展中所涌现的刚毅勇猛的品质。当代小说家体验到的燕赵地方精神特征是他们小说创作的精神支撑,他们笔下无所畏惧的人物与波涛汹涌的运河共同吟唱的燕赵史歌也具有典范意义。

以冯骥才、林希、肖克凡等天津小说家在文本中极力描绘的天津卫码头为例。天津卫码头是典型的"运河江湖",小说家们将地方"江湖"历史换置为运河史和民族史,通过这个空间中鱼龙混杂、纷乱杂芜的人群,讲述运河和民族的历史。天津是北部"南运河"沿线的重要码头,本就有着复杂的社会生态,在鸦片战争后被迫成为通商口岸,更是形成了多元并存的文化风貌。各行各业、各国各地的人在此交会,演绎了陆离斑驳的运河历史和地方历史。冯骥才的小说《俗世奇人》就以天津南运河附近的"天津卫码头"为固定的叙事空间,塑造了一大批"运河江湖"中的"能人"们。冯骥才小说中的手艺人群体是在天津运河地方要素和时代影响下催生的:

> 天津卫本是水陆码头,居民五方杂处,性格迥然相异。然燕赵故地,血气刚烈;水咸土碱,风习强悍。近百余年来,举凡中华大灾大难,无不首当其冲,因生出各种怪异人物,既在显耀上层,更在市井民间。③

冯骥才通过"江湖"的燕赵"人物志"展现天津卫码头的沧海桑田。他在小说中描述了名目繁多的行当,形形色色的手艺,诸如医术、看相、酿酒、造醋、粉刷、捏泥人、看假画、变戏法、吹糖人等等。小说《俗世奇人》每个章节以人名命名,类似古代民间话本、地方志书中的人物志,看似结构松散,但是形散而神不散,因为冯骥才在对天津运河码头上的人物群像描绘中凸显了在运河影响下内化于天津的地方气质和精神。这种地域性格将小说中的人

---

① （汉）班固:《汉书·地理志》卷二十七,颜师古注,中华书局 2012 年版,第 1477—1478 页。
② 上海古籍出版社、上海书店编:《二十五史·旧唐书》,上海古籍出版社 1986 年版,第 111 页。
③ 冯骥才:《俗世奇人》（序）,作家出版社 2008 年版,第 1 页。

物凝聚在一起,成为一座码头、一个地方的代表。是否写出了地方性的品格往往是判断地方书写成功与否的标志,从这一角度来看,冯骥才确乎成功写出了文化意义上的"江湖味"。就像他经常在小说中指出的那样:"天津卫这地方五方杂处,民风霸悍,重义尚气。"①《俗世奇人》中的各色人物有着天津的幽默、油滑、傲慢等地方性格,"又热又辣又爽又嘎又不好惹"②。"好嘴杨巴""泥人张"等等都体现了天津地区的"江湖"性格,"这种性格放在小说人物身上是一种个性,放在小说之外是一种集体性格。当一种文化进入某地域的集体的性格心理中,就具有顽固和不可逆的性质"③。冯骥才对这种地域性格和文化十分着迷,因而要通过一部又一部小说表现出来。肖克凡、林希等其他天津作家也达到了利用"五方杂处"的天津卫"运河江湖"空间塑造"天津人"的艺术效果,比如肖克凡在小说《天津大码头》中用码头上的各色人物和性格表现出"天津人不是胆大而是没规矩"④。

除了天津作家,北部运河其他地区的小说家也在文本中营造了一个独特的、不同于乡土内部的"运河江湖"叙事空间。如王梓夫在小说《漕运码头》《漕运古镇》中描写了鱼龙混杂的张家湾码头,在这个码头上有官员、地痞、漕帮等各色人物。王梓夫是一位学者型的作家,他的小说中充满了严谨的历史细节。作者根据相关记载在小说中植入了"安清帮"的《十大帮规》《十禁》《十戒》《十要》《九不得十不可》等,扩充了小说的历史分量和社会容量。在小说中作者突出了"安清帮"的成立初衷——反清复明,他们根据自成一套的道德、行为准则奔走于运河之上,成为影响运河历史的一个重要部分,充分显示了"运河人"的侠义风骨。但是他们在正史中往往被遮蔽,因而当代小说家根据相关历史记载,并依托个人想象,将地表之下的运河历史和地方历史挖掘展示出来。

当代小说家试图在小说中聚焦运河的"江湖"空间以展现运河沿岸新旧历史的交替,就不得不触及地方文化积淀格外浓厚的市井和底层部分。尤其运河北部的当代小说家受燕赵地区慷慨侠义的历史人文传统影响,在"运河江湖"这个开放的叙事空间内,塑造了一大批侠肝义胆、扶危济困、勇猛刚毅的人物形象,描绘了一件件千奇百怪、义勇争奋的事件。当代小说家构造的运河流域正是小型社会的缩影,在对运河"江湖史志"的钩沉中也达到了

---

① 冯骥才:《神鞭》(序),文汇出版社 2003 年版,第 1 页。
② 冯骥才:《俗世奇人 2》(序),作家出版社 2021 年版,第 1 页。
③ 冯骥才:《手下留情——现代都市的忧患》,学林出版社 2001 年版,第 121 页。
④ 肖克凡:《天津大码头》,中国文史出版社 2020 年版,第 29 页。

"地性"与"人性"的统一。

当代小说家惯常把"运河"意象上升至民族象征的高度。但是运河中部的小说家经过地方历史传统熏染形成了独特的家国体验，其用运河呈现国族历史的方式值得单独探讨。运河中部的作家群大致包括山东中南部和江苏北部的小说家，其中山东小说家受齐鲁文化的影响，在小说中主要用宏大话语表现大历史，凸显人物身上"崇周礼、重教化、尚德义、重节操"①的精神品质。江苏北部的小说家身处运河沿线的中坚地区（如徐则臣十分熟悉的江北淮安即为明清漕运总督府的所在地），对运河的认知也往往超越地方之上，达成了钩稽国族历史的恢宏视域。运河中部的小说家们秉持着传统士人君子"修身治国平天下"的自觉，把个人的修养和抱负、民族的历史和想象寓于运河之上，展现出基于地方又超越地方之外的历史眼光与气度。

大运河流淌在山东的部分流域被称为"鲁运河"，由于山东是儒家文化的发源地，其特征主要有"崇周礼、重教化、尚德义、重节操"②等，这种相对稳定的地方文化对齐鲁之地的学术与文学产生了广泛而深刻的影响。鲁运河沿岸的当代小说家们在小说中所要弘扬的地方精神、所要展现的地方风貌因而就生动体现了齐鲁文化的典型特征。山东作家张惠生的小说《运河钞关》从税收的角度，以明代的临清钞关为故事发生地，根据历史事件改编，还原了当地人王朝佐带领人民抵抗太监马堂的反税监运动历史。临清地处漳卫河与古运河交会处，是古代的运河重镇，临清钞关是古代的四大钞关之一。在文学中它是小说人物的活动场所，"其中所蕴含的政治、经济与社会生活内容，极大地影响了小说家对钞关的多角度书写，激发出丰富的小说叙事"③。

关于小说中讲述的临清反税监运动是有历史依据的。《明史》中有载临清州人王朝佐面对太监马堂的欺压"不胜其愤"，于万历二十七年四月凌晨，"杖马棰挝马堂门请见"④，州万民欢呼随者万余人。古代文人也将这个运动此事件写入诗文或小说，如明朝曾在东昌任官的谢肇淛就在诗文《清源行》中针对此次事件用犀利的笔锋对税监予以批判，也在笔记小说《五杂俎》卷十五写道：

① 张瑞英：《齐鲁文化与山东现代小说》，《齐鲁学刊》2006 年第 3 期。
② 张瑞英：《齐鲁文化与山东现代小说》，《齐鲁学刊》2006 年第 3 期。
③ 杨国明：《试论明代小说中钞关书写之意象版图与空间隐喻》，《明清小说研究》2022 年第 2 期。
④ 张廷玉：《明史》卷 21"神宗纪"。转引自南炳文、汤纲《明史》下，上海人民出版社 2014 年版，第 763 页。

> 马堂初以榷税至临清，鸱张尤甚，出入数百人，皆郡国无赖少年，白昼攫人，井邑骚然，商贾罢市。州民王佐不胜忿，率众噪而攻之，火其居，堂仅以身免，其党三十七人，尽毙煨烬中，堂自此戢矣。
>
> 攻马堂者，王朝佐为首，时议欲宽之，而按臣张大谟、抚臣刘易从、道臣马怡皆与堂善，遂列朝佐罪状，坐弃市。①

　　谢肇淛秉持高度的责任意识对这类事件进行反省，"宦官之祸，虽天性之无良，而亦我辈酿成之"②。从中可见晚明士人对当时世风日下的感伤绝望。张惠生对临清钞关税收状况的历史追溯，可以视之为看对士大夫心存天下之胸怀的承接与延续。张惠生在《运河钞关》的最后指出，"钞关应该成为中国税收的教科书，那些一生为税收奋斗不息的人们应当从这本书中去更好地读懂税收"③。张惠生把自己的人生和政治理想都灌注在运河的钞关上，自己的"治国"理想需要依靠运河来实现。

　　以地方史志中的历史事实为基础，张惠生在小说中刻画的正面人物如临清手工业者王朝佐、地方金科主事汪秉中等等，可以说是作者所要推崇的"士人"典型，他们无不心怀天下、有勇有谋。张惠生在作品中从当代财税人的角度对中国古代财税制度进行反思。更为重要的是，作者在临清民变的高潮和血泪中，表达对有高远抱负的士民的赞赏以及对山东勇士先烈的深切缅怀。运河中部的其他作家秉持着自觉的"士大夫"传统，根据地方志等史料，在创作中融入真实人物和真实史迹，讲述运河和民族历史。如谢遵祥的小说《运河往事》叙述来自聊城的鲁大河如何从普通人历练成长为漕帮的领头人物，又如何带领漕帮兄弟和家乡人民在晚清漕运衰微和外国资本的挤压下求生存的历程。网络作家唐国松（笔名隔壁小王）的小说《临清风云》，以明朝临清的纨绔子弟李青阳为中心人物，勾画了他绝处逢生、凤凰涅槃的人生历程。李青阳本是一个恃才傲物的花花公子，经过社会的磨打后洗心革面，与抗倭名将戚继光一起投身抗倭战争，最终功成名就。

　　此外，运河中部的当代小说家在以宽广的叙事眼光展现运河的地方历史和民族历史之后，继续发掘运河蕴含的民族文化与精神气质，将自己在地方空间内的历史认识转化为文化精神，通过小说建构当下的国族文化想象。

---

① （明）谢肇淛撰、傅成校点：《五杂俎》，《历代笔记小说大观》，上海古籍出版社 2012 年版，第 288 页。

② （明）谢肇淛撰、傅成校点：《五杂俎》，《历代笔记小说大观》，上海古籍出版社 2012 年版，第 289 页。

③ 张惠生：《运河钞关》，山东画报出版社 2016 年版，第 439 页。

在徐则臣的小说《北上》中,运河是中华民族历史和文化的根源。徐则臣立足于民族讲述运河上的国家历史,他的这种宏大视野与他的运河沿岸生活经历有很大关系,他对运河重镇淮安十分熟悉:

> 不惟自隋以降,一千多年里漕运的衙门陆续设置此处,即是南北、东西水路交汇的枢纽,也足以让淮安成为京杭运河的咽喉要地。因为对运河淮安段的见识与理解,成就了我的运河之缘,二十年来,绵延千里的大运河成了我小说写作不可或缺的背景。①

据乾隆《淮安府志》载,明淮安知府李幼滋在《灾伤奏蠲税疏》云:"窃惟淮安一郡,为南北咽喉,国家漕运所经,设文武重臣驻节于此,非他郡比也。"②清代张鸿烈为康熙二十四年《山阳县志》作序道:"夫河、漕、关、盐非一县事,皆出于一县。""欲考河、漕之原委得失,山阳实当要冲。"③正是在淮安城市独特的历史背景中,诞生了徐则臣关于大运河的民族历史言说。

小说《北上》的叙事中贯串着一条沿运河向上的故事线索,象征着对大运河历史文化源头的追寻。徐则臣用一条运河串联起两个时代、两个民族的"追寻"旅程:对于 1901 年的意大利人马德福而言,他要通过运河来体验马可·波罗描绘的神奇东方;对于 1911 年的小波罗而言,他要来中国寻找弟弟心向往之的中华魅力;对于 2014 年的谢望和一群人而言,他们要在运河上寻找各自的家族之根和运河历史之根。徐则臣之所以要选取"1901年"和"2014 年"两个时间点为小说的时间分界标志,在于这两个节点正代表着运河的运输废止和申遗成功两个重要事件。这两个看似平常的时间"于大运河而言,却意义别具,它意味着漕运废止一百年后,我们该如何重新看待大运河"④。徐则臣在对地方历史的认知和传承下,从民族文化的视角思考大运河的写作意义和价值。

来自运河中部的小说家的运河书写,在地方传统的影响下表现出超越狭隘的地方主义的历史视野。"从地方性经验出发,最终抵达一种普遍的人类主题和人性关怀,使地域元素和地方性知识成为乡土文学重要的建构力

---

①　徐则臣、袁毅:《徐则臣:一条大运河与一个民族的秘史》,《长江丛刊》2019 年第 13 期。

②　(清)李幼滋《灾伤奏蠲税疏》,载卫哲治等修,叶长扬、顾栋高等纂乾隆《淮安府志》卷二十九,清咸丰二年(1852)重刻本。

③　(清)张鸿烈:《重修山阳县志序》,载张兆栋修、何绍基纂《同治重修山阳县志》卷一,清同治十二年刻本,第 13 页。

④　徐则臣、袁毅:《徐则臣:一条大运河与一个民族的秘史》,《长江丛刊》2019 年第 13 期。

量,过去是,现在仍然是文学现代性叙事不可或缺的美学追求。"①小说家从以运河为中心的地方历史叙事开始,逐步扩大到民族想象构建,继而推演至世界范围内的国家想象。当代小说中的运河书写形成了以地方为中心,向国族扩散的叙事图谱,扩大了运河原型的意义阐释空间。可以看到,运河地方的历史传统影响了当代小说家对运河的认知,进而规制着作家历史阐释的视野。小说家们参照地方志中的历史真实,通过聚焦"地方"历史和"微观"历史,书写地方之上的"民族史志",为中国历史叙事提供更细微和多元的视角。

当代小说家将地方民间生活融入历史叙事,将地方内部的生活微流转化为小说中的运河"民间"历史,通过民间维度的历史叙事记述运河生活的种种细节,召唤起往昔的回忆。就民间维度的运河地方历史叙事来看,生活在江南运河(扬州至杭州)的作家群笔下的"民间史志"型书写有着独特之处。南部作家浸润于江南诗性文化,书写着运河乡村、乡镇中的日常琐事,少有惊涛骇浪,亦鲜有大喜大悲,然而,正是这种真切的家长里短,将中国的大历史日常生活化。

运河给江南城市带来了繁荣的经济与文化,形成了江南追求享乐、开放包容的文化思维,江南的诗性文化由此臻于成熟。诗性文化催生了南部运河小说家的民间日常历史小说,其作品处处弥漫着江南悠闲、诗意的生活气息。诗性的生活通过作家典雅流畅的文字表达出来,满溢着运河沿岸温暖动人的人间烟火气息。

塘栖小说家萧耳的小说《鹊桥仙》以运河边的塘栖古镇为中心,以陈易知、何易从、戴正、靳天四个主人公的成长史为主要内容,讲述了江南小镇的世俗生活、家长里短、街谈巷闻。塘栖的兴盛与京杭大运河有着密切的关联,据《塘栖镇志》记载:"迨元以后,河开矣,桥筑矣,市聚矣,蔚成大镇。"②明胡玄敬撰写的《栖溪风土记》载:"财货聚集,徽杭大贾视为利之渊薮。开典、囤米、贸丝、开车者,骈臻辐辏,望之莫不称财富之地,即上官亦以名镇目之。"③商品经济催生了江南运河地区的诗性文化。在这样的历史传统下,整部小说没有剧烈的冲突与矛盾,叙事带有明显的复古倾向,展现当地人艺

---

① 向荣:《地方性知识:乡土文学抵抗"去域化"的叙事策略——以四川乡土文学发展史为例》,《当代文坛》2010 年第 2 期。
② 杨法宝主编、杭州市余杭区地方志编纂委员会办公室编:《杭州市余杭区镇乡街道简志》,方志出版社 2003 年版,第 71 页。
③ 杨法宝主编、杭州市余杭区地方志编纂委员会办公室编:《杭州市余杭区镇乡街道简志》,方志出版社 2003 年版,第 72 页。

术化的生活情趣。如小说中的何易从是一个爱看《花间词》的文艺青年,在世俗生活中保留着一份典雅。萧耳虽然写的都是最为实在平凡的运河世情与人生,但是其笔触带有浓厚的诗意,让沉淀在大地上的生活飘入空中,荡荡悠悠。她对运河生活的描摹、刻画十分细腻逼真,用诗性的意象和浪漫的想象去记述个人的记忆,其人物和运河一样慢慢地在历史中流淌。

萧耳在展示小说中"栖镇"的过往繁荣,是为了与当下运河的衰落现实两相对照。作者利用了一条沉船的意象,隐喻了江南运河小镇水上生活的断裂。在一个平静的夜晚,一艘沉没的泥船惊动了镇上人的生活。

> 一日半夜,运河上乒乒乓乓,发出船只相撞的声音,几条大船上人声嘈杂,一会儿又听见河上汽笛声大作。
>
> 街坊邻居议论,昨日晚上有条船被撞沉了,还把长桥的一个桥墩,撞了个窟窿。①

小说中的"长桥"就是现实中的"广济桥",据地方志记载,桥与船相撞的事故时有发生,可见小说中的情节正是作者抽取了现实生活的一个侧面,利用沉船事故对桥造成的伤害,暗示了未来会有翻天覆地的改变,预言着运河生活方式所受到的现代化冲击。

萧耳所要表达的是对在运河影响下形成的江南民间诗性文化的追忆。小说中的"栖镇已不是一个地理概念,而是一个文化概念,甚至是一种生命诗学,它代表着一种古老、典雅和精致,更代表着一种'荡发荡发'的自由生命状态"②。"荡发荡发"意为悠闲,是整部小说中出现频率最高的词语,它是一种栖镇独有的生命状态。然而以往轻悠、闲适的生活节奏急剧加速,精致典雅的吴越文化和氛围在逐渐消退,萧耳目睹体验了这种令人心颤的变化。萧耳对这些运河河畔人们的心理变化是感同身受的:

> 我们长于 80 年代,眼看着伴随着航运的衰落,曾经的这个运河边的大码头一点点衰落下去。江南文化随之衰微了,从南方来的新时尚开始侵入小镇的肌理之中。随之而来的,是原有的"荡发荡发"式的从容优裕的分崩离析,人心的变异。③

在如是地方历史变迁下,作家在小说中描绘的不仅是运河生活状态的变化,更是运河沿岸百姓内在生命的变化以及文化的转变。萧耳将其所经

① 萧耳:《鹊桥仙》,《收获长篇小说》2021 春卷,上海文艺出版社 2021 年版,第 201 页。
② 温奉桥:《江南:作为一种诗学——读萧耳的〈鹊桥仙〉》,《文学报》2022 年第 11 期。
③ 萧耳:《〈鹊桥仙〉,写给故乡》,《钱江晚报》2021 年 5 月 16 日。

历的生活和过往生活中个人的心理变化在小说中表现出来,于小说中表达对故乡的浓烈思念以及对因运河而成的地方文化的追忆。"民间史志"由此成为一种地方传统的再建方式。所以萧耳不仅在内容上向古老生活回溯,行文上更是向吴越风度回归。作家将江南运河城镇曾经的文化繁荣与当下的衰落两相对照,透露着浓重的哀伤。

运河南部的当代小说家所经历的也大多是祥和、平静的地方生活,他们通过明白、晓畅的文字还原而出洒脱、潇逸的地方历史样貌。如在运河沿岸的淮扬地区,出现了汪曾祺和以运河乡土为主要写作内容的刘仁前、庞余亮、顾坚等部分里下河小说家。他们在小说中突出了本地文化特质,描写的几乎都是极为日常的江南农事、人事,在小说中展现运河南部沿岸百姓的衣食住行,将南部运河历史进行了"日常化"处理。在小说中,读者可以看到运河沿岸的江南小镇分布着整齐的农田、热闹的小巷,弥漫着美食的气息,展现了江南世俗性生活的诸多内涵。如刘仁前的小说集《香河纪事》每篇都以一项运河生产生活活动或者日常场景为题,类似"开秧门""罱河泥""豆腐坊"等等篇目在小说中再现了里运河附近地区的日常生活,恰如一部细微的"地方志"。

运河成为当代小说家回到过去的时空隧道,而地方志作为历史的再现形式,二者都成为小说叙事的关键。小说家们借助运河和地方历史叙事传达出他们对运河传统文化存在状态的思索,从"江湖"历史、"国族"历史、"民间"日常历史的多维呈现,在对地方历史的溯源过程中,小说家挖掘到了自己所属的地方传统的核心,也即运河赋予沿线地方的特殊文化。当代小说家站在当下的立场,回望着运河沿岸地方的发展历史,发现一部分地方文化越来越衰败,但是其中值得留恋和传承的东西应该被及时打捞起,因而有了运河流域的小说家以各自地方为中心的历史书写,反映着当代小说家对再建一地之历史传统、再建运河文化和地方文化的文学努力。

第三节　"流域"书写与地方艺文志

当代小说家在运河书写中所展现的"回到地方""回到民间"的艺术取向,不仅体现在描写一地之风土人情,还表现在对一地之文学艺术根脉的延续。作家对地方生活细节的描绘、对地方生活状态的展示,需要在相应的语境中借助恰当的方式传达给读者,因而地方文艺成为作家描绘地方风貌、讲述地方历史的重要取径。地方文艺植根于民间土壤,其枝蔓触及当地民间生活的每一个角落,是对地方性精神和血脉的记录,从而也成为当代小说家运河书写的文学资源之一。

运河流域的作家群大多数是生活型作家,他们熟悉运河生活,贴近大众心灵,往往都对地方文艺有着深入的体验。地方文艺在文学发展史上本就发挥着不容忽视的作用,鲁迅即认为"歌,诗,词,曲,我以为原是民间物,文人取为己有"①。野史传说、歌谣戏曲等民间文艺的题材内容、艺术形式、语言风格等无不对作家产生影响,使得文人写作与民间文艺始终保持着紧密联系,也让当代作家与地方空间中的大众、读者保持着密切的交流。浓郁的平民情怀会让作者在小说中自觉地使用民间表现形式。这种地方化、平民化的情感体验方式与叙述手段传达着真实、亲切的生活气息。运河流域的当代小说家在建构运河地方空间时打破了小说文体的局限,融入地方性民谣、神话、传说、劳动号子等等,通过它们去再现运河沿岸的本然生活。

被收录在地方志或地方文艺志中的运河流域的民间文艺,往往成为小说家们的创作灵感和动机。他们在传诵已久的文艺中追寻独特魅力,以此为基点续写民间传奇。如曾大兴所言:"如果没有民间文学(民歌、民间故事、民间戏曲等)对当地的人文环境所给予的影响,如果没有前人在较长时间内完成的文学积累,所营造的文学氛围,所形成的文学传统,那么,后人的所谓文学创作和文学活动,就成了无源之水和无本之木。"②

运河地方的民间文艺的故事情节、人物形象很大程度上激发了当代小说家的写作,增强了小说作品的艺术性和民间性。当代小说家主动搜集地方民间文艺,继而取用与改造,利用民间"原型"讲述当代的运河新故事。当代小说中的运河书写融汇了诸种与运河相关的或因运河而生的野史、传说和神话等资源,呈现出雅俗共赏的艺术魅力。小说家通过在文本中植入运河流域的民间文艺,让遗落于民间的故事、传说等重新汇聚在小说之中,增强了小说的艺术底色。

无锡小说家蒋海珠的《运河女》借用当地的传说、吴歌《华抱山》原型,讲述了崭新的故事。《华抱山》是流传于无锡太湖流域的民间叙事诗,收录于《无锡吴歌》《中国英雄史诗华抱山全集》等地方文艺志中。在《华抱山》中,由于明代统治者贪婪腐败、苛政似虎,太湖流域的百姓苦不堪言,英雄华抱山带领凤妹以及民众起义。《运河女》小说中的主人公芦花和苇青就是新一

---

① 鲁迅:《鲁迅全集》第 13 卷,人民文学出版社 2005 年版,第 28 页。
② 曾大兴:《文学地理学研究》,商务印书馆 2012 年版,第 56 页。

代的"凤妹"和"华抱山",他们与地方恶霸势力勇敢抗争,演绎了气势磅礴的人民起义之歌。文本中的"龙哥凤妹主意定,除恶济贫勿能等,哥妹分路上茅岭,报仇翻身再成亲"①,便与《中国英雄史诗华抱山全集》中的相关记载相似:"龙哥凤妹主意定,两人同口话心声:朝廷定要挖龙根,光源被杀起杀心。除贪官,济穷贫,扫平勿平方太平,火烧眉毛刀架颈,万分火急勿能等。"②蒋海珠将《华抱山》作为小说的叙事起点,体现了作者对民歌所蕴含的家乡人文传统的宣扬和承接。该诗不仅歌颂了运河太湖流域人民的英勇气节,如小说中的《华抱山》就有诗句"英雄不怕万支箭,凤妹除害天下传"③,还分外具有江南水乡的地方色彩,如凤妹抵抗的魔怪是"鳝鱼精",这是江南水乡河流里的常见之物。当地的一切资源都被纳入文本中以作为地方标识而存在。

更为重要的是,蒋海珠将当代故事与历史故事连通起来,突出了运河地方的英雄主义传统,"张七娘帮助七哥取谷传谷大战王八精,凤妹和华哥除妖黄鳝精,这些运河城老少皆知的故事都发生在悟桥"④。小说中的"悟桥"在作者的家乡无锡,蒋海珠认为众多人民英雄出现在无锡并非偶然,正是因为当地历来就有宁死不屈、英勇坚忍的精神传统。因此他借《华抱山》这首民间史诗为家乡人民敢于抗争的精神谱写颂歌。可见,当小说家将地方内部的民间文艺作为小说原型加以改造时,其内在指向的地方文化特征也在作家的"地方体验"中得到了有效挖掘,让运河地方抽象的精神存在转化为具体可感的小说构型。

又如王梓夫以戏曲《冯奎卖妻》为故事原型,扩充原有的故事含量,创作出了崭新的系列小说。作者在当代语境中重现地方历史和运河历史,补充丰富了原有情节和主题,小说所展现的历史现象更为真切,散发的情感也更具感染力。再如汪曾祺的作品中经常能见到民歌、俗曲等内容的植入,汪氏也有根据民间故事所改编的小说,小说《螺蛳姑娘》就是根据《白水素女》故事而改写而成的。汪曾祺本人就十分重视民歌收集。汪氏在新中国成立后曾参与两种刊物的编辑——《说说唱唱》与《民间文学》,这两个刊物都与民间文学有着密切联系。对民间文学的浓厚兴趣也影响了汪曾祺的小说,如在小说中时不时穿插歌谣、俗曲等等。这都体现出当代小说家运河书写对

---

① 蒋海珠:《运河女》,作家出版社 2010 年版,第 118 页。
② 朱海融:《中国英雄史诗华抱山全集》,上海文艺出版社 2007 年版,第 56、57 页。
③ 蒋海珠:《运河女》,作家出版社 2010 年版,第 258 页。
④ 蒋海珠:《运河女》,作家出版社 2010 年版,第 257 页。

民间文艺的继承与发展。

　　小说家若不熟悉地方民间文艺，往往无法真正沉淀到地方。在对民间文艺的充分理解与吸收之后，他们将运河周围的民间故事、传说与小说主人公命运结合，将自己体验到的民间文艺精神植入小说文体。民间文艺因其内容广泛，且与平民百姓的生活息息相关，如揭露封建剥削、控诉封建家长制、歌颂坚贞爱情等等，遂成为当代小说家在还原运河空间时无法忽视和舍弃的"原型"来源。换言之，民间文艺也是运河地方文化的重要组成部分。面对即将消逝的运河文化，当代小说家自觉承担起地方文化复兴的责任，让民间文艺在小说中再现以至再生，以此展现运河地方的历史和现实生活状况，体现人与地方环境的相依关系。

　　当代小说家还在文本中融入了运河沿岸形成的特殊文艺样式，如运河号子、快书等。这些体现运河特质与地方色彩的民间文艺，为小说的主题内涵提供了更为贴切的表达方式。当代小说家追寻本地文学传统，"在一些运河重镇还形成了一些独特的都市文化区，像北京的天桥、扬州城北的虹桥、济宁的东南隅，都有集演戏、说书、杂耍、游戏于一处的娱乐区"①。运河沿线的城镇正好对应了古时的经济文化繁荣带，也即当代小说家所处的地方正好与古代运河的文化带相吻合。古今对应之中形成了一个运河流域的民间文艺传统。利用运河流域特殊的地方文艺来烘托小说氛围、借鉴民间文艺形式来表达民间内容，体现了当代小说家坚守地方艺术审美的旨趣。

　　山东小说家谢遵祥在《运河往事》中，借鉴山东快书，以快书所赞颂的英雄主义来烘托人物就义前的悲愤氛围。小说结尾处，即将被施绞刑的李小山毫不畏惧，甚至自己唱起了快书："闲言碎语不要讲，听我说说咱东昌，东昌自古出好汉，人杰地灵好地方！……眼看大清国难保，小山呼唤众父老，若是强盗再来犯，东昌男儿皆好汉，咱提着刀拿起枪，杀尽洋妖护家园！"②这一段义愤填膺的高歌将小说的情感推向了高潮，营造了一个激愤慷慨、热血沸腾的场面。山东快书是山东运河流域最广泛的曲艺种类。据山东地区的地方志记载："境内比较流行的戏曲种类有：京剧、评剧、豫剧、河北梆子、山东快书、八角鼓等。"③其经典曲目大多是歌咏民族英魂、颂赞英烈的，如《武松传》《杨家将》等。谢遵祥将地方民间曲艺形式引入小说，让小说英雄

① 　张熙惟：《学思录》，山东大学出版社 2016 年版，第 116 页。
② 　谢遵祥：《运河往事》，山东文艺出版社 2020 年版，第 332、333 页。
③ 　山东省聊城市东昌府区人民政府办公室编：《东昌府区政志》，五洲传播出版社 2000 年版，第 315 页。

在即将壮烈赴死的悲愤时刻亲自表演山东快书,象征着李小山会像历史上的民族英雄一样被后世铭记,他代表的精神将亘古流传。

运河流域的民间文艺形式还包括运河号子、船号等,相关内容都载于地方史,成为小说家可随时征调的诗学资源。如张惠生的小说《运河钞关》中,山东临清的劳动百姓在与朝廷的邪恶势力针锋相对时,就用运河号子来鼓舞势力、凝聚人心。那"嘿——哟,嘿——哟"声声入耳,充满了愤怒和怨恨。谢遵祥也在小说《运河往事》中多次直接引用济宁地区的拉篷号子,如在开漕祭祀大典上,漕帮汉子就唱起了雄浑的扯篷号子:"哎嗨哟——弟兄们哪!"众人齐声附和:"嗨哟——""抓紧大缆来扯篷喽!""嗨哟——""漕船即刻要启程喽!"①在山东地区确有这种民间号子存在,《济宁民间传说与歌谣》《运河文化与济宁》便有介绍山东地区运河号子的内容,与小说所引几近一致。人们通过在开漕祭祀仪式上高唱运河号子的形式来为漕船和漕门弟子祈福,也是对"河漕通,盛世兴"的美好日子的企盼。驾船依靠的是全体力量,需要每个人都竭尽所能,缺一不可,彰显了同舟共济、同心协力的团结协作精神。面对运河上不可预测的自然阻力,人们毫不畏惧,借助呼喊运河号子的形式,表达地方劳动者的乐观主义精神以及自强不息的坚忍态度。

小说家们对地方民间文艺形式的化用与创造,还体现在向民间气派靠近的艺术自觉。刘绍棠就曾以说书故事《彭公案》为起点,创作了说书色彩浓重的小说《敬柳亭说书》。《彭公案》中的主人公彭朋是真实的历史人物,故事中的经历与《清史稿》卷六十四《彭鹏传》所载彭鹏"顺治十七年举乡试,康熙二十三年授三河县"②大致相符。刘绍棠在另一部小说《京门脸子》中借人物之口表达了自己创作传奇小说的愿望,他要写一部当代的《彭公案》,来反映现实生活中实实在在的人物和传奇。刘绍棠曾自述道:"书中所写的前二十一回,都是发生在我的家乡的故事(我村在张家湾与和合站之间)……我沿着彭朋上任之路走了一遍,把《彭公案》前二十一回复习一遍,参照谢国桢先生的史著进行对证,又激扬了我写武侠小说的心愿。于是,写出了长篇小说《敬柳亭说书》。"③

《敬柳亭说书》整部小说带有强烈的武侠传奇色彩,情节曲折跌宕,人物的外貌描写可视化,性格刻画鲜明,行为描绘细致,散发出鲜明独特的说书艺术和澎湃的武侠气息。刘绍棠对"说话"、话本的文学功用大加赞赏:"中

---

① 谢遵祥:《运河往事》,山东文艺出版社 2020 年版,第 91 页。
② 转引自周钧韬、欧阳健等主编《中国通俗小说鉴赏辞典》,南京大学出版社 1993 年版,第 924 页。
③ 刘绍棠:《我是刘绍棠》,北京十月文艺出版社 2018 年版,第 111 页。

国的小说起源于说话(评书),成型于话本,有个识字的人看得懂、不识字的人听得懂的好传统,这个密切联系群众的好传统应该奉为至宝,而不能弃如敝屣。"①刘绍棠将话本视为联系群众的妙计,体现出强烈的民间意识。刘绍棠经常会在小说叙事中安排一个全知的叙事者,使用"说书人"腔调演绎他的河滩传奇。如刘绍棠会在小说中加入"下面,慢慢写来""暂此不表""此是后话""要知后事如何"等话本小说的套语,来实现情节转换,对故事的分段和布局起着重要作用。刘绍棠在小说叙事中重建"说话"传统,用虚拟的说话人作为小说的叙事者,与读者进行叙事交流,用当地人能够接受的形式安排人们熟悉的人物、事件、风俗,讲述作者个人意识中的北运河乡村的历史变幻。

可以看到,当代小说家用接地气的文学形态,借鉴地方志当中的地方表达方式展现地方的生活内容,不断向着地方和民间回归,以增强小说的民间实感。当代小说家在小说的运河书写中通过融合民间文艺的形式优势,展现本然的中国运河民间生活,让读者能够感受到运河沿岸地方空间的生活质感。当代小说中的运河书写不仅在内容上向地方、向民间靠近,在形式上也体现了作者鲜明的"回到地方"的取向,故事中的民间话语形式鲜明地展现了作者所体验到的河边生活和精神状态。当代小说家深知利用地方民间文艺形式能够更传神地描绘出地方的生活本相,因而在书写运河时,力图让小说的地方性内容与地方性形式获得艺术上的统一。

当代小说家基于为一地立志的情怀,用审美性的地方感强化了小说的地方性特征,在小说中融入地方民间文艺的内容和形式,使得当代小说家根据现实体验建构的运河文学空间更具真实生动的效果。地方志所记载的以及各个运河地方尚在流传的民间文艺资源不断汇聚,更使当代小说家呈现的运河地方历史和现实生活生动通俗、波澜起伏、环环相扣,具有极高的艺术审美价值和传播影响力。运河地方民间文艺资源的使用体现了当代小说家对地方性文学知识的体验和把握,体现了小说家们重新发掘、大力打捞地方性文化与知识的诉求,小说家们的艺术创造对于增强运河地方空间内部的自主性和话语权,对于构建一个运河地方文学空间都起到了不容忽视的审美作用。

当代小说中的运河书写是小说家进行"地方写作"的一种尝试。小说家们在文本中对运河风景、历史和文艺进行回忆与重构,在地方志等史料和现

---

① 刘绍棠:《我是刘绍棠》,北京十月文艺出版社 2018 年版,第 250 页。

实基础上对地方性事实保持基本尊重,又以各自的艺术追求和审美取向做到由实生虚、虚实结合。当代小说家的运河书写,在现实语境和地方志文献之上,对运河地方空间的自然和人文风景进行实景"地图式"记录,较为完整、客观地还原了运河的本来样貌,也在一定程度上实现了小说家们对地方空间进行文学重构的旨趣。当代小说家借助运河追溯地方历史和民族历史,在地方传统和地方志中杂糅过去和现在,深刻再现了运河流域的历史变幻。因地方志形式和现实中的地方文艺美学的植入,使得当代小说家构建的运河文学空间更贴近地方生活、更具地方性美感。当代小说中的运河书写在内容与形式上都呈现出类"地方志"的取向和姿态。文学作品中的运河地方空间在小说家们笔下呈现出特异的美学效果和广阔的意义空间,运河流域的小说家们在为运河地方"立志"的文学倾向指引下共同谱写了当代运河的地理诗学和历史诗学。

下　编

地方志与当代小说文法及形式创化

地方志书对小说创作的影响,不单是题材、内容、对象等方面,还影响到小说家的"小说"观念、文体观念、修辞手段、写人叙事、语言运用等方面。这是因为,地方志作为一种史学、地学的专书,它本身就有惯有的体例和文体风格,有其固定需要处理的人物对象和历史事件,有其特有的叙事手段和创作方法等。比如在文体上,章学诚就曾经提出,方志必须分立"三书"的理论,即"仿纪传正史之体而作志,仿律令典例之体而作掌故,仿文选文苑之体而作文征。三书相辅而行,阙一不可;合而为一;尤不可也"。作为"三书"中的主体部分"志",是仿纪传正史之体而作,它"不仅属史体,本非地理专书,而且是辞尚体要的著作,绝不是纂类家言可比拟"①。因为地方志体例、文体等方面的独特性,所以,当代小说家在借用地方志完成其小说创作时,常常在文体格式、语体格式、写人叙事、描摹自然的方法上,移植、挪用地方志的经验,为我所用,创造出别具"类方志"特色的小说体式和小说修辞学手段等。本章,我们将主要从小说形式、写人学、小说观念、方言土语的运用等层面,探讨地方志影响下的作家小说形式创新问题。

---

① 吴筱霞:《方苞与地方志》,《中国地方志》2007 年第 4 期。

第十一章　地方志与当代小说的体式创构

中国当代小说创作的"地方化"趋势,究其根源,一者,当与时下中国社会现实的复杂变动有关,因为现实是复杂的,急切间难以把握,所以规避现实则成为必然;二者,中国地形地貌复杂,各地自然、历史、物产、语言、风俗、人伦相异,地方生活中,原本就潜藏着丰富的小说元素和小说家最需要的"独特性",山川旧迹、奇人异事、物产经济、风俗典故,更是小说家偏爱的。两相取舍之下,小说家们遁入"地方",出入于各地的志书和历史典籍之间,觅得小说的素材,从而"饾饤人物,补缀欣戚,累牍连篇"①,不失为小说创作的一种有效探索。

当代小说的"地方化"转向,志书、典籍、文献等进入小说创作,对当代小说的文体和审美形态建构都产生了很大的影响。研究这种小说的转向及其带来的影响,既是对当代小说创作现状的把握,也可从小说史的角度,对其得失加以评点。

第一节　地方志与小说文体形态

地方志进入小说,当代文学领域早已有之。远的不说,早在 20 世纪 80 年代初,就有贾平凹、韩少功、李杭育、莫言、张炜等作家有意识地深入各地的方志中寻找创作灵感和创作资源。贾平凹说:"我在商州每到一地,一是翻阅县志,二是观看戏曲演出,三是收集民间歌谣和传说故事,四是寻找当地小吃,五是找机会参加些红白喜事活动,这一切都渗透着当地的文化啊。"②他的《商州》《商州三录》《腊月·正月》《小月前本》等,即是在"每到一

---

①　张潮:《虞初新志自序》,转引自石昌渝《中国小说源流论》,生活·读书·新知三联书店 2015 年版,第 136 页。
②　贾平凹:《答〈文学家〉问》,《文学家》1986 年第 1 期。

地,翻阅县志"的基础上完成的。不仅如此,贾氏后面的小说,无论长中短篇,其实大多有方志的元素。李杭育的《土地与神》,开篇写虚构的"茅寨",写它的由盛而衰,便是从《古安县志》写起,写葛川江一夜改道,茅寨百业俱废。张炜为了写《古船》,曾经跑遍了芦青河畔的十几个乡镇,查阅了大量当地新中国成立后的党史和地方志。

尽管地方志很早就进入当代小说的叙事层次,但是,早些时候,地方志对小说的影响还只是内容上的,形式层面上,地方志对当代小说并没有多大的影响。地方志改变当代小说的文体形态,是 20 世纪 90 年代的事情,随着先锋小说的式微,中国作家对小说形式创新保持着持续的热情,于是,类似韩少功的《马桥词典》这样的作品得以问世,继而产生了一大批作品,如孙慧芬的《上塘书》,李锐的《太平风物》,贺享雍的《乡村志》,霍香结的《地方性知识》,阎连科的《炸裂志》,阿来的《瞻对》,贾平凹的《老生》《山本》,王安忆的《天香》《考工记》,金宇澄的《繁花》,韩星孩的《村庄传》等。总结地方志对中国当代小说文体形态的形塑,大概可以概括为四种形态:

1.志书体。所谓"志书体",主要指作家仿照志书的体例,创造出的具有方志外在形制的小说。这方面代表性的作品,当推霍香结的《地方性知识》和阎连科的《炸裂志》。两部小说,都是完全按照志书的体例结撰而出。霍香结的《地方性知识》,与美国著名文化人类学家吉尔兹的名著《地方性知识》同名,不知是否属于巧合。小说采用第一人称的叙述形式,以"我"——一个民族志工作者的口吻,叙述并虚构了一个叫作"汤错"的中国南方小山村的自然、历史、语言、物产、人物与风俗。"我"的民族志工作者身份,为这部小说的地志学文本存在样态的产生提供了可能性和合法性。小说正文分为七卷,包括"疆域""语言""风俗研究""虞衡志""列传""艺文志(一)""艺文志(二)"等,另外,则附有说明、凡例、后记以及前后地图各一幅。"说明"部分,介绍小说写作依据材料的来源。"凡例",介绍全书结撰的原则乃小说模仿"志书体"的开端。"疆域"对汤错地形、地貌、水文、物产等的叙述,类似地方志中的"沿革"。"语言"部分,则对汤错的方言进行意识形态的考古学呈现。"风俗研究"切入的是汤错的巫教信仰系统和人伦风俗。"虞衡志"所叙则为汤错的山川自然,"虞衡",就是古代掌山林川泽之官,《周礼·地官》里有"山虞掌山林之政令""林衡掌巡林麓之禁令""川衡掌巡川泽之禁令""泽虞掌国泽之政令"之叙述。[1] "列传"叙写人物,则为地方志的惯例内容。

―――――――――

[1]　孙诒让:《周礼正义》(四),中华书局 2015 年版,第 1441、1449、1451 页。

"艺文志"同样是地方志的惯例,该部分小说处理的是汤错的神话、诗歌等虚构性描述。

霍香结的《地方性知识》侧重于历史化的文本写作。"汤错",不过是作家所借用的一个富有文学性的地名符号。用作家自己的话说,《地方性知识》是作家希望去创造的一种"微观地域性写作,也即人类学小说"①。而阎连科的《炸裂志》则有所不同,如果说霍香结的《地方性知识》是关于"汤错"的知识、风俗、民族、文化的考古,那么,《炸裂志》则完全是指向现实的。小说虚构了把耧山脉深处一个叫作"炸裂"的村庄,在短短的 30 年时间里,由一个百人的乡村变成超级大都市的历史,小说充满着荒诞、夸张、反讽的色彩,带有寓言性质。但是在小说的形制上,《炸裂志》却和《地方性知识》一样,采用的是地方志的结构。小说从"附篇"和"舆地沿革(一)"写起,到"舆地大沿革""主笔导言"(尾声)结束,总共包含 19 章。这 19 章里面,作家用笔最多的,就是仿照地方志的"舆地沿革""政权""人物"三部分。其中,"舆地沿革"占用四章的篇幅,对应着"炸裂村"从小到大,"炸裂式"扩张的历史事实。而"政权"和"人物"篇,则是"炸裂村"炸裂式发展的原因和结果。人心、人性、欲望,在一个"炸裂"的时代,得到炸裂式的扩张,并主导出一个村庄炸裂式的发展。阎连科通过对历史文献的戏仿,完成了对当代中国"发展"伦理的审视和反思。

2. 条目体。《地方性知识》和《炸裂志》,是对地方志体例的完整借用。相比之下,韩少功的《马桥词典》、李锐的《太平风物》、孙慧芬的《上塘书》、韩星孩的《村庄传》等,则是以条目的形式,择取作家想要表达的内容展开叙事。韩少功的《马桥词典》,通过 115 个词条,构造出一个叫作"马桥"的村庄的地方社会史、语言史、生活史与文化史。《马桥词典》的词条,以方言、习俗、地名和人物为主,像"蛮子""老表""乡气""嬲""龙""神仙府""梦婆""津巴佬""飘魂"等。小说中,这些词条表面上看是随意、散乱地分布,但实际上,韩少功还是煞费苦心的,一方面,作家以志中志、史内史的"中国套盒"式的叙事方式,嵌入了诸如《左传》《战国策》《渔父》《宋史》《辞源》《平绥厅志》等史学、文学和志书类典籍,借此凿开如今的马桥与历史上的马桥的联系,介绍马桥的政治、经济、防务、人口、重要历史人物和重大历史事件,另一方面,在词条与词条之间,韩少功建构起的,其实是人物与人物、人物与语言、语言与语言之间的相互关系和连接,以此而支撑起小说的整体的骨架和小

---

① 霍香结:《地方性知识》"后记",新世界出版社 2010 年版,第 483 页。

说所呈现时代的起伏转折。在《马桥词典》里，人物和语言，所有的词条，其实都是"马桥"历史与文化的结晶。与《马桥词典》相似，韩星孩的《村庄传》，择取"山根陈村"的历史、风物、礼俗、掌故、植物、动物与节气等，分 36 个条目，分门别类地写出山根陈村的起源，和村人数百年的生息繁衍。

与韩少功从人物和语言入手的地方志叙述策略不同，孙慧芬的《上塘书》，所勾勒的则是"上塘村"的具象的地理、政治、交通、通讯、教育、贸易、文化、婚姻、历史。小说中的 9 个章节就是 9 个条目。李锐的《太平风物》，同样是以条目体构建而成的。小说有一个副标题，叫"农具系列小说展览"，作者就是以 14 种农具作为条目，写出 14 章小说而结撰成书，包括"袴镰""残摩""青石碨""连枷""樵斧""锄""耕牛""牧笛""桔槔""扁担""铁锹""镢""犁铧""耧车"等。但是，小说的内容却并不是演绎和说明农具的起源与用途，而是现代社会现代人的生活。李锐在一个悠长的农耕文明的历史延长线上，将古代社会与现代生活连缀起来。

3.嫁接体。所谓嫁接体，是指作家把古代典籍、文书、史料、地方志书等置入小说文本的写作方法。这种写作方法，当代作家使用极多。阿来的《瞻对》，副标题"终于融化的铁疙瘩——一个两百年的康巴传奇"，是一本历史文献丰富的书，作家处理的史料，涉及奏章、朱批、军事协定、地方志、史料、通史、官书、私人信函、学术文章、新闻报道、日记、年谱、民间传说、回忆录等。有学者统计，《瞻对》一书仅所涉史料就达到了 30 余种，重要的史料有《清实录藏族史料》《清代藏事辑要》《清代藏事辑要续编》《清史稿》《西藏纪游》《西藏志》《西藏通览》等，材料极为丰富。小说就是在官史与民间史的相互参照与修正中，完成对那个民风强悍的"铁疙瘩"部落的独特历史和神秘藏地文化的揭秘。

《瞻对》具有历史小说的属性，作家处理的史料也多为历史文本。相形之下，贾平凹对历史文本、典籍、民间文本的植入，则更为多样和开阔。早在写《商州》的时候，贾平凹就以方志的笔法，于每单元的起始描写了武关、山阳县、丹江流域、商县、达坪与照川坪等地的地理实情和民风民俗。他的《高老庄》，则是嵌入历代石碑的碑文，以此重构村庄消逝的历史。贾平凹文本嫁接最具典型性的，当属《老生》。结构上看，《老生》的文本嫁接有两个系统：一个是《山海经》，一个是唱师的阴歌。《老生》写到四部分，其实是四个地方、四个时代的四个故事，贾平凹在每个故事里面，都植入了《山海经》的原文、讲解和答问。四个地名、四个时代和四个故事，显然是对《山海经》的东、南、西、北四个方位的化用，"《山海经》是一个山一条水地写，《老生》是一个村一个时代地写。《山海经》只写山水,《老生》只写人事"①。这种对《山海经》的化用,使得整部小说贯穿着远古的鸿蒙大荒之气。小说中的唱师,嫁接的则是秦岭乡村里的谣曲,《老生》里所录很多,像《开五方》《安五方》《拜神歌》《悔恨歌》《奉承歌》《乞愿歌》《孝劝》《佛劝》《道劝》《二十四孝》《游十殿》《还阳歌》《十二时》《叹四季》《摆侃子》《扯鬏衿》以及自古流传的乱弹等歌谣和歌词等,在《老生》的情节展开过程中都有呈现。

　　4.副文本。所谓副文本,是指封面、标题、序言、前言、注释、后记等在文本中连接读者和正文并起协调作用的中介性文本材料。副文本不单存在于地方志小说当中,其他小说作品,同样涉及封面、标题、序言、前言、后记等。但是,因为需要处理很多地方性地理文献、实物、史料等,有地方志因素的小说,副文本现象肯定要比其他小说更为繁复。这些年的小说中,像《瞻对》,因为对这个民族的介绍不便出现在小说文字中,所以小说扉页就有这样一句话:"瞻对(今四川甘孜州新龙县)地处康巴。康巴人向来强悍,而瞻对人在康巴人中更以强悍著称。当地人以此自豪:瞻对就是一块铁疙瘩!"这种说明性文字,配上小说开始的藏刀图片,和民国时期瞻化(瞻对)地区及周边示意图,形象、直观、富有冲击力地呈现了处于川藏交界处古老康巴民族的彪悍风气。

　　以图言事、言物的小说,还有李锐的《太平风物》。小说写到的 14 种农具,每种都有图形素描,且配上一段说明性文字。如第一部分"袴镰",就有"《释名》曰:'镰,廉也'薄其所刈,似廉者也。又作'鎌'"这样的说辞,并引《周礼》所云"'剃氏'掌杀草,春始生而萌之,夏日至而夷之"而具体说明。②各章所叙述到的农具,大多另外配有一首写农具的古诗,和"图、文引自《王祯农书·农器图谱集之 X》",或"图、文引自《中国古代农机具·第 X 讲》"之类的文字。金宇澄的《繁花》,写上海市井俚俗生活的情与欲,里面涉及很多旧时上海的场景、物事、建筑,文字不尽意处,作家悉以插图呈现,比如:瓦片温热,两小儿坐于屋顶之上,看黄浦江上往来船只;1960—2000 年上海卢湾区局部路名与设施的变迁;DIY 开瓶器,式样包括孙悟空、铁扇公主、阿飞、熊猫、鹿、嫦娥飞天等;无抽水马桶,无天井的老式上海弄堂;70 年代沪西局部分布图,等等,图语有着文字难以比拟的风流韵味。

---

① 贾平凹:《老生》"后记",人民文学出版社 2014 年版,第 293 页。
② 李锐:《太平风物》,生活·读书·新知三联书店 2006 年版,第 11 页。

第二节 "类方志"小说的体式与审美增殖

地方志给当代小说带来的体式之变,类型要比上述梳理复杂得多,这里不可能面面俱到详加清理它们的体式与形态。从根本上讲,地方志影响下的当代小说体式之变,不可能是单纯的形式上的变革,它必然伴随着小说审美质态和美学空间的变更。方志类小说写作就更是如此,这是因为,当志书里的历史文本、地方史料、民间传说、民俗史料、地方典籍等进入当下的小说创作之后,它会造成小说文本的历史层累化,造成时间、空间上的叠加效应。所谓历史层累化,就是指小说会处理到不同时段的历史文本,而这些文本之间,却会构成对话与潜对话关系,使得不同的时间、空间会被连接、打开,造成不同历史之间的对话与相互激活,从而产生"1+1>2"甚至是几何级激增的审美效果。

韩少功的《马桥词典》,就是一部典型的历史层累化的复合文本。整部小说虽以词条构成,但在同一个词条或不同的词条当中,作家会楔入不同的历史文本。这些历史文本,要么是作为潜在语义而进入小说,要么是与小说所叙述的当下语境产生隐含的对话关系。如"蛮子(以及罗家蛮)"这一条目,作者分别引入了《左传》《宋史》《水经注》等典籍。韩少功引《左传》中"鲁桓公十二年,楚师分涉于彭,罗人欲伐之"[①]一句,欲说明"罗人""罗国"历史之古老。这里的"罗人",按照《左传》注,"罗,熊姓国。今湖北省宜城县西二十里乃罗国初封之故城。其后楚徙之于湖北省旧枝江县(县治今已迁马家店镇),后汉书所谓'枝江侯国本罗国'是也。今湖南省平江县南三十里有罗城,又是罗国自枝江所徙处。至湘阴县东六十里之罗城,乃其接界处"[②]。一个"罗"字的背后,却是浩浩荡荡、消逝于时间深处的绵延跌宕的历史。马桥早被视为荆楚之地,但是,历史上,"罗国"却是被楚吞灭的一个小国。一个"罗"字,这就把"马桥""马桥人"的历史打通到春秋时代,与公元前700年、距今2700多年那个文化尚未定型的蛮荒时代的"罗国""罗人"的历史和命运联系起来了。"蛮"和"罗",不管是一字,还是一姓、一族、一国,实际上,都是有它们各自的文化生命和历史生命。正是因为《左传》的引入,"马桥"和"马桥人"的文化生命,才被上溯到遥远的上古时代,其间的跌宕、起伏、转

---

① 韩少功:《马桥词典》,北京十月文艺出版社 2017 年版,第 7 页。
② 杨伯峻编著:《春秋左传注》(一),《中华书局》2016 年版,第 146 页。

折、离散、荣衰，自是我们肉眼所难得见，然而文字、实物所留下的，却是特定时代人们的生命实证和原始文化记忆。

在"蛮子(以及罗家蛮)"的条目下，韩少功还引入《宋史》，说到宋哲宗元祐三年(1088)，"罗家蛮"出现"寇钞"事件，后来由土家族先辈首领出面方才平息。《宋史》原文所记"元祐三年，罗家蛮寇钞，诏召仕诚及都头覃文懿至辰州约敕之"①。所谓"寇钞"，就是"劫掠"的意思。《宋史》所载，当时西南溪峒诸蛮部，多仗着"重山复岭，杂厕荆、楚、巴、黔、巫中"，"狃黠之性便于跳梁，或以雠隙相寻，或以饥馑所逼，长啸而起，出则冲突州县，入则负固山林"。② 王道教化之外的彪悍民风，见于史册。如此，"罗家蛮"的历史，就和后世马桥、马桥人的历史形成一种相互的映照。从明末张献忠于陕西造反，屡次碰到官军中的湖南杀手"钯头军"而遭受重创，于是张献忠数次率军入湘，杀人无数，造就血案无数，造成"十万赣人填湘"的大移民；到"马桥弓"里既无造反之才，亦无造反之德，毫无慷慨捐躯的气节，一旦被抓就满口"小的""小的"的"莲匪之乱"首领马三宝；再到"马疤子(以及一九四八)""马疤子(续)""打醮"里面有气节、有操守，兼具土匪、抗日英雄、起义功臣身份的"马疤子"。世事轮转之中，映现出的是"马桥人"历史性格的起落隐伏。这种历史文本的植入，使得《马桥词典》成为开放的文本。一方面，历史文本以不断生成的、动态的方式，扩大着作家叙述文本的知识、年代、历史气运的边界，使得小说的叙述语义、内涵、知识性更为丰富，气韵更加生动；另一方面，历史文本与当下文本之间，因为处在同一条历史河流之中，作为历史文本的"上游"，必然会顺势而下，和"下游"构成一种相互激活、相互对话、相互阐述的关系。创作上，作家当然不会一味拘执于古今之间的纠缠，或执今以律古，或执古而绳今，机械地处理历史和当下之间的关系，但当不同历史、不同时代的人事汇聚于一起，它所激荡起的历史、文化与审美意涵，自是复调的、叠加的。《马桥词典》借助《左传》《宋史》，包括《水经注》对"罗人"与"巴人"地理人口混合的描述，所呈现出的正是马桥、马桥人的动荡而开阔的历史。

《马桥词典》是一部微观史学和宏观史学相结合的志书类小说。微观上，作家聚焦于一地之一字、一词、一名、一物，"力图把目光投向词语后面的人和事"，"力图感受语言中的生命内蕴"。③ 宏观上，作家却是在历史的延长线上，打通一地之千年史学脉络，并以"马桥"为镜鉴，写照出中国历史。

① (元)脱脱等撰：《宋史》(四十·传十六)卷四九三，中华书局 1959 年版，第 14180 页。
② (元)脱脱等撰：《宋史》(四十·传十六)卷四九三，中华书局 1959 年版，第 14171 页。
③ 韩少功：《马桥词典·编纂者说明》，北京十月文艺出版社 2017 年版，第 1 页。

这种叠加历史文本与当下文本的写法,显然是属于历史哲学的,它的衍生意义,更多的是历史智慧层面的。和《马桥词典》有所不同,李锐的《太平风物》、贾平凹的《老生》和《山本》,则更多是文化哲学意义上的对古代典籍的移植和借用。李锐的《太平风物》,文本分为截然不同的两部分。每章小说的开头,都有一段关于农具的介绍。每段文字,前面取自元代的《王祯农书》,文字古奥,夹杂着《释名》《周礼》《风俗通》《齐民要术》《广雅》《国语》《说文解字》《易经》《庄子》《集韵》等古代的典籍,后面则是取自当代人章楷所编著的《中国古代农机具》,文字浅显易懂。整部小说14章,开头写的就是14种农具的文字介绍。而小说的正文,则是以14种农具为道具,写农具进入当下人的生活之具体形态。如第一部分"袴镰",文字介绍部分,作家引《王祯农书》中《周礼》的文字,接王祯七律《镰》:"利器从来不独工,镰为农具古今同。芟馀禾稼连云远,除去荒芜卷地空。低控一钩长似月,轻挥尺刃捷如风。因时杀物皆天道,不尔何收岁杪功",讲"镰"的形、用、道。① 而小说正文部分,则是写农民陈有来,用袴镰杀死了村长杜文革的惨烈事件。杜文革霸占了大家的煤窑,还害了陈有来的哥哥陈保来。陈有来告了三年,没有告倒杜文革。他本不想杀杜文革,但是在去收玉茭的路上偶遇村长杜文革,杜文革爱答不理的侮谩与轻薄,让陈有来动了杀机。第二部分"残摩",写孤独的老人为农具"摩"所伤。老人守着衰败的村庄,遍野是黄土,天地却无声,他的儿子、孙子、孙女都去了城里,只留下空落落的窑洞、青砖灰瓦的院子和孤寂的老两口,漫天的孤独,像尘土一样覆盖着所有的岁月。第三部分"青石碨",写因拐卖人口而被通缉在逃的在逃犯郑三妹,却反被别人拐卖到茹家坪,逃跑,被捉,再逃跑,再被捉……无数次被她的丈夫锁在磨盘上毒打。这种开头写古农具介绍,接下来写当代人生活的写作方式,是《太平风物》的一个基本结构。14种农具,对应着当下乡村、乡村人的14种生活情态和生活状态,对应着当下乡村社会、乡村人的生命形态。

事实上,李锐的写作意图是非常清晰的。小说的标题叫"太平风物","太平"者,除安宁、平安的含义,还有"极盛之世"的意思,《史记·卷二·夏本纪》"东渐于海,西被于流沙,朔、南暨:声教讫于四海。于是帝锡禹玄圭,告成功于天下。天下于是太平治"中的"太平",就是"极盛之世"的意思。② "风物"者,《现代汉语词典》的解释,是"一个地方特有的景物"③。"太平风

---

① 李锐:《太平风物》,生活·读书·新知三联书店2006年版,第11页。
② 司马迁:《史记》(一),中华书局1959年版,第77页。
③ 中国社会科学院语言研究所词典编辑室编:《现代汉语词典》,商务印书馆2016年版,第391页。

物"放在一起,就意味着:农具、农事,是可以让天下大治、天下太平的物事。小说所引《王祯农书》,包括《农桑通诀》《农器图谱》《谷谱》三部分。第二部分"农器图谱",共收集105种农具,王祯绘制了270余幅农具图,每幅图后有若干文字说明,描写该农器的构造、来源、演变及用法。农事通天地阴阳,通四时之变,每一种农具,都是"道"与"器"的统一,背后凝结的都是古人的智慧,都是农耕社会数千年文明的精华。如此,李锐的《太平风物》,实际上构成了一种历史的回看和文明的反思。农具本是会通天地之道的圣物,是可以生养万民、安天下、致太平的物事,然而在现代社会里面,它们却逐渐丧失了自己本然的、原始的功能,演变成杀人的利器("袴镰")、囚困人的地方("青石碾")、文化旅游开发中唱地方小曲时候的道具("铁锹")、一场杀人迷案中杀人或自宫的工具("樵斧")、农民进城打工失去双腿后绑在大腿下面帮助返回家乡的"腿"("扁担")……时代不同,世代不同,农具不"农",风物不再是风物。如果说,《王祯农书》里面的农具,是一种文明的载体,是一个时代和世代的象征,那么,李锐的《太平风物》,则毫无疑问是站在一个历史文明的高度,去思考一个器物在时变与世变之中它们的"道变"的深刻问题。在历史的典籍中,每个农具都不单是一种简单的器物,它是生活,是经验,更是道问,是哲学,是文化,是文明,各有其起源,各有其形,各有其用,但是在当下的社会中,农具是失序的,人是失序的,农具与人的关系更是失序的。这种失序,是文明的失序,也是文明的衰败。李锐的《太平风物》,就小说的题旨而言,并没有超出现代以来"传统与现代的冲突"的基本思想结构。李锐的创新之处在于形式,他找到了"器物"——农具这样的具体的文明、历史载体,所以他的思考,就不再是观念的穿凿附会,而是由"器"观"世",由"器"观"道",从而建构一种具有当代意味的器物美学。

在《太平风物》里,《王祯农书》是另一种文明的存在,是一种反思的视野,它对当下的乡村社会、乡村人的生命状态,构成参照与镜鉴。与此不同,贾平凹的《老生》和《山本》,化用的是中国上古时代的一部奇书——《山海经》。化用方法上,如果说《王祯农书》是一个反省、反思甚至是批判性的视野,那么,《山海经》对于《老生》和《山本》而言,似乎更像是一个解释系统。作者是借《山海经》的鸿蒙之气、原始思维、神话思维,解释现时代人与植物、人与动物、人与人、人与神、人与鬼的复杂而隐秘的联系。《老生》当中,小说的四个部分,每部分的开始和中间,贾平凹都引入一段《山海经》的原文和师生的问答,加上小说的结尾,全书共九次引入《山海经》的内容,分别是"南山经第一"的三个部分,《西山经第二》的四个部分和《北山经第三》的"北山山一经"和"北山二经",所引内容全部来自"山经"。对《老生》而言,《山海经》尽管反复进入小说,但实际上,这是一部悬置在小说之外的,作为镜像而存在的书。结构上看,《山海经》中的"山经"和"海经"都是以南、西、北、东构筑方位,《老生》也不例外。小说中的四个故事,分别发生在秦岭山脉的四个不同地方:山阴县、岭宁县、三台县、双凤县。四个地方,因为地处秦岭不同位置,所以草木禽兽和人也不一样,"山阴县的山深树高大,多豹子、熊和羚羊,人也骨架魁实,岭宁县属川道,树小又没走兽,偶尔见只豺或狼,就都是飞禽,城里更是栖居了大量的麻雀"。山川各异,人物相殊,所以山阴县会出大人物匡三,出土匪强盗,出秦岭游击队;而岭宁县的人"全是些人小鼻子小眼,就是爱吃肥肠"。① 这种按照地理空间分布,去写出特定地理环境下的"人—地""人—人""人—物"关系的写法,无疑是《老生》对《山海经》空间构造的借用。在小说的写法上,《老生》借用《山海经》处甚多。如小说开始处,写"像棒槌戳在天空"的"空空山",借用的就是典型的《山海经》的笔法,倒流河东去一百二十里远,是空空山,而《山海经》中,最多的就是"又东三百里,曰堂庭之山""又东三百八十里,曰猿翼之山"诸如此类的叙述。

在文化哲学上,《老生》更是沿袭《山海经》的气质、风格和神韵。某种程度上甚至可以说,《山海经》的思维和眼光,构成了贾平凹写作《老生》的世界观和方法论。在小说的开头,贾平凹写道:"秦岭里有一条倒流着的河",每年腊月二十三,小年一过,山里人的风俗要回岁,就是顺着这条河走,"由东往西着走,以至有人便走得迷糊,恍惚里越走越年轻,甚或身体也小起来,一直要走进娘的阴道,到子宫里去了?"②小说开始的这个"倒流河",是具有隐喻意义的,它表征着作家的某种特定的文化理想,那就是人类对天地、自然、万物,对人自身、对人与人、对人与物关系的理解和诠释,必须"倒流"到人类的古老经验与智慧当中去,回到人类的原初经验当中去。这个人类的古老经验、智慧与原初经验在《老生》当中自然就是《山海经》。借小说中师生问答的话说,就是"我们的上古人就是在生存的过程中观察着自然,认识着自然,适应着自然,逐步形成了中国人的思维,延续下来,也就是我们至今的处世观念"③。在方法论上,因为上古人没有科学的分类观念,所以他们对世界的"观",是整体性的"观",人和动物,人和植物,人和鬼魂,是处在一个整体性当中的,就像《老生》当中所写到的唱师,他是可以在阴阳两界行走,可

---

① 贾平凹:《老生》,人民文学出版社 2014 年版,第 71 页。
② 贾平凹:《老生》,人民文学出版社 2014 年版,第 1 页。
③ 贾平凹:《老生》,人民文学出版社 2014 年版,第 9、10 页。

以见鬼神,通灵异的。《老生》当中很多灵异现象的描写,贾平凹都是在整体性思维中去把握的,像第一个故事里写到的,人在胳膊上套上竹筒子进山,熊会按住人的双膊嘿嘿笑;猫会人言,跑过来叫:婆,婆;人坐在山里的枯木上吸旱烟,枯木却动起来,原是一条蟒蛇,等等。鸟兽能言,草木有性,人与鬼神相通,这种整体性把握世界的思维方法,在贾平凹的创作中较为普遍,特别是这几年创作上对《山海经》的化用,更是强化了他的创作上的这个特点。到了《山本》这部小说,贾平凹的整体性思维更是明显。在《山本》里人与鬼、人与草木、人与动物是没有界限的、相通的,所以,下雨天的时候,杨家棺材铺的门口,会站着一排鬼,打更的老魏头会在夜晚看到吐出长长的舌头的鬼去白世强家投胎,陆菊人给死去的丈夫杨钟上坟时,会看到一只背上有人面纹的蜘蛛趴在燃过香的地上,周一山能够听得懂鸟语和兽语,老皂角树下突然说话的狗,龙王庙旧址上冒着紫气的醉猴,山中月圆时分嘘气成云的蟒蛇,声音像老人一样夜里雌雄相唤的西鸥鸹……诸如此类的灵异现象,《山本》中到处都是。

第三节　"类方志"小说的价值与问题

地方志包括其他历史典籍、地方文献的借用,推动了当代小说的审美转型和艺术形式创新。如何看待和评价当代小说领域的"类方志"小说的写作取向? 我以为,需要从小说史的整体角度去加以衡量。在这个衡量的过程当中,有两个认识论的问题必须提出:一个是中国小说史的传统问题,一个是中国小说的"中国性"问题。

就中国小说而论,它的起源是多源头的,神话传说、寓言故事、史传和逸史等,都是小说得以产生的重要起源。东汉经学家桓谭论小说家,有"若其小说家,合丛残小语,近取譬论,以作短书,治身理家,有可观之辞"之论,小说即是"合丛残小语,近取譬论"的"短书"。① 唐代史学家刘知幾创历史编纂学上的"六家二体"说,将小说归为"杂述"一类,视小说为"自成一家"能"与正史参行"的"史氏流别","权而为论,其流有十焉:一曰偏纪,二曰小录,三曰逸事,四曰琐言,五曰郡书,六曰家史,七曰别传,八曰杂记,九曰地理书,十曰都邑簿"。② 桓谭和刘知幾所言及的"小说",虽与今人所熟知的"小

---

① 转引自石昌渝《中国小说源流论》,生活·读书·新知三联书店 2015 年版,第 2 页。
② 刘知幾:《史通·内篇·杂述第三十四》,中华书局 2014 年版,第 455、456 页。

说"概念上有所不同,但是,中国小说出身复杂,杂糅着史学、经学、子学、地学的"杂述"属性,这是确凿的。正是如此,近年来中国作家小说创作中糅合方志元素,借用历史典籍、地方文献、民间传说,实际上是向中国小说的古典传统回归。因为,无论是志书、典籍、地方文献还是民间文本,都是杂糅史学、地学的复合文本。

从另一方面看,当代小说家以方志、典籍、文献等入小说,很大程度上,是中国当代文学自身发展、运动的结果。众所周知,进入现代社会以来,中国的小说一个主要取向,就是师法西方。特别是 20 世纪 80 年代,中国小说家狂热地追捧欧美诸国包括拉美国家的文学,以为文学现代化就是西方化,不到十年,基本上把西方上百年的作家模仿个遍。进入 90 年代,随着文学轰动效应的退潮,作家们纷纷沉潜下来,不少作家开始探索以中国方式讲述中国故事,在这一背景下,方志、典籍、地方文献、民间文本等成为小说家推动小说中国化历史逻辑中的一个环节,是值得认真研究的。它的意义,要远超出小说美学、小说形式、小说技巧的层面,而上升到中国当代小说"中国化"的高度。如此说,并非意味着我是文学上的民族主义者,而是说,作为世界文学的一部分,中国小说存在的全部意义,就是向世界贡献中国小说的独特性,贡献小说的中国经验和中国智慧,而不是亦步亦趋模仿西方。我们学马尔克斯,学福克纳,学卡夫卡,学得再好,也终究不过是拾人牙慧,中国小说不可能得到别人的尊重。

从小说创作的角度来讲,地方志、历史典籍、地方文献、民间文本等,毕竟不是小说,属性上,有的属于史学,有的属于杂书。特别是地方志,因为是"记述一域地理及史事之书"①,兼具史学和地理学的双重属性,作家们在创作过程中,如何处理好地方志与小说的关系,就是一个兼具理论和实践色彩的问题。综合迄今为止当代作家的创作情况看,小说家在处理地方志、历史典籍、地方文献过程中,作家的学识积累问题,毫无疑问是一个关键问题。文学创作不是学术,不需要作家一定要具备很深学术功底;但是一旦作家创作中涉及历史文献,那么,就需要有和材料处理相关的学术素养,如文献的版本、目录、训诂的自觉意识与能力等。作家须具备和所处理的材料相匹配的学识与才力。就此而言,时下作家还是有些欠缺的。普遍的问题是,作家们在征引材料时多略显随意,解释材料有欠周密。如贾平凹的《老生》。在小说创作谈和前言、后记里面,他反复谈到《山海经》对其小说创作的重要

---

① 傅振伦:《中国方志学通论》,转引自林衍经《方志学综论》,华东师范大学出版社 2008 年版,第 13 页。

性；但是在版本的采用上，贾平凹显然并没有太在意。《老生》中所引到的《山海经》九卷，各以"南山之首""南次二山之首""南次三山之首""西山华山之首""西次二山之首""西次三山之首""西次四山之首""北山之首""北次二山之首"为起始句。以《南山经》为例，查阅清代郝懿行的《山海经笺疏》，郭郛的《山海经注证》，谷瑞丽、赵发国所注《山海经》，冯国超译注《山海经》，安百连、秦国伟主编的《山海经》，张明林主编的《山海经》等，《南山经》的首句，均为"南山经之首曰鹊山"。再查阅崇贤书院释译的《图解山海经》，周明初校注的《山海经》，沈海波校点的《山海经》，袁珂的《山海经校注》，王红旗、孙晓琴合著的《全本绘图山海经》等，首句则为"《南山经》之首曰鹊山"。竭宝峰主编《山海经》首句是"南山《经》之首曰鹊山"。通过这些版本梳理可以发现，各版本在《南山经》的书名号使用上各有不同，有的不用书名号，有的"南山经"三字用，有的"经"字用，但这些版本起始句都是"南山经之首曰鹊山"，而不是贾平凹所写的"南山之首曰鹊山"。贾平凹在"南山"后面少写了一个"经"字。"南山经之首"如此，"西山经""北山经"序列同样如此。虽然说，查中华书局方韬译注的《山海经》和日本学者小岩井译注《山海经》，起始句均为"南山之首曰鹊山"，但是从《山海经》的体例上来说，"南山经"所叙述的山当为山系，而不是一座山，因为，单"南山一经"所涉，就有招摇山、堂庭山、猿翼山、杻阳山、柢山等九座山。所以，"经"的意思，并不是今人所理解的"经典"，而是"经纪"的意思，意谓条理、秩序。如此，贾平凹所采用的版本，"南山之首曰鹊山"可以断定是错误的，其后的"南次二山""南次三山""西山华山""西次二山""西次三山""西次四山""北山""北次二山"等，"山"后面都有一个"经"字。

　　版本校勘是个复杂的专业工作，作家写小说，多不会在这方面用力太专、太深，所以说，《老生》的版本误用，或在情理之中。可是韩少功《马桥词典》所引《左传》的内容，则错谬甚深，比较典型的就是前面曾经引述的"鲁桓公十二年，楚师分涉于彭，罗人欲伐之"一句。我们知道，《左传》是编年体史书，体例上它分为"年""经""传"三部分。每个"年"下面，另有"经""传"。一般认为，"经"是孔子编著的春秋经，"传"是左丘明为春秋经所作的注解。上文所引的"楚师分涉于彭，罗人欲伐之"，就是鲁桓公十二年的事，归属于"传"的部分。查《春秋左传注》原文，根本就没有"鲁桓公十二年，楚师分涉于彭，罗人欲伐之"这样的叙述，而是在"桓公"目录下列出"十有二年"，（楚）"伐绞之役，楚师分涉于彭。罗人欲伐之，使伯嘉谍之，三巡数之"。写的是鲁桓公十二年，楚国讨伐绞国，楚人分兵渡过彭水，罗国人想攻打楚国一事。

而楚国之所以讨伐绞国,与鲁桓公十一年,"郧人军于蒲骚,将于随、绞、州、蓼伐楚师"有关。① 由此可见,韩少功在引用《左传》的内容时,确实过于随意。类似的错误还有阿来的《瞻对》。高玉曾列举阿来《瞻对》中的一个错误。错误的来源,是作家对《清史稿》一段文字的错解。阿来《瞻对》小说中写道:(赵金龙)去北京,受到嘉庆皇帝接见。皇帝问他,哪个省的兵最精。他答:"将良兵自精。"而这段对话,来源是《清史稿》,《清史稿》的原文是这样的:

> 思举既贵,尝与人言少时事,不少讳。檄川、陕、湖北各州县云:"所捕盗罗思举,仍今为国宣劳,可销案矣。"再入觐,仁宗问:"何省兵精?"曰:"将良兵自精。"

阿来的错误有二:一是错乱了事主。《清史稿》中写的是罗思举,到了《瞻对》,却成了赵金龙。二是错乱了对原文的理解。《清史稿》中的"何省兵精?"是"如何省察士兵的精良"的意思,而阿来却错解成了"哪个省的兵最精"。②

诸如此类的错误,实为简单明了。或许对于作家来说,创作毕竟是天马行空、自由不羁的事业,孜孜于史料、版本、目录、校勘、训诂,实非作家所长,且有违不羁的心性,但是作家既然选择以实在性的史料、地志、文献为创作的材料来源,那么,尊重材料,回归到材料本身,由此生发材料的历史认识与审美价值,便是最基本的要求。任何随意挪用材料、错用材料、误解材料的做法,都是对材料和材料所代表的历史的冒犯。这种冒犯于创作本身而言,可能无伤大雅,不过是很小的瑕疵,但是文学毕竟以审美为职志,是精神的、灵魂的事业,倘若作家连最起码的求得史料的真实都做不到,何谈历史的真实和艺术的真实呢?

作家的才识与学力之外,另外一点,就是方志、典籍、文献引入所带来的小说艺术上的"形"与"质"的关系问题。于小说创作而言,无论是志书体还是条目体,嫁接式还是副文本,都是很好的形式上的创新。正是这种形式上的创新,使得《上塘书》《乡村志》《地方性知识》等小说,引起人们较大的关注。但问题是:作家们创作小说,地方志元素的引入是否是必要的?是否仅仅是求得形式上的创新?还是小说内涵与审美意蕴拓宽的必要选择?采取"类方志"小说创作样式时,作家如何保持"形"与"质"的相生与平衡?这些

---

① 杨伯峻编著:《春秋左传注》(一),中华书局1981年版,第146页。
② 高玉:《〈瞻对〉:一个历史学体式的小说文本》,《文学评论》2014年第4期。

问题值得深入思考。从地方志本身来讲，它的体例其实并不固定。清代桐城派代表人物方苞在《与一统志馆诸翰林书》中，阐明修志体例一定要统一，"体例不一，犹农之无畔也"。方苞所论，是就某部具体的志书而言的。一部志书，出于众手，如果没有统一的体例，修志者"各执斧斤，任其目巧，而无规矩绳墨以一之"，自然是不行的。① 而志书编纂本身则并无定例可循，"古往今来，质文递变，诸史之作，不恒厥体"②。志书编纂中体例与目录的厘定，多有因时、因地、因事而定的情况。地方志的体例与目录尚且不循常规，文学创作循沿地方志的格式，自然不应该泥而不化。而观诸当下创作，作家们在以方志体创作小说时，这种泥而不化的现象却时有发生。如阎连科的《炸裂志》，小说站在发展伦理学的高度，对"炸裂村"三十年爆炸式、畸变式的发展作出冷峻的伦理思考。炸裂村从一个小村变成镇，镇变成县，县变成市，市变成超级大都市，一边是速度、权力、金钱、名声、欲望，另一边却是道德的崩溃、正义的丧失，人心的坍塌、良知的泯灭。《炸裂志》是一部具有极强的反思、批判、反讽意味和魔幻色彩的小说。特别是地方志形式的运用，一方面，更加形象、直观、富有视觉冲击力地演绎了炸裂村"炸裂式"的畸形发展，另一方面，地方志内在包含着的"资政""教化"价值观，对炸裂村的畸形发展和道德崩溃的现实，构成了深刻的批判。可以说，《炸裂志》运用地方志的志书体，是有很好的艺术增殖效能的，志书体运用得非常恰当。但问题是，阎连科过分拘泥于志书的体例了。小说开头的"附篇"，分"主笔前言"《炸裂志》编纂委员会名单""编纂大事记"三部分，是仿照一般地方志前面的"凡例""叙例"，说明编纂的原则和方法。这种仿照，里面有作家的曲笔和苦心，但于小说创作而言，如此的"附篇"则是可有可无的。小说的魅力，在不言之言。《炸裂志》仿照地方志，而地方志必有"凡例""叙例"，是故，《炸裂志》就有了它的"附篇"，其中虽有曲笔，更多的则是闲笔、愤激之笔。闲笔一多，就难免有些插科打诨甚至是油滑。愤激之笔多了，难免就破坏了小说的美感。此中之弊，当在作家对地方志体例上的泥而不化。尤其是正文部分，第十二章竟然有"防卫事宜"，这更是对地方志体例的泥而不化的表现。古人修志，多有地理位置特殊性考量，故有"武备""守备"条目。如《嘉靖宁夏新志》。因为"宁夏当陕右，西北三边其一重镇也。远在河外，本古戎夷之地，历来叛

---

① 转引自林衍经《方志学广论》，安徽大学出版社 2017 年版，第 109 页。
② 刘知幾：《史通·六家第一》，中华书局 2014 年版，第 2 页。

服不常。入我圣朝，混一寰宇，尺天寸土，尽归职方"①，所以卷一有"五卫""南路守备""北路守备"等目，卷二、卷三有"西路中卫""东路后卫""广武营""兴武营"等目。《炸裂志》完全没有必要亦步亦趋随着地方志的体例和条目，弄出个"防卫事宜"这样不伦不类的条目。

总体而言，作家在创作"类方志"小说时，方志、典籍、文献，都是服务服从于小说的，小说是目的，方志、典籍、文献是手段。这个目的和手段统一的过程中，还需要注意方志、典籍、文献与小说的"形""质"一致的问题。所谓"形""质"一致，意思是说作家不可为求形式的新颖而诉诸方志、典籍、文献，而应该将方志、典籍、文献的内容融化到小说中，以作家的审美创造性，去涵而化之，求得形式与内容上的有机统一。在这点上，李锐的《太平风物》值得肯定。虽然从形式上，小说是按照一种古代农具对应一种现代生活，对应一个人、一种命运在写，但是李锐却非常注重农具背后的历史意蕴、文化意蕴与小说题旨的统一。"袴镰"中"镰"，本为刈草之器，"春始生而萌之，夏日至而夷之"，天工开物，杀草即是生民，而今，却成了农民陈有来割断村长杜文革头颈的凶器，生杀之间，乾坤倒转。"青石碾"中的"碾"，磨盘也，牲畜轮回之道，小说中，却成为囚禁郑三妹之所。郑三妹拐卖别人，却又为别人拐卖，何尝不是陷入轮回报应？"锨"里面，"锨"主诛除物根株连之意，小说中，农民歪歪娶过北京的下乡女知青，如今，女知青早已与歪歪离婚回城，留下歪歪活在黄土高原清冷的月光和"喀秋莎"的梦境里，久久不愿醒来。相比较而言，贾平凹《老生》对《山海经》的借用，就少了很多的讲究。表面上看，贾平凹对《山海经》似乎到了痴迷的程度，但是在写作上，可以看得出来，贾平凹对《山海经》的引用是随意的。《老生》所引九段《山海经》原文，完全是按照《山海经》的原始顺序引入的，从"南山经"到"西山经"再到"北山经"，所引《山海经》的文字，和小说本身的文字并没有什么有机的衔接。《山海经》的文字，包括里面写到的老师和学生之间关于《山海经》的问答，都是悬置在小说故事之外的，情节上没有进去，经义、精神上也没有进去。这就使得《老生》对《山海经》的借用显得有些游离。——或许对贾平凹来说，《山海经》的引入，不过是给小说增添一种大荒之气、亘古之气，但不管怎么说，小说的"形""质"一致，还是很重要的。没有"形"与"质"的一致，《山海经》的气运，自然就无法与《老生》贯通。

---

① 王珣：《宁夏新志序》，（明）胡汝砺纂修、管律重修：《嘉靖宁夏新志》，陈明猷校勘，宁夏人民出版社 1982 年版，第 3 页。

第十二章 地方志与当代小说的 "写人学"问题

　　小说与地方志具有相生相成的关系。一方面,小说可从地方志书中汲取资源,地方志中的一地之地名沿革、建置、形胜、山岳、河道、津渡、寺观、古迹、风俗、灾变、物产、人物等,皆为小说创作丰富的资源;另一方面,方志无论是记人、记事还是写物、叙景,毕竟都是条目性的、简约的,在文辞的丰赡、繁复,以及见一地之精神,见一地人物的情感、性格、观念、思想等方面,地方志书肯定不及小说。所以,在各地的地方志中,都会有"艺文志"这一类的条目,记载地方人士的著述。明代编纂过《广西通志》《广东通志》《广州府志》《香山县志》的黄佐曾经说:"夫艺文也者,发心之蕴而载道之舆也。《易》曰:'观乎天文,以察时变;观乎人文,以化成天下'。是以大统元气则日月星辰丽而错之以成,象人抱至德则诗书礼乐矢而比之成章,显仁足以兼济,藏用足以独善,其道一而已矣。"①一地"艺文"所记述的,便是一个地方的心灵、心性和道德。

　　时下的中国小说家中,冯骥才的小说与方志的关系最为紧密。他的小说可分为两类:一类是现代传统小说,如《雕花烟斗》《啊!》《高女人和她的矮丈夫》《艺术家们》等,这类小说,多是现实题材,写当代人当代事;另一类是"稗官野史"类的小说,主要是以晚清民初天津地方人事为创作对象,如《神鞭》《三寸金莲》《阴阳八卦》《俗世奇人》等。冯骥才小说最有社会影响力的,恰恰是后一类"稗官野史"类小说,特别是《俗世奇人》,虽不过是短篇的结集,却最显冯骥才小说的"写人学"的精髓。

　　在后一类"稗官野史"小说中,冯骥才多采用方志类书的"写人学"特点,一方面,他的小说中的许多人物都各有其出处,如《俗世奇人》中的黄莲圣母林黑儿、泥人张、燕子李三等,多为家喻户晓的人物;另一方面,那些不为外

---

① (明)黄佐:《广东通志》,广东地方志办公室 1997 年版,第 1036 页。

人所知的其他人物,亦因作家长久浸润于市井民间故事和传闻,"余闻者甚夥。久记于心;而后虽多用于《神鞭》《三寸金莲》等书,仍有一些故事人物,闲置一旁,未被采纳。这些奇人妙事,闻若未闻,倘若废置,岂不可惜?近日忽生一念,何不笔录下来,供后世赏玩之中,得知往昔此地之众生相耶?故而随想随记,始作于今;每人一篇,各不相关。冠之总名《俗世奇人》耳"①。就是说,《俗世奇人》所写到的三十来个人物,即便不是个个可见于典籍和文字,也是个个有出处。综合起来看,《俗世奇人》最大的特点是写人,作家最用心的也是写人,其写人的方法、门径,多借助方志家的笔法,多承续中国古典小说的观念与手段,故而可分析之处甚多。

第一节 "深度描述"与"时—地"写人学

冯骥才小说最可论说者,便是"稗官野史"类的《俗世奇人》。小说分为"壹""贰""叁"三集,完成时间前后相隔数年,其中,"壹"结集于2008年,"贰"结集于2015年,"叁"结集于2020年。三集各取18个人物,作家分叙其行迹与性状,其中的人物,有官宦、医家、商贾、手艺人,亦有形形色色的市井人物和江湖人物。此类小说可论之处,主要有三:其一是小说的"类方志"特点,其二是"小说"观念上的继往开来,其三是小说写人的特点。

"稗官"一词,出自《汉书·艺文志》,"小说家者流,盖出于稗官。街谈巷语,道听途说者之所造也"②。至于何谓"稗官",则说法不一。唐颜师古所注《汉书》,引如淳的说法解释"稗官":"稗音锻家排。《九章》'细米为稗'。街谈巷说,其细碎之言也。王者欲知闾巷风俗,故立稗官,使称说之。今世亦谓偶语为稗","稗官"是"小官"之意③。近人余嘉锡的《小说家出于稗官说》则以为:"小说家所出之稗官,为指天子之士",士"采传言于市而问谤誉于路,真所谓街谈巷语道听途说者也"④,这里,"稗官"为"天子之士"的意思。袁行霈认为,"稗官"是指散居乡野的、没有正式爵秩的官职,他们的职责,是采集民间的街谈巷语,以帮助天子了解里巷风俗、社会民情。《汉书·食货志》说:"孟春之月,群居者将散,行人振木铎于路以采诗,献之太师,比

---

① 冯骥才:《俗世奇人·序》,作家出版社2008年版,第1页。
② (汉)班固撰、颜师古注:《汉书》卷三十《艺文志》,中华书局2012年版,第1546页。
③ (汉)班固撰、颜师古注:《汉书》卷三十《艺文志》,中华书局2012年版,第1546页。
④ 余嘉锡:《小说家出于稗官说》,《辅仁学志》6卷1、2期,1937年6月。

其音律,以闻于天子。"行人的职务,除采诗外也负责采言。"稗官"是闾里间的乡长、里长之类的父老,道人是天子的使者,街谈巷语先由"稗官"采集起来,提供给道人,再由道人奏上天子。①

虽然各家说法不一,但小说出于"街谈巷语,道听途说",其早期功能在于供治国理政者一观"闾巷风俗",则意思相当。说冯骥才的《俗世奇人》是"稗官野史"类小说,便是基于它的"街谈巷语,道听途说",可观"闾巷风俗"的一面。说冯骥才的《俗世奇人》具有"类方志"的特性,则是因为它取材于"闾巷",而呈现出写"风俗"的特点。《俗世奇人》的"闾巷风俗",多是通过人物描画所折射出来的,小说所写的各式各样的人物,又多游走在民间市井,多为闾巷中人,体现为一个"俗"字;另一方面,《俗世奇人》的最大看点自然是写人,作家以写人的"奇",写人的"怪",去呈现特定时代、特定地方的人的性情、精神与道德,凸显一地之"风俗"。在这个意义上说,《俗世奇人》其实与地方志以记叙一地的风俗、物产、人物,以供"存史""资政""教化"是有方法论、目的论上的共通之处的。清代学者章学诚在论述方志时说:"邑志尤重人物",把人物志看成是"志中之志""书中之髓"。旧志人物志的篇幅一般占整个志书篇幅的三分之一到二分之一,所以有"古来方志半人物"的说法。以光绪《荆州府志》为例,全书共 80 卷,人物志占 26 卷,加职官、选举二个志 16 卷,共计 42 卷,占全书总篇幅的二分之一。② 各类志书之中,涉及人物的,就有帝王、名宦、贤人、烈士、忠臣、名将、仕宦、文苑、耆寿、孝子、贤孙、义夫、节妇、隐逸、儒士、方技、仙释、烈女、流寓等。

冯骥才的《俗世奇人》,在写人的类型上,自然不及地方志类型丰富,但是在写人以见地方风俗的目的性上,却与地方志有高度的一致。总览《俗世奇人》,冯骥才写人的首要特点,就是在"时—地—人"的统一性中,见人的形状、性情与精神。方法上,作家则是以人类学、民族志式的"深描",深度描写作家所意识到的时间与地理。《俗世奇人》有两个关键词:一个是"清末民初",一个是"天津卫"。"我前后所写的这三十六个人物,都在清末民初同一时代"③,这是冯骥才自己的说法。那么,冯骥才所择取的,为什么是清末民初而不是其他时期? 作家所写的,不过是"俗世奇人"而已,舍清末民初,难道就再没有"俗世",就再没有"奇人"? 在这个问题上,冯骥才没有针对性的

---

① 转引自赵岩、张世超《论秦汉简牍中的"稗官"》,《古籍整理研究学刊》2010 年第 3 期。

② 沈生进:《方志人物类目探研——以湖北省酒志为例》,《佛山科学技术学院学报(社会科学版)》2011 年第 3 期。

③ 冯骥才:《俗世奇人·序》(贰),作家出版社 2015 年版,第 3 页。

阐述。作为一个历史分期概念,"清末民初"究竟是指哪个时段?学术界并没有明确结论,更多是一种含混的虚指。其上限,有的从1840年鸦片战争算起,有的从1895年甲午海战算起,有的则从1900年庚子国变算起,各家说法不一;而其下限,或以1912年宣统退位为期,或以1919年五四运动为终。但是不管怎么算法,清末民初之际是中国发生巨变之时,旧有的王统、道统、礼法崩坏,新事物纷纷涌入,新旧交替、杂处,这是没有问题的。这样的历史巨变当中,新与旧互为观照,是"奇"得以产生的重要条件,因为,唯有新的、现代的观照,才会看到旧的、传统的生活和人事;也唯有以旧的、传统的眼光去观照新的、现代的人事,新的、现代的人事才是"奇",才是"洋相"。以新观旧,以旧观新,或以现代观传统,以传统观现代,都是"奇"得以产生的重要条件。而清末民初,显然就是这样出"奇"的时期。《俗世奇人》中,冯骥才很少直接写那个时代,只有在《神医王十二》《洋相》《黄莲圣母》《背头杨》《青云楼主》等寥寥几篇中写到那个时期的物事与人事,另有一些小说写到租界、洋人等,但实际上"清末民初"却无处不在,因为,就像"传统"(tradition)的出现是"现代"的产物,是"现代"对史上"世代相传的东西,即任何从过去延传至今或相传至今的东西"的再发现、再命名一样①,清末民初的新旧杂处、中西相交,也给了新与旧、中与西、传统与现代之间提供互为观照的可能。如果没有清末民初的新旧杂处、中西相交,以及两者的互为观照,《黑头》中那条叫作"黑头"的狗的"面子",《神医王十二》中神医王十二以吸铁石取出铁匠迸进眼里的铁渣子,就不足为"奇"了。《洋相》的开头,冯骥才写道:

> 自打洋人开埠,立了租界,来了洋人,新鲜事就入了天津卫。租界这两个字过去没听说过,黄毛绿眼的洋人没见过,于是老城这边对租界那边就好奇上了。②

老城"这边"对租界"那边"的好奇,便是旧对新的一种观照。因为新的是超出旧的基本经验的,所以,才会有老城"这边"对租界"那边"的好奇。冯骥才堪称小说家中的"年鉴学派",他所截取的"清末民初",是一个年鉴学派所指称的"中时段",是一个"社会时间"。这个"社会时间",是法国年鉴学派代表人物布罗代尔所说的"以表示某些社会历史现象的情势或周期"的时间

---

① E.希尔斯著,傅铿、吕乐译:《论传统》,上海人民出版社1991年版,第15页。

② 冯骥才:《俗世奇人》(贰),作家出版社2015年版,第146页。

运动①，它代表着某种"普遍局面、周期的或确切地说跨周期的'叙述'"②，蕴藏着丰富的变革、新异的经验，以及各种复杂的微观社会学现象。这些变革、新异的经验和微观社会学现象，是通过奇人、奇事呈现出来的。

我们知道，中国小说素有志怪、志异传统。《庄子》"《齐谐》者，志怪者也"首提"志怪"一词，战国时，有《汲冢琐语》《穆天子传》《山海经》等，汉代有《汉武帝故事》《汉武帝内传》《洞冥记》《括地志》《神仙传》《十洲记》等，魏晋六朝以降直至唐代，《搜神记》《神异经》《幽明录》《宣室志》《博异志》《广异记》《玄怪录》等大批志怪、志异的经典不断涌现，直至蒲松龄的《聊斋志异》，志怪、志异达到高峰。冯骥才的《俗世奇人》所继承的无疑就是这个传统。而所谓的"怪""异"，不外是古代人们边地拓殖、异域想象、山岳与洞穴的开发所导致的对未经验的世界的好奇以及朴素的"连续性世界观"所构造出的人鬼、人神、人与植物、人与动物相感通的产物。鲁迅《中国小说史略》说："中国本信巫，秦汉以来，神仙之说盛行，汉末又大畅巫风，而鬼道愈炽；会小乘佛教亦入中土，渐见流传。凡此皆张皇鬼神，称道灵异，故自晋迄隋，特多鬼神志怪之书。其书有出于文人者，有出于教徒者。文人之作，虽非如释道二家，意在自神其教，然亦非有意为小说，盖当时以为幽明虽殊途，而人鬼乃皆实有，故其叙述异事，与记载人间常事，自视固无诚妄之别矣。"③论及的是魏晋六朝志怪小说繁荣的原因。

冯骥才的《俗世奇人》，和传统志怪、志异小说的相同之处，就在其怪和异，但冯骥才的怪和异，并非对人类整体经验世界之外的事物的好奇，而是在人类经验世界之内，因为特定的时间、空间而生发出的特殊人事和物事。如果说"清末民初"是时间上的一个特殊性，那么，"天津卫"则是一个空间的、地理上的特殊性。在《俗世奇人》（壹）的序言的开头，冯骥才说：

> 天津卫本是水陆码头，居民五方杂处，性格迥然相异。然燕赵故地，血气刚烈；水咸土碱，风习强悍。近百余年来，举凡中华大灾大难，无不首当其冲，因生出各种怪异人物，既在显耀上层，更在市井民间。④

冯骥才写天津卫，抓住的是它的两个特点：一个是交通，这是一层人地关系。天津卫是水陆码头。《天津志略》载："天津郡城位于北平东南，相距

---

① 张广智：《西方史学史》，复旦大学出版社 2010 年版，第 307 页。
② 何兆武：《历史理论与史学理论》，商务印书馆 1999 年版，第 805 页。
③ 鲁迅：《中国小说史略》，见《鲁迅全集》(9)，人民文学出版社 1996 年版，第 43 页。
④ 冯骥才：《俗世奇人》（壹），作家出版社 2008 年版，第 1 页。

二百四十里,当白河诸水之汇,为海外轮舶入旧京门户。"①诸水交汇,人口流动性大,商贸往来通达,因此,奇人奇事自然就多,且居大不易,往来逗留者,必然锤炼自己的心性和能耐。《俗世奇人》中的不少篇目,都有对天津"诸水之汇",商贾云集之地,奇人、奇性、异事的叙述,比如:

> 他心气高,可天津卫是商埠,毛笔是用来记账的,没人看书,自然也没人瞧得起念书的。——《冯五爷》

> 天津卫九河下梢,人性练达,生意场上,心灵嘴巧。——《好嘴杨巴》

> 天津卫是码头。码头的地面疙疙瘩瘩可不好站,站上去,还得立得住,靠嘛呢——能耐?——《神医王十二》

> 三岔河口那块地,各种吃的穿的用的玩的应有尽有,无奇不有。——《一阵风》

> 天津是北方头号的水陆码头,什么好吃的都打这儿过,什么好玩的都扎到这儿来。——《大关丁》

天津卫地理上的特点,被作家以"深描"之法,映射在人的心性气质上。

冯骥才写天津卫的另一个特点,就是写其历史文化性格。"燕赵故地,血气刚烈;水咸土碱,风习强悍",冯骥才是从历史的文化传承和自然地理环境与人的对应关系的角度,写一地之风习和人性的。《小杨月楼义结李金鏊》中李金鏊与小杨月楼之间互为解围救困是情是义;《酒婆》中酒鬼们明知老板耍奸,往酒里掺水,却不揭破,喝美了也就算了,交钱喝酒,喝完就走,相信善恶有报,这是另一种义气;《黑头》中的狗被商大爷赶出去,以死作为了结,死也要死在家里,这是"死要面子",也是一种硬气;《刘道元活出殡》中"文混混"刘道元有钱,不买房置地,不耍钱,不逛窑子,接济说穷道苦,还是一个义气……这一个"义"字,是作为"燕赵故地"的"历史的"天津卫,冯骥才所写的天津卫,毕竟是处在清末民初的,是时间与空间叠加的天津卫,就像《天津卫志》所叙述,天津卫是"民性纯良,俗皆敦朴。以农桑为先务,以诗书为要领。贵德耻争,民纯讼简,迩来五方杂处,逐末者众,讼狱繁兴,习尚奢靡"②之地。《俗世奇人》中所写到的,远非"贵德耻争,民纯讼简"的天津卫,而是"迩来五方杂处,逐末者众,讼狱繁兴,习尚奢靡"的天津卫。所谓"逐末

---

① 民国《天津志略》,《中国方志丛书》华北地方第 212 号,台北成文出版社 1969 年版,第 12 页。
② 民国《新校天津卫志》卷二,《中国方志丛书》华北地方第 141 号,台北成文出版社 1969 年版,第 69 页。

者众",就是经商者众(古人以农为本,以商为末),所以"讼狱繁兴,习尚奢靡"。《俗世奇人》中,冯骥才写盗、写骗、写奸巧、写伪诈,这是写出时间与空间交集中的天津卫的另一面。——冯骥才就是在这种时间和空间的叠合交集、"时—地—人"的统一性中,写出各色市井里的奇人怪事。

第二节 "杂学"与小说写人学

在"时—地"关系中写人物,是冯骥才写人的方法之一种。《俗世奇人》的另外一种写人方法,就是以杂学写人。所谓"杂学",不是杂乱、芜杂,而是博学多闻,是指作家调动各种知识、才学、艺术积累,包括掌故、见闻、阅历等,糅合进创作中以写人、写环境、叙事的方法。《俗世奇人》(壹)的"题外话"中,冯骥才谈起冯梦龙对自己的影响时提到三点,即"传奇""杂学""语言"。在冯骥才看来,"杂学是生活,也是知识。杂学必须宽广与地道,而且现用现学不成","没有杂学的小说,只有骨头没有肉。故而我心里没根的事情决不写"。[1] 冯骥才的意思非常明确,杂学是小说的骨肉,是小说饱满繁复、意蕴丰赡的基础,但杂学并非"现用现学"的知识,而是化为生活中的情趣、识见、视野的更本真的东西,是作家心里的根底。

《俗世奇人》的杂,首在人物。54个人物,有官员、医生、手艺人、武夫、讼师、读书人、商贩、落魄公子、盗贼、钓者、酒徒、民间艺人等,其中涉及官场、市井、古玩界、相声界、戏曲界、书画界、江湖等。杂有杂的好处,54个人物,54个故事,读来不单调;但对写作者来说,却是极大的挑战,因为需要写一行,便有一行的风景,便有一行的道行,便有一行的见识。冯骥才便是有道行和见识的人。他写古玩界,《张果老》中,一套嘉靖官窑出的五彩八仙人,"色气正,包浆好,人物有姿有态,神情有异,个头又大,个个近一尺高,难得的是没一点残缺……那股子富丽劲儿、沉静劲儿、滋润劲儿、讲究劲儿,就甭提了,大开门的嘉靖官窑!"[2]这段文字,绝非纸上功夫,倘没有数年对古玩的沉潜含玩,心里没有根底,是决然写不出来的。再如《蓝眼》,写古玩界的造假和看假。看假的蓝眼有一样绝活——"半尺活",看画无论大小,只看半尺,是真是假全凭半尺说话。再写黄三爷造假,不见行迹,以假乱真,以真乱真,败蓝眼于无影无形。蓝眼的道行,黄三爷的道行,可见的和不可见的,

---

① 冯骥才:《俗世奇人》(壹),作家出版社2008年版,第136页。
② 冯骥才:《俗世奇人》(贰),作家出版社2015年版,第88页。

全在冯骥才的掌握之中。另外,还有《黄金指》写钱二爷作画,必有一条丈二的长线,"线随笔走,笔随人走,人一步步从左到右,线条乘风而起,既画了风上的线,也画了线上的风"①;唐四爷以舌作画,在纸上画出纵横穿插、错落有致、繁花满树的老梅。这些细节、人物的叙述,处处可见冯骥才入行之深。

书画、古玩界如此,冯骥才写市井,更是信手拈来,游刃有余。《四十八样》写清末民初天津流行的药糖,冯骥才对药糖的数十种药材和果蔬成分一一道来,不单有各种药材如茶膏、丹桂、鲜姜、红花、玫瑰、豆蔻、橘皮、砂仁、莲子、辣杏仁、薄荷,还有各种好吃的水果,比方鸭梨、桃子、李子、柿子、枇杷、香蕉、樱桃、酸梅、酸枣、西瓜等。小说更写俞六卖糖的"卖法"——"四十八样""走八字",以及踩着点儿念出来的六句话等。《好嘴杨巴》写杨家茶汤的两绝:一绝是不像别家只撒一层芝麻,而是半碗秫米面,撒上一层芝麻,再盛半碗秫米面,沏好后再撒一层芝麻,这样一直喝到碗底都有香味;另一绝是芝麻不用整粒,而是用铁锅炒过的芝麻,碾成碎粒,香味更透。《狗不理》写狗不理包子制作的秘诀:拿肚汤排骨汤拌馅,包馅时放一小块猪油,包子模样上,皮捏得紧,褶捏得多,一圈十八褶,看上去像朵花。冯骥才写这些,是知识,而在塑造其他市井人物或者官场人物——如《酒婆》《张大力》《死鸟》《绝盗》《小达子》《马二》《冷脸》《钓鸡》《龙袍郑》等作品中,则以见闻或掌故为主。其中的人物,有的实有其人,如李鸿章、袁世凯、裕禄等,再如李金鳌、燕子李三、泥人张等,也是民间传说颇多的人。冯骥才或凭对行当的精熟,或凭个人的识见,或凭见闻,一一叙写而来。

清代文人纪昀批评《聊斋志异》乃"才子之笔"而非"著书者之笔"。纪昀所谓"才子之笔",意思是写作者以"作文之法"作小说,追求随意装点、增饰虚构,而有异于"著书者之笔"以"著书之理"作小说,讲究言出有据、据事实录。② 冯骥才的《俗世奇人》,可谓兼具"才子之笔"和"著书者之笔"的双重笔法,写人、写事既多有出处,又不拘泥于原始的事迹,而有作家个人的随性发挥。如《小杨月楼义结李金鳌》中的李金鳌,津门近代史上实有其人,这是冯骥才的"言出有据、据事实录"。天津评书《混会儿论》(又名《津门英雄谱》)中,就有关于李金鳌的故事。此人本属津门近代史上"混星子"一类。张焘《津门杂记》记载:"天津土棍之多,甲于各省。有等市井无赖游民,同居夥食,称为锅夥。自谓混混儿,又名混星子,皆悍不畏死之徒,把持行市,扰

① 冯骥才:《俗世奇人》(贰),作家出版社2015年版,第44页。
② 参阅刘晓军:《小说文体之争的一段公案——"才子之笔"于"著书者之笔"综论》,《文学遗产》2018年第1期。

害商民,结党成群,借端肇衅。"①李金鳌其人其事多在亦正亦邪之间,而在冯骥才笔下,李金鳌的"混星子""土棍"色彩却淡化了许多,突出的,则是他的仗义、道义与大义。李金鳌助小杨月楼赎回戏服,渡过难关,这是他的仗义,也是小义;转年冬天,黄浦江冰冻三尺,江上上千个扛活的小工失去生计,李金鳌出面请小杨月楼组织沪上名角义演,筹钱帮上千小工渡过难关,这却是大义。在李金鳌这个人物的创造性改写上,作家去其地痞、混混、蛮横的江湖气息,传其大道公义的一面,这便是"才子之笔"的"随意点染,增饰虚构"。

冯骥才博学多才、博闻广记,青年时研习宋元画学,对民间艺术和津门地方习俗浸染极深,所以他的小说创作总是渗透着学养。冯骥才小说人物写得杂,其塑造人物的方法,亦多运用杂学的方法,绘画、相声、戏曲等,应有尽有。特别是画的技法,很多都渗透在冯骥才的小说中。比如说,写人物的形状、貌态,就有充分运用色彩的,如《跟会》,写踩跷的女子,"白衣青花,彩带飘垂,头上一圈粉白月季花,把一张俏皮的小脸儿鲜红娇嫩地烘托出来,清眉秀眼,樱桃小嘴,极是俊美"②,极尽色彩渲染之能事。再如《青云楼主》,写青云楼主——一个时运不济的小文人,"此君脸窄身薄,皮黄肉干,胳膊大腿又细又长,远瞧赛几根竹竿子上晾着的一张豆皮"③,运用的则是中国画所讲究的夸张和裁剪的功夫。《告县官》写城南葛沽菜市东头何老三模样的丑怪,则是继承传统中国文学以动物写男人、以花草写女人之法,"大脑袋,梆子头,猩猩一般塌鼻子,老鼠似的小眼珠,下边一张蛤蟆嘴"④,有形有象。冯骥才以中国画的笔意、技法为小说,因此小说便有了几分画的意趣。如《蓝眼》写看假画的蓝眼和造假画的黄三爷间斗法,便好似是采用中国画中画远山的画法,远近、虚实之间,重叠数层,前层浓而后层淡。小说先写蓝眼看假画的高明,凡画只看半尺,真假立判。据说他关灯看画,也能看出真假,看假画,双眼无神;看真画,一道蓝光。蓝眼看清代人石涛的《湖天春色图》,便是眼睛刷过一道蓝光。这是近,是实,是浓,把蓝眼的本事写到穷尽处;接下来再写黄三爷,则是远,是虚,是淡。黄三爷自始至终没有出面,只是在让一个念书打扮的人拿来《湖天春色图》的时候,淡淡地说了一句:"听说西头的黄三爷也临摹过这幅画。"黄三爷如远山,云遮半露,初是让蓝眼识

---

① 　(清)张焘:《津门杂记》卷中,见《笔记小说大观二编》,第 2489 页。

② 　冯骥才:《俗世奇人》(叁),作家出版社 2020 年版,第 19 页。

③ 　冯骥才:《俗世奇人》(壹),作家出版社 2008 年版,第 86 页。

④ 　冯骥才:《俗世奇人》(叁),作家出版社 2020 年版,第 13 页。

得真画是真画，再是让蓝眼错把假画当真画，最终是两幅画放一起，方知入了黄三爷的套，原来真画还是真画。写蓝眼，冯骥才用实劲，处处饱满；写黄三爷，则用虚劲，以无写有，以有写无，在有无相生之间，写出黄三爷的无穷尽之力，一如清代画家唐岱所言的画远山之法："远山之大小尖圆，总要与近山相称，不可高过主峰。使观者望之，极目难穷，起海角天涯之思，始得远山意味。"①此等笔法，冯骥才在小说中屡有运用。

除画学方法外，冯骥才小说的人物设置和塑造，似乎有相声的趣味。《冷脸》中逗哏的又高又瘦，像个瘦猴；捧哏的又矮又胖，像个肥猫。形象上的对比，极为鲜明。《好嘴杨巴》写两位卖茶汤高手——杨七和杨八。两人非亲非故，却被人错当成兄弟。这二位，一位胖黑敦厚，名叫杨七；一位细白精朗，人称杨八。外形上，就有相声场上捧哏和逗哏的味道。心性和技能上，杨七手艺高，只管闷头制作；杨八口才好，只管场外照应，亦是一张一弛。最后，杨八凭借一张好嘴，成就津门的"杨巴茶汤"，好手艺的杨七则无人知晓，命运的反差亦成鲜明对照。另一篇《张大力》，冯骥才以相声里面"抖包袱"的手段，营造人物、情节、故事。张大力乃津门一起赳武夫，身强力蛮，故称大力，遐迩闻名。开篇，实为铺垫，侯家后一家卖石材的店铺，为了证明自家的石料都是坚实耐用的好材料，制一死沉死沉的青石大锁置于门口，锁上刻着一行字："凡举起此锁者赏银百两。"自打石锁撂在门口，便没有人能举起，甚至不能动它分毫。直到有一天张大力路过石材店，轻轻松松举起石锁，轻似举着一大把花儿。当张大力向店主讨要赏银时，店主却告诉张大力，石锁下面还有另一行字，张大力举起石锁一看，竟是"唯张大力举起来不算！"原来，店家早就知道张大力可以举起来此锁。看到后半句，张大力扔了石锁，哈哈大笑，扬长而去，读者自是也为之一乐。

《俗世奇人》写人之杂，实为罕见，特别是各色人物身处市井，一行有一行的技艺，兼及津门码头南来北往，身怀绝技的奇人异士众多，所以，冯骥才写市井，写奇人，写怪事，必然是要人在笔先，事在笔先，意在笔先。倘若不能深入其理，曲尽其态，便没有写人学的成功。冯骥才的成功，便是以杂学写人，医界、文界、官场、江湖、手艺人、曲艺界、古玩、字画、美食、民俗等，冯骥才无所不通，无所不晓。写一行人物，就以一行的知识、技艺、法门、道理，叙其事写其人，这使得《俗世奇人》充盈着博杂的知识趣味和生活气息。

---

① （清）唐岱：《绘事发微》，山东画报出版社 2012 年版，第 83 页。

第三节　性情、精神与写人学的"纲领"

　　金圣叹评《水浒》,说施耐庵"写一百八个人物,真是一百八样",且"章有章法,句有句法,字有字法",①此等赞语,用来描述冯骥才的《俗世奇人》,似乎也同样合适。冯骥才笔下的 54 个人物,各有各的面目,各有各的性情,各有各的行状。冯骥才艺高人胆大,写人物,构建情节,其中不乏金圣叹所谓的"正犯法"或"略犯法",即从不同的层面和角度,写同一类人物。如写医生,《神医王十二》中的王十二,总是能在灵光一闪之间,找到救人急病的法子,似乎是信手拈来,却手到病除。王十二的神,是不拘泥于一理一法,而是以万理为一理,以万法为一法。因为,天下万物本就为一理,一理通则万理通,所以,王十二以磁铁吸出铁匠眼里的铁渣子,这是顺着外劲,复以热毛巾捂住大汉口鼻,让他气息出不了,胸膛鼓起来,拔出插在墙缝中的肋骨,这用的是大汉自己的内劲。《认牙》中的牙医华大夫,记性极差,不认人,只认牙。人看过即忘,认牙却极精准,凡是自己看过的牙,过目不忘。用小说中的话来说,就是治牙的把心思都使在牙上,医术怎能不高?《苏七块》中的苏大夫,医术高明,却有个古怪的规矩,凡来瞧病的人,无论贫富亲疏,必得先拿七块银圆码在台子上,他才肯瞧病。同是医者,《神医王十二》写王十二,写的是他的"神",王十二的"神"是因为不拘泥,是破"法";《认牙》写华大夫,是写他的"执",认牙不认人,苏大夫的执,是执于"一",其一心、一念所系,全在一个"牙"上;《苏七块》中写苏大夫,同样是写他的"执",但苏大夫的"执",却是执于规矩。三个医生,写出三种不同的元神。这种写人或构建情节上所谓的"正犯法""略犯法",在《俗世奇人》中随处可见。如写混星子,作家既写文混混,也写武混混。武混混中,有的义,有的横,有的狠,有的诈,有的阴,有的毒。如写"盗"。《绝盗》中的盗,写的是他们的阴、损、辣、绝、邪,偷盗的居然做了人家的"爹",被盗的损失财产不说,反倒成了盗贼的"儿子"。《小达子》中的盗,写的是他们偷盗的技艺,小达子眼刁手疾,已是小偷中的神偷,没想到高手之外还有高手,电车上遇到一个中年人,小达子偷了他的金表链,却在不知不觉中被反偷回去。《燕子李三》,虽说写的是盗,但此盗已非彼盗,而是盗富济贫的侠义之盗。

---

① 　施耐庵著、金圣叹批评本:《水浒传》,岳麓书社 2006 年版,第 2 页。

在《俗世奇人》(贰)的自序里,冯骥才自陈自家写人物的心得,"文化学者好述说一地的特征,写小说的只想把这一方水土独有的人物写出来,由此实实在在捧出此地的性情与精神,所以自从我写小说,此地的人物就会自个儿钻出我的笔管,然后一个个活脱脱站出来,独立成篇"①。这段话,显露出冯骥才小说写人学的核心,那就是写人的性情和精神,而如何去看、去把握人的性情和精神?冯骥才另有说辞:"若说地域文化,最深刻的还是地域性格。一般有特色的地域文化只是一种表象,只有进入一个地方人的集体性格的文化才是不可逆的。它是一种真正的精灵。"②这表明:冯骥才的写人学,有他自己的一套逻辑体系和写作方法体系,那就是在地域文化的把握中,见到人物的性情与精神,再从人物的性情与精神的确立,到完成具体人物形象的塑造。冯骥才的写人,一如苦瓜和尚论画所说,"在于墨海中立定精神,笔锋下决出生活,尺幅上换去毛骨,混沌里放出光明"③。写作者有对地域文化的观照,却不板腐,不沉泥,在天地精神中把握人物,传达出人的勃勃生机。在写人方面,冯骥才继承中国古典小说的伟大传统,亦极擅长写人的外貌。如《苏七块》写苏大夫苏金散,"他人高袍长,手瘦有劲,五十开外,红唇皓齿,眸子赛灯,下巴儿一绺山羊须,浸了油赛的乌黑锃亮。张口说话,声音打胸腔出来,带着丹田气,远近一样响"④,清癯的外形对应的是其清冽的内心精神;再如《大裤裆》,写专会使坏、让人出丑的"猴子",其外貌是"还真像个猴子,尖脸鼓眼,瘪嘴噘腮,人瘦人精,又鬼又灵"⑤,尖薄的形象,对应的则是刻毒的内心;《白四爷说小说》中,白四爷的外相是"白四爷长得怪,属于异类。大身子,四肢短,肚子圆,屁股低,脑袋大如斗"⑥。在写人的外貌上,冯骥才擅用雕刻的功夫,写人的高矮胖瘦、线条形状、肤色服饰、言谈举止、神情语态等,莫不如刀削斧凿般脉络清晰,形容毕肖。而有些时候,冯骥才还以古典小说以物写人之法写人,如《黑头》中的以狗写人,《死鸟》中的以鸟写人等,但冯骥才最终的落脚点,却是通过人物的外貌描写,尽显人的内在心性和精神。

这种以外写内的方法和路径,是冯骥才写人的"纲领";这个"纲领",如

---

① 冯骥才:《俗世奇人》(贰),作家出版社 2015 年版,第 1 页。
② 冯骥才:《俗世奇人》(贰),作家出版社 2015 年版,第 2 页。
③ (清)石涛:《苦瓜和尚画语录》,中州古籍出版社 2013 年版,第 146 页。
④ 冯骥才:《俗世奇人》(壹),作家出版社 2008 年版,第 4 页。
⑤ 冯骥才:《俗世奇人》(叁),作家出版社 2020 年版,第 40 页。
⑥ 冯骥才:《俗世奇人》(叁),作家出版社 2020 年版,第 72 页。

金圣叹所说的,是"观物者审名,论人者辨志"①,冯骥才写人的核心要义,即在"辨志"。通读《俗世奇人》,冯骥才自然是在奇、绝、异、怪四字上下足了功夫,但作家的写作目的,却并不在搜奇志怪,而在写出一地之文化精神,写出人的生活的哲学,写出一地之风土、礼俗、人伦等。如《刷子李》,写天津卫码头上手艺人的活法,"码头上的人,全是硬碰硬。手艺人靠的是手,手上就必得有绝活。有绝活的,吃荤,亮堂,站在大街中央;没能耐的,吃素,发蔫,靠边待着。这一套可不是谁家定的,它地地道道是码头上的一种活法"②。绝活和能耐,便是作家写刷子李的"纲领"。具体写法上,冯骥才以借物写人之法,写刷子李刷浆时,必穿一身黑,干完活,身上绝没有一个白点,只要身上有白点,白刷不要钱。这些绝活和能耐,是刷子李、泥人张、神医王十二、燕子李三、弹弓杨、大裤裆,也是马二、陈四、白四爷等人在"五方杂处"的天津卫的立身之本。《刘道元活出殡》中,刘道元作为"文混混"的讼师,平时极重义气,赚来的钱,除吃用外,全都使在义气上了。自诩把人间的事看遍了,看透了,开始琢磨人死后到底是什么样子,所以,他装死,活出殡。没承想,在他装死作斋的几天里,并不像他想的那样,风风光光,来的人不少,但要么是无关紧要的看热闹的人,要么就是讹钱的、泄恨的、偷盗的。出殡时,另一个文混混"一枝花",平时和刘道元好得像亲兄弟似的,更是拦道夺取他随葬的判官笔。刘道元活出殡,人间的一切事都颠倒了,刘道元自以为看透了世道,却根本没看透人心。

《俗世奇人》写人叙事,表面看写的是奇、绝、异、怪,但根子却在一个"理"字。就是说,冯骥才并非为写奇而奇,为求得奇而写似是而非的东西。《俗世奇人》56篇所涉人物众多,或因人而生事,或事由人而生,小说中的人事虽奇,却篇篇不是无理之作,只求奇、绝、异、怪,水落石出之后,终究还是一个"理"字。如《苏七块》中的"规矩";《大回》中的大回,垂钓的高手,有"鱼绝后"的绰号,最后死在鱼上,印证了一个道理——有能耐的人,终究是死在自己的能耐上;《一阵风》,写的是一物降一物,天底下没有绝对的强者,强者和弱者,不外是印证相生相克的道理;《马二》写的是假的真不了,假的再怎么像真的,再怎么乱真,但终究有它的本相和自性,就像马二学管四爷,学得再像,终究还是毁在了一个屁上,"一个屁崩飞了马二的饭碗子"。诸如此类的"道理",在《酒婆》《鼓一张》《腻歪》《告县官》《大裤裆》等作品中,无处不

① 施耐庵著、金圣叹批评本:《水浒传》,岳麓书社2006年版,第2页。
② 冯骥才:《俗世奇人》(壹),作家出版社2008年版,第10页。

在。冯骥才写的是俗世和市井，其间的道理，亦多为日常人生的道理，通古鉴今，无不细悉。冯骥才的《俗世奇人》，便是作家以好玩之心，写好玩之人，叙好玩之事，然在人事的背后，却立着天地古今的道理。

第四节　写人学与"小说"观念

冯骥才的《俗世奇人》虽则都是短篇，却包含一个重要的小说史命题，即：小说究竟以写人为主，还是以言事为主？如何处理好小说中写人和言事的关系？其实，写人和言事并不是对立的范畴，写人必然言事（表面上看，有些小说，写人未必非有言事，因为小说家可以写人的意识、潜意识和心理，但人的意识和心理的运动，何尝不是"事"？另或是由事而生发出来的？），事由人为，人随事而见其心性和品格，这是没有问题的。

写人和言事之所以成为当代中国小说的"问题"，当与两个因素有关：一个是中国小说的传统，一个是当代中国小说的境遇与处境。中国小说，脱胎于历史，亦多从历史中汲取叙事的智慧。司马迁开启的史学传统，便是以人为纲要，《史记》以本纪、世家、列传为人立传，《汉书》以纪、传而统理人事，都是以人作为核心。

在论及中西史学和叙事传统的差别时，钱穆先生有一段话："历史讲人事，人事该以人为主，事为副。非有人生何来人事？中国人一向看清楚这一点，西方人看法便和我们不同，似乎把事为主，倒过来了。因此，西方历史多是纪事本末体。中国虽有此体，但非主要。中国史以列传为主，二十四史称为'正史'，最难读。一翻开，只见一个一个人，不易看见一件一件事。"①钱穆从中西史学传统的分野，看到中西叙事传统的分别，这样的分野和分别是如何产生的，是一个非常复杂的问题，这里不作讨论，但是，中西叙事文学在写人的特点和方法上有明显的差异，这是极为显眼的事实。一方面，西方文学因为有基督教的传统，特别是心理科学在西方形成较早，所以，西方文学在写人学上，关注的多是人性问题。虽然人性叠加着人的自然本性和社会属性两方面，但很多时候，西方文学更侧重的是人的自然性问题，而中国文学则不同。一者，中国人看待人，有自己的方法论，是把人放在天地、自然和宇宙的统一性中去看的，人性与天地宇宙的大道，与万物的物性，是处在一

---

① 钱穆：《国史新论·中国历史人物》，九州出版社 2001 年版，第 283 页。

个整体的统一性当中的,正因如此,中国文学或者说中国文化很少单独去谈论人性问题,更多的是把人性问题放在"道"的实践中,从文化的层面去分析人的问题,论"心"而少论"性",这是两个截然不同的概念范畴,也是截然不同的小说美学范畴。二者,中国的小说,因为有"讲话"和"话本"的传统,在从"说"到"听"的传播过程中,讲书人特别重视人物的外在形貌描写,以增加听书者的形象冲击力;"说"—"听"的小说接受模式,先天地决定着中国叙事小说不擅长人物的心理描写,而补救的方法,就是借助于物,借助于环境,借助于人物的外貌描写,通过以外写内,进而达到人物内心描写的目的,这是中国小说有别于西方小说最重要的一个方面。而现代以来,中国小说接入西方小说的传统,特别突出"叙事",写人的传统渐渐有所淡化。尤其是写人的过程中,作家们更为注重对人物的情绪、心理、情感的描写,而渐渐轻忽了人物的外貌描写。

　　冯骥才的《俗世奇人》,从小说形态上看,写人与叙事并重,54 个人物,个个有自己的形象和貌态,亦各有其性格、心性和神韵,写人和言事,都达到极致。就冯骥才个人的小说观念来看,写人和言事,在他那里可以说也各有借重,"我喜欢这样的写法。好比雕工刻手,去一个个雕出有声有色有脾气有模样的人物形象。小说之所求,不就是创造人物吗? 小说成功与否,往往要看掩卷之后,书中的人物能不能跑出来,立在书上"①,这是冯骥才对自己小说观念的夫子自道,强调的是写人。在另一个地方,冯骥才谈自己的小说创作对冯梦龙的继承,则说道:"古小说无奇不传,无奇也无法传。传奇主要靠一个绝妙的故事。把故事写绝了是古人的第一能耐。故而我始终盯住故事。"②虽然两种言说,一个强调人物,另一个强调故事,但其实是不矛盾的,因为如前所述,事由人生,人由事而见其心性,两者不可偏废。虽然钱穆以为,历史讲人事,当以人为主,以事为辅,然而,于历史而言,通古今之变,穷尽人事变迁的道理,方是方正大道,而唯有从事中,方可见得到理,人事的背后,立着一个"理"字,这是事的统纪,也是小说写人的纲领。颜师古注《汉书》,在解释叙述帝王的"纪"时说,"纪,理也,统理众事而系之于年月也"③,这里的"理",是统领的意思,就是说,言事,要有统领。章学诚有"六经皆史"的说法,理由就在于他认为,"古人不著书,古人未尝离事而言理,六经皆先

①　冯骥才:《俗世奇人》(贰),作家出版社 2015 年版,第 2 页。
②　冯骥才:《俗世奇人》(壹),作家出版社 2008 年版,第 136 页。
③　(汉)班固撰、(唐)颜师古注:《汉书》(一),中华书局 2012 年版,第 1 页。

王之政典也"①。古人是通过事来阐述道理的。章学诚的说法是有一定道理的,古人以治天下、天下平为最高的使命和理想,六经或为刑,或为教,或为礼,或为政,或为令,无不出于服从"治"的目的,由此而贯穿一个"理"字。

纵观冯骥才的《俗世奇人》,融叙事与写人为一体,既赓续了中国古典小说以外写内的法则,注重写人的外貌、形态、神态,也关注人的内在的心性、品性、精神,内外兼修,由内见外,由外见内,确实达到写人炉火纯青的地步。特别是,冯骥才写的是"俗世",是市井,他接续的,其实是宋元以降中国小说向民间下潜、世俗化的发展路向。在一个世俗化的社会,小说的功能,还在倾向于"街谈巷语,道听途说",可观"闾巷风俗",以达到资政的功能吗?显然不是。社会的世俗化以及小说在世俗社会的衍生与发展,带来的是小说从本体到功能的全面转型,那就是从资政到娱乐、教化的功能转型。无论是西方还是中国,小说的第一个高峰,都是社会世俗化的产物,中国在明清之际达到长篇小说的第一个高峰,甚至是出现《金瓶梅》这样的长篇小说,西方也是在 17 世纪前后,在文艺复兴之后出现长篇小说的高峰,在很大程度上都印证了一个小说史的真理,即:小说,特别是长篇小说,与社会世俗化有着深切的联系,世俗社会,是小说特别是长篇小说丰沃的土壤。仅以中国当代小说而论,20 世纪 90 年代是长篇小说的高峰,当代很多作家的精品之作都是产生在 20 世纪 90 年代,这与彼时社会的世俗化有着极大的关联。

---

① (清)章学诚撰、叶瑛校注:《文史通义校注》(上),卷一易教上,中华书局 2014 年版,第 1 页。

第十三章　地方志与当代小说的方言问题

如地理方位、山川、物产、气候、村落、城镇、历史事件、名人一般,方言亦属鲜明的地域标识,是地方志记录的主要对象之一。作为历史文化载体,西北方言、东北方言、京片儿、上海方言、宁波方言、绍兴方言、温州方言等,滋养了一批批文人墨客,构成其精神气质和文学创作资源。① 与清末以降的文学传统、新文化运动、"文艺为工农兵服务"主张、寻根文学思潮、个人写作观念等因素有涉,鲁迅、老舍、沈从文、赵树理、陈登科、汪曾祺、冯骥才、刘心武、陈忠实、贾平凹、王安忆、韩少功、莫言、王朔、阎连科、梁鸿等一批现当代作家,俱不同程度地使用方言,令《呐喊》《骆驼祥子》《边城》《小二黑结婚》《活人塘》《故里三陈》《神鞭》《钟鼓楼》《白鹿原》《长恨歌》《马桥词典》《中国在梁庄》《梁庄十年》等作品均充溢着地域特质。

同样是以方言入小说的上海书写,与《长恨歌》中零星闪现的"阿二""长脚""顶""瘪三""伐""吃了记冷枪",《天香》内的"自家""顶""日里""夜里""落苏""耷""揿""勿管"等方言词、熟语有别,《繁花》大规模动用了作家的母语思维方式和方言积淀,以沪语为主,以苏北话、广东话、国语、北方话为辅,立体全面地描绘了沪上风景,政治、经济、文化、民俗俱一一呈现,整体可归于方志式方言写作。除此之外,为增强作品的可读性和传播性,金宇澄在网络初版之基础上,多次修改、调整,别具新意地改良沪语,并未大面积地使用"侬""伊"等上海话常用词语,而是通过替换部分方言表达、解释特定词汇用法的方式,为更广泛的华语圈读者书写了个性化的上海市志和上海人物志。

---

① 孙郁《方言·谣俗·野调——地域小说之渐变》(《关东学刊》2021 年第 6 期)论及了鲁迅、废名、李劼人、端木蕻良等现代作家的方言、土语写作。

第一节 "杂树生花"：地方志、方言与地方生活

恰如有学者所言，"一个地方的语言资源是地方志的宝贵财富，方言卷是一部志书的重要组成部分"①。上海方言是上海市志的主要内容之一，与区县简况、地理、气象、民俗、大事记等要素一道，反映了沪上的过去与现在。虽有版本之别，整体上方志小说《繁花》仍是依托人名、物名、对话等渠道，全面展现了沪语词汇、熟语、谚语、歇后语、洋泾浜词汇、行业切口等，故可视作一部鲜活生动的上海市志方言卷。

关于方言写作的孕生背景，金宇澄于创作谈内提及，小说诞生于沪语背景网站"弄堂网"，"网友都讲上海话，等于我对邻居用上海话交流，这种语言背景产生了《繁花》"②。或许"邻居式"对话——单行本引子便以沪生与陶陶的对话开场，导致了文本中大量的方言痕迹。实际上，上海方言本身并非铁板一块，可依照其语言特征进一步区分为市区方言、崇明方言、松江方言、嘉定方言等不同类别。中国其他地域也大多如此，所谓"十里不同音"是也。根据作家自述，"《繁花》制造的是一种上海官话语言，倾向于苏州口音的上海话"③。这也与金宇澄家族的苏州渊源密切相关。

既是上海市志方言卷，小说畅快淋漓地记录了上海话的语音、词汇、语法等，包罗诸多常用的名词、动词、形容词、代词、副词、方位词、语气助词、拟声词，短语、熟语、洋泾浜词汇，等等。以小说人名为例，沪语中用来人际称呼的前缀"阿"，用于排行、亲属、友称，或有亲密、调侃之意。④ 阿宝的"阿"，显然是表示亲密。祖父、父母、小阿姨、孃孃等亲属，沪生、蓓蒂、绍兴阿婆、汪小姐等亲近友朋、熟人都以阿宝唤之，不熟识的则称其为宝总。虽一字之差，足见亲疏、远近之别；上海话的前缀"小"，用以"称呼年幼或年轻者"。⑤ 另一重要角色小毛，其名便一直从小时称呼到成年，带有亲昵意味。次要人物方面，二楼爷叔，即二楼叔叔；孃孃，即阿宝父亲的妹妹；理发店王师傅、李

① 赵则玲：《关于续修地方志中方言卷的编撰问题》，《中国地方志》2004 年第 5 期。
② 金宇澄：《〈繁花〉创作谈》，《小说评论》2017 年第 3 期。
③ 金宇澄：《〈繁花〉创作谈》，《小说评论》2017 年第 3 期。
④ 上海市地方志编纂委员会编：《上海市志 民俗·方言分志 方言卷：1978—2010》，上海古籍出版社 2021 年版，第 56 页。
⑤ 上海市地方志编纂委员会编：《上海市志 民俗·方言分志 方言卷：1978—2010》，上海古籍出版社 2021 年版，第 56 页。

师傅、张师傅的"师傅","是对各行各业中有专长者的一般尊称"①。小毛家楼下的王姓师傅、李姓师傅专事理发,大家便以"师傅",而非"师父"敬称之。

人名以外,小说内俯仰可见一般上海方言词汇,例如重复出现的用以表示时间的名词"今朝""明朝",交通工具"脚踏车""黄鱼车",食物"粢饭""棒头糖",居住场所或式样"石库门""灶间""灶披间""钢窗蜡地",厨具"钢钟锅子""镬子",家具"眠床",经济方面的"车钿""洋钿""铜钿""会钞";其他名词"自来火""肚皮""事体""夜饭""家生""馋唾水""料作""大脚姨娘""咸话""洋囡囡""小囡""眼火""姆妈""老虎灶";动词则包括但不限于"响""揿""结""掼""汏""荡""揩""淘""欢喜""吃瘪""光火""潽浴""白相";还有人称代词"自家",语气词"唻",拟声词"呇";形容词"赞""弹眼""雪雪白""皱皮疙瘩""十三点""笃定""腻心""老卵""断命""下作""坍台";副词"准定""一道";等等。这些上海人日常使用的方言词,灵活插入文本,令小说富于人间烟火气,平俗人家的日常起居、衣食住行一一显现,亦是一种方志式的语言辑录和活用。

倘若一般的方言词汇尚可根据字义推测其大致含义,那么上海方言中的熟语则因其比喻、象征特性,相对更具抽象色彩,同时亦彰显了沪语的生动性、表现力和上海人民丰富的想象力。《繁花》文本中频繁出现方言熟语,如"吃生活""触霉头""淘浆糊""外插花""搞腐化""开无轨电车""软脚蟹""搞七捻三""怨三怨四""乱话三千""讲七讲八""死蟹一只""花头花脑""辣手辣脚""独头独脑""狗皮倒灶""卖野人头""跳黄浦",等等。犀利、形象的熟语,在记录方言之同时,提升了小说的趣味性和地域特点。比如,"软脚蟹"本义是指蜕壳之后的螃蟹,②在熟语中则引申为形容人"软弱无能,遇事只会退缩或者屈辱,硬不起来"③。小说第六章,陶陶与潘静幽会于长宁电影院二楼咖啡吧。相谈之际,恰逢突发火险,众人遂赶忙跟随值班老伯伯奔逃至落了锁的太平楼梯处。其时有一外地客等不及老伯伯试钥匙开锁,便莽撞地以老式铸铁打蜡拖把砸锁,结果"一跤瘫倒,只有喘气的名分"。此处以"软脚蟹"形容外地客,危急状态下其无能、失败之状惟妙惟肖。另一熟语"死蟹一只"则通常有四层含义,分别指"身体疲惫不堪,不能动弹或失去自由","事情办糟搞僵,不可挽回","无路可走,无可奈何","一切都没指望,束

① 钱乃荣:《上海方言与文化》,中国国际广播出版社 2015 年版,第 78 页。
② 邵宛澍:《上海闲话》,上海文化出版社 2014 年版,第 79 页。
③ 上海市地方志编纂委员会编:《上海市志 民俗·方言分志 方言卷:1978—2010》,上海古籍出版社 2021 年版,第 298 页。

手无策"。① 同一场景,性命攸关之际,只有老伯伯从二三十把钥匙当中找到正确的那一把,众人方才有生还的余地。等待中,陶陶甚至有了静然受死的念头,于是"血液已经四散,毫无气力,死蟹一只"②。"死蟹一只"精练传神地摹写了人在危急关头疲惫、无可奈何、束手无策的状态。

除却熟语,金宇澄也零星地借阿宝、小阿姨等笔下人物之口,道出上海方言中的若干谚语、歇后语,比如"叫花子吃死蟹,只只鲜""蜻蜓吃尾巴,自吃自""不怕天火烧,就怕跌一跤""身上绸披披,屋里看不见隔夜米""老举不脱手,脱手变洋盘""棺材板里伸手,死要铜钿"等。其中,与蟹有关的另一方言用法"叫花子吃死蟹,只只鲜/好","常比喻一个人要求很低,样样都能接受"。③ 政治运动正如火如荼开展,阿宝大伯来到曹杨新村诉苦,阿宝父亲等人同情不已,小阿姨遂买熟食招待。岂知大伯据案大嚼,吃相令人心惊。小阿姨便用"风水轮流转,叫花子吃死蟹,只只鲜"形容这一落魄亲戚的凄凉现状。从昔日的资产阶级大公子,到今日的"瘪三",从名店大厨精心烹调的金银蹄到临时现买的叉烧红肠,落差不可谓不大。小阿姨以"花子吃死蟹"喻指大伯,亦带有一丝嘲讽之意。此外,"死蟹一只""叫花子吃死蟹,只只鲜"等带"蟹"字的熟语、歇后语,亦折射了包括上海在内的江浙饮食偏好与习惯。

在英译词或洋泾浜词汇方面,《繁花》亦有不少涉猎。据考察,"上海话的外来名词多于普通话,主要来自开埠以后,大部分借自英语和日语"④。小说使用的洋泾浜词语有"康密逊"(commission)、"起司令"(Kiessling)、"斯必令"(spring)、"维他命"(vitamin)、"色拉"(salad)、"起司"(cheese)、"开司米"(cashmere)、"沙克司坚"(sharkskin)、"梳打"(soda)、"康白度"(comprador)、"拿/那摩温"(number one)、"派司"(pass)、"瘪三"(begsir)、"赤佬"(cheat)、"门槛精"(monkey)、"嗲"(dear)、"水门汀"(cement)等。以上外来词是中外经济、文化接触、交流之剪影。由于独特的地理环境和历史背景,上海方能孕生出独有的洋泾浜词语。大妹妹之母曾在工厂任拿摩温——即工头,因而在革命年代心有余悸、担心不已。这一富于历史感的外

---

① 上海市地方志编纂委员会编:《上海市志 民俗·方言分志 方言卷:1978—2010》,上海古籍出版社 2021 年版,第 298 页。
② 金宇澄:《繁花》,上海文艺出版社 2013 年版,第 81 页。
③ 上海市地方志编纂委员会编:《上海市志 民俗·方言分志 方言卷:1978—2010》,上海古籍出版社 2021 年版,第 298 页。
④ 上海市地方志编纂委员会编:《上海市志 民俗·方言分志 方言卷:1978—2010》,上海古籍出版社 2021 年版,第 63 页。

来词,揭示了上海工人阶级的复杂构成,亦令文本充溢着旧上海遗韵。另一例是,汪小姐曾与丈夫宏庆商量应邀请何人一同踏青。提到李李之时,汪小姐称其眼界高,又是"门槛精",必然对小地方不感兴趣。"门槛精"一词"由猴子精引申为聪明的、精明的"①,用以形容"至真园"掌门人、生意人李李再是妥帖不过。

与宏大历史叙写有异,《繁花》将笔触伸向城市中的五行八作、三教九流,以此揭示命运的无常与虚无。为细致刻画芸芸众生相,金宇澄不吝笔墨地将"专业关键词",或曰行业切口纳入正文,以此勾画上海的复杂景观和生态。在文学效果层面,则于方言卷内放置了一部微缩版行业切口辞典。譬如:

> 理发店里,开水叫"温津",凳子,叫"摆身子",肥皂叫"发滑",面盆,张师傅叫"月亮",为女人打辫子,叫"抽条子",挖耳朵叫"扳井",挖耳家伙,就叫"小青家伙",剃刀叫"青锋",剃刀布叫"起锋"。②

尽管隶属服务行业,且在"下只角"经营小本生意,王师傅、李师傅、张师傅仍是不乏专业精神,延续了手工匠人的切口和习惯用语。另外,小毛曾向朋友们介绍各种香烛店蜡烛名称,其可按照大小分为"三拜""大四支""夜半光""斤通烛""通宵""斗光"等,亦表露了小毛的见识;革命行动方兴未艾,抄家一度成为一股"风尚"和政治正确,老法师曾在阿宝祖父居所唱名,"落珠""东洋""金不离银不离""条脱""横云""错落""吞口""宝鸭""银盾"分别对应银盘、日本小金洋、金银别针、手镯、银簪子、酒壶、茶壶、香炉、铭牌寿礼。贵价器物是"剥削阶级"的直接展现,也撕裂了祖父家族们的体面;与运动逐步深入有关,"破四旧"带来了旧货市场的繁荣。旧货店中的旧家具"四平""月亮""息脚""横困""六曲""托照""件头""方件""圆件""库升"分别指方台子、圆台、椅子、床、屏风、梳妆台、凳子、方凳、圆凳、弹簧软垫,以诸般器物命名揭示了无序中的有序、无常内的有常。

上述切口之外,作法的曹家渡道士使用的"熏天""摸洞""五面现鳞""账官""流宫"一一对应香火、吹笛、鱼、付账之人、女人;帮会行话"外国卵子""乱人""金钏""阿朗""小马立师""赏抢""红红面孔""樱桃尖""老蟹""枫蟹"是租界巡捕、流氓、手铐、银洋、角子、吃饭、吃酒、能说会道、老女人、漂亮女

---

① 上海市地方志编纂委员会编:《上海市志 民俗·方言分志 方言卷:1978—2010》,上海古籍出版社 2021 年版,第 671 页。
② 金宇澄:《繁花》,上海文艺出版社 2013 年版,第 21 页。

人；小毛邻居大妹妹之父是"奉帮裁缝"，裁缝行当中，"龙头""雪钳""套圈""女红手""男红手""平头""桃玉""竖点""四开""对交""光身""对合""护心""遮风""压风"分别是缝纫机、剪刀、试衣裳、专做女装、专做男装、罗纺、绉纱、縠纱、纺绸、长裤、长衫、马褂、马甲、皮袍子、一般袍子；皮裘店里的"钻天""拖枪""天德""一斑"分别是灰鼠皮、狐狸皮、貂皮、老虎皮；装棉花驳船中，"白虫""银菱子""金樱子"用以指一般棉花、上等白棉、上等黄棉花；豆麦行中"冰屑""天虫""绿珠""红珠"用来指称芝麻、蚕豆、绿豆、赤豆。还有古董床"暮登"、小偷行当里的试探"搭脉"、被捉进巡捕房"到香港"、模具凹凸到底"煞根"、夜航船"黑底子"、日班轮船"红底子"，性交易中的"换枕头"、旧上海饭店堂倌喊的"阳春""添头""分头"等，是作家几十年生活阅历的积淀，也是管窥世情、人情、民俗的一扇窗口。以此为管道，"独上阁楼"爷叔的达练通透，阿宝们的见多识广、博闻强识可见一斑。作家有意为之的行业切口辞典式写法，直书各色人等的生存境遇，有力地增强了小说的真实感和方志属性。

　　有关方言卷的具体写法，除了以对话、白描为沪语载体，金宇澄还别具一格地或直接在正文解释方言词汇、语法，或以小说人物之口向读者作沪语释义，令小说在文体上趋于话本。比如文中写道："上海人提到爱，比较拗口。一般用'欢喜'代替，读英文 A 可以，口头讲，就是欢喜，喜欢。"[1]从本地人角度解说了爱的读音、用法和口语表达习惯。作为"爱"的文学实践，阿宝娘念的书中文字，收音机内飘出的沪剧台词，小阿姨分别与落难公子、虹口户籍警察的爱情悲剧，均从实例角度注解了作为名词和动词的爱。此时的阿宝，虽有对蓓蒂朦胧的欢喜，却并不真正懂爱，更多的是诸般饮食男女故事的见证者。作家出场诠释方言的另一个案是："上海方言，初次试探，所谓搭，七搭，八搭，百搭，搭讪，搭腔，还是搭脉。小偷上电车，就是老中医坐堂，先搭脉。"[2]叙述主体简明扼要地解释了"搭"这一富于海派风格的多义动词。推杯换盏之际，男人伸手一搭，阿宝一眼便看出了李李和某港资沪办主任之间涌动的暧昧与微妙，亦彰显了方言动词的丰富意涵。此外，还有"小翻领""大翻领"分别指无拉链运动衫和拉链运动衫；运动期间，阿宝与父母、小阿姨迁至"两万户"房型——"五十年代苏联专家设计，沪东沪西建造约两万间，两层砖木结构，洋瓦，木窗木门，楼上杉木地板，楼下水门汀地坪，内墙

---

① 　金宇澄：《繁花》，上海文艺出版社 2013 年版，第 43 页。
② 　金宇澄：《繁花》，上海文艺出版社 2013 年版，第 60 页。

泥草打底,罩薄薄一层纸筋灰"①。比上不足、比下有余的安居所背后,透出一股世事变迁的无奈与苍凉;上海坊间的斗牌游戏"刮香烟牌子"——"甲小囡的香烟牌子,正面贴地,乙小囡高举一张牌,拍于甲牌旁边地面……如果刮得旁边甲牌翻身,正面朝上,归乙方所有"②,则是上海儿童娱乐生活一瞥;居委会曾向老阿太解释"孵豆芽"现象——"以前外乡游民,早吃太阳,夜吃露水,衣衫不全,常常三人合穿裤子,一条短裤轮流穿,不稀奇"③。试图以此打消老阿太的激进意图。以上种种疏解、释义,皆是地方志的笔法和文法,亦是上海方言的文学演绎。

概而言之,金宇澄大规模、全方位地动用自身方言积累和素养,于《繁花》内酣畅淋漓地展示了上海方言常用词汇、熟语、谚语、歇后语、洋泾浜词汇、行业切口等,增强了小说的艺术性、真实性和地域特征。另外,作家要言不烦地以叙述主体为立场或借笔下角色之口,向读者——特别是非上海本地读者——阐明了特定字词的读音、用法、含义、来源等,从而富于创见地以当代小说为容器和媒介,编织了一部个性化的上海市志方言卷。

第二节　人物志中的方言与身份符码

中国历史悠长、幅员辽阔,各区域在时间演进中形成了不同的方言区,同一方言区则共享部分语言特征和词汇用法、习惯。作为语言之一种,方言是地方历史、经济、文化、民俗的缩影,也是表情达意的精准渠道和通路,更是伴随许多人一生的身份认同符码。如贺知章诗《回乡偶书》所书"少小离家老大回,乡音无改鬓毛衰",乡音——即特定方言并不因斗转星移、物是人非而消逝,从始至终是判断地域出身或个体精神归属的关键标识。正如金宇澄在小说跋中将上海话目为贝聿铭的母语一样,沪语也是金宇澄,乃至沪生、阿宝、小毛、蓓蒂、兰兰、姝华、梅瑞、章小姐们的母语,是其上海人身份的标志,也决定了个体思维方式和自我认知。作为符码,方言可起到加密、解密效用,以区别不同所属群体。苏安在"至真园"饭局用上海话披露的汪小姐怀孕一事,熟悉沪语的李李等人一闻便知机杼,而北方人古太却不解其意;康总与宏庆在西北县招待所遇到的语言不通问题,则是上海话、普通话

① 金宇澄:《繁花》,上海文艺出版社 2013 年版,第 136 页。
② 金宇澄:《繁花》,上海文艺出版社 2013 年版,第 20 页。
③ 金宇澄:《繁花》,上海文艺出版社 2013 年版,第 8 页。

与北方土话之间无法互相解密的实例。由是观之，是否熟悉特定方言，对能否顺利融入当地生活至关重要。故此，二楼爷叔才开导外地人发妹，经营发廊"最容易学上海方言，学会了，样样好办"①，强调在沪讨生活，上海方言的基础性和必要性。与现实对照，金宇澄在创作谈中提到，当年作为苏州人的父亲来沪，首要任务便是学说沪语。

通常认为，狭义的上海方言"是吴语中的宁波话、苏州话与苏北话的融合体，又称为沪语，是通行上海市区的方言"②。上海方言的这一杂糅特征，来源于上海与周边地区的地缘关系和人口流动。例如鸿寿曾对徒弟小毛提到，自己师父乃苏北难民，其时工人们有"安徽帮，湖北帮，苏北帮，山东帮，绍兴帮""宁波帮，广州帮"等帮派。③ 行业帮派以籍贯为划分标准，上海众多的某某帮是新上海人维护同乡利益的团体和平台。而一代代新上海人为沪上带来物质、精神资源之同时，也将宁波方言、苏州方言、苏北方言等一同带入沪语。这也解释了缘何阿宝、沪生、蓓蒂、小毛、梅瑞等人纯熟的上海话之间，也存在细微差异。除却个人用语习惯，也是老上海人、新上海人之别所致。《繁花》详细记录了各具母语特征的上海方言，如李李的北方口音、"两万户"邻居2室阿姨的苏北上海话、阿宝嫂嫂的旧式上海话夹广东话，分别指向了特定人物所具有的北方、苏北和香港文化背景。另外，沪生父母带上海口音的北方话，甫师太的苏白，潘静、古太的北方话，绍兴阿婆、平舍妇人、绍兴花贩的绍兴方言，理发店王师傅、李师傅、三轮车夫、老工人、"两万户"3室嫂嫂的苏北话也真实地反映了在沪市民的人员构成、交游情况，以及特定角色所属的母语环境。

在地域出身之外，方言尚彰显了职业、阶级的分野：使用苏北方言的王师傅、李师傅、三轮车夫，其所属职业虽是上海人衣食住行很难离开的存在，却仍属城市边缘群体——其主要活动范围，则反映了所谓的"上只角""下只角"之别：对于分别出身资产阶级家族、空军干部家庭的阿宝、沪生而言，面包、生日蛋糕是常见食品——沪生家甚至一年过三次生日；而对于普通工人家庭出身的小毛来说，掼奶油圆蛋糕则是稀罕之物，以至于想不出生日愿望，感动到想当场和阿宝、沪生等人义结金兰。随着情节逐步推进，全国性的革命运动给阿宝、沪生、蓓蒂们的生活带来了翻天覆地的变化。然而即便

---

① 金宇澄：《繁花》，上海文艺出版2013年版，第393页。

② 刘进才：《俗话雅说、沪语改良与声音呈现——金宇澄〈繁花〉的文本阅读与语言考察》，《中国文学研究》2019年第3期。

③ 金宇澄：《繁花》，上海文艺出版社2013年版，第171页。

迁至拥挤不堪的工人新村,不得不改变原有生活模式,阿宝一家也和真正的工人阶级有很大不同。作为文化人和曾经的大公子,落魄时期的阿宝大伯在使用道地沪语外,仍将"食不兼味,衣不华绮"纳入口语表达,足见语言背后所折射的身份认同差异。另外,绍兴阿婆、绍兴花贩是外来住家保姆、摊贩。前者依赖东家生存,常年远离故土,长期不知外婆坟墓被毁,终于与蓓蒂一同消失;沪生父母带上海口音的北方话,则源自新政权确立后干部群体的地理迁移,颇具代表性;使用苏白的甫师太生活条件相对优越,有闲钱支使小毛代为排队、品尝西餐以满足口腹之欲;李李、潘静等,则是经济体制改革后,从北方来沪经营生意的个体户。

有论者指出,"方言本身不仅仅是共同语的某一地域性变体,在语言形式的背后还蕴含着深层的文化模式和文化力量,它同时也影响着身处其中的个体的行为方式、价值观念、文化认同"[①]。的确,方言所涵盖的地域出身、职业、阶级信息背后,隐含了有关个体身份认同的价值评判。在上海本地人的价值体系中,或隐或显地存在着自亲近到疏远的"老上海人—新上海人—上海文化辐射圈人—'外地人'"差别,小说文本提及的"上海人""乡下人"之别便与此相关。广州小姐自称来自上海昆山而非江苏昆山,小保姆向章小姐学习如何看起来更像上海女人,其内在心理动因便与此种源自约定俗成的评价体系有涉。除此之外,小琴曾在饭局上动情自白:

> 我是农村人,我就根本不喜欢农村,我只想上海,回去过年,是看我爷娘的面子,现在一台子人,热闹,我回乡过年,弟兄姐妹,也是一台子,吃吃讲讲,但是房子外面,山连山,上海房子外面,仍旧是房子。[②]

此番言论,包括后文老乡托带价值九十元的地摊货皮鞋、小叔在大饥荒饿死等,虽是小琴费尽心机、刻意为之的酒局表演,却也在一定程度上代表了在沪务工农民群体的心理。饭桌上,陶陶、葛老师、亭子间小阿姨等人对小琴随意发挥的系列故事感到同情不已,可视作上海人对乡下人流露的恻隐之心。不过,如同阿宝、蓓蒂是绍兴人眼中的"山里人"一般,绍兴阿婆与船夫自有一套自己的身份认同方式;而阿宝哥嫂、兰兰丈夫、小开、梅瑞外公、林生、林太则是有别于大陆人的别样存在。譬如兰兰最终选择嫁给新界加油站工人,其中很大一个原因便是兰兰娘认为对方的香港身份可满足家

---

① 石琳:《方言生态危机下的地域小说创作——以沪语小说〈繁花〉为例》,《当代文坛》2016 年第 2 期。
② 金宇澄:《繁花》,上海文艺出版社 2013 年版,第 160 页。

人的面子问题。

值得注意的是,《繁花》通过方言所构筑的身份认同系统,并不意味着角色口语表达的单一化或固化——其与身份认同的相对稳固性之间并无抵牾之处。举例而言,小毛娘与王师傅对话时使用的苏北方言词汇"嗯哪""啦块"等,是推进和谐邻里关系的有效手段;姝华短暂回沪时说的东北话、朝鲜话,是插队吉林经历、个人苦难岁月的写照;陶陶与潘静大谈蟹经时使用的北方方言表达"您""成了",展露了生意人的活络。后期二人对谈说的北方话,则成为隐秘情感的表现,也是互相推拉的生动记录;康太太、汪小姐与太太团聊天使用的北方话,林太太致电阿宝用的上海话,则兼有迁就、讨好、亲昵之意;经营饭店的李李与阿宝、汪小姐们对话时显露的沪语词"欢喜""自家""揩面""登样""赞",徐总、同游常熟的北方秦小姐使用的上海话,既是生意经使然,亦喻示了上海方言强大的同化能力。小说人物使用的非母语方言,是个体遭际使然,主观意图层面则削弱了沟通障碍、拉近了人际交往距离。

以沪语为主,苏北话、广东话、北方话、绍兴话等方言为辅,《繁花》有效厘清了庞大人物图谱的身份认同及其边界,塑造了阿宝、沪生、蓓蒂、小毛、淑婉、大妹妹、兰兰、姝华、康总、梅瑞、陶陶、绍兴阿婆、银凤、春香、汪小姐、李李、玲子等一批充满生命力的文学形象,形成了独特的上海人物志。有论者进而认为,上海方言构成了《繁花》的叙述方法,①此言不虚。沪语以其凝练、鲜活、象征、抽象的特质,叙述了上海人的百态人生、上海市民阶层的喜怒哀乐,营造了独有的海派意趣。如 20 世纪 60 年代前后,祖父所在的思南路房子,是阿宝上海遗梦的主要承载,当时寓所内购置了全市稀见的电视机,屏幕内传来的标准上海话"上海电视台,上海电视台,现在开始播送节目,现在开始播送节目,今朝夜里厢的节目是"②……更是为转瞬即逝的童年岁月镀上旧式风情;而小说中作为重要插曲的绍兴阿婆回乡扫墓计划,其搁置和延宕便与蓓蒂父亲被举报偷听敌台有关,"莫斯科广播电台,莫斯科广播电台,现在,夜里厢十点廿分,我是播音员瓦西里也夫,我现在跟上海各位老听众朋友,播送夜里厢新闻,莫斯科广播电台,现在播送节目"③。沪语通过电视机、收音机等媒介展露,阿宝、蓓蒂们的如烟往事,乃至个性化上海,也就在历史的滚滚进程中渐趋明朗、清晰。

---

① 丛治辰:《上海作为一种方法——论〈繁花〉》,《中国现代文学研究丛刊》2016 年第 2 期。
② 金宇澄:《繁花》,上海文艺出版社 2013 年版,第 27 页。
③ 金宇澄:《繁花》,上海文艺出版社 2013 年版,第 92 页。

　　为书写人物志、以中式传统笔法勾勒心理活动,金宇澄匠心独运地征用了内涵丰富的上海方言词汇"不响"。全篇计1500次①的"不响",以"尽在不言中"的巧妙方式,委婉道出人物的性格、取向、心境、意图。"不响"或曰"勿响",即不说话、不应声,颇有言有尽意无穷之感:阿宝的"不响"是看到蓓蒂的中学生朋友"马头"时的不悦,是听小毛夸赞二楼爷叔时的不以为然和思潮翻涌——前者蕴含着少年人的朦胧情愫,后者则是洞悉银凤、小毛爱情悲剧后的心明眼亮;小毛的"不响"是对沪生"中国武功骗人说"的无声反对和在意——小毛尚武而不黩武,诚心拜师、努力学艺,却最终"一事无成"、寥落一生,由此可见人生的虚无;绍兴阿婆的"不响"是听闻老家梅坞已无人居住时的漠然、怀疑——离乡后归乡,却无法再次真正进入故乡,隔膜、陌生的返乡之旅于在沪外地人中颇具代表性;"至真园"老板李李饭局上的"基本不响",则透着海漂生意人的知趣和精明;陶陶面对潘静讲述个人婚姻状况时的"不响"则是按兵不动和谨慎;苏安的"不响"是耳闻汪小姐与老板徐总暧昧对话时的不快,二人的复杂关系可见一斑;姝华的"不响"是面对文学同好小毛时的肯定和默契,也是内秀性格之体现;遭遇"破四旧"、被剪头发和裤管的女人"不响"是妥协兼无声抗议;面对革命小将,昔日香港小姐董丹桂的"不响"则是抵抗、不妥协;阿宝父母起初面对来访大伯的"不响"有着提防、无能为力之感,而后看到大伯衣衫褴褛、穷困潦倒真相后的"不响"则透出怜悯、同情,而后便是全家人五菜一汤的招待以及大伯的贪食之相;钟大师面对登门拜谢的陶陶的"不响",则是醉翁之意不在酒,意在修复陶陶与芳妹的夫妻关系;海德的"不响"是面对妻子银凤问询烤吐司机来源之时,对捡拾的默认……频繁使用的"不响"大有国画留白之意韵,也成为作家与读者之间的默契与心照不宣。比起手术刀式的解剖写法,《繁花》通过短短两个汉字,便含蓄、简练地勾描出人物心理速写,是活用方言以书写人物志的例证。

　　文中的"不响"是一种情状、一种态度、一种回应,然仅凭"不响"是无法绘制人物志全景图的。概出此考量,《繁花》不惜笔墨大量地记录人物对话、动作,展现平素日常生活。在这一过程中,对白、白描中的沪语词也成为注解人物志的关键词:沪生小学时曾被同学以雅名称作"腻先生"——即"斗败的蟋蟀"。宋老师特别问及何以如此,沪生便对其道出"蟋蟀再勇敢,牙齿再尖,斗到最后,还是输的,要死的,人也是一样"②一语,彰显了其与实际年龄不甚相符的泰然、通透;小毛曾带领新朋友沪生参观居所周边,提及夏日跳

---

① 金宇澄:《〈繁花〉创作谈》,《小说评论》2017年第3期。

② 金宇澄:《繁花》,上海文艺出版社2013年版,第18页。

桥头游戏"插蜡烛"——"两脚朝下,双手抱紧,眼一闭朝下跳"①,表明其城市普通工人家庭出身以及对朋友的开放姿态和一以贯之的真诚、真心,沪生指出该游戏类似于跳伞,需要训练,观念之别背后是清晰的阶级壁垒;绍兴阿婆不厌其烦对蓓蒂重复说的几个故事,口中的"乖囡""老早底""侬""派用场",烹饪的"红烧烤菜"等,令慈爱、耐心的老阿婆形象立住;"文革"中的高中生部分挪用了长辈责骂小辈的语词,用"啥人放臭屁""骨头发痒了""吃皮带"等语汇斥责旁人,栩栩如生地勾勒了其时占有政治优越性的激进派和革命小将形象;"杀千刀""跳黄浦""逼煞人不偿命"描摹了小阿姨的歇斯底里、豁出去,以及适应了从镇上有钱人之女变为外地乡下女人的转变后,所秉持的生活哲学和生存之道。搬到曹杨工人新村后,为了继续留在姐姐、姐夫身边生活,小阿姨曾重申自己在家庭中的重要作用,绘声绘色地对阿姐陈述了肮脏不堪的生活环境,"草纸""烂污""腻心"既是抱怨,也是一种精明能干;陶陶所语"饿煞""交关开心""老卵"是其性格中野和市侩的一面,"弄女人""轧朋友""情调浓""七花八花"等词,以及声情并茂地向沪生讲述诸类花边新闻,则令世俗的蟹贩形象呼之欲出;汪小姐对同伴称江南农村为"穷瘪三的地方",打牌时称丈夫宏庆作"寿头""十三点",体现其为人的直白、刻薄,而对着徐总、丁老板等人的"发嗲",要求对方"揿一记"等展现女性魅力的行为,则是在男女关系上较为开放的具体表现。上海方言赋予对话以机锋,令特定行为具有了丰富意指,从而促成了《繁花》的人物志书写。

凭借上海话、苏北话、广东话、国语、北方话等方言,作家区分、记录了各色在沪市民的身份认同和自我认知,揭示了老上海人、新上海人、在沪务工者的复杂心态。方言本身,则构成了角色身份认同符码。再者,对白中灵活生动的沪语,是解读《繁花》群像的关键词,将阿宝、沪生、小毛、绍兴阿婆、陶陶等人物刻画得惟妙惟肖、鲜活可感。至此,20世纪60至90年代的上海人物志便在文白糅合中问世了。

第三节　地方志、方言与当代小说创作

通过活态的母语写作,金宇澄以地方志笔法生动刻画了上海市民阶层,其嬉笑怒骂、行藏去留,处处皆是文章。沪生、阿宝、蓓蒂、兰兰、陶陶、汪小

---

① 金宇澄:《繁花》,上海文艺出版社 2013 年版,第 49 页。

姐、康总、梅瑞们的闲谈、集邮、观影、对弈、读书、听戏、排队、聚会、饭局、踏青、荡马路……看似稀松平常、无关宏旨，却恰恰于庸常中呈现"不常"、在平俗内表现"不俗"，上海历史、经济、文化、民俗等信息亦蕴藏其间，耐人寻味。其中，沪语不仅是形式或人物对话、独白的点缀，更是内容本身，是作家有意识挪用的地方性资源。金宇澄曾思忖，"在国民通晓北方语的今日，用《繁花》的内涵与样式，通融一种微弱的文字信息，会是怎样"①。《繁花》创造的文学方言卷，以方言勾画的人物志，激活了以沪语为代表的吴方言的文学生命力。于当代小说创作而言，其方志式方言写作则有效丰富了现代标准汉语写作，为当代文学如何统合地方性语言资源、达到文白和谐提供了重要借鉴。

纵向比较，以方言入小说并不为奇，韩邦庆《海上花列传》早已是吴语小说的典范之作，甚至其方言实践更为彻底——"夜头""勿""价""耐""自家""今朝""适意"等苏白词汇随处可见，更不必说中国现代小说中的京片儿、上海方言、绍兴方言、湘西方言了。即便是当代文学中的农村题材小说，如《小二黑结婚》《创业史》《"锻炼锻炼"》等，皆不同程度地使用了当地方言词汇和口语表达。然而，"十七年"小说中的方言、土语征用，有相当一部分与文艺创作的工农兵指向有关，服务于阶段性的革命斗争或政策宣传，并非作家自发、自觉的语言化用。为创造人民群众喜闻乐见的小说，作家有意与原有的母语系统或知识分子表达保持疏离，深入农村、基层，向农民群体学习，借用特定方言词和用语习惯，以达到符合主流意识形态要求的"文艺为工农兵服务"目的。先定预设的写作目的和规范，赋予特定文本方言趋向之同时，也一并带来概念化、观念化的小说创作痼疾。其方言写作并非母语写作，而是对其他方言的借用，并无故土文化根底或独特的个人生命体验作为支撑。晚近的当代小说家，如贾平凹、王安忆、金宇澄、梁鸿等，其方言实践则是返归自身所属文化系统的尝试，续接了清末以来的中国文学传统，因而可归于去观念化的小说创作范式。

作为作家兼文学编辑的金宇澄，较早便关注到了文学写作的方言问题。身为资深编辑，金宇澄时常建议作者"建立文本特殊性"，应"重视方言、语言"，②特别是母语——"任何一种母语与和国家规定的标准语来比，在表现上更活，更亲切，更自由"③。对于如金宇澄一般土生土长的上海作家而言，

① 金宇澄：《繁花》"跋"，上海文艺出版社2013年版，第444页。
② 王琨、金宇澄：《现实有一种回旋的魅力——访谈录》，《小说评论》2017年第3期。
③ 金宇澄：《〈繁花〉创作谈》，《小说评论》2017年第3期。

沪语是其自出生便首先接触、习得的语言。先有上海话,而后才有普通话。因此与规范化、统一化的现代标准汉语相比,母语是小说家更为熟稔的语言,有助于克服非母语写作的阻滞,内中所包含的丰富历史、文化信息,更是作家取之不尽用之不竭的矿藏。所谓"语言的活力",所指即在此。《繁花》便是由文论到文学实践的产物。正是由于最大限度地运用了自身方言积累、融合个人成长过程中的所见所闻,小说才能成功地塑造沪生、阿宝、蓓蒂、小毛、绍兴阿婆、梅瑞、陶陶等一批人物,方可记录下历史进程中上海的政治、经济、文化变革,从而实现历史、文化与文学的合奏。区域性语言、言语所建构的当代沪上,如实记录下上海的形、神,文学上海市志、上海人物志由此而诞生。活灵活现、妙语连珠的人物对白,五花八门的器物、陈设、场所,生动奥妙的行业切口,俱令上海以金宇澄独有的方式呈现,亦与共识性、标签化、橱窗化的"十里洋场""魔都""东方巴黎"等有别。正如项静所判断的那样,"方言对话承担起叙述的功能,创造一种不同于同时代主流的语言方式和讲故事的方式"[①]。就像作家的历史、音乐、文学、邮票、绘画、戏曲、书法、围棋、电影修养全面进入《繁花》文本一样,其深厚的沪语积淀和区域史涵养,令作品趋于"传统话本模样"[②],在还原海派气息、上海众生相,揭示本埠丰富驳杂的人文景观方面起到了关键作用。小说于 2015 年斩获"茅奖",自是顺理成章、水到渠成之事,也反映了主流评论界对此种方志式方言写作的肯定。

除了自身文学理念、方言积累,与传统纸媒文学相较,《繁花》最初的网络连载式写作,亦令作家获得了"返回到母语表达的一个通道"[③]。金宇澄曾自述小说写作的邻里对话属性,其所指并不仅限于正文。网络文学的无门槛写作和阅读,使得熟悉上海方言的读者能以留言的方式第一时间与作家对话。从现存资料来看,在连载过程中,"独上阁楼"爷叔曾与"一氧化二氢""葱油饼""安妮""老皮皮""洋铁碗""pebble"等网友使用沪语,就上海"闲/咸话"写作、网名由来、分行与否、白字较多,乃至上海市政建设、"搞腐化"等曾经的上海时髦话、房产交易、日常生活等话题进行交流。"扎劲""白相""顶""侬""难么""摆膘精""赞""急吼吼""事体""交关""勿""侠气""伊"等方言词屡屡出现。点评有之,鼓励有之,建议亦有之。上述作品生产过程中的副产品,同样有助于小说的母语书写。作家生活环境、小说生产语境、

---

①　项静:《方言、生命与韵致——读金宇澄〈繁花〉》,《中国现代文学研究丛刊》2014 年第 8 期。

②　金宇澄:《我为什么要用方言写〈繁花〉》,《辽宁日报》2015 年 9 月 7 日。

③　金宇澄:《〈繁花〉创作谈》,《小说评论》2017 年第 3 期。

正文叙述语言,均深受沪语浸渍,再次体现了母语写作的优势和独到价值。

不过,金宇澄笔下的文学地方志并非上海方言的简单照搬和挪用,而是精心改良后的产物。凭借介于普通话与方言之间的改良版沪语写作,作家既实现了个性化、排他化创作,亦令小说拥有了更广阔的潜在读者群。尽管强调文学写作中方言的重要性,金宇澄也曾直言,"凡属方言文字,不能有阅读障碍"①。小说初稿诞生于"弄堂网",活跃于此的网友大多是熟悉上海方言的本地人,因而可轻松实现无障碍阅读,甚至与作家就特定方言词展开交流。然而,如上文所言,方言毕竟具有信息加密、解密功用。对于非本地读者,或非某语言区读者而言,大规模地使用方言无疑会设置不小的阅读门槛,不利于文本传播。有鉴于此,部分当代作家采取页下注释的方式消解文化区隔,或减少生僻方言词出现频率,皆有其可行性与合理性。与如上两种方式有别,金宇澄采用的方法是改良沪语,在保证作品原汁原味之同时,置换部分方言表达、解释特定词汇用法,是一种纯粹记录之外的取舍、调和与演绎。

有学者通过对读,分析了网络初稿与单行本在沪语使用上的差异,如改动了"侬""伊""好伐"等口语表达。② 此外,小说改写了"腻先生""一眼""表来""伽门""野小举""日脚""嫣气""老怪""脚色""弹眼""挺括""老坑""板面孔""靠""嗲事体""脚底板""吃价""一歇""蚌壳精""奶罩""鼻头洞""财积""想穿点"等方言词,③使之更具可读性。与初稿比较,改良后的沪语写作虽改写了部分常用词语,弱化了语音记录,却在不违背原旨原意的基础上增强了接受度。例如,"一眼"在上海方言中是"一点",与眼睛并无联系;"日脚"是"日子",与作为身体部件的脚无涉;而"表"则是"不要",是上海话习惯的发音方式;"野小举"是"野小鬼","举"是"鬼"的上海话读音;"蚌壳精"用于形容爱哭之人;等等。倘若仅依赖汉字、不熟悉沪语或吴语区方言,可能会造成曲解或误读。金宇澄之所以不辞辛劳地多次修改文本,除却文辞推敲、结构调整等文学角度的精益求精,还是创作意旨所致。作家曾自陈:

> 我要做的是文学上的一种沟通,希望所有的华文读者,能够看明白这本讲上海人的小说,看懂这本书的情感,看懂上海人的情况和生活,

---

① 金宇澄:《〈繁花〉创作谈》,《小说评论》2017 年第 3 期。
② 刘进才:《俗话雅说、沪语改良与声音呈现——金宇澄〈繁花〉的文本阅读与语言考察》,《中国文学研究》2019 年第 3 期。
③ 参见微信公众号"弄堂 longdang"《"繁花"创作过程连载》系列文章。

我不制造阅读障碍,不是方言推广者,这方面的事由其他上海朋友来做。①

文学毕竟是文学,无法也不可取代方言科普书或词典,并不承担方言推广目的。倘若阅读障碍频发,不仅有损阅读体验,更不利于文本内在节奏的把控。更何况,语言并非一成不变,在实际使用过程中本就具有流动性和弹性:特定词汇、用法会因时间的推移而不再使用,或是吸纳新的表达等。作家推陈出新,通过改换方言词、解释含义等方式,在方言写作和标准汉语写作之间达到了某种平衡。

附笔一提,作为方志小说,《繁花》附带由作家亲手绘制的插图,从地理方位、陈设、服饰、锻造、邮票等细节入手,铭刻了本埠的时代沿革、风土人情。此外,小说内的地名、路名、场所名——如苏州河、江宁桥、新闸路、南京路、武定路、北四川路、香山路、皋兰路、思南路、长乐路、陕西路、茂名路、西康路、淮海路、北京路、南昌路、澳门路、石门路、愚园路、进贤路、黄河路,平安电影院、复兴公园、兰心大戏院、国泰电影院、长宁电影院、梅龙镇酒家、锦江饭店、延安饭店等——俱是富于历史性和现实感的上海市志点滴。诸如提篮桥、静安寺等地名,揭示了"开埠之前农业社会生活方式的地域面貌"②,极司菲尔路76号则是中国抗战历史之缩影;而文本内的诸多菜名,如红烧大排、葱烤鲫鱼、油煎带鱼、萝卜笃蹄髈、风鳗鲞、两面黄、菜泡饭、油墩子、上海生煎、炸猪排等,则映射了上海特产及其背后潜藏的饮食文化,甚至沪上与绍兴、苏州、常熟、昆山、无锡等邻近地域间的文化流动,例如风鳗鲞便是宁波籍上海人"从浙江带来的家常菜"③。如上地名、路名、场所名、菜名,与方言一道,兼之雅致的景色点染文字、诗歌、戏文、流行歌词、小调、英文单词、书面语(如认罪书、宣讲词等)、"不禁要问"等大字报口吻、播音腔,共同达成了显见的话本效果,从而激活了小说的上海梦和海派风俗画描摹。

《繁花》如上语言探索的启发意义在于,当代小说家如何发挥自身所属区域优势和方言特点,克服非母语写作之弊端,最大限度地动用地方性资源,激活方言丰富的内涵意旨,以创设出具有辨识度和个人风格的佳作。以特定方言为通路,记录下吾土吾民的心迹和遭际,替故园作传、为时代注解。

---

① 金宇澄:《〈繁花〉创作谈》,《小说评论》2017年第3期。
② 钱乃荣:《上海方言与文化》,中国国际广播出版社2015年版,第262页。
③ 钱乃荣:《上海方言与文化》,中国国际广播出版社2015年版,第281页。

与此同时,作家并不应局限于单一的方言辑录,而应致力于方言的灵活运用,在保证可读性之基础上,借助诗歌、戏文、流行歌词、小调、英文单词等多种语言或文字形式,实现文白相谐。

《繁花》以人名、器物、对话等为切入口,记录了沪语词汇、熟语、谚语、歇后语、洋泾浜词汇、行业切口等,并且在正文中巧妙地注疏方言词汇、语法,令文本具有上海市志方言卷的特性。通过上海方言、苏北方言、广东方言、北方方言、绍兴方言等,金宇澄廓清了角色的身份认同边界,在此基础上书写了以沪生、阿宝、蓓蒂、小毛为代表的文学人物志。由此辐散开去,勾勒出了 20 世纪 60 至 90 年代上海的人文地理景观。或与小说初稿的网络背景有涉,《繁花》大篇幅呈现人物对话,在文体上趋于话本,激活了沪语的文学表现力和艺术感染力。此外,有别于机械的方言辑录,作家有意识地改良沪语,替换了个别方言表达,或制造上下文语境,用或直接或间接的方式解释了特定方言词。在实际效果层面,既保证了初稿的海派腔调,也拓展了华语圈读者群,是言文糅合的有效探索。其方志式方言写作,在融合地方性资源和个体生命体验之基础上,立体全面地展现了沪上风土人情,对当代小说如何有效征用方言资源不无启发。

第十四章　地方志的地理观念
与小说结构问题

　　作家是生活在特定地理空间中的,这种地理空间,不仅培植出作家的地理生活,赋予作家相应的空间感受,更会塑造出作家链接世界的方式。特别是中国,地域辽阔,地形地势复杂,各地自然条件多样,如此,必然就会派生出各地作家不同的地理生活经验和地理生命经验。作家以空间建构其文学世界,建构其小说中的故事场景,建构小说世界可以触摸和不可触摸的意义空间,很大程度上,都与作家的地理生活、地理经验、地理想象密切相关。在中国历史上,早在新石器时代,各地就形成不同的文明,随后在不同文明的基础上,中国形成各种相差极大的地域文化,包括不同的"国家"(列国体制)乃至当今的行政区划。这些不同的"国家"和文化区域,成为不同的"文化龛",相互之间存在着复杂的历史纠缠和文化纠缠。正是如此,数千年来的中国的文学,其历史地理、文化地理、生活地理、情感地理的经验异常复杂,其中包含着诸多值得探究的内容。中国文学与地理的关系犹如杂树繁花,深广繁杂,古代文学如此,现代、当代文学同样如此。当代作家以地方志作为创作的资源,难免会受地方志影响,而形成特殊的空间观、地理观,从而影响到小说创作。正是如此,本章从小说结构的角度,梳理作家地理观念、地理思维与小说构造的特别关系。

第一节　"星野"与中国文学地理构造

　　传统的中国社会,虽然没有形成现代意义上的地理学,但是,地理作为一种观念、思维和古人观照地方性的社会、历史、文化的方法,却早已有之。特别是"上古的中国是世界上最早进入农耕社会的国家之一,农事活动要求古人精勤观测天象,故殷商的甲骨刻辞早就有了某些星名和日、月食的记载"①。加之政治上的天命政治、天谴学说的发展,于是乎,习惯于把万事万物放在天、地、人的统一性中看的早期中国人,早在商周时期就形成了那种把天象星宿与疆土州国相对应的"星野"的观念。司马迁的《史记·天官书》说:"自初生民以来,世主曷尝不历日月星辰?及至五家、三代,绍而明之,内冠带,外夷狄,分中国为十有二州,仰则观象于天,俯则法类于地。天则有日月,地则有阴阳。天有五星,地有五行。天则有列宿,地则有州域。三光者,阴阳之精,气本在地,而圣人统理之。"②就是按照天上的星宿,判定各州的疆域:

> 角、亢、氐,兖州。房、心,豫州。尾、箕,幽州。斗,江、湖。牵牛、婺女,杨州。虚、危,青州。营室至东壁,并州。奎、娄、胃,徐州。昴、毕,冀州。觜觿、参,益州。东井、舆鬼,雍州。柳、七星、张,三河。翼、轸,荆州。③

《史记》中,星宿对应的是十三州,而《淮南子·天文训》则是把二十八星宿与先秦时期的列国一一对应起来,形成诸如"星部地名:角、亢,郑;氐、房、心,宋;尾、箕,燕;斗、牵牛,越;须女,吴;虚、危,齐;营室、东壁,卫,奎、娄,鲁;胃、昴、毕,魏;觜觿、参,赵;东井、舆鬼,秦;柳、七星、张,周;翼、轸,楚"之类的星宿与列国相对应的地理观。④ 虽然说,古时各家对星宿、州郡、列国的对应关系排列不一,但是,无论是以星宿来对应州郡还是以天象来对应地域,可以说,古人的宇宙观和地理观,既是依靠一套天定、天命观从而把地理问题政治化、神圣化,属于一种政治地理学的范畴,另外,也是表达地方的方舆空间位置和地方政区认同的重要形式。正因如此,一方面,古人以天命、天意、天象等,以观一地、一国之兴衰与废立,故而有了"二十八舍主十二州,斗秉兼之,所从来久矣。秦之疆也,候在太白,占于狼、弧。吴、楚之疆,候在荧惑,占于鸟衡。燕、齐之疆,候在辰星,占于虚、危。宋、郑之疆,候在岁星,占于房、心。晋之疆,亦候在辰星,占于参罚"之论;⑤另一方面,诚如有的学者所指出的那样,传统的中国社会,虽然说多有强盛之世,却不大可能会发展出西方社会那样的世界殖民、领土扩张的思想,因为从更古老的《禹贡》时

---

① 宋京生:《旧志"分野"考——评中国古代人的地理文化观》,《中国地方志》2003 年第 4 期。
② (汉)司马迁:《史记》卷二十七《天官书》,中华书局 1959 年版,第 1342 页。
③ (汉)司马迁:《史记》卷二十七《天官书》,中华书局 1959 年版,第 1330 页。
④ 陈广忠译注:《淮南子》(上),中华书局 2012 年版,第 173 页。
⑤ (汉)司马迁:《史记》卷二十七《天官书》,中华书局 1959 年版,第 1346 页。

期开始,中国人便有了根深蒂固的"中国"的地理观,"觉得中国就应该以此九州为限。此外皆为荒服,属于《山海经》的《大荒经》《海外经》一类地方,不该强行纳为己有"①。

　　不管今天我们怎么看待地理与天命的关系,古时中国人的地理观念、地理思维以及他们的地理情感和地理想象,由此而铭刻着中国人固有的文化底色,这确是不争之史实。这种文化底色,不仅深刻地影响着中国人的观念和生活,同时更是"深深地渗透在古代中国社会各个层面,而历朝历代以官修为主的正史、国书、地记、方志等更强化了这一观念"②。自宋代以降,中国历代地志类典籍当中,举凡论一地之形要、沿革、物产、人文等,必先以"星野"论之。一个国家地区的废立荣衰堪称无常,一地的星野则为恒定。

　　传统中国社会,地理问题因为星占术、天命观和政治正统性的观念使然,难免会有些"玄之又玄"的渺渺天意和复杂的历史认识相纠缠的况味,然而它对地方志撰述的重要性却是不言而喻的。以清代康熙、雍正、光绪三部《畿辅通志》对京师的"星野"叙述为例:《康熙志·星野》开篇引"天官家之言""治历家之言",再以"《天文志》曰",提出"尾箕分野为燕,燕之当为帝都也",叙说畿辅作为京师重地,对应的是天上"东方七宿"的尾、箕二星。随后,从"古皇轩辕氏都涿鹿",沿溯到"国朝为京师",阐明此一地域的历史重要性,以证明"尾箕之野,定鼎者,古今皆在焉,以视八埏九垓,此为乔乔皇皇"的地理政治学意涵。③ 雍正《畿辅通志》的"星野篇",言及畿辅历史沿革,"京畿之地,自上谷、涿代以东,北至渔阳,右北平,辽西薄海为幽州。于春秋为燕国,其次析木,其星尾箕。今之顺天、永平、宣化当其地;自涿、中山以西,南至常山、巨鹿、信都、清河、邯郸、平山为冀州,于春秋为晋国,其次大梁,其星昴毕"。在论及天地秩序的对应时,提出尧命"奉天道重人时","自周官保章氏以星土辨九州之地",且如"'春秋内外传'所载,占侯、谶征必验"。④ 到了《光绪志》的"星野",因为西方现代地理学的输入,传统的以星象占卜灾异的"星野"观念受到有力的质疑和批判,故而形成编纂者对"星野"观念的新的看法:

　　　　分野之说,昉自周官,历代相沿,其说不一。吉凶占验之论,大抵荒渺不足凭,况疆域有沿革之殊,星次有岁差之别,以古衡今,迥不相合,

---

① 龚鹏程:《有知识的文学课》,中华书局 2016 年版,第 57 页。
② 宋京生:《旧志"分野"考——评中国古代人的地理文化观》,《中国地方》2003 年第 4 期。
③ 参引吕书额《浅析清 3 部〈畿辅通志〉"星野"的因袭与创新》,《中国地方志》2020 年第 4 期。
④ 参引吕书额《浅析清 3 部〈畿辅通志〉"星野"的因袭与创新》,《中国地方志》2020 年第 4 期。

何足以为信乎？只以旧术相传，由来已久，略采史传以存梗概。①

这种"星野"观念，开拓出中国古代的人们政治与地理意义上的双重"文化龛"，人们把握一地之政区或区域地理，更多的是习惯从星野的思维出发，来探究地方星宿归属，而一地之"文化龛"，反过来却强化着人们对特定地域的看法。"星野"的观念深刻地影响着中国的文学，《诗经》时代，虽然人们还没有明确的以"星野"来认识诗歌的习惯，但是，那时候的诗歌与地域、礼乐、民俗、民风的关系还是非常密切的，地方的差异性是深刻糅合在诗歌内在肌理里的，乃至影响着后世人们对《诗经》时代文学的看法。正是如此，班固《汉书·地理志》中论《豳诗》，则有"昔后稷封斄，公刘处豳，太王徙岐，文王作酆，武王治镐，其民有先王遗风，好稼穑，务本业，故《豳诗》言农桑衣食之本甚备"②之言论。论秦地和《秦诗》，则有"及安定、北地、上郡、西河，皆迫近戎狄，修习战备，高上气力，以射猎为先。故《秦诗》曰：'在其板屋'；又曰：'王于兴师，修我甲兵，与子偕行。'其风声气俗自古而然，今之歌谣慷慨，风流犹存耳"③之论。论齐地和《齐诗》，有"初太公治齐，修道术，尊贤智，赏有功，故至今其土多好经术，矜功名，舒缓阔达而足智"之论，"吴札闻齐之歌，曰'泱泱乎，大风也哉！'"④论郑卫之音，则有"卫地有桑间濮上之阻，男女亦亟聚会，声色生焉，故俗称郑卫之音"⑤之论。

《诗经》十五国风皆以国名、地名命名，相比较而言，《楚辞》和地理的关系则更为密切，它直接以楚地命名，楚辞即是楚人的歌词，是汉代人收集战国时楚地以屈原、宋玉为代表的楚地人的楚声和楚音的集子，名之为"楚辞"。汉代以后，因为阴阳、五行、谶纬之学的产生和盛行，尤其是汉代是在战国的乱世和楚汉相争的历史基础上建立起来的大一统的国家，所以，汉代人的天下观和地理观都特别耐人寻味。《汉书·地理志》说："凡民函五常之性，而其刚柔缓急，音声不同，系水土之风气，故谓之风；好恶取舍，动静亡常，随君上之情欲，故谓之俗。"⑥班固解释的是"风俗"，却是在一个新的统一性中，去观照有差别的地方性。汉代文学，特别是汉赋，既承接着战国时代到汉代中国人形成的山海经式空间地理想象能力，同时，还发挥出大一统

---

① 光绪《畿辅通志》卷 56，第 2579 页，商务印书馆 1934 年影印本，参引吕书额《浅析清 3 部〈畿辅通志〉"星野"的因袭与创新》，《中国地方志》2020 年第 4 期。

② （汉）班固撰、颜师古注：《汉书》卷二十八《地理志》，中华书局 2012 年版，第 1467 页。

③ （汉）班固撰、颜师古注：《汉书》卷二十八《地理志》，中华书局 2012 年版，第 1468 页。

④ （汉）班固撰、颜师古注：《汉书》卷二十八《地理志》，中华书局 2012 年版，第 1481 页。

⑤ （汉）班固撰、颜师古注：《汉书》卷二十八《地理志》，中华书局 2012 年版，第 1485 页。

⑥ （汉）班固撰、颜师古注：《汉书》卷二十八《地理志》，中华书局 2012 年版，第 1466 页。

帝国下人们极尽铺排的宏阔地理气象。赋以对京都的铺写为主,如《二京赋》《两都赋》《上林赋》《三都赋》《甘泉赋》等。再者,就是辽阔的帝国塑造出的作家们强烈的方位意识。像司马相如,虽久居巴蜀偏僻之地,可是一旦到了京都,写上林苑的壮阔时,便有"左苍梧,右西极。丹水更其南,紫渊径其北。终始灞浐,出入泾渭;酆镐潦潏,纡馀委蛇,经营乎其内。荡荡乎八川分流,相背而异态。东西南北,驰骛往来,出乎椒丘之阙,行乎洲淤之浦,经乎桂林之中,过乎泱漭之野"之类的描写。左边的东方,是苍梧郡,苍梧古属交州;右边的西方是古豳地,在长安西北一带。所谓八川分流,指的是灞、浐、泾、渭、酆、镐、潦、潏八条河流。以地理、方位的眼光结撰文学,或者写文学时候必有突出的地理、方位的眼光,似乎是汉时文学家共有的特点,班固的《两都赋》,写汉之西都,"左据函谷、二崤之阻,表以太华、终南之山。右界褒斜、陇首之险,带以洪河、泾、渭之川",是地理和方位。曹植的《洛神赋》"余从京域,言归东藩。背伊阙,越轘辕,经通谷,陵景山。日既西倾,车殆马烦。尔乃税驾乎蘅皋,秣驷乎芝田,容与乎阳林,流眄乎洛川",是言地理和方位。王粲《登楼赋》中"挟清漳之通浦兮,倚曲沮之长洲。背坟衍之广陆兮,临皋隰之沃流。北弥陶牧,西接昭邱",还是地理和方位。

汉以后的中国文学,纪游类、风土类、地理类、风物类写作绵延不绝。至于诗文中的地理方位和星野观念,更是成为一个重要的写作传统。代表性的就是王勃的《滕王阁序》。该作开篇即叙写滕王阁的地理,"豫章故郡,洪都新府。星分翼轸,地接衡庐。襟三江而带五湖,控蛮荆而引瓯越"。滕王阁地处今天的江西省南昌市。南昌,在汉代为豫章的郡治。另据《晋书·天文志》,豫章属吴地,吴越扬州当牛、斗二星的分野,与翼、轸二星相邻。所以,王勃写滕王阁,开篇即是以天象写地理,再以"襟三江而带五湖,控蛮荆而引瓯越"写出滕王阁的地理形要。《滕王阁序》中的三江,是指太湖的支流松江、娄江、东江,泛指长江中下游的江河,因为豫章在三江的上游,如衣之襟,所以才有"襟三江"之说,而五湖则是太湖、鄱阳湖、青草湖、丹阳湖、洞庭湖(另说指菱湖、游湖、莫湖、贡湖、胥湖,皆与鄱阳湖相邻,以王勃写滕王阁的气象来看,当指前者)。王勃说"豫章故郡"的地理位置用了"襟三江而带五湖,控蛮荆而引瓯越"的说辞,虽有夸大之嫌,但一方面,这种夸大的说辞,与作家的心性、观世界的方式有关,所以才有王勃《送杜少府之任蜀州》中的"城阙辅三秦,烽烟望五津",实是以天下为关怀的中国古代文人写作的一种惯性。就连杜甫那样拘谨的诗人,也会写出"星垂平野阔,月涌大江流"(《旅夜抒怀》)这样雄浑开阔的句子。宋人欧阳修写醉翁亭,开篇同样是从地理的形势写起，故而有"环滁皆山也。其西南诸峰，林壑尤美，望之蔚然而深秀者，琅琊也"这样的经典名句。

中国古代文人的地理志写作和文学想象，上承《禹贡》《山海经》《穆天子传》等，下开汉赋、魏晋六朝文人的纪行之作，到唐宋时代，地理文学化和文学地理化的写作现象蔚然成为时风，出现《大唐西域记》《洛阳伽蓝记》《东京梦华录》《入蜀记》等经典名篇，明清两朝的小说，如《封神演义》《西游记》《红楼梦》等，地理写作的风气绵延不绝，直到晚清和现代，虽然反传统成为中国文学演化的基本路径，但地理的文学化和文学的地理化两种倾向，在现代以来的中国文学中特征依然十分明显。晚清时，随着西方文学翻译热的兴起，首先被翻译介绍进来的，就是冒险、纪游、纪行类小说，与国内的《老残游记》《镜花缘》等共同开创出一个文学地理志写作的盛世。直到现代，作家郭沫若、郁达夫、林语堂、沈从文、沙汀、艾芜等，也都是地理志写作的高手，并有不少经典名篇传世。代表性的如沈从文的《边城》：

> 由四川过湖南去，靠东有一条官路。这官路将近湘西边境到了一个地方名为"茶峒"的小山城时，有一小溪，溪边有座白色小塔，塔下住了一户单独的人家。这人家只一个老人，一个女孩子，一只黄狗。[1]

小说对"茶峒"的描写，由远及近。明明是写湘西的古城，却有"四川过湖南"之类遥远的写法。此一手法，是把"茶峒"放在一个大的地理参照中写，其目的，是在一个大的文化地理参照中，写出边城的小，写出边城的独异，因为，巴蜀、荆楚，本就相异于中原，小说写边城人独异的人际交往、日常生活、道德生活、伦理精神，隐含的一个参照，就是素被视为正统的中原。小说中，"靠东有一条官路"中的"东"和"官路"，都是"边城"的异质的参照，"东"是中原，是正统，而"官路"则是伦理教化之地。沈从文的"边城"，是相异于正统的，相异于"官家"的伦理教化的。而"这人家只一个老人，一个女孩子，一只黄狗"，则是"边城"孤独的写照，是"边城"命运的写照。

第二节　地理观念与小说意识空间结构

地理、方位是人对宇宙、地球，对人所寄身的自然环境的认知，但地理方位至少在中国的文学传统中不是中性的，而是包含着深邃的政治、文化意识

---

[1]　沈从文：《边城》，长江文艺出版社 2020 年版，第 7 页。

包括宗教观念。在第一章讨论"舆地学"与中国当代小说诗学建构关系时，我们曾经以陈忠实的《白鹿原》和贾平凹的《老生》等作品为例证，分析过陕西作家写作意识中可能存在的地理方位上的"贵南而贱东"的特殊意识。我们认为："贵南"，是因为关中平原的南部就是莽莽苍苍的秦岭，而秦岭无疑是陕西（至少是关中）作家心目中的神山，故而以南为贵。这种意识，无论是陈忠实还是贾平凹，都是特别明显的。而"贱东"，则是因为战国时期，秦与山东六国紧张的敌对关系，秦国的征伐，造成秦地与崤山以东六国相互之间的恨意。相比较而言，东部作家却普遍有着"尊东"的方位感（关于这一点，我们在第一章中曾重点分析过汪曾祺的小说），毕竟，东边是太阳升起的地方，日出大地，万物欣欣，生机盎然。《易经》云："顺而丽乎大明，柔进而上行，是以'康侯用锡马蕃庶，昼日三接'也。"①《周易》中的"晋"卦，就是"长进"的意思，光明的太阳从地平线上升起，万物披沐着阳光，和畅地生长，这自然是长进；君子"以自昭明德"，见贤而思齐，德性日益增进，这同样是长进。

　　作家的地理意识和方位观念，究竟内含着怎样的政治意识和文化意识？实际上，这里有一个普遍性和特殊性的辩证问题。就大的普遍性来讲，中国很早就形成华夏和蛮夷相互区隔的"夷夏之辨"的观念。中原的华夏，和周边的东夷、西戎、北狄、苗蛮等，构成文明的"我者"与"他者"之别。这样的分别，不是文明的层次和层级落差的区别，而是教化礼仪之有无、文明与不文明的根本区别。《春秋左传注疏》中所谓的"裔不谋夏，夷不乱华，俘不干盟，兵不逼好，于神为不祥"，"夏，大也。中国有礼仪之大，故称夏；有服章之美，谓之华。华、夏一也"，②就是如此的表述。华夏是文明的象征，蛮、夷、狄、戎则是野蛮、未开化的代名词。再加上中国历史上很早就形成并持续存在的"东—西"轴线（周灭商、秦灭六国、汉灭楚）、"南—北"轴线（长期北方游牧民族与中原政权的民族矛盾和冲突，比如五胡乱华、元灭宋、清灭明等）的特殊构造，所以在中国政治地理、历史地理和文化地理上，地理方位从来就不是单纯的地理方位问题，而是包含着政治的、文明的、文化的复杂观念和地理情感。另外，西汉以后，随着阴阳、五行观念和谶纬学说的盛行，更是加剧了这种情感的复杂性。就中国作家地理意识和方位观念的特殊性而言，以常识来推论，"中国"并非一个具有同质性的概念。中国地域辽阔，地有东西

① 杨天才、张善文译注：《周易》，中华书局2011年版，第315页。
② 晋杜预注、唐孔颖达等正义《春秋左传正义》卷第五十六，北京大学出版社1999年版，第1587页。

高低，天有南北寒暑，高原、山地、江河、海洋、丘陵、盆地、平原、戈壁、沙漠、草原交杂分布。不同的自然、地理、气候、水文、土壤、植被、物产、交通条件等，塑造着各地不同的文明、历史与社会生活。而各地文明、历史与社会生活的差异，反过来决定着它们的文学风貌、文学基础等各有差别，文学发展水平各有悬殊。

不管是中国历史文化发展的普遍性，还是各地自然地理的特殊性，建构出的作家地理意识、地理思维、地理观念，对文学创作都会有深刻的影响。这种影响，首要的就在作家如何看待不同的"地方"，以及由方位而带来的观念、文化、思想、情感之别。此一类的地理思维、地理观念和地理情感在文学作品和作家创作过程中的体现，往往需要通过缜密的分析才可以看得出端倪。我们仅举一例：现代以来的中国文学中，何以从《阿Q正传》开始，便把从乡下到城里的过程称之为"上"城？《阿Q正传》中，当阿Q在城里因为偷盗被发现，从而仓皇逃回到未庄的时候，未庄人以疑而且敬的态度对阿Q说"发财发财，你是——在……"，阿Q傲然答道，他"上城去了！"很显然，未庄与城里，并非自然地理的高低，而在文化地理和精神地理的落差。《说文》中释"上"为古字，"上，高也"。段玉裁认为，上原为小篆，甲骨文中的"上"是"二"，这个"二"是象形，指日月，"天地为形，天在上，地在下"。① 所以，在中国的文字系统中，上，除了表明位置高低，由低处往高处去以外，更有价值、心理上的高下之判，所以古时有"上帝""上天"之说，《诗经·文王》中有"文王在上，于昭于天。周虽旧邦，其命维新"这样的诗句，意为周王受天命而王天下，制立周邦。一个"上"字，铭刻的是乡村社会人们对城里的钦羡，是乡土社会城乡之间文明的落差。因为有这样的落差，《陈奂生上城》中"漏斗户主"陈奂生上城，便如"一路游春看风光"，而有了悠悠的姿态。《人生》中高加林和他的乡亲们"上"城，便有着恭敬：

> 穿上了崭新的"见人"衣裳，不是涤卡，就是涤良，看起来时兴得很。粗糙的庄稼人的赤脚片上，庄重地穿上尼龙袜和塑料凉鞋。脸洗得干干净净，头梳得光光溜溜，兴高采烈地去县城露面。②

在现代以来的中国文学中，城乡问题无论是作为抽象的观念问题还是具体的社会实践问题，可以说，从来就不是单纯的地理问题，而是深刻的社会问题和文化问题。就像鲁迅《故乡》的开头，文明的极差，使得刚从城市回

---

① 汤可敬撰：《说文解字今释》增订本（一），上海古籍出版社 2018 年版，第 4 页。
② 路遥：《路遥全集·人生》，北京十月文艺出版社 2009 年版，第 17 页。

到故乡的作者,看到的"故乡",不过是那种"没有丝毫活气"的"萧瑟的荒村"。作家的地理思维和地理观念,是其文化思维和文化观念的折射。小说的美学意蕴,往往也是通过作家笔下的地理和空间的移动,而形成叙事的张力,就像鲁迅倘若不是回到"阔别"二十多年的故乡,故乡可能是另一番景象,而正是因为有从城市到乡村的空间移动,一种具有现代性叙事意味的城乡之间的文明互鉴,亦由此而建立起来。这种空间的、地理的观念,与小说的空间结构——特别是小说的意识结构形成之间关系密切,值得深入地研究。所谓小说的"意识结构",指的是作家的思想、观念、情感,如何通过特定的空间形式完成其意图表达。

关于小说意识结构与空间地理的关系,可论之处甚多,典型的就是当代作家的家国天下意识。众所周知,中国古代的文人因为受到儒家思想传统的影响,多有家国天下的情怀和意识,虽然现代以来,因为世界性视野和人类文明眼光的培植,中国作家不再以天下的意识看中国,但是那种家国的情怀,却丝毫没有淡化。十七年时期的文学姑且不论,单就 20 世纪 80 年代以来的中国小说而论,虽然说家国天下的大叙事似乎已然退隐,然而作家们骨子里却从来没有拒绝过任何和家国天下有关的意识、情感和价值。而从地理的维度看,很显然,黄河流域的作家的家国天下意识要远比其他地区发达。特别是河南作家,李佩甫、李洱、刘震云等,更是如此。李佩甫的长篇小说《羊的门》《城的灯》《生命册》,被称为"平原三部曲",加上《平原客》,可以说,迄今为止,李佩甫几乎所有的重要作品都是以"平原"为写作对象的。很显然,在李佩甫的笔下,"平原"绝不仅是一个地理的事象、一个叙事的空间,它是一个喻体、一个载体、一个聚焦的对象。李佩甫真正写的,其实是中国。就像李佩甫自己所说的:

> 最早的时候,平原在我心中是有特定地域的,那就是豫中平原我常走动的七八个县份。写着写着,后来就扩而大之了。因为省内省外、豫东豫西豫南豫北我都走过……那就不单单是这几个县、市了,这是滋养我的一种精神地域。是我心中的"平原"了。或者说是一种"大地意识"。①

早期的李佩甫,或许仅仅是写他心目中的豫中平原。此一平原,是早期李佩甫的写实和经验写作。可是随着创作的日渐成熟和思虑日深,李佩甫必然如他所说,不满足于写一个方寸之地的豫中,他定然要去写更大、更开

---

① 刘宏志、李佩甫:《"平原"与小说——李佩甫文学访谈》,《河南师范大学学报》2018 年第 3 期。

敞的东西,"所以我在《平原客》中点出了'开封',其实是点出了'中原'。它是一个地域的坐标点"①。李佩甫怎么可能不写"中原"呢？身居黄河流域,河南是中国的腹地、中华文明的腹地,举目四望,东、西、南、北,皆为中国,皆为华夏,作家怎么可能不产生"中"的意识？再加上身边就是开封、洛阳,夏都旧址,殷商故里,中原虽不是天下,但是天下就是由此生发,何愁李佩甫不生发出写天下的意念？《羊的门》中,呼天成仅是一村之长,却是以经营天下之手段,经营一己之名利。《羊的门》的开头,就是"在中国九百六十万平方公里的版图上,有一块小小的、羊头状的地方,那就是豫中平原了"。呼天成所在的呼家堡就是小号的中国,中国就是大号的呼家堡。所以,就连那种用"在'败'中求生,在'小'中求活",从来没有高贵过的杂草编制出来的"呼家堡草床"或者叫"呼家堡绳床",也能有闻名全国的机会。

　　李佩甫以"平原"写天下,非是作家的野心,实乃作家的中原思维使然。这种中原思维,在河南作家身上甚为普遍。刘震云的一部小说,干脆就以"天下"为名——《故乡天下黄花》。梁鸿的非虚构小说,题目就叫《中国在梁庄》,"中国"与"梁庄",确有庄周梦蝶的味道。其他像李洱,他的《石榴树上结樱桃》,小说的名字就隐含着作家"大"的审美思考。在一篇创作谈中,李洱曾富有历史思辨性地阐述了小说名字的意指:石榴产自西域,汉代传入中国;樱桃产自东洋,不知何时传入中国。因此,"石榴树上结樱桃",从语义的表层结构上看是阴差阳错,是颠倒和悖谬,但是从历史的纵深和开阔处来讲,它恰恰构成我们的民族国家寓言,就是乡土中国的现代转型,必须是在吸纳异质文明中寻求变革与蜕变。小说中,残疾乡村知识分子李皓以放羊为生,可行事却多以《水浒传》中的吴用和《三国演义》里的诸葛亮、司马懿等自譬,所用的词也是"招兵买马,以图决战"之类的。他给放的羊命名,全是"情报局长""麦当娜""电视台文艺处长"等,这哪里还是放羊呢？简直是在放"天下"！当最后小红带着李皓,李皓一瘸一拐、一脚深一脚浅地抱着那块玻璃做的"一花一世界"的匾额向繁花家走去的时候,"有那么一会儿,繁花仰起了脸。灯光照不到的地方,天光幽暗而浩瀚。那脚步声越来越近,好像正从天上传过来,传过来"②。"官庄村"或许只是中国的一粒尘埃,它的权力社会,不过是"一花",可是它也是中国权力社会的"一世界",深不可测,浩瀚无边。李洱的《应物兄》虽无地理上的玄机,然作家思考的,却是天大的问题。如果将《应物兄》这部小说分为"形"与"神"两部分,那么,它的"形",无

① 刘宏志、李佩甫:《"平原"与小说——李佩甫文学访谈》,《河南师范大学学报》2018 年第 3 期。
② 李洱:《石榴树上结樱桃》,江苏文艺出版社 2004 年版,第 242 页。

疑是济州大学邀请哈佛大学东亚系教授、著名儒学家程济世回国组建儒学研究院，这是小说的核心事件；由这个核心线索，《应物兄》串联起政界、商界、学界、文艺界等，串联起各色人物，并由各色人物而串联起中西古今的百家之学。然而最根本的问题是：儒学究竟是什么？这是一个直击中国文化核心的大命题。程济世的儒学修为究竟如何？是否名实相符，够得上儒学大师的地位？儒学研究院有无必要建立，能不能建起来？其实这些都不是核心元素。核心是：即便程济世就是学贯古今的一代大儒，难道程济世们就真的能够因应时弊绘制出改革改造社会的大好蓝图吗？进一步说：儒学是否真的是救世之学？这些问题是《应物兄》的"神"，是作家思考的"元问题"。

事实上，平原写作在中国殊为普遍，毕竟中国地幅广袤，平原众多，作家以自己的经验生活和自然地理意义上的故乡作为写作的出处，这是寻常不过的事情，如陈忠实笔下的关中平原(《白鹿原》)、铁凝笔下的冀州平原(《笨花》)、毕飞宇笔下的里下河平原(《平原》)、许辉笔下的黄淮平原(《人种》)、高建群笔下的渭河平原(《大平原》)等。但是，同为平原，因为地处的位置不同，召唤出的作家的地理情感、地理思维、地理观念，却可能有霄壤之别。像河南作家，地处中原，环顾东、西、南、北"四方"，而又上接华夏泱泱五千年的文明气脉，难免会有居拥"天下"之感，可是其他地处边陲的作家，尽管同样生活在平原，却很难生发出如此的空间、历史、文化感受。河南——推而广之，黄河流域的作家，包括陕西、山东，乃至是山西、河北南部和江苏北部的作家，其家国天下的情怀及意识，确实非其他地方作家能及。像陈忠实，他的《白鹿原》，倘若不是诞生于关中平原，生发于八百里秦川，作家能否写出朱先生那样的为生民立命、为万世开太平的关中大儒？或者说作家能否把朱先生写得那样荡气回肠？这恐怕都得打上问号。可以作为对照的是，浙江衢州作家周新华，他的《沉籍记》写的其实也是古代文人的家国情怀和生民思想。小说写北宋太平兴国三年吴越王钱俶纳土归宋时，侍御史江景防独存爱人之心，不忍吴越十三州民众困于重赋，遂凿船以沉江南图籍之事。江景防凿船沉籍，保吴越十三州民众，按照一般的常规手法来处理，小说的行动线和推动力自然便是江景防的故国之念和为民冒死之心。然而，《沉籍记》却并非如此，周新华在处理人物、叙述情节、营造故事的过程中，全然不以此一心一念为系，而是以富有跳跃性的，没有任何铺垫、瞬间进入情景的极简主义写法，勾连出一个更为开阔的叙事场域，写江景防与吴越王钱俶、兵马使老刘、戏班曹班主、仆人高二的故国情意以及中书省右补阙王方赞的高义，等等，这些古典时代人类的高贵情感和美德不时穿插在小说中，构成一个网络状的叙事结构。朱先生与江景防,皆为具有天下大义的高士,但是两部作品的写法和侧重点却有很大差别,陈忠实的天下思维甚至是无意识,决定着他笔下的朱先生,眼中看到的、心中所念的、口中所论的,都是天下,而周新华不行,他毕竟偏居一隅,他看世界的方法和眼界,不可能像陈忠实那样,天然地带有天下和天下中心感,所以他不可能会写出江景防的天地大心和他的儒家天下平的心灵气象。

第三节　地理观念与小说的自然空间结构

小说的叙事空间,除社会空间外还有自然地理空间。这个自然地理空间,既是小说中人物的生息之地,也是他们展开社会活动的空间,所以,地理空间是小说的必备要素。如何运用地理空间,或者说如何结构小说的自然地理空间,进而构造出富有历史、社会、文化、思想、情感张力的小说文本,是小说家必须修炼的功夫。特别是长篇小说,因为人物多,人物关系复杂,时间持久,场景交错,如何按照长篇小说的内在规制,合理、科学地调配、运用地理空间元素,完成小说创作,是作家们需要下功夫的地方。

从文体的角度看,长篇小说对作家地理思维的要求更高。短篇小说,作家可以抓住一个场景、少许人物,抓住生活中的一个"横断面"就可以完成。中篇小说,也不过是描写的内容和形制上稍微复杂些。它们都不像长篇小说,需要大开大合的构架,因此也需要更为开敞的地理空间。某种程度上说,长篇小说就是地理的艺术,就是空间的艺术,作家如何去调度多维度、多向度的地理空间,并运用或赋予空间以特定的意涵,这是对作家的重要考验。就像《红楼梦》,大荒山、无稽崖、青埂峰,这等鸿蒙大荒的太虚幻境,构成的是小说象征性的地理空间;京城、金陵、姑苏、维扬等,则构成小说中人物关系结构化的社会化的地理空间;荣国府、宁国府以及府内的大观园、潇湘馆、怡红院、省亲别墅等,则是小说中生活化的地理空间。《红楼梦》就是在这样的三层地理空间的互动中,构造出其复杂而充满复杂意味的叙事结构。所以说在长篇小说创作中,作家的地理思维和想象能力其实是非常重要的。

某种意义上说,作家的地理想象能力强弱,仅是个人的因素,而其地理思维形态,则与作家出生、生活的地理位置、地理环境有关。就像前面提到的中原作家,因为生活在中原地带,其观世界的地理思维,必然会有东、西、南、北的"四方"意识，而地处偏僻之地的作家，则很难形成那种贯通性的地理意识。我们不妨比较一下陈忠实和贾平凹。两者同为陕西作家的旗帜性人物。陈忠实因为出生在西安的灞桥，西安处关中平原中部，北濒渭河、南依秦岭，"西出长安望葱岭"，葱岭便是帕米尔高原，是古代的西域。东出长安，则是古代的山东六国。所以，陈忠实的《白鹿原》，地理思维是十分清晰的，作家也确实是把白鹿原写成了一个具有完备的天下形态的地理意象。再看贾平凹，虽然创作总量远超出陈忠实，而且也长期生活在西安，但是，因为他出生的地方是陕西的商洛地区。商洛地处陕西的东南，东部、东南部与河南省、湖北省接壤，境内的地形以山地为主，大的山脉有秦岭，另外还有蟒岭、流岭、鹘岭、新开岭和郧岭等山脉，山水环绕，这样的地形地貌，决定着贾平凹不可能像陈忠实那样，形成天下九州式的开阔的地理思维，所以贾平凹的创作，至少从地理形态上看，以具象化的、微观化的地理空间意象为主。丹凤棣花镇是贾平凹出生的地方，是他真正的故乡，作家写得多自是不消多说，其他像"两岔镇"（《浮躁》）、"清风街"（《秦腔》）、"高老庄"（《高老庄》）、"古炉村"（《古炉》）、"樱镇"（《带灯》）等贾平凹塑造出来的地理形象，都是具体而微观的。贾平凹不像陈忠实那样，活生生把一个白鹿原放在一个"天下"的"鏊子"里，由白鹿村的风云际会去映射天下的兴衰成坏，塑造出朱先生那样的胸怀天下的大儒。贾平凹更习惯在一个相对封闭、聚焦的地理形态中，深究社会、时代变革中人们的观念、心理、情感、价值面向的深刻变动，细察人心、人性之微。倒并不是说贾平凹就没有写大地理的气象和气势，其实不然，贾平凹毕竟浸润过《庄子》和《山海经》这类中国古代的典籍，他在很早的时候创作的长篇小说《商州》，就有《山海经》的笔法和意蕴，所以，贾平凹的地理想象不是能力问题，而是思维惯性问题。他不大会在一个类似于"九州""天下"的视野中，去观照他的地理写作对象。事实上，贾平凹是有这种地理想象能力的，所以到了写《老生》和《山本》的时候，因为写作的对象发生了变化，变成了秦岭，贾平凹的地理意识似乎豁然被打开了，他再看秦岭，秦岭就不再是简简单单的一座山脉，而是"一条龙脉，横亘在那里，提携了黄河长江，统领着北方南方。这就是秦岭，中国最伟大的山"①，有了王勃"襟三江而带五湖，控蛮荆而引瓯越"的气象。

　　从小说史和长篇小说地理分布的角度看，我们似乎可以讨论一个饶有意味的小说现象，那就是相比较于北方作家（特别是陕西、河南、山东、河北

① 贾平凹：《山本》，作家出版社 2018 年版，第 522 页。

等地的作家),长篇小说似乎是南方作家的一个短板。如果说云南、贵州、广西以及西北、东北、内蒙古等地的作家,因为民族生活或者说区域性的自然地理、历史生活、社会生活的独特性,长篇小说创作还能形成一定的气候,那么,在浙江、福建、广东等东南沿海这些并非以民族生活显现特色的地区,长篇小说创作似乎从未形成过声势。典型的例子就是浙江。浙江是中、短篇小说的大省,中、短篇小说堪称处在全国第一阵营,具有全国影响力的作家很多,但是长篇小说却一直是浙江的软肋。单就茅盾文学奖来说,自1982年首届茅奖开评以来,迄今共历十届,共有48名作家和48部作品获得该奖。按照籍贯划分,48名获奖作家中,浙江共3人获奖(徐兴业、王旭烽、麦家)。获奖作家数量排在河南、北京、上海、陕西、江苏之后,与山东、四川、湖南齐平。但是,如果考虑到徐兴业仅仅是籍贯为浙江,出生和成长与浙江均无关系,麦家获得茅盾文学奖的时候,尚在四川工作,代表的是四川作协,那么,浙江真正获得茅盾文学奖的就只有王旭烽。浙江作家获得茅奖的数量,是排在北京、上海、四川、江苏、河南、山东、陕西、湖南、湖北之后的,仅仅位居全国的中游甚至是下游。这样的成绩,显然与浙江的文化大省、经济大省、文学大省身份是不相匹配的。长篇小说的衰弱,影响到浙江在全国的文学地位,特别是近现代文学时期,浙江堪称执全国文学之牛耳,所谓"天下三分有其一",只是从数量上描述浙江作家,从影响力上来说,章太炎、王国维、鲁迅、周作人、茅盾、郁达夫、徐志摩等,无不是名动天下的人物。然而,今天的浙江作家和浙江文学,早就不能和其近现代时段相提并论了。特别是这些年,考量一个地方的文学影响力,主要看的是长篇小说;浙江长篇小说写得少,发得少,有全国影响力的作家和作品更少。浙江文学的影响力衰退,主要原因就在长篇小说的薄弱。但是回过头看,即便是在浙江文学最辉煌的近现代时期,浙江文学也是以文论、中短篇小说、散文、诗歌、话剧作品为主,长篇小说同样不发达。纵观整个现代文学时期,浙江作家虽然灿若星河,但真正写长篇小说的也就是茅盾一人,连鲁迅也没有写长篇小说。在现代文学的草创期,中国的整个长篇小说极其薄弱,所以并未显出浙江文学的不足;而到20世纪30、40年代,当长篇小说渐渐成为文学的主流时,事实上,浙江文学在全国的地位和影响力的淡化,已然是文学史的事实。

东南作家是否天然就不擅长创作长篇小说?这个问题暂不做讨论,这里面包含着非常复杂的因素,比如地方性的自然环境、历史、文化与社会形态等。但是可以肯定的是,浙江作家即便创作长篇小说,从时间和空间形态上来讲,都写不出北方中原地区作家那样的长篇小说。姑且不去说各地的自然环境、社会生活、观念形态、语言不同,单就社会发展阶段和历史演进过程和文化精神结构来说,中国的南北差别还是很大的。仍以浙江为例。早在20世纪的20年代初期,鲁迅就发现了"乡土",并创作出《阿Q正传》《故乡》《祝福》这样的"类型"小说,再看今日的浙江,"乡土文学"早就随着乡村社会的现代转型而消逝在历史的烟尘中,相反,北方中原地区因为有最广袤的乡土社会基本面,有最深厚的乡土社会文化基础,所以,自20世纪80年代中国文学从宏大叙事中回撤后,写乡村社会的变革和现代化痛苦,即成为北方中原地区文学的主流,并一直延续至今天。

一定程度上来讲,浙江的当代文学创作,既不能引领时潮,亦不能与以河南、陕西、山东为代表的中国文学主流同步,这是浙江当代文学难以产生影响力的原因。但我更想从作家的地理思维角度,去探讨一些问题。浙江地处东南,内部以山地和河流为主,即便有平原和盆地,也是极小的平原和盆地。地处东南一隅,外面就是浩瀚的海洋,内部是方向杂乱多变的山系和水系。正是如此,浙江作家既不可能有中原作家空廓的空间思维,更无法有中原作家那种临视四方的纵横气。

事实上,这种空间思维对作家的长篇小说创作来讲影响其实是很大的。空间结构上,浙江作家的长篇小说,很难有中原作家那种连缀东西、穿插南北、勾连八方的叙事形态。因为生活在山水纵横的环境中,作家的方位意识明显欠缺,浙江作家鲜有中原作家那种明确的东西南北的方位感。小说中,亦多依自然环境,而以上下、前后、里外名之,因为,以河流而言,其有上游和下游,所以地名抑或是方位,多以"上""下"表述,重峦叠嶂之间,孰为南北,何为东西,确实分不清楚,是故多以"里""外"相称。韩星孩的《村庄传》,写台州三门的一个村庄——山根陈村。作家的写作意图,其实并非为村庄立传,而是以文学的意味和笔法,写出一个村庄的自然、历史、社会、礼俗、伦理、语言、生活与生死。小说以条目体的形式,列出山根陈村的七个部分,每个部分又分七个条目,七七四十九个条目,勾勒出山根陈村的面相与灵魂。小说对山根陈村的地理叙述,颇具典型性:

> 山根陈村前后都是地图上的无名小山,但山根陈村人的祖先却给他们分别命名并以代代相传下来,他们称村前的山叫"前门山",村后的山叫"村后山"。①

---

① 韩星孩:《村庄传》,浙江人民美术出版社2022年版,第5页。

　　从后门山岭到大名山之间，从山顶到山脚延伸下一个个山湾，都是坡地和树林交错。村里的柴草、番薯、麦子、茶叶、花生、板栗及蔬菜都长在这些山湾里。后门山岭西侧谷底则是一个水库，水库对面就是村里的坟山。①

　　诸如此类以上下、前后、里外表述的地理方位，对生活于山系、水系之地的作家来说是极为普遍的。方格子《我有一条江》，记叙新安—富春—钱塘江流域的人物与故事，其中对人物、地理的关系描写，同样如此。写何彩仙的出生地，"何彩仙家在青江口往里叫桑园里的小村，出生时，姐姐已病重"②；写程才雪，同样是"蜿蜒经过桐洲岛的江，流过富阳汤家埠，汤家埠程家在江岸设了货栈。那时程才雪五岁，眉清目秀，未曾识字，在江水埠头等待长大"③。巉岩峻岭，山麓之下，江流蜿蜒激荡，何处是东西，哪里是南北，已经不重要了；或随山势，或随水流，以定此处与他处，方是常态。

　　不是说生活在山系和水系中的人就没有东西南北的方位意识，而是说，因为地形地貌的复杂多变，此间的作家断不会形成北方大平原作家那种开阔的空间意识，所以在从事长篇小说创作时，北方作家惯常展开的宏阔空间叙事，南方作家可以说无一擅长。就像陈忠实的《白鹿原》。白鹿原上自是一片天地；白鹿原外，便是西安，西安之外是关中的东大门潼关，潼关之外，便是中原，便是天下了。纵向上，小说以关中大儒朱先生和"仁义白鹿村"的"仁义"二字，打通与传统文化气运的联系；横向上，小说通过白鹿原—潼关—关外这一地理空间的连接，在不自觉间，把白鹿原的气运与中国的气运打通。李佩甫的《生命册》，写知识分子"我"——吴志鹏，从虚构的一个叫"无梁"的村庄走出来，当过大学老师，做过北漂者的"枪手"，南下深圳做过股票市场的操盘手，再到一家上市公司药厂的负责人……一个虚构的、籍籍无名的"无梁村"走出的人，北上则是京师，南下便是深圳。就像李佩甫自己所说的那样，"我"不是自如的、自在的"我"，"我"是一个有"背景"的人，是"背着土地行走的人"。④ 意思是说，"我"代表的是中国乡村社会、中国农民、中国数千年乡土文化的命运。册，"符命也。诸侯进受于王也"，册是诸侯进朝接受于王者的简策。⑤ 所谓"生命册"，在李佩甫这里，不外是作家代

① 韩星孩：《村庄传》，浙江人民美术出版社2022年版，第5页。
② 方格子：《我有一条江》，浙江文艺出版社2021年版，第28页。
③ 方格子：《我有一条江》，浙江文艺出版社2021年版，第54页。
④ 李佩甫：《我的"植物说"》，《长篇小说选刊》2012年第4期。
⑤ 汤可敬撰：《说文解字今释》增订本（一），上海古籍出版社2018年版，第290页。

皇天后土代历史,记录他心中的"平原",以及平原上的"植物"(一切生灵)们的命运,思考它们、她们、他们的过去、现在和未来而已。《生命册》的开头,李佩甫写道:"我是一粒种子。我把自己移栽进了城市。"①而到了小说的结尾,作家写到的却是:"我说不清楚,一片干了的、四处漂泊的树叶,还能不能再回到树上?我的心哭了。也许,我真的回不来了。"②

陈忠实和李佩甫等北方作家,无论是写实(白鹿原)还是写虚(无梁村),落笔便有家国的情怀和天下的气象。这一点,很大程度上得益于空间形制上他们纵横开阔、四面八方的地理思维。反过来看南方的作家,浙江也好,福建、广东也罢,皆地处边陲,向海则与陆地相背,背海则与陆地相望,东、南、西、北虽与其他地方有地理上的连接,但有意义的连接其实并不多。中国人的地理方位感、地理情感,既受到五行观念的影响,因而有金木水火土所代表的东、南、西、北、中之间的相生相克之念,另外更受到历史上的东—西、南—北关系的影响,再加上东和西、南和北之间的地域文化差异,所以,地域与地域之间,多有天然的亲近与排斥、熟悉与隔膜。而作家的地理思维以及他们在小说创作中的地理联想,一方面当然是因为小说中故事发展的逻辑需要,作家或虚构或根据故事的发展而建构起小说中的各个地方的地理叙事逻辑,另一方面,则与历史上一个地方与另一个地方之间,因为特定的事件而构成的地理联系密切相关(就像宁波作家很容易写到上海、湖南作家很容易写到广州一样)。再看浙江作家,倘若说广东和福建的作家向外还有诸如"南洋"想象,那么,浙江作家向外既无"南洋"的观念,向内亦无难解难分的地方。正是如此,浙江作家长篇小说创作中的地理逻辑建构,多是依故事、剧情的发展而确定地方,而少有以地理关系的特定意涵赋予作品某种特殊象征性的手段。像近年来影响较大的艾伟的《镜中》,所涉及的国家,就是中国、缅甸、美国、日本,故事就在四地之间展开。钟求是的《等待呼吸》,则是由莫斯科、北京、杭州和晋城四个城市勾连起来的。地理不是长篇小说的全部,但是的确是长篇小说非常重要的元素,它不单是小说的空间结构要素,更是意在言外的非常重要的修辞手段。

---

① 李佩甫:《生命册》,《长篇小说选刊》2012 年第 4 期。
② 李佩甫:《我的"植物说"》,《长篇小说选刊》2012 年第 4 期。

第十五章　地方志小说转化的
理论与实践问题

　　在越来越多的当代小说家以地方志作为创作的资源,开发小说中的地方性自然、地理元素,开拓小说的社会、历史、文化、语言和生命空间,营构深富意涵的小说故事、情节、人物形象时,提出"地方志的小说转化",就不仅是一个理论命题,更是一个实践色彩极强的问题。因为,地方志虽然包含着丰富深广的小说元素,但它毕竟还不是小说;地方志中记述的内容到小说,还有小说家的一个合规律的、创造性的转化问题。况且,很多地方志书,早的在宋代时期就已经形成,晚的也在清代成书,其间绝大多数的志书,都或因建置沿革,或因朝廷到地方的官员主导,而经过文人多次的重修,所以一部地方志书,本就有其自身的文化史、生命史、思想史。撰史、修志之人,各有怀抱,见识不同,中间包含着错综复杂的各种政治观念、文化思想和伦理态度的差异。所以,当代作家在处理地方志中的相关叙事资源时,除了表面上需对古代的星野、疆域、建置、人口、交通、教育、税赋、兵制、防务、科考等具有必备的知识外,同时,还要对这些知识的小说转化具备必要的功力,这当中,就涉及诸如史料文献选择、征用及其艺术转化问题,以及如何以现代的价值理性审视方志文献中的思想、观念等问题。总的来看,小说家们利用方志创作小说,需要处理的问题很多,这里仅是择其要者,略谈四个问题。

第一节　地方志:作为"材料"的形、神与文法

　　每个作家都有他钟情的"地方",而作家对"地方"的理解、把握和审美再创造,光有经验和记忆是远远不够的,还必须要借助地方文献和典籍,方可复现出"地方"的自然地理系统和社会系统,复现出"地方"的人文面相,塑造出"地方"的历史感。正是如此,时下的中国小说家,绝大多数都有过参阅地

方志的创作经历。贾平凹写商州,基本把能找到的商州各个地方的县志都翻了个遍;陈忠实创作《白鹿原》,也是动用大量的地方志。四川作家贺享雍,写出五卷本的《乡村志》,据其自陈,就多有参详《渠县志》的地方。

> 志书给《乡村志》的写作带来了重要的帮助。以卷一《土地之痒》为例,全书融时代风云变幻和农民日常生活于一体,既注重时代宏观变化对农民微观生活的影响,又注重微观生活对宏观世界的折射;在对现实生活做真实反映的同时,也注重对影响人们行为的风俗习惯、宗教信仰、神话传说等民间文化的深入挖掘。那些风俗习惯、宗教信仰、神话传说等"地方色彩"和"民俗风情画面",多取自县志上的风土民俗篇。①

贺享雍创作《乡村志》,所参详者除了《渠县志》,还有川东北各县的方志。按照作家自己的说法,"十多年前我就托朋友,分别搞到了《万源志》《宣汉志》《开江志》等方志。不久前我又托我们县志办的朋友帮忙,又分别搞到了《大竹志》《达县志》《巴中志》《通江志》《邻水志》《南充志》《广安志》等"②。像贺享雍这样大量阅读地方志,然后从地方志中获取创作的叙事资源的作家,当代领域比比皆是。但是,地方志书作为一地的"博物之书""博学之书",记载内容非常丰富,涉及天文、地理、历史、政治、军事、经济、风俗、人物、古迹、艺文等诸多领域,作家择取什么不择取什么,怎么个取法,则是一个问题。特别是地方志书的记述,从体例上来看,"使用的是述、记、志、传、图、表、录、索引等多种体裁"③,是典型的记述文体,以记人、叙事、写景、状物为主,具有文献性特征,所以,方志所载的内容如何转化为小说的素材,确实是作家创作过程中需要费思量的。这方面,创作上有很多实践的经验供讨论,最典型的恐怕还是《白鹿原》中朱先生这个人物形象的塑造。在很多创作谈中,陈忠实都提到过朱先生这个人物的原型,是清末关中大儒牛兆濂。

作为原型的牛兆濂(1867—1937),字梦周,号蓝川,是关学的最后一个传人。他的名字中的"濂"字,就出自宋代理学开宗人物周敦颐的世称——"濂溪先生",而他的字"梦周",就包含有周敦颐的"周"字。可见,牛兆濂是追随程氏理学一脉,以程氏力学传人自居的。民国 24 年(1935)前后,牛兆濂为自己的讲学之所芸阁学舍著《芸阁学舍记》述其原始:"芸阁者,乡贤宋

---

① 向荣、贺享雍:《〈乡村志〉创作对谈》,《文学自由谈》2014 年第 5 期。
② 向荣、贺享雍:《〈乡村志〉创作对谈》,《文学自由谈》2014 年第 5 期。
③ 张凤雨:《关于地方志文体的探究》,《中国地方志》2013 年第 7 期。

吕与叔先生号也。吕氏昆仲祀乡贤者四人，而与叔光绪中且升祀孔庭，其学渊源程、张，深见许于朱子，不可谓非得天地之心者矣。"①《白鹿原》中，朱先生身上的许多细节，都是化用自牛兆濂的。这种化用，有两个方面：一个是典籍所记载。如朱先生写"耕读传家"玉石匾额、劝退升允八旗军、赈灾济民、主持禁烟、劝退刘镇华率领的十万镇嵩军、重修本县县志、赴前线抗日等，这些事迹，确实是真实地发生在牛兆濂身上的，相关典籍中都有记载。而有些细节创造，则是如鲁迅所说的，取的是"杂取种种人，合成一个"的方法，把其他人的事迹叠加在朱先生的身上，如朱先生主持修订《乡约》，便是"杂取种种"所得。据《续修蓝田县志》记载，《乡约》本是南宋吕大忠、吕大防、吕大钧、吕大临"吕氏四贤"所作，是我国最早的一部成文的乡约，原典分为"德业相劝""过失相规""礼俗相交""患难相恤"四部分，小说中却成了朱先生所作。另一个化用的路径，便是取民间传说的方法。牛兆濂作为关学的最后一个大儒，在关中民间传说甚多。特别是关学，从学问的统系上看，其开创者为北宋的张载。张载的学问，"出入于佛、老者累年"，因"受裁于范文正，遂翻然知性命之求"，最终形成"以《易》为宗，以《中庸》为的，以《礼》为体，以孔、孟为极"的学问。② 关学的学问中，易数、占卜、算术等，是极为重要的部分。小说中的朱先生，上知天文下知地理，身上自然少不了这类神机妙算的神秘成分，他帮助村人寻找回丢失的牛，穿泥屐向村民示警将要下雨不可晾晒新麦，观天象预测未来的天气，告知村民种什么农作物等，小说中并不缺少这类描写。特别是白鹿、白狼的出现，与朱先生对天下、白鹿原的祸福吉凶的感知，更是透着神秘的气息。

《白鹿原》中朱先生这个人物形象的塑造，体现出陈忠实高超的材料驾驭能力和创作上的转化技巧。他以牛兆濂写朱先生，朱先生不再是牛兆濂，而是《白鹿原》中独特的"这一个"，所以，陈忠实可以放开写，按照小说创作的需要，按照他对人物的理解以及他对儒家文化的思考，去塑造朱先生，写出他理想中"关中大儒"，写出想写的"白鹿原"。陈忠实以牛兆濂写朱先生，除了观其行、取其事、仿其迹外，更重要的是取其神，见其精神，这个精神，就是牛兆濂作为关中大儒和儒家关中学派的代表性人物，他的身上所折射出的宋人张载所说的"为天地立心，为生民立命，为往圣继绝学，为万世开太平"的文化精神。小说中，朱先生为白鹿原上建立"乡约"。朝代更替，白鹿

---

① 《增修四献祠芸阁学舍记》，载郝兆先修、牛兆濂纂《民国续修蓝田县志》卷二十，民国二十四年修三十年铅印本，第 284 页。

② （清）黄宗羲原著、全祖望辅修：《宋元学案》（壹），中华书局 1986 年版，第 663、664 页。

原上人心惶惶,王纲解纽,礼法废弛,人们不知"没有了皇帝的日子怎么过",所以,朱先生于乱世中,以儒家的德、义、礼、信,羞恶、恻隐之心等,教民以礼仪,端正世风,让白鹿村成为"仁义白鹿村",这就是为天地立心。朱先生铲除原上村民们种植的罂粟、赈灾济民、教民稼穑,这就是为生民立命。"为往圣继绝学",陈忠实毕竟是取牛兆濂为朱先生造影,虽然牛兆濂著述颇丰,有《吕氏遗书辑略》4 卷、《芸阁礼记传》16 卷、《近思录类编》14 卷,并曾主纂《续修蓝田县志》,但这些著述都是实打实的是牛兆濂"牛才子"所作,移不到朱先生头上去,所以,《白鹿原》中,朱先生在著述上,唯有重修《滋水县志》。至于"为万世开太平",那本不过是儒家的理想,它的实践方式,其实还是落实在修身、养性、为学、致功、教化等方面,而劝退升允八旗军、劝退刘镇华率领的十万镇嵩军等,则是另一种"开太平"。

综观朱先生这个人物,陈忠实既是把他作为一个有血有肉的人物形象在塑造,也是作为一个文化符号在打造。小说的肌理上,朱先生就是小说中的一个人物,且是参与度极深的一个人物。《白鹿原》共 34 章,朱先生从第 2 章开始现身,直到第 32 章去世,基本上贯穿着整部小说的始终,且小说中出现频率很高。朱先生的诸多事迹,构成小说情节的有机组成部分。但朱先生的重要性,显然不在于作为一个人物,体现在构筑小说的情节方面,而在于他作为一个文化符号,在小说当中所起到的"文法"的作用。从小说情节推进看,小说中的朱先生,作为一个大智慧者,扮演的其实是一个枢纽的角色,那就是在世事、人事由反到正以及由正及反的过程中,起到情节上的转换功能。例如:看出白嘉轩在纸上画出的白鹿,改变了白嘉轩娶一房媳妇死一房媳妇的煞运,这是转换;白鹿原上,种植罂粟让村民收获白花花的银圆,白鹿原因此而成为罂粟王国,朱先生驱牛驾犁铲除罂粟,这是转换;两次单身涉险,力说军阀退兵,这是转换;改朝换代之际,原上人心不定,立《乡约》以定人心,这是转换;原上暴发瘟疫,让白嘉轩建六棱砖塔,镇住田小娥的鬼魂以止瘟疫,这是转换;白孝文要杀黑娃,朱先生和白嘉轩加以阻止,这还是转换……诸如此类的各种转换,情节上是一层,在文化上,是另一层。毕竟是以收拾世道人心、平天下为使命的大儒,朱先生虽然有他做不了的事情,特别是为了出版煞费苦心编纂出来的《滋水县志》,不惜向县长巩麻子求乞资助,最后被巩麻子轰出县衙,折辱了一代大儒的身份。但是,朱先生以关中大儒的入世精神,知其可为而为之,知其不可为亦为之,在人事与天命之间,以大儒的眼光观世,然后再以"士"的实践态度努力改变世界,终究还是白鹿原上最澄明的道德力量和最具有修齐治平实践能力的儒者。

朱先生这个人物形象的塑造，陈忠实虚虚实实，虚则实之，实则虚之，以小说家的机心化用过去式的文献、典籍和历史人物，使典籍中的人物在小说中重现活力。类似这种化用的手法，当代作家各有妙用，而其方法，无非鲁迅所说的两种，或是"只取一点因由，随意点染"，或是"杂取种种人，合成一个"。周新华的《喝彩师》，写浙江常山一带民间"喝彩"的风俗。此一风俗，自然是实有的。小说中写到的地名、江名、山名、洞名等都是实有的，如作品中提到的招贤镇、招贤渡、常山江、桃花山，还有老虎洞、蝴蝶洞、米筛洞、龙洞、鬼洞、强盗洞等六大古洞，也是实有的。但故事展开的时代背景以及作品整体上紧张感的营造，却是"只取一点因由，随意点染"而成。作品开篇以"出使异域"为引子，写大清朝册封使林鸿年奉命出使琉球，途中救走一位遭逢变乱的民间喝彩师作为宣读官随行出使琉球。在册封琉球国王的关键时刻，册封使发现诏书被盗，幸好有喝彩师出身的宣读官临危不乱，以一纸空白诏书蒙混过关，救了册封使。《喝彩师》中，周新华择取的"因由"，便是琉球册封使路过常山一事。《明史》记载："明年二月（永乐二年，1404），中山王世子武宁遣使告父丧，明成祖命礼部遣官谕祭，赙以布帛，遂命武宁袭位"①，从此明朝与琉球正式建立册封关系。小说写的林鸿年出使琉球一事，事出有因，道光十八年（1838），林鸿年奉旨为册封琉球国王正使，归国后，著《使琉球录》。至于林鸿年有没有过常山，过常山有没有救走喝彩师，有没有诏书被盗，等等，则完全是事实之外的。就是说，大的背景上和因由上，《喝彩师》是没有问题的，但其中的细节、人物、事件，则是周新华根据小说创作的需要，随意点染的。林鸿年出使琉球，构成《喝彩师》的时代背景和小说的事件背景，给小说生出各种可能性；正是林鸿年出使琉球带走喝彩师，为小说后面中日之间的矛盾冲突、日本喝彩师的后人与常山招贤镇喝彩师行业的冲突埋下了伏笔。

作家面对文献、典籍、史料中的原始人物、原始事件，其实从处理方法上，不外是合理性和合目的性两个问题。所谓合理性，是历史人物、历史事件的形成，本身就有他或它的各种逻辑；这个逻辑，有大的时代的，有小的微观的，有偶然的，有必然的。就像《白鹿原》中，朱先生住进白鹿书院，所做的第一件事，就是把"四吕庵"的牌匾换成"白鹿书院"，然后亲手推倒了不知什么朝代经什么人塑造的四位神像。用朱先生的话来说，就是"不读圣贤书，只知点蜡烧香，只怕越磕头头越昏了！"②如此情节，当不是朱先生的原

① （清）张廷玉等撰：《明史》三二三卷，中华书局 1959 年版，第 8363 页。
② 陈忠实：《白鹿原》，人民文学出版社 1993 年版，第 23 页。

型——牛兆濂的实有，而是陈忠实的一个合理性和合目的性的虚构，也是一个写作的逻辑问题。宋朝年间的吕姓小吏，因为原上有白鹿飘过，而在原上购地、盖房、修院，划定墓穴，后世得以荣耀，孙子辈四进士，其中一位官至左丞相。四兄弟全部谢世后，皇帝钦定修祠以纪念其功德，御笔亲批"四吕庵"匾额于门首。这个"四吕庵"，光宗耀祖，忠孝两全，是传统社会结构中读书人的至高荣耀。而陈忠实笔下的朱先生，显然不是以忠孝为价值取径的腐儒，他是以教化和"治"天下为使命的儒，所以以"白鹿书院"牌匾替代"四吕庵"，这是朱先生的合理性，也是陈忠实的合理性和合目的性。

　　这种合理性和合目的性以及方志、文献、史料创作上的转化，涉及的其实就是一般理论所谓的"历史真实"和"艺术真实"问题。作为小说创作，不可能处处事事依据史实，而没有必要的艺术上的虚构和加工。但如何处理好虚与实、有和无的问题，处理好方志中文献、史料所述人事向小说的创造性转化问题，这个确实不是一般理论可以清晰提供答案的。所谓的"虚"，都是从"实"的内在逻辑中伸展开去的，它需要满足想象的合理性；而所谓的"实"，亦并非小说创作所必然需要的。所以，在小说创作的过程中，作家如何去虚实相生，如何去以虚化实、以实化虚，这是非常具有实践性的问题。但是不管怎么说，小说创作都不可以违背既定的历史事实，生搬硬套。在这点上其实《白鹿原》就有很明显的硬伤。陈忠实写朱先生，其中朱先生为白鹿村人制定《乡约》；但是朱先生所制定的《乡约》，却是历史上真实存在的，就是北宋神宗熙宁九年（1076），"蓝田四吕"（吕大忠、吕大钧、吕大临、吕大防）兄弟所制订的《吕氏乡约》。陈忠实以历史上真实存在的《吕氏乡约》，作为朱先生所制定的《乡约》，且内容上一模一样，难免会有张冠李戴之嫌，这也是对"历史真实"最直接的伤害。

第二节　地方志与小说的伦理现代性问题

　　一般而言，地方志多为旧时地方官员和知识分子所撰，其功能，不外是黄苇等著《方志学》时所说："概言之，历代都注重方志资政、教化、存史三个作用，只是间或有所侧重罢了。"①或以资政为要，或以存史为主，或以教化为大端。章学诚主张："史志之书，有裨风教者，原因传述忠孝节义，凛凛烈

---

① 黄苇等著：《方志学》，复旦大学出版社 1993 年版，第 378 页。

烈,有声有色,使百世而下,怯者勇生,贪者廉立。《史记》好侠,多写刺客畸流,犹足令人轻生增气;况天地间大节大义,纲常赖以扶持,世教赖以撑柱者乎?"章学诚批评当时文人修志不重视记述人物之风气,"每见文人修志,凡景物流连,可骋文笔,典故考订,可夸博雅之处,无不津津累牍。一至孝子忠臣,义夫节妇,则寥寥数笔;甚而空存姓氏,行述一字不详,使观者若阅县令署役卯簿,又何取焉?"①因为有着资政、存史特别是教化的目的,所以,各地的地方志书的伦理取向是特别明显的。一方面,修志者和修志者所处的时代,都有其特定的价值观念和意识形态;另一方面,地方志作为地志、史志的一种,记人述事,本就包含必然的伦理内涵。这些伦理取向,主要是通过地方志中的"风俗志""人物志"等传达出来的。明永乐十年(1412)颁降的《纂修志书凡例》,规定人物一目:"凡郡县名人、贤士、孝子、义夫、节妇、文人、才子、科第、仕宦、隐逸之士,仗义以为保障乡间,尝有功德于民者,自古至今,皆备录其始末。其有虽非本处之人,后或徙居其地者,亦附收之。"②

　　作家写小说,从地方志书中吸取创作资源,无论是人物、事件,还是风俗、礼仪等,都存在一个"传统/现代"的交会、对话与冲突的问题。一方面,地方志书所记载的人事中保存的传统德目,确实有不少与现代社会格格不入,需要经过现代性的洗礼;另一方面,传统社会的德目亦并非一无是处,有的是人类的普遍伦理,有的经过现代社会的转化,还可以成为我们的人生指南。正是如此,作家在创作的过程中,如何去处理这个"古与今"的对话与文明互鉴,就是一个具有挑战性的思想、审美难题。从大的思想史背景看,事实上,这个"古今冲突"或者说"传统与现代的冲突",当代作家并不陌生,因为自现代以来,中国作家已经用一百多年的时间来处理这样的一个思想命题,所以从这个思想维度看,作家应该早就具备这方面的意识和能力。但是创作毕竟不是思想,凭借单纯的认识就可以,还需要在实践中去转化和运用,如何在传统和现代之间构造出一种审美的对话关系、互鉴关系,这种关系构建得怎么样,确实是考验作家能力的一件事。在这种意义上看,阿来的《云中记》堪称一部经典之作。小说的故事情节极为简单:地震之后,云中村成为废墟,劫后余生的村民搬到山下的移民村。但是,祭师阿巴却执意要回到云中村中去,因为在他看来,祭师的职责,就是侍奉神灵和陪伴鬼魂;如果不能侍奉神灵和陪伴鬼魂,那么,祭师的意义在哪? 还要祭师干什么呢? 所以他执意要回到云中村,去陪伴、祭奠那些在震中失去生命,他熟悉的村民

---

① 章学诚:《答甄秀才论修志第一书》,《文史通义校注》(下),中华书局 2014 年版,第 751 页。
② 转引自陈泽泓《地方志功能析论》,《中国地方志》2014 年第 4 期。

们死去的亡灵,最后,因为巨大的滑坡而和云中村一道消失在滚滚的岷江之中。小说的人物关系极为简单,唯一的核心人物,就是祭师阿巴,其他人物都是蜻蜓点水,不具有结构性。但这篇小说的题旨却极不简单。情感维度上,阿来处理的是人类如何对待灾难与死亡的问题。《云中记》不写灾难的惨烈,不写死亡的疼痛与忧伤。阿来知道,在灾难和死亡面前人是多么的无能为力,所以,阿来没有写灾难和死亡中的人类的任何精神和意志,而是以颂诗般的、安详的、庄重雅正的语言,以《安魂曲》般的笔调,写出死亡的宁静,"政府管活着的乡亲,死去的乡亲归我这个祭师管"。于是,一个年老的祭师,两匹马,在没有一个活物的云中村中踽踽独行,去抚慰那些在震中失去生命的村民们的亡灵。小说中,阿来写瓦约乡的一种古老的风俗——"告诉",就是两个人路上见面,把上次相见以来所经历的事情告诉一遍。"告诉"是叙事,是社会传播,更是灵魂与灵魂的接触。唯因"告诉"以及灵魂与灵魂的接触,瓦约乡人方才建立相互之间的亲近。祭师阿巴返回云中村,和云中村的石头、植物、动物、鬼魂对话,便是亲近,是"告诉"。

哲学层面上,《云中记》呈现出阿来对人类意志与自然意志的思考。《云中记》没有直接引用地方志的地方,但小说中,阿来借助阿巴的吟诵,叙述到云中村的先祖阿吾塔毗的故事以及云中村的来历。在一千多年前,西边很远的一个部落,阿吾塔毗带领着部落的一支子民一路东进,他们东行千里,马跨三界,弦如疾风,打败了手持精巧弓箭的矮脚人,驱赶了熊、豹子和林中的精怪,驱散了树精所化的独脚鬼,占领了矮脚人的地方,建立了云中村。部落首领阿吾塔毗后来升了天,灵魂化为云中村后的终年积雪的山峰,成为山神。阿吾塔毗带领他的子民一路东征,建立云中村的历史,是人类的生存意志,是人类的力;但是,大自然同样有它的意志,有它的力。《云中记》中的自然意志与自然之力,就是随着西部高原的隆起,山脉亦随之不断地向东延伸,地震,就是这种自然意志和自然之力的结果。就像小说开始所说,"大地震动,只是构造地理,并非以人为敌"。如果说,阿吾塔毗率领子民东征,是人类的意志和力,那么,当人类的意志与力,同自然的意志和力不能相向而行时,就是灾难;人类的意志和力,在自然的意志和力面前,竟是那么的不堪一击。阿吾塔毗是意志的化身,是力的化身,他化为巍峨的山神,享受着后世子孙的祭祀,庇护着他的后世子孙,但是,阿吾塔毗却并不能阻挡灾难的来临,真正地庇护他的后世子孙。创世的阿吾塔毗,是人类的伟力,是人类的坚定意志,但是人类的力和意志,终究抗拒不过自然的伟力和意志。

对于阿来来说,写《云中记》的目的,并不是对一场灾难的语言上的重返,也不是在哲学上去完成一次关于灾难、死亡的审美思考,阿来的着力点更高,他是站在人类文明的制高点上,去反思人类的行为,反思人类与自然的关系,反思现代文明。阿来的这种反思,就建立在"回来"这一语义上。统观《云中记》这部小说,"回来",可谓是小说的核心。小说的起句,就是:

> 阿巴一个人在山道上攀爬。
>
> 道路蜿蜒在陡峭的山壁上。山壁粗粝,植被稀疏,石骨裸露。
>
> 两匹马走在前面,山风吹拂,马脖子上鬃毛翻卷。风从看不见的山顶吹下来,带着来自雪山顶上的寒意。两匹马肩胛高耸。马用力爬坡时就是这样:右肩胛耸起,左肩胛落下;左肩胛耸起,右肩胛落下。鞍子上的皮革,还有鞍上那些木头关节,咕吱咕吱——好像是耸起又落下的马的肩胛发出的声响。①

小说以阿巴在"回来"的路上开头。对阿巴来说,"回来"是一种上升,是需要通过艰难的"攀爬",才能"回来",回到云中村的。这种"攀爬",既是物理现象,也是精神现象。从自然地理的意义上,云中村在山上,阿巴从移民村回云中村,当然需要"攀爬"。而从精神的意义上看,阿巴回云中村,是在向自己的过往经验、生命记忆回归,向自己熟悉的味道,向自己精神的原乡,向自己"非物质文化遗产传承人"的身份回归,他是以必死之心在回归。如此的回归,自然是艰难的,是需要克服种种障碍的,更是神圣的。阿巴回到云中村,就不再准备出来,是真正意义上的"回归"。在小说的形式上,阿来以时间的绵延,呈现出阿巴"回来"的难度和深切意义。小说的第一章,写阿巴回云中村,回到了那块磐石下面,阿巴却再也没有勇气进村了。这个停顿,是具有悬置意义的,阿巴虽然说是祭师,通晓阴阳,但是石碉是生与死的界限,是现在与过去的界限,迈过去,就是另外一个世界了,阿巴要迈过生死这道坎。小说的前五章,是第一天到第七天,阿来借用的是《圣经》中开头创世纪的七天,只不过,《圣经》中的创世纪是从"无"中创造出来"有",而《云中记》中的七天,却是从"有"回到那个巨大的"无",回到空洞,回到废墟。《云中记》虽是对《圣经》的借用,却是反向的借用。

《云中记》中的"回来",形式是多种多样的,甚至可以说,《云中记》中阿来所表达的核心主题就是"回来"。阿巴回云中村,这是"回来","从离开这里的那一天起,他就一直在回来,在回来的路上,天天行走";地震之前,阿巴并不在意自己的祭师身份,地震之后,阿巴坚定地找回自己"非物质文化遗

---

① 阿来:《云中记》,北京十月文艺出版社 2019 年版,第 2 页。

产传承人"的祭师身份,这同样是"回来"。云中村里,阿巴在祭祀的仪式中召唤亡灵,一遍遍地呼喊"回来! 回来!"这是"回来";祭祀仪式前,阿巴走进村里每户人家,"借"一样东西,然后"还回去",这是"回来";阿巴在泥石流中失去记忆,在村子通电那一天醒来,这是"回来";阿巴的妹妹,死后阿巴认为她寄魂于那盆蓝色的鸢尾花,这是"回来";祥巴三兄弟,是阿吾塔毗手下恶神战将的"回来";震后四年,在被荒草和野树吞没的云中村中,鹿出现了,它们慢慢地啃食着青草,万物自由地生长,这是"回来";寂静的时间里,阿巴在村里开始不用钟表,用影子去度量时间,这是"回来";滑坡发生,云中村即将消失的时候,阿巴看见了好多个自己向自己走来,这是"回来"……《云中记》就是在不同的层面,用不同的"回来"贯穿起整部小说的。

这个"回来",其实是一个复杂宏丰的语词。情感层面上,这个"回来",处理的是活着的人如何对待死去的人的问题,或者说活着的人如何处理自己的内心,处理自己和死去的人的关系问题。倘若人死如灯灭,死了就终了,那么,活着的人,所面对的就是一个巨大的空无,活着的人自己的内心也就成了死寂之地,成了深渊,这时候,亲人的死亡就成为活着的人难以承受的生命之重,而人是无法承受这样的重量和痛苦的,所以,鬼魂的存在,其实根本就不是一个简单的世界观的问题,而是一个方法论,是一个活着的人如何处理自己的生命经验、安顿自己内心的手段问题。正是如此,《云中记》中,阿巴开始并不是一个很好的祭师,因为,那时候的他是不需要有鬼魂存在的理由和假定的。但当地震发生,大量的村民死于震中,云中村成为一片废墟,尤其是阿巴的妹妹也死于地震之中,这个时候,如何对待死去的人,就成为一个问题,因为,安抚鬼魂,其实是安慰活着的人。特别是阿巴,作为一个祭师,祭祀山神、安慰鬼魂是他的职责。小说中,阿巴与喇嘛论鬼神之有无,与大学教授论辩山神和安慰鬼魂的问题,与余博士论照顾活人还是照顾死人的问题,便是他内心祭师身份自我觉悟的过程,他的觉悟,并坚定地"回来",回到云中村,既是情感的推动,更是祭师身份道德自觉的推动。

但是,《云中记》中的"回来",很显然不是一个情感问题,也不是一个哲学问题,而是一个事关人类命运的问题,是阿来对人类文明的富有哲学意味的思考。小说的开始,阿来以"第一天""第二天和第三天""第四天"作为前面三章的标题。"第一天",阿巴在山道上"攀爬",他要回到云中村,云丹用老派的典雅的祝福语道别:"祝你面前的道路是笔直的。"①但是阿巴的面

---

① 阿来:《云中记》,北京十月文艺出版社2019年版,第26页。

前,却没有"笔直的"道路,有的是曲折陡峭且破碎的山路。"第二天和第三天",写阿巴回到了云中村,他把自己打扮停当,"翘鼻子的软皮靴,白氆氇长袍,山羊皮坎肩,熟牛皮的盔形帽子,上面插着血雉的彩羽。法鼓,法铃。铃还带着马身上的气息"①。阿巴在移民村修复好法铃、法鼓,回到云中村后,他把"打扮停当",这是他对自己祭师身份的修复,然而,荒芜的田野、废弃的水渠、死去的老柏树、干涸的泉眼、残墙断壁、腐坏的木板,却是无论如何都无法修复的。"第四天",便是四年前的"5·12",大地震发生的那天。

我不知道,阿来以"第一天""第二天和第三天"为过渡,设置"第四天"为四周年后的"5·12"那一天,究竟是随意为之,还是别具深意的设计。《道德经》第四十二章有"道生一,一生二,二生三,三生万物"的宇宙万物生成论思想②,依据《淮南子·天文训》的解释:"道(曰规)始于一,一而不生,故分而为阴阳,阴阳合和而万物生。"③"二"就是"阴阳","三"则是"阴阳合和",而唯有"阴阳合和",方得万物生。《道德经》讲的是"阴阳合和",讲的是生,但是《云中记》不是,它讲的是灭,讲的是死,但死和灭不是归于无,而是归于"大化"。小说中,阿巴讲"大化":

> 大化就是世界所有的事物,阿巴说:岩石,岩石上的苔藓;水,水中鱼和荇草;山,山上的雪和树;树,树上的鸟和鸟巢;光,放射出来的光和暗藏着的光;人,人的身和心……都在,都不在。鬼魂寄身于它们中间,恶的不也就变善了吗?④

"大化"是万物的存在方式,是万物的综合,是一种抽象的本质,它处在万化之中,是天地万物变化和演化的总和。我想说的是,阿来的大化,是具有批判功能的,此一批判的指向,就是人类背离自然意志的自我意志。小说中,阿巴失忆似乎就是一个隐喻。云中村建水电站时,没有进行地质灾害调查,电站引水渠渗漏,给山体裂缝加入润滑剂,导致水电站滑坡引发泥石流,阿巴被卷进泥石流中,醒来后失去记忆。阿巴的失忆,是人类意志对自然意志逆反的结果,也是作家阿来的某种文明反思。而另外的"电视的孩子",则是另一个隐喻。地震发生之前,这个孩子就因为痴迷于电视而无所事事,他的魂在地震没来之前就丢了,"被电视这个妖怪摄走了"⑤。当地震来临时,

---

① 阿来:《云中记》,北京十月文艺出版社 2019 年版,第 48 页。
② 陈鼓应:《老子注释及评介》,中华书局 1984 年版,第 252 页。
③ 陈广忠译注:《淮南子》(上),中华书局 2012 年版,第 152 页。
④ 阿来:《云中记》,北京十月文艺出版社 2019 年版,第 244 页。
⑤ 阿来:《云中记》,北京十月文艺出版社 2019 年版,第 107 页。

这个孩子正爬上三楼的顶上修卫星电视的接收器,他和卫星接收器的大锅一起摔下来,双腿就是被那大锅切断的。水电站、电灯、电视,这些现代文明的器物,是人类力量和意志的表征,当它们到达云中村的时候,在给云中村人带来便捷和惊奇的同时,也在改变着云中村人的命运。

阿来的文明反思,不是简单的基于传统/现代的单向批判,以传统批判现代,或以现代批判传统,阿来是在一个更大的时间、空间、本体视域中,观照人与自然、历史与未来的问题,这个视域就是"大化"。在大化的世界中,变是一切事物的本质,即便是谢巴一家住在山上,放牧牛羊,他们拒绝现金,拒绝孩子读书,拒绝变化,过着云中村人一百年前过的日子,但是在地震来临时,他们最终还是归入大化。水电站、电灯、电视等,是云中村人的"现代",是云中村人的变化,但是现代和变化未必就是好,电视摄走孩子的魂魄,水电站带来了泥石流和滑坡。好与不好,全在合理与不合理。阿吾塔毗赶走矮脚人,占领了矮脚人的地盘,建立了云中村,可是云中村却成为废墟,最后没入岷江,相反,消失的矮脚人,他们的石棺和墓穴中陶罐、野猪牙、玉石饰品等,却成为考古学家的可见之物。这就是大化,纵贯天地,直通古今,生灭成坏,事物继前物而变化。

在大化的世界里,人何去何从,人类何去何从?《云中记》的答案是"回来"。至于回到哪里,阿来自然无法给出答案。不过,从《云中记》的整体阅读感受来看,阿来似乎在崇尚着回到事物的"本身"。地震之前,云中村为了发展旅游业,劳动成为表演,这是对事物本身的背离;"电视的孩子"迷上电视而抛掉一切,这是对事物本身的背离;喇嘛扔掉了假牙,从此不再说话,这是回到事物本身;阿巴回归祭师身份,相信鬼神的存在,这都是回到事物本身。这个事物本身,没有是非、善恶,就像云中村的废墟上盛开的罂粟花,既可以让人下坠迷乱,亦可让人短暂了却痛苦,罂粟本身无所谓善恶,善恶是人的问题。这个事物本身,也没有意志、力量,如果说有意志和力量,那也是大化自身的意志和力。小说中,阿巴透过鹿的眼睛,看到了这个世界的本身,天空,云彩,树,山坡和自己。鹿眨一下眼睛,这个世界就消失。鹿睁开眼睛,这个世界就出现。

大化的世界里,一如《金刚经》所说:一切如梦幻泡影,如露亦如电。

第三节　作家的"学问"与细节创化

地方志作为地志类文献,包罗万象,天文、地理、历史、政治、人物、地产、风俗、宗教、艺文等，无所不包，是地方的百科全书。作家以地方志作为创作的资源，最基本的，就是要具备版本、目录、训诂、文字、考证等能力。在前面的章节中，我曾经以贾平凹的《老生》、阿来的《瞻对》、韩少功的《马桥词典》、李锐的《太平风物》等为例，略论作家学问与创作的关系，指出几位作家在版本、文献征用方面的错误，这里，我就不再讨论这些技术上的问题，而想从作家对地方志材料处理的角度，观察当代作家的知识、学识、学问素养对小说创作的生发作用。

　　众所周知，地方志材料，涉及诸多专门知识，比如"星野"涉及天文，"疆域"涉及地理，"沿革""建置"涉及历史，"名胜""古迹"涉及建筑、历史、人物，"物产""风俗""人物""艺文""金石"等，也会涉及专门的知识，而有些知识是极具地方性的，所以，作家以地方志材料作为小说创作的资源，专门性知识的掌握，地方性知识的掌握，是必备的功课。比如周新华的《喝彩师》，写钱塘流域一个古镇的喝彩风俗。古镇叫招贤镇，位于钱塘江上游，这个山水环绕的小镇的喝彩歌谣距今已有四百多年的历史，"喝彩"原意是指"高声叫好，称颂赞美"。"根据《常山县志》（明万历十三年）和《球川镇志》及诸多家谱记载，喝彩歌谣的历史长达四五百年之久。上梁喝彩习俗起源更早，北魏时期就已经产生了。"①古时人们新屋上梁、哭嫁、剃头等，为了图吉利、喜庆、和平、安详，皆以唱喝彩歌谣表达祝福，其中喝彩歌谣的种类很多，因时、因事而有不同的唱词，且不乏杨万里这样的大诗人插足其间。《喝彩师》涉及大量风俗人情描写，小说对招贤镇喝彩词的来历、喝彩场景、常山婚丧嫁娶的仪式举行，下乡剃头、喝彩比试等等，对地方志材料都有采用。作家将地方的风俗化为小说的情节，如写招贤镇建造"四贤祠"时的"偷梁"风俗，就是在上梁时，选择一根上好原木，"按照习俗，还必须有个'偷梁'的程序"②；古镇上的人，遇到传说中的树王红椿树时，要"谢山神"；逢年过节前夕，理发师挑着担子下乡剃头……这些均是从常山民间风俗中信手拈来，化为小说的骨肉。如此的描写，在许多地方作家的写作中极为常见，如孙红旗的《国楮》，以衢州开阳城为场景，写开化造纸行业的兴衰。小说写"开化纸"的历史，纵横勾连时代气象，皆以信史为根底。另外，作家写徐府宅院、绍熙纸行、元丰纸行、徐家藏书阁、久香茶楼、城外灵山寺、凤凰山文塔、天香书院、西渠等，亦一一对应实景。

　　从创作的意义上讲，地方性、专门性知识，不能单纯局限在"知"的层面，

---

①　曾令兵、黄鑫：《让喝彩歌谣代代传》，《浙江档案》2017 年第 8 期。

②　周新华：《喝彩师》，浙江人民出版社 2017 年版，第 147 页。

还有一个融会贯通的问题。在文学创作中,小说主题之形成、作家的人物形象塑造等,都存在作家对材料的打碎和重构。作家要有一个在时势、思想史的背景中,审查主题思想和人物形象、情节安排等的必要环节。这种入乎其内、出乎其外的功夫,是作家必备的能力。胡小远、陈小萍的《蝉蜕——寂寞大师孙诒让和近代变局中的经学家》,是一部具有典范分析意义的小说。小说在晚清的变局中,重塑经学家孙诒让的一生。作为一部历史小说,《蝉蜕》的写作是有难度的。这个难度,不在一般历史小说处理的历史事实和想象的问题,而在于孙诒让是一个特殊的人物——晚清经学大师。胡小远、陈小萍要想写好这部小说,除了搜罗史料,化史料为小说之元素外,还要有经学知识的积累,经学学术史视野的考察,以及需要处理经学在晚清学术变局中的前途与出路等问题。"蝉蜕——寂寞大师孙诒让和近代变局中的经学家",不像一部小说的标题,更像一部学术专著的书名。小说开头,孙诒让和父亲孙衣言置身孔庙,孙衣言对孙诒让论礼乐教化,论周公之治,这是为孙诒让后来治《周礼正义》和《墨子间诂》做了铺垫。对于孙诒让来说,进,则可以入仕立功,施展儒家的"德性—礼"政治模式;退,则可以著书立说,以自己的学问思想,影响当世和后世。胡小远、陈小萍写《蝉蜕》,熟知小说的起伏进退,《蝉蜕》先扬后抑,第二章写九岁的孙诒让"入宫应对",与兰贵妃(后来的慈禧太后)高谈阔论永嘉学派的事功之学。按照此一逻辑,孙诒让似乎当有别样壮阔的人生,然而,在晚清风雨飘摇的局势中,孙诒让的政治生命因为其父的外放、科举屡试不第而萎缩,相反,其学术生命和学问气象,则随着他交往的拓开而大有增进,特别是与晚清朴学大师俞樾交往,与张之洞相识并得到其赏识,更坚定了他治《周礼正义》之心。

对胡小远、陈小萍而言,写《蝉蜕》,写孙诒让实际上是一次冒险,因为,经学作为中国古典学的一门高深学问,涉及训诂、注疏、文字、音韵、校勘、版本、目录,涉及金石、甲骨,以及经学的渊源、流变、门派等多种学问。胡小远、陈小萍虽然说是作家,不是学问家,但是既然要以孙诒让为创作对象,就难免会陷入此一类的高深莫测的学问中。《蝉蜕》中,胡小远和陈小萍并不回避这些。孙衣言和俞樾在书院的几次演讲,便是对经学史的溯源与梳理,汉学与宋学、今文经学与古文经学的分合离断,悉通过小说人物之口,得以以文字的形式呈现。小说借孙诒让与孙衣言、兰贵妃、俞樾、曾国藩、张之洞、章太炎、皮锡瑞、文廷式、容闳、戴望等的交往、谈论或论辩,细致呈现出晚清经学的分化和各家的思想风貌。特别是在文廷式家的一次聚会上,孙诒让与皮锡瑞、张謇等纵论康有为的《新学伪经考》。孙诒让抨击康有为的

《新学伪经考》，认为它否定周公之政之制，否定传世数千年的圣贤之书，实为"毒药"，更是痛责康有为自号为"康长素"，实则是以"长于素王"的圣人自居，是狂妄之徒。

孙诒让对康有为的抨击，在《蝉蜕》中，是晚清今古文经学之争的一种文学叙述，此间的争论，绝不是简单的学术之争，也不是简单的是非对错之争，而是处在三千年未有之变局中，传统的学问如何应对西学，如何应对时势和变局的问题。小说借容闳的出场，引入西方的学问，并且将中西学问的质证，放置在中西政治、军事、科教的强弱相较中加以叙述。康有为的《新学伪经考》，以开启民智为要旨，故而以大胆的怀疑和颠覆破除旧的学问，这是形势；而孙诒让驳斥康有为的言论，倡导《周礼》和墨家思想的价值，亦是孙诒让的形势判断。两者的区别不在于新说与旧说的分野，而是学问根底和对学问的理解、阐发的不同。孙诒让持守的"西学中源说"以为，中国的《周礼》是天下大治最好的制度设计和安排，西方的政制包括中国的政制取向，当以《周礼》为宗、为源。另外，墨家的技艺，虽与西方的现代科学不可同日而语，但中国人在两千多年前就形成墨家以技术为要务的学派，无论是政制还是技艺，中国都是"古已有之"的，何必取道于西夷？

孙诒让的认知，并不意味着他就是守旧的人，事实上，在晚清中国颓败的国运中，孙诒让不可能不知道中西胜负强弱的根因。孙诒让对《周礼》和墨子的价值辩护，一方面出自传统的知识分子守道的立场，另一方面，也来自他自己对中国传统文化、政制的清明认知。孙诒让知道，《周礼》讲德治，讲礼，讲教化，这些都是治天下与天下治的重要力量，但是在一个以强弱分胜负的时代，德性、礼、教化，竟是如此的不合时宜，进而呈现出颓败、老朽的气息。《蝉蜕》写中法马尾之战、中日甲午海战，孙诒让正是在清政府的系列惨败中，看到"变"的必要。只不过，孙诒让作为经学家和大儒，他的变不是激越的，而是有一个根本或本根，那就是儒家的德政与教化。孙诒让兴办新学、推崇新政、提倡实业等，都是从《周礼》《墨子》中找出理据。

胡小远和陈小萍写孙诒让是有积累的。早在 2002 年，他们就合作写出传记文学《末代大儒孙诒让》，这次写《蝉蜕》，作家还别出心裁地给小说加了近 300 条的"批注"，以此证明小说人物、事件、情节等的"所言不虚"。但是《蝉蜕》的成功，显然不是因为史料的充实，而是作家化用史料的学问，特别是对中西交冲之下传统的经学、墨学的把握，更是有其独特之处。作家没有把孙诒让塑造成纯粹的大儒，也不是从中西文化冲突的二元对立的角度去塑造这个人物，而是从文化理性分析的层面，去捕捉人物内在文化心理、价值意识深处的复杂、矛盾和结构性冲突,这是《蝉蜕》成功的主要原因。小说中,胡小远和陈小萍采用的是"化"字诀。比较而言,霍香结的《地方性知识》,则有另一种分析的范本意义。小说的篇名与美国著名文化人类学家吉尔茨的人类学论文集《地方性知识》同名,在吉尔茨的论著中,作者提出人类学的"地方性知识",以挑战传统人类学研究的"普遍性知识"。在吉尔茨看来,人类学研究就是通过深度描写,以观察、移情、认知的方法去掌握某地的地方性知识,理解当地人的生活,并"翻译"出当地人生活中的文化信息和文化符号。霍香结的《地方性知识》,显然是对吉尔兹的借用。作为一个人类学家和语言学家,霍香结的《地方性知识》,同样是以"深度描写"之法,描写一个叫作"汤错"的山村,去写它的物、语言、疆域、风俗、人物、传说、艺术、信仰,等等。体例上,小说按照地方志的格式,有"说明",有"凡例",然后正文分为七个部分,卷一是"疆域",卷二是"语言",卷三是"风俗研究",卷四是"虞衡志",卷五是"列传",卷六与卷七是"艺文志"(一)和(二)。小说的开头是一幅地图,根据清代《西延轶志》中的手绘地形图,"长乡图"含"铜座",图中的四邻村落名称迄今尚无变化。小说的结尾同样是一幅地图,是铜座的地形示意图。霍香结的《地方性知识》,是仿照地方志构造出来的小说文本,所以,图学思维的存在,既是仿地方志文本的形式需要——因为一般的地方志书,起首都会是一地之总图,然后是分山系、水系、学宫、街坊、海塘、兵防等形成的分图,它更是突出一种"边界"、一种地方性。在小说的后记中,霍香结反反复复提到一个概念,就是"边界"。在霍香结看来,边界是"对事物进行规定,是承认它的有限性,特殊性,也等于承认自己的范畴,因此是积极的",而"对局限性有限性的认识是对微观的一种深刻见解"。① 霍香结所叙述的,就是一个有自然边界和语言、人种、传习等意识形态边界的小村,作家把他的小说,称为"微观地域性写作"②。

小说形态上,霍香结的《地方性知识》与我们习见的小说截然不同,它不是以人物、故事、情节、冲突,不是以形象、主题、象征、虚构等传统的元素构成小说,而是以汤错自身为对象,以田野调查和典籍、文献、资料征用等形式,挖掘、还原、阐释出一个中国南部山村的河流、山脉、植物、季候以及它的语言、生活、信仰、传习、艺文背后的文化。"我打算放弃以人为中心,再来谈论本书的主体——汤错,以及他的象征群众,这是以物和他的核心命名

① 霍香结:《地方性知识》,新世界出版社 2010 年版,第 481 页。
② 霍香结:《地方性知识》,新世界出版社 2010 年版,第 481 页。

的。"①因为以物为核心,《地方性知识》充满着密集的知识性元素。第一部分描述汤错地名的由来,描写它的疆域、村落、人口、河流、山脉等,就是大量的知识性元素和信息的堆砌。到了第二部分,描写汤错的语言系统,小说中,方言、语音、音韵、音系、语源、语法、语用、语义等,无所不包,作家动用音标、符号、图标、字典、词典等,建构起汤错独特的语言系统。第三部分,小说描述汤错的历法、节庆、节气、婚丧嫁娶、敬神、祭祖等,带着楚和百越之地的神秘特征。第四部分的虞衡志,记录汤错的植物和动物。"虞衡"者,语出《周礼·天官·太宰》,意为古代掌山林川泽之官,地官掌山泽者谓之虞,掌川林者谓之衡。该部分详细记录汤错的藤类、柳树、香椿树、竹子、汝兰、浮萍、鬼头蜂、布谷鸟、鸡、马、牛等。第五部分的列传写汤错历史上的人物,第六、七部分的艺文志,是关于汤错的两篇中篇小说的素材和一首根据汤错指路经创作的长诗——《铜座之歌》。

　　霍香结的《地方性知识》,是一座知识的迷宫,也是一座思想的迷宫。小说除涉及大量的地方性地理事物、风俗、人物、掌故描写外,作家还动用大量的中外学术名家的思想和文献典籍。除吉尔茨外,德国诺贝尔文学奖得主埃利亚斯·卡内蒂《群众与权力》的"象征群众"和"结晶群众"概念、法国年鉴学派代表人物布罗代尔的"深度描述",古罗马 M. T. 瓦罗的《论农业》,德国思想家费尔巴哈的《宗教的本质》,古希腊的《俄尔普斯教祷歌》,印度《奥义书》和《薄伽梵歌》,《圣经》,维吉尔的《农事诗》,古罗马人的《古罗马诗选》,等等,大量西方的思想、典籍、文献穿插在小说中。中国的典籍,则有《说文解字》《广韵》《集韵》《公羊传》《礼记·月令》《左传》《论衡》《元典章》《金刚经》《洞玄子》《性命圭旨》《四圣心源》《农政全书》等,另有《玉历宝钞》《谈荟》《禽经》《埤雅》等类书,《清稗类钞》《燕京岁时记》《帝京岁时纪胜》《酉阳杂俎》等笔记类文献,此外还有《中国傩巫史》《中国村庄史》《中国植物志》等,包括汤错《梅溪民间故事集》《地母经》《铜座之歌》,以及地志类文献《西延轶志》《寰宇记》《华阳国志》《宝庆府志》等。

　　《地方性知识》所引文献、学术言论、民间史料 100 多种,其中不乏《埤雅》这类的稀见文献。从写作的目的上看,霍香结的本意似乎就不在于写出一本通俗易懂的小说,而是以"大小说"的观念,去构造出一个村庄的民族志式、百科全书式的自然、历史、生活、风俗的全方位的记录。《地方性知识》中的语言,几乎通篇没有文学的语言,而是科学的、概念的、判断的、推论的;小

---

① 　霍香结:《地方性知识》,新世界出版社 2010 年版,第 1 页。

说建构的逻辑,亦非如常规小说那般,是按照人物、时间或者事件的进展不断往前推进。《地方性知识》的结构是立体的,这使得整部小说更像是一部学术著作,而不是小说,因为,从小说的角度来看,叙述、故事、人物、情节、场景、主题、审美等,这是基本的要素,《地方性知识》很显然不具备这些要素。从学术著作的角度看,《地方性知识》符合理论假设、材料、论证、结论等要素。当然,《地方性知识》不是学术著作,甚至它比学术著作还要艰深晦涩。读这样一本小说,没有语言学、人类学、民族学的功底,是根本没法进入的。——或许对霍香结来说,是小说还是著作并不重要,重要的是以文字的形式,为一个中国南部的山村造出它的历史、语言、生活,造出它的伦理生活和信仰生活。在这种意义上,现在的《地方性知识》,尽管深奥、晦涩、难懂,但的确是以特有的概念、词语、声音、图像,构造出汤错这个地方深具人类学气质的乡村民族志。倘若以传统的小说的形式呈现,则是另一番风景、另一番功夫了。至少就《地方性知识》来看,霍香结的学问与创作,其实是两张皮,《地方性知识》是一个小说的实验,它只可能小众,不可能大众,且不太可能有实际的操作性。

第四节 地方志与志怪志异中"志"的经典性

地方志所记录多为偏史、地方史,具有一定的民间性,且因为巫史同源之影响和佛教东进的关系,以及天象、谶纬、图腾等的影响,中国很早就有志怪、志异的传统,所以,地方志中对人物、事件的叙述,也常有志怪、志异的成分。特别是魏晋六朝之前的地记和地理书中,志怪、志异之作甚多,如《汉唐方志辑佚》所载:

> 骊山西北有温水。祭则得入,不祭则烂人肉。俗云:始皇与神女游而忤其旨,神女唾之生疮,始皇谢之,神女为出温泉。后人因此浇洗疮。(《水经·渭水注》)

> 祁连山,有仙树。人行山中,以疗饥渴者,辄得之。饱不得持去。平居时,亦不得见。(《要术》卷十仙树、《广博物志》卷四十三)①

志怪、志异之笔,亦见之于正史。宋以后正式形成的地方志中,诸如此

---

① 刘纬毅:《汉唐方志辑佚》,北京图书馆出版社 1997 年版,第 2、31 页。

类的志怪、志异类的记载亦不在少数。如云南的《滇志》,记载嘉靖年间的怪异之事:

> 嘉靖元年五月,邓川一村出虫,背上各有火星三十二点。经月不见,楚雄庄甸坡,禾生双穗者数年。
>
> 三年,保山县民曾铭家雌鸡化为雄。永昌、腾越大饥。夏,腾越多虎。
>
> 二十四年,太和上羊诸溪有白物如羊群,迹之不见,历三年乃灭十月朔,楚雄城西五色云见,自未至申乃散。①

其他的正史当中,从《史记》《汉书》等开始,就多有志怪、志异的地方,如《宋史》中,卷三百二言广德县,"县有张王庙,民岁祠神,杀牛数千"②。《宋史》卷三百五十六言安仁(属四川),则有"俗好巫,疫疠流行,病者宁死不服药"③这样的描述,这些都是正史中的记录。

在如此一个志怪、志异的传统中,当代的小说家们从方志中寻找创作的材料,难免会有志怪、志异的内容进入小说。一方面,自然是中国人传统的"连续性世界观"中的物我、生死、鬼神观念使然;另一方面,则如鲁迅先生论唐传奇时所说:"传奇者流,源盖出于志怪,然施之藻绘,扩其波澜,故所成就乃特异,其间虽亦或托讽喻以纾牢愁,谈祸福以寓惩劝,而大归则究在文采与意想。与昔之传鬼神明因果而外无他意者,甚异其趣矣。"④志怪虽不同于传奇,但其目的,无外乎还是"扩其波澜"、增其"文采"、阔其"意想",增加小说的可读性。

观察近些年来带有地方志色彩的当代作家的小说创作,可谓志怪、志异传统不绝,冯骥才、莫言、贾平凹、韩少功的小说就不必多说了,以怪异之人或之事营构小说,是时下非常普遍的现象,特别是地方性文化色彩比较强烈的作家在创作上更是如此。前面提到的浙江衢州作家周新华的《喝彩师》,就多有志怪、志异的地方。小说的故事元素极为丰富,在地理系统上,《喝彩师》多有参照《元和郡县志》之处,写到招贤一带的古镇、江河、渡口、码头、山

① (明)刘文征撰、古永继校点:《滇志》卷三十一,杂志第十三,云南教育出版社1991年版,第1021页。
② (元)脱脱:《宋史》第二十九册,卷三百二,列传第六十一,中华书局1959年版,第10025页。
③ (元)脱脱:《宋史》第三十二册,卷三百五十六,列传第一百一十五,中华书局1959年版,第11211页。
④ 鲁迅:《唐之传奇文》(上),《中国小说史略》,见《鲁迅全集》(9),人民文学出版社1996年版,第70、71页。

脉、古洞、祠堂、寺观,写到异域的琉球岛等;在人物谱系上,小说写到朝廷大使、地方官员、流寓文人、土匪、民间艺人、匠人、流浪儿、风水师、教授、间谍等。而小说的主题,则涉及江湖恩怨、门派间的争斗与传承,涉及寻宝、盗墓,涉及夺宝、阴谋、权斗、算计、背叛,涉及血缘上的寻根和国家民族意义上的家仇国恨等。《喝彩师》具备流行小说的诸多元素。周新华运用这些流行小说元素,无疑是增强了小说的可读性的。代表着喝彩业最高权力的柳木镜,是小说中乌皮师傅、祁乐果等争夺的焦点。小说从一开始,就从喝彩行业的权力争斗开始,血雨腥风,抑扬起伏,但是柳木镜却迟迟未出现。也是因为未现,柳木镜的神秘感骤增。为渲染小说的神秘感,周新华直接将招贤地图的古县六洞写进小说,成为故事发生的地点,这些洞包括鬼洞、蝴蝶洞、龙洞、强盗洞、老虎洞、米筛洞,另外一个,就是传说中的古县第七洞。柳木镜、隐藏在柳木镜上的藏宝图、隐没的四贤神像、神秘的第七洞……构成《喝彩师》叙事的连环套,情节多变、出人意料,且氤氲着诡异的神秘气息。

《喝彩师》的志怪、志异,是作为小说的情节设置而存在的,怪和异,成为小说的目的和对象。这样的写作方法,在方棋《最后的巫歌》中,则是另一种表现。小说写三峡地带古老的巫文化。作品以神话开篇,古老的虎族在蛮荒的大峡谷中立国,以大禹纪元,大禹 3936 年便是公元 1934 年。这里神、鬼、动物、植物浑然一体,置于一个大的生命场域。老虎是人们生命的图腾,被称为"老巴子",是黎姓的"先人"。另外有传说中的虬龙被困于山崖之下,修善以脱咒。《最后的巫歌》充满原始、古老、神秘的气息。小说的情节安排,多有志怪、志异的笔法。作为虎族的后裔,黎家因为老虎而捡拾到金豆子,从此家道兴旺;黎家每次命运剧变之时,都会听到急促悠远的"嗷呜……"虎叫声,看到神秘莫测的虎影;千年的古树,会和人抢亲;黎爹柱气绝身亡,葬于巴子岩下某处奇穴;梯玛夏七发作法,夺回妈武的生魂;老梯玛夏七发与儿子夏良,施展巫术逃身批斗;周太旺药死老虎后,开枪自杀;陶九香死后,瞳孔变成和眼球一样的白色,变成白虎,浑身雪白地向西方飞奔……《最后的巫歌》有两个叙事系统:一个是封闭的三峡巫文化系统。这里混沌,充满寓言和神谕,这个古老的族群,人们以巫歌替族群禳灾,梯玛夏七发是沟通天人。另一个是现实世界。20 世纪 30 年代,抗日战争、解放战争,然后是 1949 年以后的系列运动,直到改革开放。黎家、秦家、夏家、周家的纠缠,民族的矛盾,不同政治力量的冲突,构成现实世界系统的叙事张力。当然,这两个系统在小说中并非并行不悖,而是相互交叉渗透,虎族的神话和巫文化的力量,塑造、改变着现实世界的很多东西,如黎家和秦家、周家的关系,黎家、秦家子弟的政治选择;现实的力量,同样反过来改变着神话系统内的固有秩序,如周大妹为树神所祟发疯而改变了黎家、秦家、周家的关系,老梯玛夏七发和小梯玛夏良在系列政治运动中被没收法器而失去梯玛的威严,等等。

两条线索并行中有交叉,虚中有实,实中有虚,虚与实之间相生、相生发,使得《最后的巫歌》呈现出一种混合的、复杂的、叠加的美学意蕴。相比较《喝彩师》而言,《最后的巫歌》从审美的宽度、厚度、深度,审美的复杂性与文化的深邃感等方面,都有所胜出。其原因,就在于不是把志怪、志异之类做单一的故事化处理,而是从小说整体情境、氛围和情节构造的总体性等方面,把志怪、志异本来的趣味性融入小说的整体构造。特别是小说还有一种文明的、文化人类学的视野,对特殊地域的特殊文明形态做一种历史主义的把握,这是方棋的高明之处。

在中国古典小说的历史语境中,志怪、志异是与古人特有的世界认知联系在一起的,特别是在天人合一哲学和佛家的轮回思想影响之下,人与万物、人与鬼神都是相互感通的,因此,人的生命经验与物的生命经验,与鬼神的经验,都是可以有差异性地通约的。因为有通约,所以对怪、异的经验有感;因为有差异,所以感觉到怪、异。这是志怪、志异文学在中国古典乃至现当代小说中都非常发达的原因。但问题是,古人的志怪志异,是在古人朴素的世界观影响下形成的,今人的世界观,早就与古人相异。鬼神之有无另当别论,但就是人与物的关系,就成了唯物与唯心的截然对立,人与物的感通,正在成为历史哲学的凭吊之处。那么,今人如何处理志怪、志异的审美经验?志怪和志异是否就成为不合时宜的美学?如果是,理据何在?如果不是,时下的志怪和志异如何经典化?这些都是需要慎重考虑的问题。

总的来说,人的认知是有限的,大千世界的万事万物,总有超出人类生活经验、生命经验之外的地方,所以,怪异的经验总是存在的,也正因此,文学世界中总会有怪、异的经验存在,志怪、志异的文学自然也就不可能消失。不过,如就志怪、志异现时代的经典化而言之,我以为,以志怪、志异去构造小说的细节、情节、故事,这是一个层次的事情。在另一个层次,就是《最后的巫歌》的处理方式,以怪异的世界印证现实世界,以现实世界去观照灵异的世界,以此而参证世界之广大、阔大,丰富作品的意蕴。但是,在最高的层次上去看,志怪和志异的境界,还应该是哲学的,它应该成为我们感知、领悟自然、社会、人类、历史、生活、生命的根本的智慧。在这个意义上,贾平凹和莫言很显然是志怪、志异运用得最成熟、最成功且最多的作家。贾平凹的小说,志怪、志异无处不在,其早期作品如《商州》《白夜》《太白山记》《白朗》等,就渗透着神秘、魔幻、诡异的书写。典型的如《太白山记》,由 16 则笔记组成,其中颇多诡谲的灵异现象和幻境描写:《挖参人》写挖参人出门时在家院门上安上照贼镜,其妻却在镜中看见丈夫横死于旅馆;《猎手》写猎手与狼搏斗,跌落悬崖醒来时发现搏斗的是人不是狼;《杀人犯》写木匠以斧劈人,砍下的人头竟只是一层厚厚的垢甲;《香客》写人在睡梦中发现头没了,后又长在肩膀上;《领导》写小偷以特异功能发现领导与妇女主任偷情;《阿离》写阿离在冥界贩卖假眼镜;《公公》写公公和儿媳意念中偷情,儿媳生出的孩子个个酷似公公;《寡妇》死去的爹夜里还魂与守寡的娘过夫妻生活而娘却浑然不觉。诸如此类的志怪、志异,贯穿着贾平凹创作的始终,稍早些时候的《白夜》《土门》《怀念狼》《秦腔》《高老庄》《古炉》,近些年来的《老生》《山本》《带灯》《秦岭记》等作品中,倒流的河,赶龙穴,鸟兽能言,人能听懂鸟兽之言,蛇报复人,羚羊哭起来泪流满面,能哈哈大笑且会笑晕过去的熊,下雨天能看到屋檐下成排的鬼,鬼竟会哭泣,竹子开花便是凶岁,树会开谎花,会预兆来年丰收的娑罗树,生下丑陋却天赋异禀的"捞娃",等等,都是志怪、志异之笔。即便是在那些写现代都市的作品,如《废都》《病相报告》《高兴》等作品中,贾平凹同样会写到很多神秘的东西。

这些志怪、志异的描写,在贾平凹那里根本就不是志怪、志异,而是生活本身。用《浮躁》中的话说就是:"乡下人有乡下人的哲学,城里的文明人不承认,村民却信服。"①贾平凹生长在商洛地区。商洛地处秦、楚、巴蜀交接之地,巫风、傩风盛行;况且秦地本就是周易八卦的诞生地,另有巴蜀文化的渗透,兼及汉唐以后汉中为道教中心,长安为佛教的中心,所以,商洛地区的文化具有多层次的复杂性。特别是民间,鬼神、占卜、符箓、巫术、风水信仰一直存在,万物相通,生死轮回的观念深入人心,贾平凹受此影响,亦在情理之中。事实上,不独贾平凹,许多地域文化、民间文化根基深厚地方的作家,都有志怪、志异的写作取向,像云贵川、两广、两湖、东北,中原的河南、山东、山西、河北等地,包括天津、北京等地,皆是如此,区别在于所志怪、异不同。如莫言,他的《红高粱》《四十一炮》《丰乳肥臀》《生死疲劳》等,都是志怪、志异的杰作。

统观当代作家的志怪、志异之作,虽说较为普遍,但如何志怪,如何志异? 还有一个高下区分的问题。一般来说,以增强小说的可读性为目的,增

---

① 贾平凹:《浮躁》,南京译林出版社 2015 年版,第 41 页。

加小说中的志怪、志异元素，这也未尝不可，但如果仅止于此类运用，小说与传奇、故事类的通俗读物有何区别？因此，志怪、志异写作，还有一个艺术化、经典化的问题。像贾平凹，他的许多小说中的志怪、志异笔法，既是小说的"内容"，同时也是小说的美学，它们给贾平凹的小说，增添了混沌、醇厚、莽苍、梦幻的气质，这种气质，反过来让读者生发出对生活、生命、世界、自然、历史等的别样的认识。就是说，志怪和志异，是文化和文明的别样呈现。如同樊星论贾平凹时所认为的那样，贾平凹"对神秘文化的深入体验和传神表现，是有利于达到对中国人生、中国民族性、中国文化乃至人性奥秘的深层把握的。因为，神秘文化是中国文化的一个比较值得注意的部分"①。更为主要的是，贾平凹小说中，很多志怪、志异之笔，是作为小说的"方法"而存在的，它们既是小说的技术与修辞，更是支撑起小说哲学空间、意识空间、意义空间的核心元素。如《废都》中那头来自终南山的"哲学牛"，开口说话，而所说的话，则是对城市文明病、知识分子病、人的现代病等作出的诊断和反思。《老生》和《秦岭记》中那条倒流着的河，就是一个隐喻：人类在往前走，但是文化、文明等，很多时候还需要回到那个鸿蒙混沌当中去，找到原始的智慧和生命力量。《山本》中，那个赶龙脉的人找到了"三分地"，却改变了许多人事，撬动着整个涡镇和秦岭山脉。类似这样的笔法，在贾平凹的小说中随处可见，它们既是志怪、志异，亦是小说的机杼。同样，莫言的小说中也是如此。典型的如《生死疲劳》。《生死疲劳》以第一人称——一个被镇压的西门屯的地主西门闹的叙事视角，讲述他经历六道轮回，几次转世，先后成为驴、牛、猪、狗、猴、最后又成为"大头婴儿"的故事。在这个六道轮回之中，莫言其实并未遵从佛家的六道，即：天道、修罗道、人间道、畜生道、饿鬼道、地狱道。西门闹五道皆为牲畜，这一等的众生，犹如牲畜，没有主体性，多处在受支配的地位。莫言借六道轮回之说，建构起一种通天彻地的对于西门闹这类人物命运的深刻反思。西门者，东门之反。闹，则是热烈、喧嚣、闹腾之意。莫言以其志怪、志异之手法，表达了对一个时代人物命运的深刻观照，其志怪和志异，也因为《生死疲劳》的主题的深邃，形式之创化而奠定了这部著作的经典性地位。这是莫言的创造，也是莫言对当代文学的贡献。

---

① 樊星：《贾平凹：走向神秘——兼论当代志怪小说》，《文学评论》1992 年第 5 期。

参考文献

北京师范大学图书馆编：《北京师范大学图书馆藏稀见方志丛刊》，北京图书馆出版社 2007 年版。

（北魏）郦道元：《水经注》，时代文艺出版社 2001 年版。

仓修良：《方志学通论》（增订本），华东师范大学出版社 2013 年版。

曹子西、朱明德主编：《中国现代方志学》，北京方志出版社 2005 年版。

陈鼓应注释：《庄子今注今释》，中华书局 1983 年版。

陈广忠译注：《淮南子》，中华书局 2012 年版。

陈鸣树主编：《中国近代文学大系》（1840—1919），上海书店 1994 年版。

陈勤建：《文艺民俗学导论》，上海文艺出版社 1991 年版。

丁帆：《中国乡土小说史》，北京大学出版社 2007 年版。

二十五史刊行委员会：《二十五史补编》，中华书局 1955 年版。

［法］保罗·克拉瓦尔：《地理学思想史》（第四版），郑胜华等译，北京大学出版社 2016 年版。

［法］丹纳：《艺术哲学》，傅雷译，安徽文艺出版社 1991 年版。

［法］亨利·列斐伏尔：《空间的生产》，刘怀玉等译，商务印书馆 2010 年版。

［法］亨利·列斐伏尔：《空间与政治》，李春译，上海人民出版社 2015 年版。

［法］米兰·昆德拉：《小说的艺术》，董强译，上海译文出版社 2004 年版。

费孝通：《乡土中国》，北京天地图书有限公司 1993 年版。

冯国超译注：《山海经》，商务印书馆 2016 年版。

傅斯年：《诗经讲义稿》，民主与建设出版社 2015 年版。

傅振伦：《中国方志学通论》，转引自林衍经《方志学综论》，华东师范大学出版社 2008 年版。

［古希腊］亚里士多德：《诗学》，商务印书馆 1998 年版。

国家图书馆分馆编：《清代孤本方志选》，线装书局 2001 年版。

（汉）班固：《汉书》，中华书局 2012 年版。

（汉）司马迁：《史记》，中华书局 1959 年版。

（汉）许慎：《说文解字》，浙江古籍出版社 2012 年版。

何兆武：《历史理论与史学理论》，商务印书馆 1999 年版。

胡念贻：《先秦文学论集》，中国社会科学出版社 1985 年版。

黄苇等：《方志学》，复旦大学出版社 1993 年版。

［加］卜正民：《挣扎的帝国·元与明》（哈佛中国史），潘玮琳译，中信出版集
　　团 2016 年版。

李时人编校：《全唐五代小说》，中华书局 2014 年版。

李学勤主编：《十三经注疏·论语注疏》，北京大学出版社 2000 年版。

李银河：《生育与村落文化》，内蒙古大学出版社 2009 年版。

梁启超：《梁启超全集》，中国人民大学出版社 2018 年版。

刘大杰：《中国文学发展史》，天津百花文艺出版社 2007 年版。

刘纬毅：《汉唐方志辑佚》，北京图书馆出版社 1997 年版。

刘知幾：《史通》，中华书局 2014 年版。

柳鸣九：《新小说派研究》，中国社会科学出版社 1986 年版。

鲁迅：《鲁迅全集》，人民文学出版社 1981 年版。

栾钧、薛福成：《笔记小说大观》，广陵古籍刻印社 1983 年版。

马小林、孟繁裕主编：《明代孤本方志选》，线装书局 2000 年版。

［美］E. 希尔斯：《论传统》，傅铿、吕乐译，上海人民出版社 1991 年版。

［美］戴维·哈维：《正义、自然与差异地理学》，上海人民出版社 2010 年版。

［美］海登·怀特：《元史学——十九世纪欧洲的历史想象》，陈新译，江苏译
　　林出版社 2009 年版。

［美］吉尔兹：《地方性知识》，王海龙、张家宣译，中央编译出版社 2004 年版。

［美］梅维恒主编：《哥伦比亚中国文学史》（上），北京新星出版社 2016 年版。

［美］史景迁：《追寻现代中国（1600—1949）》，四川人民出版社 2019 年版。

［美］托马斯·福斯特：《如何阅读一本小说》，梁笑译，南海出版公司 2015
　　年版。

孟慧英：《中国原始信仰研究》，中国社会科学出版社 2010 年版。

（明）黄佐：《广东通志》，广东地方志办公室 1997 年版。

（明）李时珍：《本草纲目》（校点本第四册），人民卫生出版社 1975 年版。

（明）刘文征撰、占永继校点：《滇志》卷三十一，杂志第十三，云南教育出版社
　　1991 年版。

（明）唐志契：《绘事微言》，山东画报出版社 2015 年版。

（明）张孚敬纂修：《温州府志》，1964 年上海古籍书店据宁波天一阁藏明嘉靖刻本影印。

彭无情：《西域佛教演变研究》，巴蜀书社 2016 年版。

钱穆：《国史新论·中国历史人物》，九州出版社 2001 年版。

钱穆：《论语新解》，九州出版社 2011 年版。

钱穆：《史记地名考》，九州出版社 2011 年版。

（清）陈力撰、吴则虞点校：《白虎通疏证》，中华书局 1994 年版。

（清）黄宗羲原著、全祖望辅修：《宋元学案》，中华书局 1986 年版。

（清）李琬修、齐召南等纂：《温州府志》，清乾隆二十五年刊，民国三年补刻本，影印。

（清）孙诒让：《周礼正义》，中华书局 2015 年版。

（清）魏禧：《魏叔子文集》（下），中华书局 2003 年版。

（清）于敏中等编纂：《日下旧闻考》，北京古籍出版社 1985 年版。

（清）章学诚撰、叶瑛校注：《文史通义校注》（上），卷一易教上，中华书局 2014 年版。

（清）周煌：《琉璃国志略》，商务印书馆 2020 年版。

［日］宫本一夫著：《从神话到历史：神话时代·夏王朝》，吴菲译，广西师范大学出版社 2011 年版。

沙门释法显撰、章巽校注：《佛国记》，中国旅游出版社 2016 年版。

陕西省图书馆编：《陕西省图书馆藏稀见方志丛刊》，北京图书馆出版社 2006 年版。

施爱东：《中国龙的发明》，生活·读书·新知三联书店 2014 年版。

石昌渝：《中国小说源流论》，生活·读书·新知三联书店 2015 年版。

（宋）乐史撰、王文楚等点校：《太平寰宇记》，中华书局 2007 年版。

（宋）黎靖德：《朱子语类》，中华书局 1986 年版。

（宋）李昉：《太平广记》，中华书局 1961 年版。

（宋）朱熹：《四书章句集注》，中华书局 2011 年版。

［苏］高尔基：《给青年作者》，以群等译，中国青年出版社 1995 年版。

汤可敬撰、周秉钧审定：《说文解字今释》（卷十一），第二册，上海古籍出版社 2018 年版。

（唐）陆德明撰：《经典释文》，中华书局 1983 年版。

（唐）杨倞注、耿芸标校：《荀子》，上海古籍出版社 1996 年版。

王云五主编：《丛书集成初编·兼明书及其他二种》，商务印书馆 1936 年版。

王仲奋编著:《中国名寺志典》,中国旅游出版社 1991 年版。

文震亨原著、陈植校注:《长物志校注》,江苏科技出版社 1984 年版。

翁贝托·埃科:《埃科谈文学》,上海译文出版社 2016 年版。

萧振士:《中国佛教文化简明辞典》,世界图书出版公司 2014 年版。

谢无量:《佛学大纲》,商务印书馆 2018 年版。

［新西兰］肖恩·库比特著:《数字美学》,赵文书、王玉括译,商务印书馆
    2007 年版。

徐茂明:《江南士绅与江南社会(1368—1911 年)》,商务印书馆 2006 年版。

杨伯峻编著:《春秋左传注》,中华书局 2016 年版。

杨天才、张善文译注:《周易》,中华书局 2011 年版。

［英］R.J.约翰斯顿:《哲学与人文地理学》,江涛译,商务印书馆 2018 年版。

［英］柯律格:《长物——早期现代中国的物质文化与社会状况》,高昕丹、陈
    恒译,生活·读书·新知三联书店 2015 年版。

曾大兴:《文学地理学概论》,商务印书馆 2017 年版。

张广智:《西方史学史》,复旦大学出版社 2010 年版。

后记　写作都是后退的

一切的写作都是后退的。作家的创作如此,学者们的学术写作——无论是文学、哲学还是历史研究,包括社会学类的思考和写作——大概都是如此吧。这个后退有两种:一个是往时间的深处退,就是往历史的上游走,"溯洄从之,道阻且跻",去寻找我们想去寻找的东西;一种是往空间的远处和广大处退,这个空间包括自然、宇宙、故乡等等。

在这本书中,我多次提到贾平凹。贾平凹刚出道的时候,写的就是他的故乡,商洛、棣花镇、高老庄等。但是那时贾平凹的写作并不是我所说的"后退的",他所写到的故乡,不过是借故乡为舞台,来展现他对中国乡村社会进路的思考,"传统与现代"的价值冲突,"城市与乡村"的文明激荡,是贾平凹早期小说万变不离其宗的核心。那些写故乡的小说,贾平凹的关怀是社会的、国家的、天下的。贾平凹在写作上真正意义上的后退,是从《老生》开始的,他开始写秦岭,写秦岭的草木、鸟兽、云石,写秦岭的人事。《老生》之后,贾平凹接连写了另外两部长篇小说——《山本》和《秦岭记》,都是写秦岭。贾平凹的三部小说,从《老生》到《山本》,世道与人事的轰轰烈烈,在他的笔下渐行渐远,越来越淡,越来越浓郁的,是秦岭的风月,秦岭的云石,秦岭的草木动物,到了《秦岭记》,外在的社会与人已经淡到天外面去了,秦岭才是小说唯一的主角。贾平凹笔下,秦岭不是观念的,甚至不是文化上的"山岳",秦岭是本,是混沌,是那个"一"生出来的郁郁葱葱的万物的聚合。

说贾平凹唯有到了写秦岭,才是后退的,是因为秦岭是自然的,而非他然的。秦岭是贾平凹的"来处"。贾平凹唯有在秦岭这个自己的"来处"之中,方才看得到原初,看得到物我同一,看得到物的元神,看得到他自己的元神,看得到莽莽苍苍。这种后退式的写作,在当代中国作家那里是非常普遍的现象,韩少功的《马桥词典》在汨罗流域,寻找着古老的王国;王安忆的《天香》,在晚明时节中国前现代历史的暗夜深沉中,看到上海的前史;阿来的《云中记》在震后云中村的废墟中,看见祖先"生"的欲望和大自然"生"

的气机……

后退是写作的逻辑,是生命的逻辑,是文明的逻辑。作家阅世既深,年岁渐长,看山是山,看山不是山,看山还是山。是山不是山,山是有是无其实并不重要,重要的,不过是一个"看"法而已。年轻时需要在无中看到有,因为唯有这个有字,才是进取的方向,进取的动力;在有了阅历后,极容易在有的背后看到无;再到历尽沧桑,还是需要在无中看到那个有,生命才有支撑的力量。但此时的"看",便需要有一个更为开阔的地方,给你提供"远观",并在这样的远观中,去除他蔽和自蔽。有,是自渡;看,是自渡。

创作如此,学术研究何尝不是如此呢？做当代文学研究的,何尝不需要后退呢？按照我的看法,几乎所有做当代文学的人,你可以不上溯到现代文学那里去,但你很难保证不回溯到梁启超、鲁迅、胡适那里去,因为在现代中国的大逻辑中,你所碰到的问题,梁启超、鲁迅、胡适们都有过切肤的感受,都有过深刻且不乏痛苦的思考,所以,我们不得不时时回过头去,回到梁启超、胡适、鲁迅等人的时代,沉潜含玩他们的思想,和他们对话、交流。这是近一点的后退,远一点的呢？晚清、明代、宋元思想,直至魏晋和先秦诸子,毕竟是在中国思想的大脉络中,我们要看清时下的"苍苍横翠微",就不得不"却顾所来径",自上而下地观察和思考。

这本书,就是后退的结果。我的后退,除时间上向历史的深处洄游之外,以今观古,去和古人的言说及思考对话外,空间上,就是向自然地理意义上的"地方"回撤。我所研究的是在深邃的历史变迁中所形成的地方志书,经由当代作家的阅读、感悟、思考和创造,然后与中国当代小说诗学构造之间所形成的内在的历史、文化与审美关联。地方志进入当代小说创作的时代、文化、文学背景;地方志何以成为当代作家创作小说的重要题材、知识、伦理与审美思想来源;地方志对中国当代小说独特诗学形态有着怎样的塑造;当代作家方志性写作究竟积累了哪些经验、存在哪些问题以及如何在中国文学的大传统和中国小说的整体史中去看待当代作家的经验、创造和问题,等等。诸如此类的问题,因为涉及作家多,且作家的地理分布非常复杂,各地方的自然地理、历史地理、人文地理相差非常大,所以在研究的对象和样本的选择上,有的时候,我会选择一个作家甚至是一个作家的某一部具体作品作为分析的范本,而有的时候,我则是做综合性的分析。究竟是做综合的研究,还是做个案性的分析,并不是随性随意而为,而是取决于当代作家提供的文本的代表性和广泛性,取决于论题的本身和它的复杂程度。在研究的过程中,我参考过大量的地方志文献,其中包括《中国稀见地方史料集成》(全 65 册)、《宋元珍稀地方志丛刊甲编》(共 8 册)、《北京师范大学图书馆藏稀见方志丛刊》(28 册)、《日本早稻田大学图书馆藏书——地方志》(16 种)、《天一阁藏明代方志选刊》(全 106 册)等,包含各省的省志、府志、县志以及相关的专门志,如《灾异志》《山河志》《人口志》《寺观志》等。地方志外,非地方志类的其他类书——如《汉书·地理志》《太平寰宇记》《水经注》《山海经》等,也是重要的参照文献。

　　论地方志与当代小说创作的关系,抑或是与"当代小说诗学建构"的关系,可论之处甚多,而我所做的研究,终究只能是"横看成岭侧成峰",自然不可能窥其全貌,探得其全部的奥秘。任何研究,都是"遗憾的艺术",这本书也不例外。囿于个人的识见,我所讨论的都是我能够看得到的部分,那些巍峨入云、思接千载的命题,或许远超出了我的见识和思想能力,我无从把握。在我有限的见识和讨论的框架内,我竭尽所能给出最好的阐释。作为国家社科规划项目的结项成果,书中的章节,作为课题的阶段性成果,绝大多数都在刊物发表过。其中,第一章有关"舆地学"和第二章有关"名物学"的两篇论文,发表在《文学评论》2021 年第 1 期和 2022 年第 4 期,书中的另外几个章节,相继以论文的形式发表在《社会科学战线》《浙江社会科学》《小说评论》《当代文坛》《中南大学学报》《中国当代文学研究》《文艺论坛》《宁波大学学报》等刊物上。这些阶段性的成果,有两篇被《新华文摘》《中国社会科学文摘》摘要转载,另外有两篇论文被人大报刊复印资料《中国现代、当代文学研究》全文转载。"名物学"的那篇论文,还获得中国文联第六届"啄木鸟杯"文艺评论入围奖和"浙江省文艺评论奖";导论第一节作为论文发表时,获得"2019—2020《文艺论坛》双年度优秀论文奖"。这些成果的取得,是对我的激励和肯定。

　　本书得以完成,我要大力感谢其他师友的襄助,其中,荆亚平教授、操乐鹏副教授、史婷婷博士,研究生张梅霞、王晨等,参与了部分章节的撰写,在此表示诚挚的谢意!另外,张梅霞、余艺盈、冯海芳等几位研究生在材料的搜集和整理、注释的校勘核实以及书稿的校对上,做了非常多的细致的工作,给我提供了有力的帮助,在此一并谢过。